中国经济发展战略研究

刘应杰 著

中国言实出版社

图书在版编目（CIP）数据

中国经济发展战略研究 / 刘应杰著. -- 北京：中国言实出版社，2017.9

ISBN 978-7-5171-2541-9

Ⅰ.①中… Ⅱ.①刘… Ⅲ.①中国经济－经济发展战略－研究 Ⅳ.①F120.4

中国版本图书馆 CIP 数据核字（2017）第 213049 号

出 版 人：王昕朋
总 监 制：朱艳华
责任编辑：朱艳华
文字编辑：张　强
出版统筹：冯素丽
责任印制：佟贵兆
封面设计：徐　晴

出版发行　中国言实出版社
　　　　　地　　址：北京市朝阳区北苑路 180 号加利大厦 5 号楼 105 室
　　　　　邮　　编：100101
　　　　　编辑部：北京市海淀区北太平庄路甲 1 号
　　　　　邮　　编：100088
　　　　　电　　话：64924853（总编室） 64924716（发行部）
　　　　　网　　址：www.zgyscbs.cn
　　　　　E-mail：zgyscbs@263.net
经　　销　新华书店
印　　刷　北京温林源印刷有限公司
版　　次　2018 年 2 月第 1 版　　2018 年 2 月第 1 次印刷
规　　格　710 毫米 ×1000 毫米　1/16　24 印张
字　　数　346 千字
定　　价　68.00 元　ISBN 978-7-5171-2541-9

代序：我的读书经历与体会

我一生喜爱读书，书籍成为不可缺少的朋友。养成了每天读书的习惯，读书就变成了生活的一部分。每天晚上睡觉前，我总要躺在床上拿上一本书，看一两个小时，在回味无穷中入睡。闲暇时间我总爱逛书店，买上几本喜欢的书，被书中的内容所吸引而陶醉其中。一次与朋友交谈，问他周末休息时喜欢干什么？他说喜欢待在家中，拿出几本买来的好书，泡一杯清茶，一读就是一天，乐而不倦，乐而忘食，我与他很有同感。

记得小时候，正是"文革"期间，一个知识贫乏的时代，家里没什么书，书店也没多少书卖。有谁拿一本少头没尾、卷角掉页的连环画，大家都如获至宝，争先恐后地抢着看。不少文学书都是从看连环画开始的，《西游记》《林海雪原》《烈火金钢》《半夜鸡叫》等等，我看得有滋有味，被其中的故事情节所吸引，看了开头就想知道结尾，从那时候就产生了读书的兴趣，在心里面埋下了读书的种子。为了能够买到一本自己喜爱的连环画，宁可随大人赶集赶会时饿着肚子不吃饭，甚至自己卖牙膏皮、逮蝎子、挖中药材，挣几毛钱去买书。

上中学以后，课程很松，"学制要缩短，教育要革命"，整天是学工学农，甚至一度物理化学课本变成了"工业基础知识"，自然生物课本变成了"农业基础知识"，学生们叫"公鸡（工基）"和"母鸡（农基）"，好在没有现在学生上学的压力，反而有不少时间去看课外书。现在想来除了感到那时教育和学习的贫乏之外，也庆幸有时间读许多的课外书，这是现在的学生所不及的。那时能够找到的文学书差不多都读了，如《红岩》《青春之歌》《红旗谱》《野火春风斗古城》《苦菜花》等，都是在传借中读完的。至于中外古典名著，那时很少能看到，记得《三国演义》《水浒传》《西游记》

《红楼梦》《隋唐演义》《说岳全传》等都是费心求人借到的，大多是包着皮、掉了不少页的旧书，人家还只借给你两三天甚至一天时间，于是夜以继日、彻夜不眠地看。为此没少挨家里大人的骂，大人觉得看书没用，点灯耗油，浪费时间，还不如帮家里干点活。这样子，看书也只能偷偷地看，甚至还要为逃学和不下地干活编造一个生病的理由。

后来我上了大学，最大的快乐就是学校有一个大图书馆，有自己以前从没有见过的那么多书。置身于书的海洋中，就好像一个长期饥饿的人突然得到了无数的美味佳肴一样，那种惊奇和满足是可想而知的。在上课学习之余，把借来的一摞一摞的书抱回去，沉浸在读书的快乐中。那时候，刚刚恢复高考，大学生是非常稀缺的，全社会都用美慕的眼光看待大学生。作为高招后第一届大学生，一方面庆幸改变了自己的命运，有着被别人称美的自豪感；另一方面也觉得大学生必须懂得许多知识，真正成为一个知识分子。大学四年，看了许多中外名著，拼命用丰富的知识充实自己。什么《唐诗》《宋词》《古文观止》等，拼命地背；以前很少见到的国外名著如《复活》《战争与和平》《巴黎圣母院》《悲惨世界》《茶花女》《莎士比亚戏剧集》等等，昏天黑地地看。自己还制订了一个读书计划，这学期看什么，下学期读什么，从文学到哲学、从经济到政治，凡是有名的，都要借来看一看，不看就显得自己没有水平。有些看不太懂的书如黑格尔的《精神现象学》《逻辑学》等，也要看出个大意。知识开阔了眼界，使我看到了一个更大的更新奇的世界。有人说，知识决定眼界，人的一生就像在一个无形的"圈"中生活，你读书越多，知识就越多，你所拥有的这个"圈"就越大，给你越来越大的生活世界。信哉斯言！

大学期间开始读的是政治系，那时候百废待兴，一切都在变化之中，大学第三年就一分为四，分成了政治、经济、哲学、法律四系，自己被提前作为师资选送到山东大学进修科学社会主义，与所学专业相联系，读了不少马列主义理论著作，《马克思恩格斯选集》《列宁选集》《斯大林选集》《毛泽东选集》《资本论》等，这些都看了不止一遍，应该说打下了比较扎实的马克思主义理论基础，这对以后的工作和研究很有帮助。后来，留在大学从事教学工作，又转向社会学研究，比较系统地读了一些中外社会学家的著作，费孝通先生的《乡土中国》《江村经济》《生育制度》等著作对我产生了比较大的影响，他所倡导的田野调查方法和实证研究使我深感学术研究必须建立在实际的基础之上，从实证研究中建立理论并验证理论。正是这种对社会学田野调查和实证研究的推崇，才使我报考了中国社科院社会学所陆学艺先生的博士研究生，从研究中国农村社会进而认识整个中国社会，并从社会结构变迁中探求社会发展变化的规律。

过了猛攻恶补的阶段，我开始有选择地看书。工作以后，读书更多更广泛。总体上，我是一个读书比较杂的人，兴趣广泛，涉猎颇多，文史哲、政经社等什么书都看。除了政治、经济等专业书外，买的和读的比较多的书是这样几类：

一是历史、地理、文化方面的书。除了一般的历史书之外，费正清主编的《剑桥中国史》、唐德刚的《晚清七十年》等都很值得一读。我看历史书，一般还喜欢与中国历史地理、中国职官志对照来读，这样可以使人知道古代地名、地域、职官等的变迁，郭沫若主编的《中国史稿地图集》和谭其骧主编的《中国历史地图集》都是很好的参考书。我喜欢买各种各样的地理书和地图册，平时没事的时候也喜欢研究地图，尤其是一些专业化的地图，可以增加许多知识。有一张《国际新闻地图》，是按国际政治经济组织如阿拉伯国家、伊斯兰教国家、中东地区、前苏联地区、前南斯拉夫地区、北大西洋公约组织、石油输出国组织等编排的，很有专业性。文化方面，喜欢看不同文化比较的书，如中国文化、日本文化、欧洲文化、印度文化、伊斯兰文化等，美国前驻日本大使赖肖尔写的《日本人》是一本有关日本的很好的参考书，他是一个日本通，长期住在日本，还娶了一个日本妻子。美国人类学者本尼迪克特写的《菊花与刀》是一本深刻分析日本文化的书，成为外国人了解日本的必读书。日本的陈舜臣写的《日本人与中国人》也是一本不错的比较中日文化的著作。在城市文化研究方面，林语堂的《大城北京》、易中天的《读城记》都是值得一读的好书。

二是文学、人物传记方面的书。文学方面，除了中外名著之外，也喜欢读一些新流行的小说。陈忠实的《白鹿原》是一本描绘关中平原几十年风云变迁的具有史诗般价值的好书。余秋雨的《文化苦旅》是一本写得很好的散文集，《中国文脉》让人可以了解中国文学史的概要。人物传记方面，既有文学性、又有可读性而写得最好的一本是林语堂的《苏东坡传》。

美国的威廉·夏伊勒所著的《第三帝国的兴亡》也很值得一看。有一个时期，看了不少斯大林的传记，其中写得好的是英国的伊恩·格雷的《斯大林——历史人物》，苏联的阿夫托尔哈诺夫写的《斯大林死之谜》，还有斯大林女儿斯维特兰娜写的《致友人的二十封信》和《仅仅一年》等。我花了不少功夫来研究斯大林，为此还写了一本书《斯大林之谜》，出版后颇受欢迎。

三是国际比较研究方面的书。主要是以中国为中心，以别国为参照，来研究中国的发展变化。这方面有价值的好书主要有：费正清的《美国与中国》、美国奥戴德·申卡尔写的《中国的世纪》、瑞士艾蒂安写的《世纪竞争：中国和印度》、美国的内森和罗斯合著的《长城与空城计——中国的安全问题》，还有获得广泛好评的美国托马斯·弗里德曼的《世界是平的》和英国马丁·雅克的《当中国统治世界——中国的崛起和西方世界的衰落》，都是深入了解中国与世界的必读书。

回顾自己的读书经历，有以下几点体会：

第一，读书使人充实和快乐。古人有一种观点，读书要受得"十年寒窗苦"，甚至要"头悬梁，锥刺骨"。我极其不理解，难道读书有如此痛苦吗？仿佛要你读书，非弄得要重刑伺候不可呢！我的体会是：读书是一件非常快乐的事，兴趣和爱好是读书的最大动力。所以我们的学校教育应该是快乐教育，不应该是痛苦教育，把读书变成一件痛苦的事，任谁也不愿读书的。人们对读书的好处讲了很多，如培根讲读史使人明智，知识就是力量，还有人讲读书给人启发，读书可以怡情养性，等等，这些都对。孔子曰："学而时习之，不亦说乎？"就是讲读书是一件很快乐的事。孙中山说："我一生的嗜好，除了革命之外，就是读书。我一天不读书，就不能够生活。"我从读书中深深体会到，没有书的生活是一种精神贫乏的生活，不读书的人是一个精神贫困的人，读书可以丰富我们的精神世界，使我们获得充实快乐的人生。书籍是文化传承的载体，是几千年来人类知识的结晶，是无数他人经验智慧的总结。你要拥有这些，不必再重新从钻木取火开始，而可以通过读书获得。通过读书，我们没有去过美国却可以了解美国，我们没有经历过唐朝却可以认识唐朝；通过读书，我们可以与先贤哲人孔子、孟子、老子、庄子、亚里士多德、柏拉图等对话，可以理解文学大师李白、杜甫、曹雪芹、普希金、托尔斯泰、莎士比亚的心理和感情；通过读书，我们能够了解大到浩瀚无际的宇宙世界，小到神奇的蜜蜂王国和原子内部结构。读书，使我们畅游在知识的海洋，获得一个全新的世界。一个不读书的人，只能从直接接触中如从个人经历和别人的言传身教中获得知识，他局限于自己周围狭隘经验的小范围，基本上是一个无知的人；而一个读书的人，则超越了时间和空间对他的限制，可以跨越数千年，纵横几万里，拥有更加广阔的眼界和知识。读书是人类进步的阶梯，这是千真万确的真理。

第二，读书需要眼光。人类至今，留下的书籍浩如烟海，每天还在产生成千上万的书。毋庸讳言，这其中好书坏书正书邪书精品书垃圾书什么样的书都有，而大量的则是一般化、平平的甚至包含错误的书。读书使人明智，是指读好书使人明智，读了一般化的书、错误的书、荒谬的书，不但无益，反而有害，变成了读书使人糊涂。这样的事例，不乏其人，不是有书呆子一说嘛！人生如"白驹过隙"，时间是非常有限的，必须在有限的时间里读最好最有用的书。读书，读哪些书，选择什么样的书，是要下一番沙里淘金的功夫的。当然，人类进步到今天，已经形成了一大批公认的好书，这是我们的必读书。除此之外，还要看个人的兴趣和爱好，这其中也包含读者的眼光。看一个人的藏书，尤其是他读了什么书，大致是可以知道他的知识结构的。过去说，文如其人，其实书也如其人，什么样的人会喜欢看什么样的书。有人喜欢武侠，有人喜欢琼瑶，各取所需，各有所爱。一般来说，应该选择看那些能够增长知识、培养和提高专业技能的书，具有真知灼见、给人以智慧和启迪的书，能够陶冶情操、给人以信心和力量的书。

第三，读书需要方法。工欲善其事，必先利其器。掌握好的读书方法，可以收到事半功倍的效果。有的人好读书不求甚解，什么书都看，看后不知所云，抓不住要点和真谛。这就好像到了一个五光十色、令人眼花缭乱的大商场去买东西，什么都想买，不知道买什么，东转西逛，最终一无所获。读书也是这样，在一个知识爆炸的时代，掌握知识必须要有方法。有人说了一句很有道理的话，我们上大学，重要的不在于学了多少知识，而在于掌握了获取知识的方法。教师的职责不在于"授人以鱼"，而在于"授人以渔"。一般来说，读书要学会略读、粗读和精读。在知识的海洋中，许许多多的书只是翻一下就可以了；一般的书只要略读，了解主要的精神即可；稍微好一点的书要粗读，拣主要的部分读，要有基本的了解；少数精品书则要精读，甚至不止看一遍，可能要反复地看，达到消化吸收，融会贯通。台湾李敖说他读书不但要圈点批注，甚至喜欢把书撕开来读，把其中的内容分门别类加以整理归档，背面还要复印，不以保存为目的，而以读烂为目的。可见，读书还是需要各人创造一些"怪招"的。

第四，读书需要批判精神。古人说，尽信书，则不如无书。书乃一家之言，尽管是天才大家，也不可能尽善尽美，毫无瑕疵。马克思说过，要批判地继承人类社会创造的一切优秀文化遗产。读书要始终保持一种独立的理性的批判精神，用挑剔的审视的目光来看书。青少年有不少人看书入迷，看金庸的武侠小说而把自己想象成其中武艺高强的侠义英雄，看琼瑶的言情小说而陷入其中不能自拔，看所谓算命预测之类的书而信以为真，这些都是在书中迷失自我的表现。牛顿说："如果说我比别人看得更远些，那是因为我站在了巨人的肩膀上。"读书要深入书中理解，跳出书外思考，站在前人的肩上登高望远，这样才能达到"会当凌绝顶，一览众山小"的境界和"青出于蓝而胜于蓝"的效果。

第五，读书的目的在于应用。读书不是只为了读书，而是为了掌握知识、增长智慧最终为我所用。学以致用，实践出真知，讲的都是这个道理。有的人读了一辈子的书，只是读书，无有所长，无有所用，读死书，死读书，最后变成了书呆子。这是读书失败的典型。成功的读书者，必然是实践者。像毛泽东，熟读中国历史，饱览历代典籍，用于治国理政，成就一代伟人。像钱学森，学贯中西，精通文理，既是科学家，又是战略家，成为中国的航天之父和导弹之父。像鲁迅，博览群书，著作等身，从读别人的书到写自己的书，成为伟大的文学家和思想家。一切杰出人物，都富于创造性，不拘泥于书本，而是从书中来，到实践中去，"纸上得来终觉浅，绝知此事要躬行"，由读书而实践、而创造，最终又把他们的智慧凝结在书中，成为一切后学者的榜样。

目 录

经济发展战略问题研究

全面实施国家智能化发展战略

全球新一轮科技和工业革命正在蓬勃兴起，其突出标志就是信息化和智能化。在信息化快速发展的基础上，智能化正在成为未来发展的大趋势，这将对经济社会各方面产生革命性的影响。我们要紧紧抓住这一历史性机遇，像制定实施国家信息化发展战略一样，加快制定实施国家智能化发展战略，引领和带动整个国家实现跨越式发展。

一、全球智能化发展方兴未艾

电子计算机的出现，开启了人类信息化时代。随着计算机运算速度和存储容量的突飞猛进，其功能和应用迅速扩展到经济社会的各个方面。互联网的发展，特别是无线宽带和移动互联网的迅猛扩展，正在创造一个"互联网＋"的世界。新一代信息技术如 4G 通信（未来 5G 通信、量子通信）、互联网、物联网、大数据、云计算、云服务等快速兴起，"万物互联互通"成为现实，掀起了一场波澜壮阔的信息化时代大潮。

在信息化汹涌澎湃的发展过程中，智能化应运而生并呈现蓬勃发展之势。智能机器人、3D 打印、无人驾驶、智能手机、智能穿戴、智能家居、虚拟现实、增强现实等智能产品层出不穷。移动手机成为一个高度集成的智能终端，已经具有并将不断增加越来越强大的功能，包括打电话、看电视、发微信、看新闻、玩游戏、拍照片、录视频、听音乐、看电影、炒股票、存贷款、网上购物、移动支付、建立个人图书馆和数据库、阅览电子图书、全球实时地图等等。手机可以做越来越多的事情，人们在生活中最离不了和高度依赖的就是手机了，通过手机建立起越来越广泛的信息网络、经济网络和社会网络，发展出"手机经济"和"手机社会"。人工智能发展的突出标志，就是谷歌公司生产的 AlphaGo，它汇聚了有史以来著名围棋棋谱的海量数据，具备了认知和判断能力，继战胜围棋世界冠军李世石之后，又成功战胜世界围棋排名第一的柯洁，这成为人工智能发展史上的重要里程碑。智能化的发展已经扩展到经济社会的各个方面，包括智能制造、智能工厂、智能交通、智能电网、智慧城市、智能家庭等等，"电脑"具有越来越多的"人脑"功能，承担起许许多多以前由人从事的重复性、复杂性工作，形成高度自动化、智能化的生产生活方式和经济社会模式，这已经并将不断带来经济社会的革命性变迁，产生极其广泛而深远的影响。

世界主要国家都在抓紧新一轮科技和工业革命的机遇，应对智能化发展的挑战，制定实施国家发展战略，布局科技和产业发展重点，抢占未来经济发展的制高点，形成了新的竞争态势。

美国实施"再工业化"战略，制订了"美国制造业复兴计划"，核心内容是依托美国工业技术优势，加快推进人工智能、数字制造、3D 打印、工业机器人等先进制造技术的突破和应用，推动全球工业生产体系向有利于美国的个性化制造、自动化制造、智能化制造方向转变，重塑美国制造业的竞争优势。美国政府大幅增加对先进制造技术的研发支持，建立了一批国家技术创新研发中心，如实施"国家机器人计划"，组建由国防部牵头的数字制造与设计创新研究院、能源部牵头的智能制造创新研究院等，并行开展数字制造与智能制造两大领域创新研究。我们在考察美国"创新发展与新产业革命"时，布鲁金斯学会技术创新研究中心主任威斯特先生专门介绍说，美国现在非常重视三个领域：人工智能、机器人和大数据。美国高校、科研机构和企业发起成立了智能制造领导联盟，发布了《实施 21 世纪智能制造》报告，明确推进智能制造发展的目标和路径，提出为中小企业打造智能制造系统平台，到 2020 年将智能软件和系统成本降低 80%—90%。通用电气公司（GE）与 AT&T、思科（Cisco）、国际商用机器公司（IBM）和英特尔（Intel）发起成立了"工业互联网联盟"，并推出 Predix 操作系统，建立起涵盖装备制造企业、用户企业和 IT 企业的工商共同体。IBM 继研发国际象棋超级电脑"深蓝"后，开发了人工智能计算机系统

"沃森"（Watson），现在重点研究认知计算（Cognitive Computing）、深度学习、数据分析，并把这些成果广泛应用在智能交通、智慧能源、智慧城市管理中。苹果、微软、Facebook 等公司在语音识别、图像识别、虚拟和增强现实（VR/AR）等领域开始发力。谷歌则致力于研究人工智能（AlphaGo）、无人驾驶、图像搜索等技术，公司负责人说"人工智能将把谷歌从手机终端公司变成人工智能公司"。美国人认为，中国利用廉价劳动力和低成本制造优势，迅速崛起成为世界第一制造大国，而在新一轮智能制造发展中，中国的制造优势将被美国取代。美国竞争力委员会发布的《2016 全球制造业竞争力指数》报告提出，中国制造业竞争优势在未来 5 年到 2020 年将被美国彻底超越。

德国"工业 4.0"计划是其发展智能制造的总体战略。从建设"智能工厂"着手，深入开发运用工业机器人、射频识别传感技术、3D 打印、虚拟现实和人工智能等，推动生产系统智能化。进而在"智能工厂"的基础上，借助大数据、物联网和云服务，将智能产品、智能物流、智能交通、智能建筑、智能电网等相互连接，引领国民经济体系的智能化发展。德国"工业 4.0"的核心标志有两个，就是"信息化"和"智能化"。借助于自动化、数字化等成果，从供给一端到需求一端，各个链条和环节纵横方向都实现互联互通，虚拟世界和物理世界高度融通，进而推动智能制造、智能物流、智能管理和智能服务，实现智能化目标。可以说，"工业 4.0"是德国政府为保持制造业世界领先地位而制定的国家战略，正在重塑德国工业制造体系，将带来一场智能化的工业革命。德国政府制定了《高科技战略 2020》，规划布局了"工业 4.0 十大未来项目"，加大了资金投入力度，提出了一系列促进制造业发展的创新政策。"工业 4.0"倡导者瓦尔斯特说："工业 4.0 是德国政府推行的'新一代智能工厂'计划，正在带来一场以智能化为核心的第四次工业革命，确保德国在工业制造领域的世界领先地位。"他所创立的德国人工智能研究中心，研究方向覆盖人工智能的主要领域，包括机器人、人机交互、语音识别、图像理解、数据分析、知识管理等方面。

日本始终把发展高端制造业作为立国之本，充分利用其强大的工业制造能力和技术领先优势，牢牢占据世界制造业的高位。日本力图通过实施工业智能化战略，让日本重回国家竞争力全球第一的宝座。近期，日本政府制定"日本再兴战略"，利用人工智能、大数据、机器人等技术，推进第四次工业革命，并把政策和投资重点放在实现移动革命、供应链升级换代等五大领域。日本把人工智能作为实现新的技术和工业革命的突破口，在工业制造业高度自动化的基础上，推进工业智能化。2015年1月日本制定了"新机器人战略"，包括发展智能机器人、智能汽车、智能家电、智能住宅等一切智能化产品，并成立了官产学一体化的"机器人革命倡议协会"，推动全国的人工智能技术开发与工商业模式创新。日本作为世界机器人王国，工业机器人一直保持领先地位。在全球十大工业机器人品牌中，有5家属于日本，包括发那科、爱普生、欧姆龙、川崎、安川。日本人对于人形机器人有着近乎狂热的追求，致力于发展各种人形工业和服务机器人。日本企业加快建设智慧工厂的生产线，实施智慧化管理。这起源于丰田的精益管理，现在已被企业管理广泛采用。以本田为例，通过采用机器人、无人搬运机、无人工厂等先进技术和产品，加之采用新技术减少喷漆次数、减少热处理工序等措施把生产线缩短了40%，并通过改变车身结构设计把焊接生产线由18道工序减少为9道，建成了全世界最短的高端车型生产线。日本产业界开始构建基于物联网的智能制造与服务体系，人工智能、物联网、大数据、云服务成为重点方向。大学和企业组织成立"工业价值链倡议"，主要从技术角度推动智能制造发展。日本经济产业省还把3D打印列为优先政策扶持对象，实施名为"以3D造型技术为核心的产品制造革命"的大规模研发项目，重点开发世界最高水平的金属粉末造型用3D打印机，众多大企业参与了制定技术标准。

世界其他发达国家也都在布局跟进，发展中国家也在选择适合自己的方向和突破口。总体上来说，中国在世界智能化大潮中，面临着前有堵截、后有追兵的发展态势，不进则退，不能有丝毫犹豫和迟滞，必须抓住机遇，迅速行动，加快制定实施国家智能化发展战略，敢与强国竞争，善与强手过招，力争走在世界前列。

二、我国推进智能化发展的优势条件

近些年来，我国积极实施创新驱动发展战略，落实"中国制造2025"，实行"互联网＋"行动计划，推动"大众创业、万众创新"，科技创新成果大量涌现，工业制造业特别是高端制造能力全面提升，具备了加快智能化发展的优势条件。

我国信息化建设发展取得突出成就。已经建成全世界最大规模的4G网络，正在研究布局5G通信，移动互联网用户超过9.4亿户。互联网的迅速普及，带动了"互联网＋"产业的蓬勃发展。中国已经成为全世界最大规模的电子商务、移动支付市场。外国青年到中国感到最方便好用的"新四大发明"，就是高铁、网购、移动支付、共享单车，这些都走在了全世界的前列。智能手机使得人们足不出户，就可以解决很多生活问题，促进了网络商店、网上贸易、移动服务、无现金社会、自主出行等不断发展。"互联网＋"新产业、新业态、新模式的快速成长，创造出了新的生产方式、商业模式、金融规则和生活方式。

我国在一些信息科技前沿领域崭露头角。尤其是在超级计算机方面，保持了世界领先地位。2017年全球超级计算机500强排行榜显示，中国超级计算机"神威·太湖之光"和"天河二号"第三次携手夺得前两名，上榜计算机共有159个，占到总数的31.8%。中国的量子通信研究也走在世界前列，全球首颗量子通信卫星发射升空入轨运行。我国的研发投入占世界第二位，专利申请量已位居世界第一。

我国具备工业制造的强大综合性优势。作为世界第一制造大国，制造业产值占到全世界的20%以上，其中装备制造业产值所占比重超过1/3。加上基础设施完善，交通物流发达，产业体系完备，生产配套能力健全，这些奠定了中国制造的坚实基础。高速铁路成为中国制造的一张亮丽名片，目前高铁运营里程已超过2.2万公里，占到全世界的60%以上。大飞机、航空母舰都成为中国制造能力的突出标志。

我国在智能制造方面可以说异军突起。新一代通信设备、机器人、3D打印、智能电视、智能手机等产业发展势头迅猛。中国已成为全世界最大的机器人市场，工业机器人市场份额占到全世界1/4以上。2016年智能电视产量达到 9310 万台，智能手机产量超过 15.4 亿台，中国成为全球最大的智能手机生产国和消费国。

我国在创新发展中涌现出一大批创新型企业和人才。华为、中兴、阿里巴巴、腾讯、百度、小米、海尔、大疆、新松等，就是创新型企业的杰出代表。中国拥有全世界最大规模的人力人才资源，有 1.7 亿多受过高等教育的专业技术人才，在"双创"推动下全社会创业创新创富热情高涨，激发出巨大的创新活力和动力。世界知识产权组织发布的 2016 年全球创新指数排名中，中国首次跻身世界前 25 位最具创新力的经济体行列。瑞士洛桑国际管理发展研究院近期公布的世界竞争力排名显示，中国上升到第 18 位，比上次跃升了 7 位，是全球主要新兴市场中最具竞争力的经济体。

我们在美国考察时，与一些知名智库交流，到硅谷一些高科技公司访问，他们都对中国科技和制造业发展取得的成就刮目相看。布鲁金斯学会技术创新研究中心主任威斯特先生说，他对中国创新发展的成就深感震撼，在一些领域中国公司已经超过了美国同行，他特别举出阿里巴巴电子商务和华为智能手机的例子。苹果、谷歌、Facebook 等公司负责人都说，中国同行在一些方面走在了前面，他们现在已开始学习中国的一些先进技术。这些都说明，中国在智能化发展方面，已具备了许多优势和条件，能够在一些领域与国外强手一争高下。

同时也要清醒地看到，我国经济发展呈现出发展中大国经济的典型特征，这就是地区、城乡、行业和产业之间发展很不平衡，呈现出多层次、复合型特征，既有快速发展的高端装备制造和新兴产业，也有量大面广的传统经济，总体上还处在国际产业链的中低端水平，"缺脑少心"的状况没有根本改变。这就更加需要我们加快实施国家智能化发展战略，培育壮大新动能，改造提升传统动能，推动新旧发展动能接续转换和经济转型升级。

三、全面实施国家智能化发展战略的政策建议

我国为推动国家信息化建设发展，早在 1993 年就设立国家经济信息化联席会议并下设办公室，1996 年成立国务院信息化工作领导小组，2001 年

中共中央、国务院决定重新组建国家信息化领导小组，并设立国家信息化专家咨询委员会，先后制定实施了多个国家信息化发展战略。2016年7月中共中央办公厅、国务院办公厅发布了《国家信息化发展战略纲要》，提出要以信息化驱动现代化，建设网络强国，增强国家信息化发展能力。

智能化与信息化既有联系又有区别，它以信息化为基础，以人工智能为核心，具有类人的记忆、识别、判断、选择等思维和行动能力，可以替代并超越人脑的一些功能，用以从事人类各种各样的复杂脑力劳动。这也是智能化与自动化的一个重要区别，自动化主要是代替人手的劳动，智能化主要是代替人脑的劳动。有人把工业革命以来科技和产业变革分为四个阶段，这就是：机械化、电气化、自动化和智能化。世界经济论坛主席施瓦布提出第四次工业革命，就是指进入新世纪以来，在数字革命的基础上出现的与互联网和智能化相结合的经济模式。如果说以前的三次工业革命只是对人手和体力的不断替代，是一次又一次量变中间小的质变过程；那么这一次智能化革命则开启了对人脑和智力的替代进程，是一次大的革命性的质变，其巨大而深远的影响现在还言之过早。但毫无疑问的是，智能化已经成为新一轮科技和工业革命的突出标志，代表了未来科技、产业、经济和社会发展的大趋势。谁能赢得智能化，谁就能赢得产业变革的未来，走在世界经济和社会发展的前列。

中国在世界信息化大潮中没有落后，在智能化发展大趋势中也必定能够抢占先机。我们要像高度重视和推动国家信息化一样，高度重视和推动国家智能化，制定实施国家智能化发展战略，作出全面规划布局，选准突破重点，确保我国在世界智能化发展中占有领先地位。

（一）制定智能化发展重大科技规划，组织实施重点研发行动。智能化涉及许多重大科技前沿领域，必须充分发挥我国集中力量办大事的制度优势，举全国之力，集中优势兵力协作攻关，在一些方面取得突破性进展，占领某些科技制高点。人工智能是智能化发展的核心所在，许多创新企业家和专家学者都提出要制定实施人工智能国家战略。我们现在拿出"两弹一星"的精神，搞载人航天和登月工程，搞航空母舰和大飞机；也要用"两弹一星"的精神，来搞智能化战略特别是人工智能。要组织建设人工智能研究国家队，重点建设若干个人工智能国家创新中心，包括类脑研究、深度学习、语音和图像识别、虚拟和增强现实、智能机器人、3D打印、无人驾驶等方面，重点攻关共性关键技术。政府推动产学研结合，组建科研机构和行业、企业联合研究项目，推动基础研究和应用研究相互促进，为智能产业发展打下坚实的基础。

（二）加快发展智能制造，推动智能化产业发展。尽快研究制定《国家智能制造发展中长期规划》，建立国家智能制造创新中心，组建中国智能制造联盟，协同推进智能制造系统平台建设，为企业发展智能制造提供低成本、安全可靠的软硬件和系统解决方案。特别要重点实施工业机器人计划，集中力量在工业机器人领域取得突破性进展。推动建设"智能工厂"，打造一批试点示范企业，引领我国工业智能化发展。以智能制造为基础，进一步发展智能服务，推动智慧农业，建设智慧产业、智慧经济，在经济信息化的基础上实现经济智能化。

（三）推进智能化管理，建设智能化社会。智能化将广泛渗透到经济社会的各个方面，影响到人们的生活方式和社会管理模式。人们已经越来越多地感受到智能化的方便，共享单车就是一个典型案例。最简单的如自动取款机、自动售货机、自动购票机、自动电梯、自动停车场等，已经取代了人的劳动并提供了更便捷的服务。现在，智能交通、智能物流、智能电网、智能旅游、智能医疗、智能教育等都在快速发展之中，各地方也都开始建设智慧城市、智慧社区、智慧乡村。我们要加快推动智能化管理的应用和发展，建设现代化的智能社会。

（四）加强智能化基础设施建设，加快培养智能化人才。一方面，加强智能化硬件建设。特别是信息化、网络化基础设施，加快实施"宽带中国"战略，建设中国"信息高铁"，推动我国互联网、物联网、大数据、云计算、云服务发展，建设覆盖全社会的超大规模智能终端和公共信息服务平台。另一方面，加强智能化软件建设。全世界智能化发展的竞争，说到底是高端人才的竞争。美国硅谷吸引了全世界的一流人才，使其成为全球科技创新的高地。我们在硅谷看到，许多清华、北大以及其他中国名牌大学毕业生都在这里工作，据说中国人在硅谷人才中占到1/10左右。我们要想方设法吸引中国人才回流，并吸引国外人才到中国来创新发展。我们要在应对智能化带来的产业变革的同时，也要应对好智能化所带来的就业变革，适应就业结构转换对学校教育和劳动者职业技能的要求，大学教育要尽快适应智能化发展趋势，建设世界一流的智能化学科专业，加快培养一流的智能化科技和工程创新人才。

实施梯度跨越"中等收入陷阱"发展战略

我国已进入中等收入国家的偏上水平，下一步要向高收入国家水平迈进。如何跨越"中等收入陷阱"，是我国发展面临的重大挑战。从中国国情出发，实施分步梯度跨越的发展战略，是我们的现实选择和可行路线图。

一、我国已进入梯度跨越"中等收入陷阱"的发展阶段

经过改革开放近 40 年的快速发展，我国已经成为世界第二大经济体、第一制造大国、第一货物贸易大国和全球成长最快的新兴大市场。2016 年，我国经济总量超过 74.4 万亿元，按全年人民币平均汇率计算折合 11.2 万亿美元，占到全世界经济总量的 14.8%。这里有几个比较数据，可以反映出我国经济总量的快速变化。1990 年时，中国台湾的经济总量相当于中国大陆的 43.8%，2016 年下降到只有 4.6%，深圳人均 GDP 已超过台湾，广州人均 GDP 与台湾相当，这两个城市人口加起来 2700 多万人，超过了台湾的 2300 多万人。1991 年时，中国香港经济总量相当于中国大陆的 20% 以上，2016 年下降为只有 2.8%，北京、上海的经济总量早已超过香港，广州、深圳接近香港。在金砖五国中，其他四国（俄罗斯、巴西、印度、南非）加起来，经济总量相当于中国的一半，也就是说中国经济总量占到了金砖五国的 2/3。东盟十国经济总量相当于中国的大约 22.7%，东盟十国加上日本、韩国，相当于中国的 80%，东盟十国加上日本、韩国、印度，接近中国经济总量。

2016 年，我国人均国内生产总值达到 8100 多美元，按照国际货币基

金组织发布的数据，处在全世界第 70 位。根据世界银行最新标准，人均国民收入低于 1005 美元为低收入经济体，在 1006 美元至 3955 美元之间为中等偏下收入经济体，在 3956 美元至 12235 美元之间为中等偏上收入经济体，高于 12235 美元为高收入经济体。一般情况下，人均国民收入与人均 GDP 大体相当。我国人均国内生产总值处于中等收入国家的偏上水平。下一步，要向着全面跨越"中等收入陷阱"、迈向高收入国家水平的目标前进。

我国是一个人口众多、幅员辽阔的大国，区域发展很不平衡，各地区存在很大不同，平均数往往掩盖了内部差异。中国本身也存在着发达地区、发展中地区和落后地区。从各地区发展情况看，现在已经有 9 个省区市总人口超过 4.7 亿人，人均 GDP 超过 1 万美元，其中天津、北京、上海、江苏 4 个省市总人口 1.4 亿，人均 GDP 达到 1.4 万美元以上，达到高收入国家水平的下限；浙江、内蒙古、福建、广东、山东 5 个省（自治区）总人口 3.3 亿，人均 GDP 接近高收入国家水平。其他还有 14 个省区市人均 GDP 在 6000—9000 美元，另外 8 个省区人均 GDP 在 4000—6000 美元，全部进入中等收入偏上水平（见附表）。

中国一个省区的人口、面积相当于国外一个国家，省域内各地城乡之间也存在很大差距。如果以地级城市来看，则有 77 个城市人均 GDP 超过 1 万美元，其中有 31 个城市人均 GDP 超过 1.5 万美元，有 10 个城市人均 GDP 超过 2 万美元，这些地方都达到了高收入水平。如最高的鄂尔多斯市人均 GDP 超过 3.3 万美元，克拉玛依市人均 2.7 万美元，深圳市人均 2.6 万美元，广州市、苏州市人均 2.2 万美元。在县级市中，江苏昆山市人均 GDP 达到 3 万美元，张家港市、江阴市人均 2.8 万美元，太仓市人均 2.5 万美元。可以说，随着划分区域的缩小，各地的差异更大，总体上各地发展呈现出多点开花、竞相超越的格局。

从全国大的经济区域来看，有几个区域已经进入高收入水平。一是京津唐地区，以北京、天津两大城市为代表，包括唐山市。二是长江三角洲地区，包括上海、江苏和浙江杭州、宁波、舟山、绍兴、湖州等地区。三是珠江三角洲地区，包括广州、深圳、珠海、东莞、佛山等地区。四是胶东半岛地区，包括济南、青岛、烟台、威海、淄博等地区。五是内蒙古呼和浩特、包头、鄂尔多斯、锡林郭勒等地区。六是其他如长沙、武汉、大连、沈阳、郑州、南昌等地区。可以看到，区域性跨越"中等收入陷阱"正呈现出蓬勃发展之势。

到 2020 年全面建成小康社会，实现国内生产总值和城乡居民人均收入比 2010 年翻一番，经济年均增长 6.5% 以上，届时我国经济总量将达到 96 万亿元，按汇率不变价计算，约合 14.8 万亿美元，我国人口按年均增长 0.5% 计算，则全国总人口达到 14 亿人，人均 GDP 超过 1 万美元。按此发展速度，预计到 2024 年，或者说到 2025 年前，可以跨越中等收入国家的最低门槛，迈入高收入国家的行列。

二、梯度跨越"中等收入陷阱"是符合中国国情的现实选择

改革开放以来，我国的现代化建设走的是一条差异化梯度发展道路，由东部沿海地区率先发展，带动广大中西部地区发展起来，进而实现总体跨越发展。实践证明，这是一条符合中国国情的成功道路。

对于我国这样一个地区差别很大的发展中大国来说，各地发展不可能齐头并进，相对落后的地方也不可能都达到平均水平，而会有先有后、各显其能。必须从各地实际出发，发达地区率先发展，发挥示范引领作用，带动其他地区发展，发展中地区充分发挥后发优势，加快发展步伐，形成各地区你追我赶、竞相前进的"雁阵"发展格局。

我国东部一些地方提出了"两个率先"的发展目标，率先全面建成小康社会，率先基本实现现代化。2010 年 6 月，国务院批准实施《长江三角洲区域规划》，提出到 2015 年，长江三角洲地区率先实现全面建成小康社会目标，人均地区生产总值达到 8.2 万元，按当年汇率折合 1.2 万美元，核心区（主要是上海）达到人均 10 万元，折合 1.47 万美元，应该说这个目标已经实现。到 2020 年力争率先基本实现现代化，人均地区生产总值达到 11 万元，折合 1.6 万美元，核心区达到 13 万元，折合 1.9 万美元，目前已接近实现这一目标。江苏省提出，到 2020 年基本实现现代化，达到中等发达国家水平，苏南一些地方提出提前基本实现现代化的目标。北京、上海、

天津、广东等地，也不同程度提出了率先基本实现现代化的目标。

到 2020 年全面建成小康社会之时，我国人均 GDP 超过 1 万美元，将有更多地区和人口人均 GDP 超过 12736 美元，跨越"中等收入陷阱"，进入高收入国家行列。下一步，要持续接力，全面迈上高收入国家水平。

我国跨越"中等收入陷阱"的基本路线图就是：由局部跨越，到大部跨越，再到整体跨越。在全面建成小康社会之后，继续向高收入国家水平迈进，建设一个"富裕社会"，部分地区率先基本实现现代化，为全国基本实现现代化奠定更加坚实的基础。

需要说明的是，即使到 2024、2025 年之后，我国实现整体跨越"中等收入陷阱"，也只是全国人均 GDP 达到 12736 美元以上，并不是所有地区所有人口都达到了这一水平，还会有相当多的人口低于平均水平。同时，高收入国家的标准也在不断提高，现在全世界人均 GDP 平均水平已超过 1 万美元，高收入国家和地区平均水平已接近 4 万美元，如美国人均 5.7 万美元，新加坡人均 5.3 万美元，德国人均 4.2 万美元，日本人均 3.9 万美元，韩国人均 2.75 万美元，中国香港人均 4.35 万美元，中国台湾人均 2.25 万美元。即使我国整体跨越了"中等收入陷阱"，也只是刚刚迈进高收入国家的门槛，与其他高收入国家和地区水平仍然存在着很大差距。对此，我们必须保持清醒认识，不断向着实现中华民族伟大复兴的目标迈进。

三、实施梯度跨越"中等收入陷阱"发展战略的重点任务

跨越"中等收入陷阱"，迈上高收入国家水平，必须实施综合性的国家战略，采取一系列重大举措。重点突出以下几个方面：

第一，牢牢抓住发展第一要务不放松，保持中高速增长，防范化解经济风险。世界上不少国家之所以长期陷入"中等收入陷阱"而难于自拔，最重要的原因就是发展出了问题，发展的停滞是陷入"中等收入陷阱"的最大危险。拉美地区和东南亚一些国家是陷入"中等收入陷阱"的典型代表。如委内瑞拉、秘鲁、哥伦比亚、阿根廷、墨西哥等国家，长期受困于"中低收入陷阱"。阿根廷 1960 年就进入中等收入国家行列，被称为拉美首

富，然而此后经济长期处于停滞状态，有16年人均国内生产总值负增长。菲律宾1980年人均国内生产总值达到2671美元，2014年仍只有2865美元。与此相对照，"亚洲四小龙"成功实现了由中等收入向高收入的跨越，创造了"东亚奇迹"。如韩国1987年人均GDP超过3000美元，1995年达到11469美元，2014年更是达到28101美元，进入高收入国家的行列。只有经济持续稳定发展，才能成功跨越"中等收入陷阱"。我国经济发展由过去的高速增长，转入中高速增长的新常态，必须做到减速不失势，保证经济增速在6.5%以上，这是跨越"中等收入陷阱"的基本条件。为此，必须创造一个稳定的经济环境，特别注意防止拉美国家出现的通货膨胀、债务风险以及严重的经济危机，有效防范和化解财政金融风险，尤其要管理好股市、汇市和房市，及时处置资产泡沫，打好实体经济发展的坚实基础，创造经济长期稳定发展的良好环境。

第二，实施创新驱动发展战略，从根本上转变经济发展方式，更多释放人力人才资源红利。一些落入"中等收入陷阱"的国家，在经济发展到一定阶段后，既丧失了与低收入经济体在制造业方面的竞争优势，也没有能力同发达经济体在高技术领域展开竞争，无法实现由依靠廉价劳动力或能源资源优势向依靠科技创新的高生产率增长模式转变，错失了经济转型升级的重要契机。这以拉美国家为典型代表，长期享受自然资源红利，实施进口替代战略，始终未能形成中高端制造能力，反而使"举债增长"难于维持。我国经济发展已到了一个重要关口，从2011年开始劳动适龄人口相对减少，2014年开始劳动适龄人口绝对减少，已经出现农村劳动力从无限供给到有限供给的"刘易斯拐点"。劳动力成本上升，人口红利日趋减少，依靠廉价劳动力生产大量低端产品的增长模式无法长期持续下去，高投资、高消耗、高增长、低效益的粗放式发展方式难以为继。中国的劳动生产率仅相当于美国的20%、韩国的30%多，还有很大的提升空间。必须把经济发展真正转变到更多依靠创新驱动和人力人才资源的道路上来。实施创新驱动发展战略，加大教育、科技投入，加快人力人才资源开发和科技研发，不断提高全社会劳动生产率。一方面，加快发展高水平教育，全面提高劳动者素质。目前中国教育支出占GDP的比重达到4%，韩国超过5%，美国长期稳定在5.5%左右。要适应产业迈向中高端的需要，加快发展中高等教育和职业技术教育，培养更多高技能人才，创造出新的更大的人才红利。另一方面，加快推动科技创新，提高科技进步贡献率。我国的研发投入占到 GDP 的 2%，相比美国的 3%、韩国的 3.36%、日本的 3.4%，仍然存在不小差距。对中国这样快速发展的大国来说，通过学习发达国家现有技术所形成的后发优势是逐步递减的，经济发展对科技进步和自主创新的需求越来越大。根本出路在于科技创新，要加快建设教育强国、人才强国、科技强国，成为创新型国家。

第三，**加快发展新经济，培育壮大新动能，打造经济增长新的发动机。**在经济发展不同阶段，经济增长的动力机制是不同的。如果把经济发展比作一列火车，过去的动力是蒸汽机，后来是内燃机，现在则是高速动力。许多落入"中等收入陷阱"的国家，恰恰是在发展动力方面出了问题，过去是用蒸汽机，后来仍然是用蒸汽机，自然动力不行了。归根到底是从低端制造无法升级到中高端制造，经济转型失败所致。拉美国家至今除了向外大量出口农产品和能矿资源外，其工业制成品在国际市场没有强大竞争力。东亚韩国则不同，在发展中成功实现了经济转型升级，跃升到了国际产业分工的中高端领域。一个国家能否在中等收入阶段成功转换增长动力机制，打造经济增长新的发动机，是其能否跨越"中等收入陷阱"的关键。中国正处在新旧发展动能接续转换的重要关口，必须紧紧抓住新一轮科技和工业革命的历史性机遇，大力发展以互联网、物联网、大数据、云计算、智能制造、新能源、新材料、生物技术等为代表的新经济，加快从跟跑到并跑到领跑的转变，不断推动产业迈向中高端水平，形成牵引经济发展的强大新动能。

第四，**坚定不移推进改革开放，着力破除体制机制障碍，更大程度释放制度红利。**一些陷入"中等收入陷阱"的国家，受利益集团的羁绊，政治内斗不止，改革难以推进，市场配置资源的功能受到严重扭曲，腐败现象蔓延，社会矛盾积重难返。中等收入阶段，也是一个各方面矛盾积累、风险隐患增加的阶段，需要国家拥有强有力的主导掌控能力，超越不同社会集团的利益，以国家发展利益为最高原则，驾驭和处理复杂局面。这是跨越"中等收入陷阱"的必要条件，也是我国的最大优势所在。我们要按照"四个全面"战略布局要求，坚定不移推进改革开放，特别是加强供给侧结构性改革，解决好经济结构性矛盾和问题，坚决破除阻碍经济社会发展的各种障碍，形成推动科学发展的新体制、新机制，为跨越"中等收入陷阱"提供强有力的制度保障。

第五，有效解决收入差距扩大问题，壮大中等收入群体规模，促进社会公平正义与和谐稳定。"中等收入陷阱"中的"拉美陷阱"，一个重要特征就是收入差距扩大，贫富分化严重，导致社会矛盾尖锐化，从而引发社会动荡。如拉美一些国家，基尼系数大多在0.5左右，高的达到0.6以上，大片的贫民窟就是其突出标志。世界上没有一个国家能够在贫民窟大量存在的情况下，发展成为高收入社会。而成功跨越"中等收入陷阱"的国家和地区，发展成果更多惠及普通民众，收入差距不断缩小，社会公平得到较好体现。日本60年代实施"国民收入倍增计划"，韩国70年代推行"新社区运动"，缩小了城乡和居民收入差距，使初次分配更趋均衡，为跨越"中等收入陷阱"创造了较为稳定的社会环境。缩小收入分配差距，不仅关系到社会公平，也有利于培育规模越来越大的中等收入群体，建设现代消费型社会，为经济社会发展提供持久动力。中国经过30多年的快速发展，积累起巨大的社会财富，人们对如何更加公平合理分配高度关注，社会分配不公已经成为一个突出问题。在跨越"中等收入陷阱"的过程中，必须下决心解决收入差距扩大的问题，加强国家对收入分配的宏观调控，建立起有利于调节收入分配的新机制，限制部分社会成员不当过高收入，打击和取缔非法收入，扩大中等收入群体规模，提高低收入群众生活水平，促进公平正义，建设和谐社会，实现国家长治久安。

总的来说，我国正在由中上收入国家向高收入国家迈进，已经有不少地区率先跨越了"中等收入陷阱"，今后还会有越来越多的地区不断跨越"中等收入陷阱"。实施梯度跨越"中等收入陷阱"发展战略，我们完全有信心有能力到2025年左右整体跨越"中等收入陷阱"，进入高收入国家行列，并且向着实现中华民族伟大复兴的中国梦的宏伟目标不断前进。

附表：2016 年全国各地区人均 GDP 排名表（不包括港澳台地区）

排名	地区	经济总量（亿元）	经济总量（亿美元）	常住人口（万人）	人均 GDP（元）	人均 GDP（美元）
1	天 津	17885	2693	1562	115053	17321
2	北 京	24899	3749	2173	114653	17261
3	上 海	27466	4135	2420	113615	17105
4	江 苏	76086	11455	7999	95257	14341
5	浙 江	46485	6998	5590	83538	12577
6	内蒙古	18633	2805	2520	74069	11151
7	福 建	28519	4294	3874	73951	11133
8	广 东	79512	11971	10999	72787	10958
9	山 东	67008	10088	9947	67706	10193
10	重 庆	17559	2644	3048	57902	8717
11	湖 北	32298	4863	5885	55038	8286
12	吉 林	14886	2241	2733	54266	8170
13	陕 西	19165	2885	3813	50398	7587
14	辽 宁	22038	3318	4378	50314	7575
15	宁 夏	3150	474	675	46918	7064
16	湖 南	31245	4704	6822	45931	6915
17	海 南	4045	609	917	44252	6662
18	青 海	2573	387	593	43531	6554
19	河 北	31828	4792	7470	42736	6434
20	河 南	40160	6046	9532	42247	6360
21	黑龙江	15386	2316	3799	40432	6087
22	新 疆	9617	1448	2398	40427	6086
23	江 西	18364	2765	4592	40106	6038
24	四 川	32681	4920	8262	39695	5976
25	安 徽	24118	3654	6196	39092	5896
26	广 西	18245	2747	4838	37876	5885
27	山 西	12928	1946	3682	35198	5299

排名	地区	经济总量（亿元）	经济总量（亿美元）	常住人口（万人）	人均GDP（元）	人均GDP（美元）
28	西 藏	1150	173	331	35143	5291
29	贵 州	11734	1767	3555	33127	4987
30	云 南	14870	2239	4771	31265	4707
31	甘 肃	7152	1077	2610	27458	4134

注：2016年我国国内生产总值744127亿元，按全年人民币平均汇率1美元兑6.6423元计算，国内生产总值112028.5亿美元；年末中国大陆总人口138271万人，人均国内生产总值53980元，折合8127美元。

把加快发展新经济作为重大战略举措

全球新一轮科技和工业革命正在蓬勃兴起，由此带来的新产业、新经济加快成长，为中国经济转型升级、跨越"中等收入陷阱"提供了难得的历史性机遇。我们必须紧紧抓住这一机遇，从战略的高度谋篇布局，加快发展新经济、培育壮大新动能，实现新旧发展动能接续转换，打造经济增长新的发动机。

一、新经济发展正在带来经济社会的革命性变革

新经济是伴随新一轮科技和工业革命而产生的经济形态。早在 20 世纪 90 年代，美国就提出"新经济"的概念，主要是指随着信息技术革命和全球化的发展，美国经济出现了长达 10 年时间的高增长、低通胀、低失业率、低财政赤字的现象，当时人们认为这将打破过去的经济周期。我们现在提出的"新经济"，与此既有联系，都与信息技术革命有关；又有很大不同，是在新一轮科技和工业革命取得新的重大突破的情况下发展起来的经济形态。美国学者里夫金认为，第三次工业革命就是互联网与新能源的结合，将带来一种新经济模式。瑞士世界经济论坛主席施瓦布提出第四次工业革命，是指进入新世纪以来，在数字革命的基础上出现的与互联网和智能化相关的经济发展。总的来说，新一轮科技和工业革命以信息技术和智能制造为代表，包括互联网、物联网、云计算、大数据、4G 通信等信息技术，智能机器人、3D 打印、无人驾驶、柔性化生产、自动化管理等智能技术，以及以纳米技术为代表的新材料，以清洁能源和可再生能源为代表的

新能源，以基因技术为代表的生物工程等。与此相关的产业发展，都属于新经济的范畴。

一提起新经济，人们自然想到的就是高新技术产业，还有战略性新兴产业，它们有什么联系和区别？应该说，新经济包含了高新技术产业和战略性新兴产业，这是新经济的主体；新经济又是与传统经济相区别的一个概念，是指在传统经济基础上发展起来的新的产业和经济形态。

新经济的突出标志就是信息化和智能化，表现为与新的科技和工业革命相联系的新技术、新产业、新业态、新模式。随着互联网、物联网技术日新月异的发展，我们已进入一个"万物互联"的时代。电脑和手机成为"万物互联"的智能终端，可以迅速联通全世界经济社会的各个方面。新经济以4G通信（未来5G通信、量子通信）和互联网（移动互联网）等新一代信息技术为基础，加速向一二三产业以及各行各业渗透扩展，融合生成许多新的产业形态。随着新一代大容量、高速度电脑技术的发展，智能装备在农业、工业、服务业各领域，不仅替代人手劳动，而且越来越多地替代人脑劳动，形成智能化、自动化的生产生活方式和经济社会模式。

新经济的发展正在带来一场影响深远的革命性变革。新经济以其颠覆性技术、创造性破坏，不断催生经济新模式，呈现出高智慧、轻资产、零成本、微行为、众力量等新特征。在互联网经济发展中，高智力的人才资源越来越重要，实物资产的价值相对下降，大量分享互联网信息资源使成本变得微不足道，微信、微博、微贷、小批量个性化定制等微行为正在兴起，众创、众筹、众扶、众包等大众参与型分享经济蓬勃发展。"互联网＋"、智能制造等广泛应用，虚拟与实体深度融合，正在形成新的生产方式、产业形态、商业模式等新的经济形态。与此同时，传统产业更多地与互联网、智能化相结合，加快改造升级步伐，实现脱胎换骨般的新变化。新经济正在创造人们的新生活，催生新的社会管理方式。越来越多的人融入数字化新生活之中，网上定购、电子支付、网络互动、远程教育医疗等正在改变人们的生活方式。电子政务、智能交通、智慧城市、智能家居等日益发展，正在创造新的社会管理模式。

二、我国新经济发展面临的机遇和挑战

　　人类经历过几次科技和工业革命，都推动了生产力的大发展，带来了经济社会的革命性变化。令人痛心的是，中国在历史上几次错失了科技和工业革命的机遇，陷入落后的境地。经过近40年的改革开放，我国的经济实力、科技水平大幅提高，一些领域已经处于世界领先水平。特别是与新一轮科技和工业革命相联系的新经济发展，正呈现方兴未艾的良好态势。中国已成为全世界最大的智能手机生产国和消费市场，移动电话用户超过13亿户，移动宽带用户7.85亿户，建成全球最大规模的4G通信网络，4G用户超过3.8亿户。中国已成为全世界最大的电子商务和电子支付市场，去年全国网上零售额达3.88万亿元，增长33%以上，占社会消费品零售总额比重超过10%。中国成为全球最大的机器人和新能源汽车消费市场。以中车、华为、中兴、小米、阿里巴巴、腾讯、海尔、新松、大疆等一大批创新型企业为代表的新经济，展现出日益强大的国际竞争力。新一代通信网络、高端装备、智能制造、机器人、3D打印、无人驾驶、新能源汽车、智能电视等新产业快速发展。

　　我国正处在新旧发展动能接续转换的关键阶段，旧的发展动能趋于弱化，新经济、新动能在加快成长。由于中国经济的多层次、复合性特征，既有新经济的蓬勃发展，也有量大面广的传统经济；既有工业4.0的新领域，还有大量的工业2.0、3.0，甚至还有工业1.0的传统产业。新经济在整个经济中所占比重还不大，短期看还不足以弥补和替代传统经济的下降，但新经济形虽弱而势渐强，正是未来中国经济发展的希望所在。

　　中国经济由过去的高速增长转入中高速增长的新常态，要突破发展的瓶颈约束和增长的"天花板"，成功跨越"中等收入陷阱"，必须紧紧抓住新一轮科技和工业革命的历史性机遇，实施"弯道超车"战略，勇当新浪潮中的"弄潮儿"，加快发展新经济，培育壮大新动能，改造提升传统动能，打造经济增长新的发动机。

　　我国具备加快发展新经济的各方面优势条件。中国已经成为世界第二大经济体、第一制造大国，成为世界第二研发大国，研发投入强度居全球第二。拥有全世界最大规模的人力人才资源，有1.7亿多接受过高等教育的

专业技术人才。以高铁、核能、通信等为代表的高端装备制造业，处于世界领先位置；超级计算、量子通信、光伏发电、基因工程等，都在世界高技术领域占有一席之地。我国还拥有市场规模优势，随着中等收入群体的不断扩大，已成为全世界最具活力和成长性的新兴大市场。全国已经有10个省区市、人口超过5亿人，人均GDP超过1万美元，居民购买力和消费水平引起全世界的关注。我国的产业配套体系完整，基础设施发达，拥有发展新经济的综合性比较优势和众多支撑条件。

三、加快发展新经济的重点举措

面对新一轮科技和工业革命，党中央、国务院不失时机地作出重要部署，提出了建设创新型国家和世界科技强国、制造强国的目标，实施创新驱动发展战略，制定并实施《国家创新驱动发展战略纲要》、中国制造2025、"互联网＋"行动计划、国家大数据战略等，推动大众创业、万众创新，出台了一系列政策措施。这些都对推动新经济发展，起到了重要促进作用。在此基础上，还要进一步实施新经济发展战略，采取以下几个方面的重点举措：

（一）**加快发展新经济和改造提升传统经济并举，打造经济发展"双引擎"**。经济发展需要不断注入新动力。在经济发展不同阶段，经济增长的动力机制是不同的。如果把经济发展比作一列火车，过去的动力是蒸汽机，后来是内燃机，现在进入高铁时代需要高速动力。新经济是创新经济、信息经济、智慧经济、分享经济。新经济是创造出来的，可以"无中生有""一生二，二生三，三生万物"，如微信、脸书、优步、滴滴出行等，都是这样。我们要加快发展新经济、创造新经济，推动新技术、新产业、新业态、新模式不断成长，推动分享经济、微创经济竞相发展。同时，加快运用信息网络和智能化新技术，改造提升传统产业，重塑产业链、供应链、价值链，为传统产业插上腾飞的翅膀。通过发展新经济和改造提升传统经济，形成新的强大混合动力，推动中国经济再上新台阶，实现转型发展。

（二）**重点突破发展主导产业，培育壮大新经济产业集群**。发展新经济，要选择好突破口。重点在两个方面：一方面，大力发展"互联网＋"经济，也就是信息经济、网络经济、数字经济。充分运用互联网（移动互联网）、物联网、大数据、云计算等信息技术，与各行各业融合发展，实现网上与网下、虚拟与实体相结合，加快发展电子商务、电子金融、互联网工业、互联网服务业，打造新的农业、工业、服务业新模式和新产业体系。另一方面，大力发展智能制造产业，包括智能机器人、3D打印、柔性制造、无人驾驶、工业自动化等产业。特别是智能机器人，包括工业机器人、农业机器人、服务机器人，具有无限的发展空间，如阿尔法狗，将会在广泛的领域获得应用，带来生产和生活的全新变化。当然，也要高度重视新材料、新能源、生物技术领域的突破性发展。

（三）**以点带面推广创新技术、经验和管理模式，引导新经济发展大趋势**。现在，新经济的发展如雨后春笋般层出不穷，创新技术和模式超出人们的想象，一些创新产品充满奇思妙想，令人匪夷所思。华为创造了高科技制造企业发展的中国传奇，牢牢掌握着众多前沿性专利技术，华为手机已经稳居国内市场首位。小米独辟蹊径，实现了制造与消费的无缝对接，消费者参与产品设计定制，在智能手机行业异军突起。阿里巴巴建立起全世界最大的电子商务帝国，淘宝和支付宝从根本上颠覆了传统的商业和金融模式，马云正在尝试建立电子世界贸易组织（EWTO）计划，试图重写"芝麻开门"的奇迹。各级政府管理部门和领导干部都应当多到火热的新经济发展第一线走一走、看一看，深入调查研究，及时发现典型事例经验，并加以总结推广，制定实施有效的鼓励支持政策，促进新经济发展从小到大、由弱变强，创造中国经济发展新的奇迹。

（四）**进一步简政放权，推动大众创业、万众创新向纵深发展**。这几年简政放权和"双创"成效明显，有效激发了市场活力和社会创造力，新增市场主体呈井喷式增长，为稳增长、保就业发挥了重要作用。发展新经济，必须创造更加宽松的良好市场环境。社会各方面反映，现在政府管理中束缚还是太多，管了不少不该管、管不了、管不好的事，而市场监管和服务又没有跟上，影响到了创新发展。必须大力推进简政放权、放管结合、优化服务改革，进一步发挥好市场配置资源的决定性作用，政府要加强市监管和服务，严格保护知识产权，严厉打击假冒伪劣行为，为新经济发展培土施肥、加油助力。深入推动大众创业、万众创新，既大力发展高端创新产业，又积极发展大量微创经济，形成科技研发机构、企业和个人共同参与、创业创新创造蓬勃发展的新局面。

（五）加强信息基础设施建设，打造数据高速公路。发展新经济，建设覆盖全社会的公共信息平台至关重要。目前，我国宽带网速与发达国家差距很大，制约了"互联网＋"经济发展。要全面实施信息高速公路建设工程。一方面，加快建设光网城市，推进光纤进村入户，实现城乡宽带网络全覆盖。另一方面，在加快普及 4G 通信的同时，及时研究布局 5G 通信规划建设，着力研究量子通信技术，要像建设高铁一样，确保中国"信息高铁"走在世界前列。

为了及时监测和评估新经济发展，还要改进统计方法，建立新经济的统计指标体系，为制定有效政策措施促进新经济发展提供科学依据。

深刻认识中国与日本发展的巨大差距

——赴日考察报告

2011年9月，国务院研究室组团到日本进行考察培训21天，围绕转变经济发展方式的主题，到有关政府部门、企业、大学、研究机构进行访问交流，听取专家学者的授课讲解，到东京、大阪、福冈等地参观考察。总的感受是，虽然日本经历了20多年的经济低迷，被称为"失去的20年"，但日本经济社会发展已进入到高度发达文明的阶段，中国在现代化道路上与日本还有巨大的差距。我们必须时刻自省自警自励，学习借鉴日本的长处，抓住机遇加快发展自己。

一、正视中国与日本发展的巨大差距

日本三菱综合研究所和野村综合研究所是两家知名的民间智库。我们访问交流时，他们都对日本的经济发展有一种强烈的危机意识。横井正配是野村综合研究所的中国区域担当部长，他一半时间在中国，一半时间在日本，他说感觉两边落差非常大，中国的发展是朝气蓬勃，日本则是死气沉沉。中原丰是三菱综合研究所的副社长，他比喻说，日本是一个日出的国家，但现在却是太阳下山的国家，而中国则是太阳当空的国家。我们深刻地感受到，日本许多有识之士都对国家和民族的发展抱有强烈的责任感和使命感，他们在研究日本面临的问题症结，并寻找着重振日本雄风的未来。

　　访日之前，我们研究了中日经济发展的对比，可以说中日经济发展经历了一个此消彼长的过程。1991 年日本泡沫经济破裂，此后进入了长期的经济低迷时期，被称为"失去的 20 年"，深陷经济的泥潭中不能自拔。过去 20 年，中国经济年均增长达到 10.5%，而日本只有 1.1%。1987 年，日本 GDP 超过苏联成为世界第二大经济体。日本经济占全世界经济总量的比重从 1994 年最高峰时的 17.67%，逐步下降到 2010 年占 8.7%；中国经济占全世界经济总量的比重从 1991 年的 1.83%，逐步上升到 2010 年占 9.3%。1994 年日本经济总量相当于中国的 8.55 倍，达到战后以来的历史顶峰，随后中日经济差距迅速缩小，1997 年日本 GDP 降为中国的 4 倍多，2002 年降为中国的 2 倍多，2006 年降为中国的 1 倍多，2008 年之后两国 GDP 已比较接近。1990 年中国居世界经济第 10 位，1995 年超过巴西、西班牙、加拿大上升到第 7 位，2000 年超过意大利居世界第 6 位，2005 年超过法国和英国居世界第 4 位。2007 年超过德国居世界第 3 位，2010 年超过日本成为世界第二大经济体。国际货币基金组织预测，按照目前的发展速度，今后五年中日之间的经济差距将进一步拉大，到 2015 年中国 GDP 可能达到日本的 1.5 倍以上。世界各国公认，中国的崛起不可阻挡，中国长达 30 多年的高速增长创造了世界经济发展史上的奇迹。

　　正是由于中国经济发展的辉煌成就和日本经济的长期低迷不振，使得国内外许多人看好中国，而看衰日本，甚至有不少中国人也认为，中国即将全面超越日本。

　　到底应该如何看待中国和日本的发展？这是访日前后始终萦绕在我们心头的问题。通过在日本的访问、考察、接触和了解，我们深深地感受到，对日本发展的看法和评价不能简单地被中国经济总量超过日本成为世界第二大经济体的表象所掩盖，日本的经济社会发展不像有些人所认为的那样"深陷泥潭"，相反日本经济运行总体还比较平稳，经济社会发展都进入到有序运行的轨道，经济和社会管理的各个方面都达到了精细化的程度。日本的就业相对比较充分，人民生活比较富足，国民心态比较平和，社会秩序安定和谐，城乡地区之间发展比较均衡。总体上，日本经济社会发展已经进入高度发达文明的程度。与此相对照，中国在现代化的道路上与日本还有相当大的差距。

（一）**经济实力方面存在巨大差距**。虽然中国的经济总量超过日本，但中国的国土面积是日本的25倍，人口是日本的10倍多，反过来日本的人均GDP是中国的10倍。2010年，日本人均GDP是42150美元，而中国只有4260美元。日本在世界上的高收入国家中名列前茅，而中国仅排在第120位左右。日本经济方面的巨大优势突出体现在三个方面：工业制造、金融实力、技术优势，这是日本维持世界经济霸权的三大支柱。

1. 强大的高端工业制造能力。日本三菱综合研究所的中村裕彦先生说，日本为什么能够成为世界上的高端制造大国？因为日本没有多少资源，能源自给率不到20%，粮食自给率只有28%，要维持日本人的生存，满足能源和粮食的进口需要，就必须发展具有强大竞争力的制造业，这是日本的生存之道和生命线所在。日本正是以这种深刻认识和进取精神，牢牢占据世界制造业的高位。工业实力和强大的制造能力成为日本最重要的王牌。日本的工业制造业高度自动化，是世界上最大的机械设备和工业机器人制造大国。世界500强企业中，日本共有68家企业上榜，仅次于美国而居世界第二位。日本产生了一大批世界知名公司和品牌，如丰田、三菱、日产、索尼、东芝、松下等，其产品技术含量和质量精益求精，享誉全球。在日本工作的中国教授告诉我们，日本产品很少有质量问题，更不可能有假冒伪劣，同样的产品各地价格也相差不多，顾客尽管放心购物。日本制造成为品牌、技术、质量的代名词。

2. 强大的金融实力。日本早在20世纪80年代就确立了世界金融帝国的地位，后来虽然受到泡沫经济破裂和金融危机的很大冲击，但金融实力依然强大。日本一直是世界上最大的债权国，2010年其海外净资产总计为3.07万亿美元，相当于其国内生产总值的55.8%。

3. 强大的技术优势。永远保持技术领先优势，这是日本手中的核心王牌。日本提出"技术立国"战略，在研发领域始终保持世界至尊地位。日本的研发投入占全球研发投入总量的20%，而其人口只占全球的2%。日本的科研投入相当于国内生产总值的3.4%，其中77%来自企业，而经合组织成员国的平均水平只有2.3%。全球十大发明型企业中，有八家在日本。其专利发明集中在电子、机械、精细化工、纳米新材料、能源与环保等高科技行业。在可见的将来，日本的技术领先地位难以动摇。

（二）**日本处在现代化的领先地位。** 访问日本期间，最直观的感受就是日本完善的基础设施，特别是发达的综合性立体交通体系。日本全国近1.28亿人居住在面积只有37.78万平方公里的列岛上，而且还主要集中在本州岛上，但到处的交通都很通畅，包括东京这个国际化大都市，几乎看不到长时间堵车的现象。主要是因为，虽然日本汽车工业发达，居民家庭汽车拥有率很高，但大城市地下铁路、地上高架轻轨构成了一个立体交通网，到任何一个地方都很方便，人们出行首选的是轻轨和地铁（日本人都叫电车），很少有人会开车上班，甚至一些大公司的经理、政府的高官也都乘坐地铁。我们在东京的几天活动，充分体验到了地铁和轻轨的方便之处。在访问交流中，日本人很为他们完善便捷、节能环保的基础设施自豪，并认为日本在基础设施的规划、建设、运营和管理方面具有向其他国家出口的优势。

日本在城乡、区域发展方面已达到了比较均衡的状态。日本从南到北，沿途所见，各地区发展都很现代化。农村一样能够享受现代化发展的成果，交通便利，服务设施比较完善，生活水平与城市差别不大。与此相对照，中国的城乡、区域之间还存在着很大差距，特别是还处在农村劳动力向城市大规模流动的阶段。仅就消化吸收这庞大的农村人口，最终达到城乡之间的相对均衡，恐怕就需要两三代人、几十年的时间，这就充分体现了中国与日本现代化的一个重大差距。

（三）**日本在生态环保方面的突出成就。** 日本虽然是一个地域狭小、自然灾害频发和多山的国家，但生态环保做得非常好。人们具有非常强烈的环保意识，每个人都自觉地保护环境。穿行在日本的城市之间，高速公路许多时候是在山洞和桥梁之间通过，所见山峦到处都是森林覆盖，一片郁郁葱葱。森林覆盖率达到64%，是世界上森林覆盖率最高的国家之一。日本非常重视绿化，即使在繁华的东京，高大的树木、整齐的草坪、大片大片的绿色也尽收眼底，似乎有土地的地方就被绿色的植物所覆盖。

访问日本真正地感受到什么是整洁干净。无论是城市还是乡村，给人的第一感觉就是干净，这大概是我们中国人到日本的强烈感受。据介绍，日本是世界上垃圾分类管理最严格的国家，家家户户自觉对垃圾进行分类，按时定点收集，甚至街道上的垃圾桶也不多，人们出门都自觉地带着塑料袋，把准备扔的垃圾保存起来，放在有收垃圾的地方。在任何地方，都看不到乱扔垃圾和随地吐痰的问题，也没有如美国纽约地铁乱写乱画的现象。

日本更是十分强调节约的国家，全民具有强烈的节约意识。日本的饭菜都是分量较少，刚好够一个人吃即可，即使是大家一起聚餐，所点食物也是够吃就好，不会出现吃不完浪费的现象。日本人认为，他们的资源和食物有限，虽然现在已经非常富裕，但视浪费为犯罪，良心上感到不安。对比中国人餐桌上的巨大浪费，真使我们感慨万千。这次东日本地震海啸和核辐射，造成电力普遍紧张，日本人更是感到了能源的紧缺，提倡和推行各行各业和全社会节能，办公室、家庭和许多公共场合都只开一半的灯，虽然没有强制，但人们都非常自觉地实行。日本一些企业都配备有能源管理师，负责落实节能标准。交通节能也是日本节能的一大领域，政府大力发展公共交通，国民自觉不开汽车，现在骑自行车在日本又流行起来，既节能，又减少污染，还可以锻炼身体，受到人们的普遍欢迎。日本应该说是世界上节能减排做得最好的国家，其能源使用效率相当于中国的 15 倍之多。

（四）日本是世界上最和谐有序的国家。日本社会给人的第一感觉是有序。交通人流都在无形中听从一个指挥，就是都遵守规则。在大城市的街道上很少能看到警察，各个路口只有红绿灯在指挥交通，绿灯亮时发出一种"嘀嘟，嘀嘟"的声音，提醒盲人可以过马路。汽车和行人都严格遵守交通规则，无论是市内还是市外的车流，看不到如中国常见的不断强行并线、超车、加塞甚至进入逆行道往前超车等违反交通规则的情况。据说日本发生交通事故的概率很低，是交通事故率最低的国家之一。从表面上就可以看到，日本是一个很守规则的社会。

在日本访问旅行，中国人经常会问，这里安全吗？东西会丢吗？在日本人的心目中这都是不成问题的问题。日本是世界上犯罪率最低的国家之一，安全根本不是问题。陪同我们的人说，他在日本生活了二三十年，基本上没有碰到过丢东西的现象。中国人总是说，你帮我看着东西。可日本人不明白，东西你看它干吗。在日本的机场、饭店、宾馆等各个地方，经常可以看到放着没人看的行李，旁边人来人往，并没有人觉得东西不安全。陪同的人告诉我们，在日本没有人家装防盗门，窗户上也没有防盗网，因为他们不担心会被盗。我们专门看了街上停放的自行车、摩托车，有些是上锁的，也有不少是不上锁的。这也印证了日本社会的安全。我们感到，在日本真使人有一种"路不拾遗、夜不闭户"的感觉。

日本还是世界上最公平的国家之一。人们不管是从事哪行哪业，工资收入差别不大，而且非常透明，没有工资外的灰色收入。要知道日本人的收入很容易，只要知道他大学毕业时间和年龄就可以了。一般来说，大学刚毕业每月收入20多万日元，相当于人民币1.6万多元；30多岁的人一般收入30万—40万日元，相当于人民币2.5万—3.3万元。据日本的教授讲，一般资历比较高的教授的收入与日本首相相当，都是一年1200万日元左右。日本实行严格的个人所得税和遗产税，遗产税率从10%到70%，这些都成为调节收入分配的有效手段。因此，日本的基尼系数比较低，大约是0.285，属于世界上收入差距最小的国家之一。

日本还是世界上最廉洁的国家之一，一直处于最清廉的前30个国家之列。

日本是世界上人均寿命最高的国家，女性的平均寿命为85.33岁，男性为78.33岁，均创下全球最高纪录。

（五）**日本具有很高的国民素质**。人们普遍承认，日本的国民素质很高。这首先与日本的教育水平高有很大关系。高中毕业的学生大多数都可以上大学，受过大学教育的人数占总人口的一半左右。日本人给人留下深刻印象的，有几点特别突出：一是讲礼节。对人非常有礼貌，赴约非常守时，日本人的鞠躬世界闻名，商场、宾馆、饭店总可以看到服务人员对客人鞠躬致谢。在日本几乎看不到无礼的举动或粗鲁的行为举止。二是重信用。日本人诚实守信，在商业买卖中几乎不会发生欺诈行为，坑蒙拐骗的事情绝少发生。日本的企业也以讲究信用、产品质量精良著称于世。三是严格自律。日本人的口头禅是不给他人添麻烦，每个人都把自己的事情做好，并尽力做到尽善尽美。在日本看到街上的小汽车，都是擦得干干净净，每家每户每个商店门前也都是收拾得干干净净，这也是"不给别人添麻烦"的具体表现。在日本的大街上、地铁里，看到的上班一族都是西装革履，日本人喜欢穿西装是一种自律的文化要求。令我们惊奇的是，出租车司机也都是西装领带，和公司白领没有差别。日本人工作负责，讲究效率，勤勉敬业，精益求精，工作中加班加点成为常态，而且都是人们的自觉行为。四是团结精神。在日本，给人的感觉，这是一个高度一致的社会，根本没有如其他国家那样的不同民族、种族、语言、文化上的差别，更没有这些方面的社会冲突。日本人具有一种团队精神，大家都融入集体行为之中，为了集体的和社会的利益，甘愿放弃个人利益。日本民族始终有一种强烈的危机意识，有非凡的适应能力，有不屈不挠的奋斗精神，这些都是日本取得卓越成就的重要因素。

二、日本经济发展中存在的深层问题

日本之所以经济长期低迷，有它深层次的矛盾和问题。这也是我们这次访问日本时另一方面的重要感受。

（一）**日本泡沫经济破裂，产生了长期的严重后遗症。**谈到日本经济的长期低迷，就要追溯到日本泡沫经济破裂的影响，而之前的"广场协议"则是一个重要转折点。20 世纪 80 年代，日本经济经历了战后高速增长期后又出现了"辉煌的 10 年"。日本产品大量出口到世界各地，尤其对美国形成了巨额贸易顺差。美国迫使日本达成出口"自愿限制协定"，但效果不佳。1984 年底，美国对日贸易逆差突破 1000 亿美元。1985 年 9 月，美国加上英、法、德与日本签订"广场协议"，迫使日元大幅升值。到 1988 年日元兑美元几乎翻了一番，从 238∶1 骤升至 128∶1。一方面，日元升值造成日本企业大肆进行海外投资，购买美国资产；另一方面，出口减少造成经济增速下降，日本大幅调低利率，实施极为宽松的货币政策，加上大量国外热钱流入，导致金融资产和房地产价格飞涨。日本股市价格 5 年间增加了 3 倍，房地产价格上涨了 2.4 倍，国家资产几乎翻了一番，日本经济呈现"炫目的辉煌"。1990 年，日本的地价市值相当于整个美国地价的 4 倍，仅东京都的地价就相当于美国全国的总地价。1991 年，日本泡沫经济破裂，股价和房地产价格一路狂跌，银行资产大量缩水，不良贷款增加，经济急剧下滑，跌入衰退的深渊难以自拔。有人把这次泡沫经济破裂称为"二战后日本的又一次战败"。之后 1997 年亚洲金融危机和 2008 年国际金融危机,更使日本经济雪上加霜。银行不良债权久拖不决,国家财政不堪重负。日本成为世界上政府负债最高的国家,2010年政府债务总额占到国内生产总值的227%,所幸国债96%是由日本国民购买的。日本经济经历了长达20多年的低迷,至今还看不到景气和恢复的迹象。

(二)有限的国内需求,制约了日本经济发展的空间和余地。日本经济长期依赖外需,出口商品具有强大的国际竞争力,一直保持贸易顺差国的地位。强大的制造能力和有限的国内需求形成了一大矛盾。经过长期的现代化发展,日本的国内发展已经达到饱和的状态。我们到日本很少看到有新建的楼房和新修的基础设施,许多地方多少年都保持原样,强烈地感受到日本的发展已达到完善成熟的程度,没有多少发展的空间和余地。

(三)日本政权频繁更迭,缺乏政策的稳定性和连续性。日本政府这些年来如走马灯一样换来换去,除了小泉纯一郎首相2001年到2006年任职5年多之外,其他的首相任职长的一年左右,短的几个月时间。自民党一直长期执政,近年来民主党上台。我们接触到的日本各界人士都普遍反映,日本政治的发展落后于经济的发展,缺乏强有力的政治领导,政权不断更换,任职太短,由此造成长期发展规划的缺失,政策朝令夕改,这成为影响日本发展的突出问题。

(四)人口老龄化和少子化现象,成为制约经济发展的重要因素。人口数量不断减少和老龄化加剧,成为日本面临的最为严峻的问题。一方面,日本的生育率呈下降趋势,许多青年结婚都到30岁之后,平均每个妇女仅生育1.37个孩子;另一方面,日本又是世界上最长寿的国家,这就使得老龄化趋势加剧。目前65岁以上的老人占总人口的比例达到24%,差不多每4个人中就有1位老人。在日本访问,可以看到一个常见的现象,出租车司机大部分是老年人,公路收费站的收费员是老年人,宾馆服务员也大多是老年人。老龄化必然使日本经济发展后继乏力。

(五)日本经济依赖"中国特需",但又与中国处在复杂的关系之中。现在,中国成为日本的第一大贸易国,与中国的贸易占日本贸易总量的近20%,日本是中国的第四大贸易国,对日本贸易占中国贸易总量的10%,中国还是日本最大的贸易顺差国。对于出口导向的日本经济来说,越来越依赖于中国,中国的经济快速增长和进口扩大,被日本称为"中国特需"。

但是另一方面，日本在军事战略上又依赖美国，构筑起日美同盟。由于历史的和现实的各种原因，中日两国关系错综复杂，两国国民感情不和，媒体在其中扮演着重要角色。这些都在影响和制约着中日关系的发展。

三、日本经济发展对中国的镜鉴和启示

我们这次在日本考察调研中，通过中日发展的对比，更加深了对我国发展的认识，提出以下几点思考：

（一）清醒地认识中国发展的定位和差距。经过改革开放30多年来的发展，中国的国际地位和影响力空前提升。中国的发展引起全世界的惊叹，也令我们感到自豪。现在中国人到国外去越来越多，到处都可以看到中国人，到处都可以看到中国制造的商品。中国人的消费能力也引起世界各国的重视，许多国家和地区都在想方设法吸引中国游客。特别是中国经济总量超过日本居世界第二位，中国成为世界第一出口大国，中国拥有的外汇储备世界第一等等，世界对中国的看法正在改变，中国人也在改变对自身的看法。国外有不少媒体报道，中国在许多方面已经具备了发达国家的特征，应该承担更多的责任和义务。在有人宣扬"捧杀论"同时，也有人在鼓吹"崩溃论"，认为中国经济即将崩溃。作为中国人，应该冷静清醒地看待自己，看待自身的发展定位和差距。总体上看，中国仍然并将长期是一个发展中国家，国家大、人口多、底子薄、发展很不平衡的基本国情没有改变，我们与发达国家相比还有几代人的差距，我们的目标是到2020年全面建成小康社会，到21世纪中叶基本实现现代化。要赶上发达国家的水平，还有很长的路要走，目前还处在艰难的爬坡过坎阶段。我国人均收入刚刚进入中等收入国家的较低水平，要迈过"中等收入陷阱"进入高收入国家行列，还必须付出长期不懈的艰辛努力。

（二）抓住机遇加快发展自己。"知耻而后勇。"看到与日本发展的巨大差距，我们更应该自省自警自励，奋起直追，埋头苦干，紧紧抓住中国发展难得的重要战略机遇期，加快发展自己。虚心地学习借鉴别人的长处和经验，创造性地为我所用，走中国特色的发展道路。要在国际竞争中立于

不败之地，必须痛下决心提升中国产品的科技含量和品牌、质量，加快中国制造由低中端不断向中高端攀升。中国必须在世界高端制造中占有重要位置，成为世界制造强国。这里要特别提到日本的企业家精神，骨子里追求自己制造产品的完美品质，为达到在同行和客户眼里的称誉，而不惜把99.99%的精力用在0.01%的产品提升上，真正做到精益求精。日本公司老板一般不会整天待在办公室里，而是经常身穿工作服在生产第一线解决问题。中国企业家和中国制造还缺乏这种精神，而又特别需要具有这种精神。同时，我们要加快建设现代化的基础设施体系，特别是综合性的公共立体交通体系。由于人多地少的基本国情，中国不可能也不允许大量发展私人汽车，否则将出现一场"汽车灾难"，一些国家的前车之鉴值得我们高度警惕。

（三）高度重视日本泡沫经济破裂的深刻教训。中国在现代化过程中，保持经济长期平稳较快发展至关重要，而最大的危险在于泡沫经济。导致日本泡沫经济破裂有几个关键因素：一是日元短期内急剧大幅升值，造成国家财富迅速膨胀和放大；二是过度宽松的货币政策，造成金融泡沫扩张；三是房价急剧大幅上涨，造成严重的房地产泡沫。结合这次国际金融危机的教训，更使我们深刻认识到，对国家宏观调控来说，管理好通货膨胀十分重要，而管理好资产泡沫更具有决定性的意义。中央提出，要牢牢把握发展实体经济这一坚实基础。我们要积极稳妥地推进人民币汇率形成机制改革，按照主动性、渐进性、可控性的原则，逐步增加人民币汇率弹性，保持人民币汇率在合理均衡基础上的基本稳定，防止人民币短期内大幅升值引起热钱过度炒作。实施稳健的货币政策，切实加强金融审慎监管，始终注意防范和化解金融风险。进一步加强房地产市场调控，坚持住房"民生＋消费"的基本属性和发展定位，限制住房的资本属性和投资需求，防止和消除房地产市场泡沫，促进房地产市场健康发展。

（四）更加重视生态环保和社会发展。中国已经成为世界上二氧化碳排放量最多的国家，能源资源消耗多，环境污染严重，节能减排面临着严峻的形势。我们要学习日本的经验，高度重视节能环保，建设资源节约型和环境友好型社会。中国应该成为一个十分注重节约而不再是一个浪费的国家，使节约成为深入人心的观念和国民的自觉行动。对比日本的节约，深感中国的浪费令人痛心。尤其是中国人大吃大喝的浪费，讲排场比阔气的浪费，贪大求洋不计成本的浪费，需要痛下决心加以治理。中国要在植树造林和绿化方面下一番大功夫，要把全国城乡凡是能种树的地方都种上树，不再有荒山秃岭和裸露的地方，要像日本一样建设一个"绿色的国家"，这要成为各地官员政绩考核的重要指标。我们要建设和谐社会，首先要有良好的社会秩序，要把社会安全放在突出位置，增加人们的安全感与和谐度。收入分配已成为关系中国社会稳定和长治久安的大问题。借鉴日本的经验，必须下决心解决中国收入差距急剧扩大的问题，特别是部分社会成员不当过高收入的问题，加强国家对收入分配的宏观调控，真正建立起促进社会收入分配公平的机制。

（五）全面提高我国的国民素质。随着中国对外开放不断扩大，入境游和出境游快速发展，中国国民的素质越来越引起国内外的广泛关注，部分国人不文明的行为也为许多人所诟病。全面提高我国的国民素质，已经成为我国道德建设和精神文明建设的重大任务。我们要从最基础的方面抓起，首先是诚信，其次是守规矩。诚信是道德的基础，守规矩是法治的基础。一个人没有诚信，一切道德无从谈起。一个人不守规矩，法律也就成了一纸空文。人们感叹中国在市场经济发展过程中道德滑坡，坑蒙拐骗、制售假冒伪劣等败坏了社会风气。要在加强法治建设、依法严厉打击各种违法行为的同时，进一步加强道德建设。建议制定《国民道德建设基本纲要》，重新进行一些最基本的道德普及性工作，比如如何走路开车，如何礼貌地与人相处交往，如何讲实话不讲假话，如何工作学习等等。中国的许多交通事故都与不守规则有关，要从遵守交通规则抓起，培养中国人的规则意识。要下大力量抓中国的国民素质教育，加快与国际接轨步伐，提高中华民族的文明水平。

（六）中日经济合作具有巨大的空间。中国与日本经济处在不同的发展阶段，具有很大的互补性。日本拥有先进的技术、管理和人才优势，中国拥有广阔的发展前景、丰富的劳动力资源和不断发展的国内市场，这些都提供了中日经济合作的巨大空间。节能减排、生态环保、技术创新这些方面，都是重要的合作领域。应该将中国的市场优势与日本先进的节能环保技术和管理更好地结合起来，推动两国的经济合作不断拓展。日本近年来出现了新的产业转移趋势，一个基本的考虑是产品设计研发必须靠近市场需求，这样才能更好地设计出满足市场需要的产品。因此，日本企业的研发中心出现了向中国等国家转移的趋势。我们应该抓住这一国外产业转移的新机遇，加快提升中国经济发展的整体水平。

从"民工荒"到"刘易斯拐点"的战略思考

近年来，我国春节过后都会出现"民工荒"现象，今年更是来势迅猛，呈现从沿海地区向内地蔓延之势。如何看待"民工荒"现象？它会对我国经济发展带来怎样的影响？我们需要采取什么样的对策？这些问题需要引起我们的高度关注。

一、我国农村劳动力供求关系正在出现转折性变化

我国从 1989 年开始出现大规模的"民工潮"，大量农村剩余劳动力进入城镇打工，一年一度，潮起潮涌。而从 2005 年起，东部沿海部分地区开始在春节过后出现"民工荒"现象，而今"民工荒"不再局限于东部地区，而开始蔓延到中西部地区，到处都出现抢工现象。春节刚过，一场不见硝烟的"民工争夺战"在我国东中西部展开。

据调查，2011 年珠三角地区缺工可能达到 500 万人。上海用工缺口约 20%，部分行业缺工呈常态，如餐饮行业缺工 20% 以上，电子、制衣、玩具等劳动密集型企业也缺工。上海一些企业已连续几年组团到安徽、江西等地上门招工。不仅东部劳动力输入地出现招工难，中西部劳动力输出地也出现缺工现象。安徽省人力资源和社会保障厅的统计显示，截至 2010 年底，安徽全省缺工超过 50 人的企业达 2300 余家，缺工总数达到 25 万人。湖北省劳动就业管理局披露，2011 年湖北省劳务输出人数预计收缩 10%—15%，至少"缩水"100 万，湖北省内的用工缺口就达 60 万人。重庆共有 430 万农村富余劳动力在其他地区就业，而今年重庆市内的企业对劳动力需

求将增加 55 万，这意味着要挽留几十万返乡农民工，为此春节过后就在火车站组织大规模招工活动。

在出现这样"民工荒"的大背景下，如何判断我国的就业形势？我国是否已到了一个农村劳动力供求关系的转折点？对此还存在着不同的看法。总体上看，我国劳动力仍然供大于求，就业形势依然严峻。劳动力供给将持续增加并保持在高位，就业压力仍然很大。与此同时，就业结构性矛盾也相当突出，一方面部分与市场需求脱节的专业大学毕业生，就业较为困难；另一方面，大量技能型劳动力短缺，甚至年轻型普通劳动力也出现短缺。但无论如何，"春江水暖鸭先知"，种种迹象表明，我国农村劳动力向城镇的大规模流动已面临一个转折点，劳动力供求关系正在发生历史性的变化。

我国是一个典型的二元经济国家，作为一个具有 13 亿人口的大国，大量丰富的劳动力资源是我们的一大优势。我国成为世界第一出口大国，主要得益于此。随着我国经济社会快速发展，农村剩余劳动力大量外出就业，目前总数已达 2.42 亿人，其中新生代农民工约 1 亿多人。现在农村青壮年劳动力已所剩很少，在农村找人干活变得困难，每天工资达到 50 元左右甚至更高。"民工荒"现象已经延续几年，说明我们已经到了一个"刘易斯拐点"，农村劳动力无限供给时代正在走向结束。这一点已经越来越明显地表现出来。当然，"刘易斯拐点"的到来，并不意味着劳动力供求马上就会出现全面紧缺，这一转折性变化是一个长期的过程，但它所呈现出的变化趋势需要引起我们的高度重视，并未雨绸缪加以应对解决。

二、"民工荒"的成因及其带来的影响

"民工荒"从刚开始出现时的偶发现象，到今天大规模普遍出现，以至到今后某个时期成为常态，其发展演变有其自身的规律。分析"民工荒"的成因，主要有几个方面：

一是从源头看，经过这么多年中国经济高速发展，农村剩余劳动力大量转移出来，目前农村青壮年劳动力所剩很少，无限供给已经转化为有限供给。

二是从劳动力需求看，我国从 2009 年成为世界第一出口大国，对大量廉价劳动力的需求还在增加，随着东部沿海地区"民工荒"的出现，一些劳动密集型产业开始向中西部地区转移，中西部地区对劳动力的需求随之增加。

三是从人口结构和发展趋势看，我国计划生育政策实行 30 多年来的效果已经越来越明显地表现出来，虽然人口总数还在增加，但在很大程度上表现为离退休的老年人口的不断增加，"人口金字塔"下部的青壮年人口特别是 80 后、90 后二三十岁的劳动力开始减少，人口结构的变化必然带来劳动力供求关系的变化。

"民工荒"的出现，特别是它背后所隐含的农村劳动力供求关系的转折性变化，必然会给中国经济社会发展带来深远的影响。

首先，最直接的是企业招工困难，随之劳动力成本上升、工资上涨，这会带来两方面的后果：一方面，可能造成企业开工不足，订单难以完成，产量无法扩大，同时企业成本上升，产品价格上涨，这会对中国出口带来影响；另一方面，劳动者工资上涨，带来收入增加，提高了购买能力，相应带动居民消费，这必然有利于扩大内需和经济发展。同时，劳动者的待遇环境也会在竞争中得到改善，包括劳动条件、住房、社会保障等都会向着有利于劳动者的方向转变。

其次，企业缺工和工资上涨，一方面会引起国外特别是周边国家低成本劳动力进入国内，另一方面也会引起国内产业包括外资企业向国外低成本劳动力国家转移，现在已经出现这样的苗头，当然这是一个长期性趋势，除了劳动力成本之外，还取决于市场环境等综合性的优势。

最后，最重要的是带来我国经济发展方式的转变，将逐渐从依靠低成本廉价劳动力向更多地依靠科技进步和劳动者素质提高的方向转变，从生产大量低端劳动密集型产品向更多地生产技术含量高的高附加值产品转变，从根本上说是从制造业大国向制造业强国转变。

三、应对"民工荒"的政策建议

我们要更加清醒自觉地认识从"民工荒"到"刘易斯拐点"的出现，

深刻理解这一转折性变化的战略意义，加快转变经济发展方式，在新的基础上促进我国经济长期又好又快发展。

（一）实施更加积极的就业政策，解决我国就业面临的新矛盾和新问题。鉴于我国就业面临的总体形势仍然严峻，必须千方百计扩大就业，不能因为"民工荒"的出现就错误地认为劳动力总体上已经供不应求而放松就业工作，要坚持不懈地把创造就业作为宏观调控的重要目标，切实解决就业问题。同时，面对就业结构性变化，要更加适应市场就业需求，一方面加强农民工的职业技能培训，把大批劳动者的技能和素质提高到一个新的水平，为我国成为世界制造业强国创造条件；另一方面加强教育改革，培养更多适应市场需的高校毕业生，使我国真正成为人才强国。

（二）把提高劳动者的收入作为扩大消费的重要着力点，更大程度地改善劳动者的环境条件。随着我国80后、90后劳动力进入市场并逐渐成为劳动者的主力，他们已经有了更多过上美好生活的新期待。必须适应他们的新期待，提高工资待遇，改善生产生活条件，加快健全社会保障体系，使得我国经济发展成果更多地惠及千千万万普通劳动者，进而培育和发展我国更加广阔的消费市场，为经济发展创造更加健康稳定的条件。

（三）加快改变城乡二元结构，积极稳妥地推进城镇化。从"民工潮"到"民工荒"，一个重要的体制性原因是我国的城乡二元结构，许多农民工像候鸟一样一年一度在城乡之间飞来飞去，这造成了春运和招工大潮的世界奇观。要进一步采取政策措施把在城镇有长期固定工作和居所的农民工逐步纳入城镇生活，实现"农民工"向"市民"和"工人"的转化，使他们真正安居乐业，这是解决"民工荒"的长久之计。

（四）统筹城乡和区域协调发展，实现就业的均衡发展。我国改革开放以来，实施梯度发展战略，从沿海到内地到西部呈现梯度发展的格局。近年来实施区域发展总体战略，产业转移逐渐向中西部扩展，统筹城乡也带来了中小城市（镇）和农村的发展。就业转移必须适应产业转移的需要，在创造更多就业空间的同时，促进地区之间和城乡之间就业的均衡发展。

（2011年3月）

中国道路和中国经验的十个特征

改革开放 30 多年来，中国现代化建设取得了举世瞩目的伟大成就，我国的经济实力、综合国力、国际地位和影响力空前提升。国内外都在关注着中国的发展，探讨和研究"中国道路""中国经验"，甚至提出"中国模式""北京共识"。虽然我们不认为有别国可以照搬而普遍适用的所谓"中国模式"，但却需要从理论和实践上对中国道路、中国经验进行深入的研究和总结。归根到底这就是中国特色社会主义，总结走中国特色社会主义道路的经验。

根据我个人的理解，中国道路和中国经验概括起来，有以下几个方面的特征：

第一，实事求是思想路线。我国改革开放新时期是以解放思想为前提条件的。开展"实践是检验真理的唯一标准"的讨论，恢复实事求是的思想路线。坚持一切从实际出发，不从书本和原则出发，不盲目照搬别国的经验和模式。一切立足于实践，不断总结和汲取自己和别人的实践经验教训，推动实践探索和创新。邓小平引用刘伯承经常讲的一句四川话："黄猫、黑猫，只要捉住老鼠就是好猫。"中国还处在社会主义初级阶段，一切都要从这个实际出发。他鲜明地提出了"三个有利于"的标准，即："应该主要看是否有利于发展社会主义社会的生产力，是否有利于增强社会主义国家的综合国力，是否有利于提高人民的生活水平。"这就从根本上把我们党的思想路线奠定在实事求是的基础之上。邓小平深刻地总结道："我们的现代化建设，必须从中国的实际出发。无论是革命还是建设，都要注意学习和借鉴外国经验。但是，照抄照搬别国经验、别国模式，从来不能得到成功。这方面我们有过不少教训。把马克思主义的普遍真理同我国的具体实际结合起来，走自己的道路，建设有中国特色的社会主义，这就是我们总结长期历史经验得出的基本结论。"从"解放思想，实事求是"，到"解放思想，实事求是，与时俱进"，进一步丰富和发展了我们党的思想路线。

第二，以经济建设为中心。1978 年党的十一届三中全会实现了一个重大转折，就是把全党工作重心转移到社会主义现代化建设上来，始终不渝地坚持以经济建设为中心。社会主义的根本任务是解放生产力，发展生产力，不断提高人民的物质文化生活水平。后来到 1987 年党的十三大，正式提出了党在社会主义初级阶段的"一个中心、两个基本点"的基本路线。邓小平提出，"发展才是硬道理"。我们党和国家始终坚持以经济建设为中心不动摇，并在理论和实践上进一步丰富发展了这一重要思想，提出发展是党执政兴国的第一要务，发展是解决中国一切问题的关键，聚精会神搞建设，一心一意谋发展。坚持科学发展，以人为本，促进经济社会全面协调可持续发展。发展为了人民，发展依靠人民，发展成果由人民共享，致力于保障和改善民生，促进社会公平正义，实现人的全面发展。

第三，改革开放。我国从 1978 年以来的新时期是以改革开放为标志的，新时期最鲜明的特点就是改革开放。改革开放是决定当代中国命运的关键抉择。1978 年党的十一届三中全会作出了实行改革开放的历史性决策，一场波澜壮阔的改革开放大潮在中国大地汹涌澎湃地展开，带来了中国社会前所未有的历史性巨变。邓小平说："改革是中国的第二次革命。"中国的改革没有采取苏联和东欧国家的"休克式疗法"，而是采取渐进式的改革，其特点就是"摸着石头过河"，不断地进行探索试验，在总结试点经验的基础上再全面推开。改革首先从农村起步，在土地集体所有制的基础上实行家庭承包责任制。农村改革成功以后，又推进到城市改革，主要是以国有企业改革为核心，推进计划、价格、财政、金融、就业、住房和社会保障等经济领域的全面改革。在经济改革取得巨大成功以后，又用很大力气推进政治体制、文化体制和社会体制改革。坚定不移地实行对外开放的基本国策，在沿海地区建立经济特区，从沿海城市开放进一步扩展到沿江沿边，从东部到中西部，形成全方位的对外开放格局。充分发挥比较优势，利用丰富廉价的劳动力资源，积极参与国际合作与竞争。从积极引进外资，设立外资企业，发展加工贸易，到发展中国制造业，扩大对外贸易，到实施"走出去"战略，积极扩大对外投资，形成双向互动的对外开放新格局。我国坚持实施互利共赢的对外开放战略，促进贸易和投资的自由化便利化，建立和完善开放型经济体系。

第四，社会主义市场经济体制。中国改革的一个基本方向，是改变过去高度集中统一的计划经济体制，不断扩大市场化的范围，逐步放开价格管制。从提出"计划调节为主，市场调节为辅"，到实行"有计划的商品经济"，到最终"建立社会主义市场经济体制"。邓小平说："社会主义和市场经济之间不存在根本矛盾。问题是用什么方法才能更有力地发展社会生产力，我们过去一直搞计划经济，但多年的实践证明，在某种意义上说，只搞计划经济会束缚生产力的发展。"建立社会主义市场经济体制经历了一个不断探索实践的过程，从发展商品市场，到发展劳动力市场和人才市场，到发展证券、期货市场、土地市场，到发展更广泛的金融等资本市场，以及发展全要素市场，建立和形成比较完善的社会主义市场经济体制。社会主义与市场经济的结合是人类历史上一项前所未有的伟大改革试验，其成功具有划时代的意义，它从根本上改写了政治经济学教科书，改变了人类对社会主义和市场经济的认识，进一步丰富和发展了马克思主义。

第五，以公有制为主体的多种所有制经济制度。作为改革开放的一项重要内容，在大量引进外资的同时，放开个体私营等非公有制经济发展，激发和调动了全社会创造财富的活力。坚持公有制为主体、多种所有制经济共同发展，毫不动摇地巩固和发展公有制经济，毫不动摇地鼓励、支持和引导非公有制经济发展，坚持平等保护物权，形成各种所有制经济平等竞争、相互促进的新格局。一方面，深化国有企业公司制股份制改革，健全现代企业制度，调整和优化国有经济布局和结构，增强国有经济活力、控制力和影响力。另一方面，放开市场准入，鼓励和引导民间资本进入更多领域竞争发展，并发展多种形式的混合所有制经济。公有制为主体、多种所有制经济共同发展，成为我国的基本经济制度，符合我国国情，对解放和发展生产力发挥了巨大作用。

第六，差异化发展战略。我国在经济社会发展布局上实行的是一种差异化发展战略。改革开放初期，邓小平就提出，我们的政策是让一部分人、一部分地区先富起来，先富带动和帮助后富。这是一个大政策，一个能够影响和带动国民经济全局的政策。一方面，让一部分人先富起来，通过发展个体私营经济和劳动致富，产生广泛的示范效应，带动和影响其他人，最后达到共同富裕。实行按劳分配为主体、多种分配方式并存的分配制度，健全劳动、资本、技术、管理等生产要素按贡献参与分配的制度。从改革开放初期提出"效率优先，兼顾公平"，到发展到一定阶段后"效率和公平并重，再分配更加注重公平"。另一方面，让一部分地区先富起来，东部沿海地区通过对外开放先发展起来，然后逐步扩展到内地和西部地区，实行梯度发展战略，最终达到共同发展。我国在东部沿海地区发展取得巨大成就以后，提出实施区域发展总体战略，这就是推进西部大开发，振兴东北地区等老工业基地，促进中部地区崛起，鼓励东部地区率先发展，形成东中西互动、优势互补、相互促进、共同发展的新格局。

第七，**国家宏观调控**。国外许多专家学者在总结中国经验时，都把强有力的政府管理和宏观调控作为中国的一大特色。特别是在应对亚洲金融危机和国际金融危机过程中，中国的优异表现令世人瞩目。甚至有国外著名学者提出，中国政府管理经济的能力优于许多国家，这些年来中国经济保持平稳快速发展，在很大程度上得益于有效的宏观管理。总结中国政府管理经济的经验，主要是实行宏观调控与市场机制相结合。一方面，充分发挥市场机制在资源配置中的决定性作用，充分发挥市场竞争的内在动力和活力；另一方面，充分发挥政府宏观调控的引导作用，及时纠正市场失灵和扭曲，防止经济运行出现大的波动。实现这两方面的结合和有机统一，需要相机抉择，特别是把握好宏观调控的方向、重点、力度和节奏，实现经济平稳较快发展。

第八，**中国特色政治发展道路**。邓小平多次提出中国具有社会主义集中力量办大事的制度优势。中国共产党是中国特色社会主义事业的领导核心，人民代表大会制度是根本政治制度。中国共产党领导的多党合作和政治协商制度、民族区域自治制度以及基层群众自治制度构成中国的基本政治制度。坚持党的领导、人民当家做主、依法治国的有机统一。建立最广泛的爱国统一战线，充分调动社会各方面力量和海外华侨华人参与国家建设的积极性。高度重视维护社会稳定，处理好改革、发展、稳定的关系，努力创造有利于改革、发展的稳定的政治和社会环境。

第九，和平统一、一国两制。中国解决国内长期形成的历史遗留问题，通过"一国两制"，实现和平统一。邓小平提出的这一构想，是一个伟大的创举。它不是用战争的方法，而是用和平的方法，保留不同地区现有的社会制度，通过和平谈判签署协议并上升到国家法律的高度，达到国家的统一。中国用这一方法，成功地解决了香港问题和澳门问题，使其顺利回到祖国怀抱，并保持了香港和澳门的繁荣稳定。我们主张用这一方式解决台湾问题，在一个中国原则的基础上，共同反对"台独"，促进两岸关系和平发展，进而实现祖国和平统一，共同致力于中华民族的伟大复兴。

第十，坚持走和平发展道路。中国的对外政策是坚定不移走和平发展道路。中国坚持独立自主的和平外交政策，致力于和平解决国际争端和热点问题，推进国际和地区安全合作，反对一切形式的恐怖主义。中国奉行防御性的国防政策，不搞军备竞赛，不对任何国家构成军事威胁。中国反对各种形式的霸权主义和强权政治，永远不称霸，永远不搞扩张。中国主张国家不分大小、强弱、贫富一律平等，尊重各国人民自主选择发展道路的权利，不干涉别国内部事务，不把自己的意志强加于人。在国际关系中弘扬民主、和睦、协作、共赢精神。政治上相互尊重、平等协商，共同推进国际关系民主化；经济上相互合作、优势互补，共同推动经济全球化朝着均衡、普惠、共赢方向发展；文化上相互借鉴、求同存异，尊重世界多样性，共同促进人类文明繁荣进步；安全上相互信任、加强合作，坚持用和平方式而不是战争手段解决国际争端，共同维护世界和平稳定；环保上相互帮助、协力推进，共同呵护人类赖以生存的地球家园。

（2012 年 6 月）

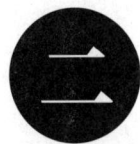

宏观经济政策研究

深刻认识社会主义市场经济的几个特点

2012 年是我国提出建立社会主义市场经济体制 20 周年。1992 年 10 月，党的十四大明确提出了建立社会主义市场经济体制的目标。我们从初步建立社会主义市场经济体制，到形成比较完善的社会主义市场经济体制，现在正在向着更加完善的社会主义市场经济体制的目标迈进。20 年来，在实践过程中积累了许多宝贵经验，对社会主义市场经济的认识不断深化和完善。社会主义与市场经济的结合是人类历史上一项前所未有的伟大改革试验，其成功具有划时代的意义。它从根本上改写了政治经济学教科书，改变了人类对社会主义和市场经济的认识，进一步丰富和发展了马克思主义经济理论。

对社会主义市场经济的认识，是随着对社会主义的认识和对市场经济的认识而不断发展的。从根本上说，社会主义市场经济就是吸收了现代市场经济成果，并与社会主义经济制度、政治制度、核心价值观念相结合的市场经济。

一、社会主义和市场经济能够实现成功结合，
创造性地形成中国特色社会主义市场经济体制

今天，中国特色社会主义市场经济体制已经不再是疑问，而是成功的现实，是一个 13 亿多人口大国的伟大实践。中国的改革发展已经充分证

明了这一点。这一成功，彻底颠覆了传统经济学理论。传统的社会主义经济理论认为，社会主义就是公有制＋按劳分配＋计划经济，计划经济是社会主义的本质特征，社会主义不能搞市场经济。传统的西方经济学也认为，只有在资本主义私有制的基础上才能发展市场经济，公有制不可能与市场经济成功结合。中国的改革采取"摸着石头过河"的办法，改革的一个基本方向，就是改变过去高度集中统一的计划经济体制，不断扩大市场化的范围，逐步向着市场经济发展。从提出"计划调节为主，市场调节为辅"，到实行"有计划的商品经济"，再到"建立计划经济与市场调节相结合的经济体制"，直到最终确定"建立社会主义市场经济体制"，经历过一个不断探索的过程。邓小平说："社会主义和市场经济之间不存在根本矛盾。""计划经济不等于社会主义，资本主义也有计划；市场经济不等于资本主义，社会主义也有市场。计划和市场都是经济手段。"这就从根本上破除了人们对计划经济和市场经济的固有观念，使人们对社会主义和市场经济的认识获得了一次思想大解放。坚持社会主义市场经济的改革方向，中国的改革取得了巨大成功，创造了举世瞩目的伟大成就，并且充分证明了社会主义市场经济体制具有很大优越性，这就是实现了社会主义制度优势与市场经济体制优势的有机结合，创造性地形成了中国特色社会主义市场经济体制。

中国特色社会主义市场经济体制，就是建立在中国特色社会主义经济制度和政治制度基础上的市场经济体制。邓小平多次提出中国具有社会主义集中力量办大事的制度优势。中国共产党是中国特色社会主义事业的领导核心，人民代表大会制度是根本政治制度。中国共产党领导的多党合作和政治协商制度、民族区域自治制度以及基层群众自治制度构成中国的基本政治制度。我们在改革开放过程中，探索建立起公有制为主体、多种所有制经济共同发展的基本经济制度，形成了各种所有制经济平等竞争、相互促进的新格局。建立起按劳分配为主体、多种分配方式并存的分配制度。所有这些，都构成了中国特色社会主义市场经济体制的重要特点。

二、市场机制和宏观调控是社会主义市场经济体制不可分割的两个方面，必须实行宏观调控与市场机制相结合，充分发挥"看不见的手"和"看得见的手"两方面的作用

西方经济学中有一个新自由主义学派，与凯恩斯的国家干预经济理论不同，主张让市场机制完全自发地发挥作用，反对国家干预经济，推行自由化、私有化、市场化的经济政策。这次国际金融危机表明，市场不是万能的，一味迷信市场的力量，放任市场自由发展，必然会扭曲经济信号，扰乱市场秩序，最终带来灾难性的后果。不受管理的市场经济注定是行不通的。国外许多专家学者在总结中国经验时，都把强有力的政府管理和宏观调控作为中国的一大特色。特别是在应对亚洲金融危机和国际金融危机过程中，中国的优异表现令世人瞩目。甚至有国外著名学者提出，中国政府管理经济的能力优于许多国家，这些年来中国经济保持平稳快速发展，在很大程度上得益于有效的宏观管理。

总结中国市场经济的经验，其特点之一就是实行宏观调控与市场机制相结合。市场机制和宏观调控就像一枚硬币的正反两面，是相辅相成、互相依存的关系，既要发挥市场机制这只"看不见的手"的作用，又要发挥宏观调控这只"看得见的手"的作用。一方面，充分发挥市场机制在资源配置中的决定性作用，充分发挥市场竞争的内在动力和活力；另一方面，充分发挥政府宏观调控的引导作用，及时纠正市场失灵和扭曲，防止经济运行出现大的波动。实现这两方面的有机结合和统一，才能保持经济持续平稳健康发展。

三、市场经济既是一种平等竞争的经济，又是一种互利共赢的经济，形成相互依存、密切联系的市场体系

在发展市场经济的初期，我们强调市场经济是一种激烈竞争的经济，甚至是一种你死我活的经济，目的是让人们对市场经济的激烈竞争作好充分的准备。随着市场经济的发展，人们越来越认识到，市场经济除了激烈

的竞争之外，还有更重要的互利共赢的一面。不但商品买卖是一种互通有无，商业合作是一种优势互补，而且即使行业竞争者，实际上也是一种在竞争中互相取长补短、竞相发展的关系。一个小镇上家家户户做纽扣，不但没有你吃掉我、我吃掉你，相反家家户户都发展起来，大家都相互促进改良技术、提高工艺、降低成本、创新流通，通过市场经济的"集群效应"，最终形成蓬勃发展的局面。在市场经济优胜劣汰的竞争中，也必然会有失败，但这不是恶性竞争的失败，而是一种良性竞争的失败，最终是一种公开公平公正竞争的"体面的失败"。

市场经济在发展过程中，将形成精细化的分工、不断延长的产业链、完善的产品配套能力，以及更广泛的甚至国际化的市场体系。每一个生产者、经营者和消费者，都成为丰富而完善的市场体系的一个小节点。市场经济以它的魔力，不仅创造出千变万化、丰富多彩的商品世界，而且形成就像人体经络一样看不见但却无处不在的市场网络体系，每一个参与其中的主体都处于平等竞争和互惠互利的关系之中。也正是因此，市场经济在发展中还将呈现出无穷无尽的奥秘。

四、市场经济必然是建立在诚信和法治基础上的规范有序的经济，社会主义市场经济将体现民主法治、自由平等、公平正义、共同富裕的价值观念

在市场经济发展初期，会出现一定程度的混乱，表现为无序和失范，甚至出现不讲诚信、违法乱纪、坑蒙拐骗、制售假冒伪劣产品等现象，由此造成社会唯利是图、诚信缺失、道德滑坡。有些人将这些看作是市场经济发展的必然后果，恰恰相反，这些正是市场经济不发展、不完善的表现。诚信和法治是市场经济的基石，没有诚信和法治就不可能有完善的市场经济。我们要建立更加完善的市场经济，就必须加大诚信建设和法治建设的力度，真正把市场经济建立在诚信和法治的坚固基础之上。同时，更重要的，社会主义市场经济必然体现社会主义的核心价值观念，特别是社会公平和共同富裕，不能够出现严重的分配不公、收入差距过大，甚至两极分

化现象。邓小平说："社会主义的本质，是解放生产力，发展生产力，消灭剥削，消除两极分化，最终达到共同富裕。"而"社会主义制度就应该而且能够避免两极分化。"社会主义要坚持走共同富裕的道路，处理好效率与公平的关系，在提高效率的基础上更加注重社会公平，建立一个均富的社会。只有这样，才能建立起更加完善的社会主义市场经济。

中国在发展社会主义市场经济的过程中，已经创造出魔幻般的经济奇迹，这正是社会主义市场经济体制优越性的表现。在今后建立更加完善的社会主义市场经济体制的过程中，下更大力气解决好市场经济发展中出现的各种矛盾和问题，还将创造出新的令人惊叹的经济奇迹，不断续写新的划时代的政治经济学。

（2012 年 10 月）

新常态下我国发展的新思路新举措

——2017 年《政府工作报告》精神解读

现在"两会"刚刚结束，全国上下正在学习贯彻"两会"精神。我作为《政府工作报告》起草组成员，参与了报告的起草和修改工作，我想主要围绕学习贯彻落实《政府工作报告》，谈一些个人的认识和体会。

一、今年《政府工作报告》的起草过程和特点

今年是我们党和国家事业发展中具有重大意义的一年。今年将召开党的十九大，也是本届政府的最后一年。今年的《政府工作报告》，可以说受到了国内外的广泛关注。

李克强总理所作的《政府工作报告》，获得了各方面的高度评价。报告现场赢得了全国人大代表 40 次掌声，最后以 99.08% 的高票获得通过。大家普遍反映，这是一个思路清、措施实、接地气、提信心的好报告。

国内外的记者总是问一个问题：中国的《政府工作报告》为什么会有这么高的得票率？尤其是国外的记者，他们心中始终有一个疑问，为什么领导人发言、代表接受采访都是赞成？是不是中国的领导对人大代表有要求，他们不敢投反对票？其实不是都赞成，也有反对票 14 票、弃权票 8 票，还有 4 人未按键投票，如果都赞成就是 100% 了。《政府工作报告》经过无数次反复讨论、审议、征求意见，是一个最大限度凝聚共识的过程。许多工作在报告之前已经做得非常充分了。

（一）今年《政府工作报告》的起草过程。去年12月初，还在准备中央经济工作会议的时候，报告起草组就成立了。在报告起草过程中，认真学习贯彻中央经济工作会议精神。起草组于12月31日拿出了初稿，反复征求各方面意见，反复修改补充完善。

1.党中央、国务院高度重视报告起草工作。习近平总书记、李克强总理作出重要指示批示，报告起草是在李克强总理主持下进行的。1月4日，李克强总理主持召开国务院常务会议讨论报告稿，国务院领导同志和有关部门都提出了修改意见。1月12日，习近平总书记主持召开中央政治局常委会议，审议报告并提出了重要修改意见。1月18日，李克强总理主持召开国务院全体会议讨论报告稿。2月21日，习近平总书记主持召开中央政治局会议，审议报告稿并提出重要修改意见。

2.广泛征求全国上下各方面意见。国务院召开全体会议通过以后，报告稿下发到各地方、中央党政军群各部门共148个单位广泛征求意见。李克强总理还先后主持召开3次座谈会，听取各民主党派、全国工商联和无党派人士的意见，听取专家学者和企业家的意见，听取教科文卫体和基层代表的意见。起草组共汇总整理出1270条修改意见，经过反复研究，吸收了300多处（有的含多条）重要意见。

我这里举几个例子。比如，在李克强总理主持召开的座谈会上，中国社科院学部委员、经济研究所所长高培勇专门谈了税负问题。他说，我国的宏观税负为世界中等税负。为什么企业感到税负高呢？他作了分析，主要是我国的税负基本等于企业税负，绝大部分是向企业收税，个人税占的比重低，农业税没有，而欧洲国家企业税负占45%、个人税占到55%。要加大力度为企业减税降费。报告用了很大篇幅，提出了许多减税降费的重点举措。国家金融研究院院长、国际货币基金组织原副总裁朱民提出，"要使金融回归本源，更好地服务实体经济，防止虚拟化。"报告指出，"促进金融机构突出主业、下沉重心，增强服务实体经济能力，坚决防止脱实向虚。"摩拜单车创始人、总裁胡玮炜，一位年轻女士，她提出，要积极支持和引导共享经济发展，倡导绿色出行，打造自行车生态城市。报告中专门谈了支持和引导分享经济发展。清华大学副校长、中科院院士施一公提出，提高研究生最低补贴标准。报告提出，"提高博士研究生国家助学金补助标准。"中国作协副主席王安忆提出"大力推进全民阅读",这句话就写进了《政府工作报告》。杭州钢铁集团转岗职工黄敏就职工分流安置提出了意见。报告对此专门写道:"去产能必须安置好职工,""确保分流职工就业有出路、生活有保障。"

3.深入开展调查研究。起草组先后召开了多次座谈会,听取国内外各方面对报告的意见。比如,今年召开了在中央党校学习的地厅班学员和县委书记班学员座谈会;国务院研究室与国家外国专家局合作,召开了外国专家座谈会;还召开了主要新闻媒体座谈会。他们都对起草好《政府工作报告》提出了许多很有价值的意见和建议。比如,在外国专家座谈会上,诺贝尔经济学奖获得者、美国纽约大学教授恩格尔提出,要防范和化解金融风险,包括影子银行风险、股市风险,以及银行业系统性风险。美国康奈尔大学教授、上海交通大学校长特别顾问霍普克罗夫特提出,大学教育要培养创新精神,适应信息时代发展要求培育创新型人才。德国专家蔡塞尔提出,要迎接工业4.0时代到来,加快发展人工智能、机器人、3D打印等技术和人才,推动工业转型和就业转型。在主要媒体座谈会上,他们提出,报告要反映经济社会新变化,回应社会关切,提出新的观点、新的表述;要增强报告的传播力,做好宣传、报道和解读工作,扩大国内国外的影响,让更多人了解、理解《政府工作报告》。

4.广泛开展网上舆论调查。中国政府网联合新华网、人民网等多家网站,开展"我向总理说句话"网民建言活动,在数十万条留言中,筛选出2000多条意见,都分期分批提供给起草组。网民的建言都是他们关注的问题,涉及住房、医疗、养老、教育、社保、户籍、就业和工资,还有宏观经济政策、三农工作、生态环保、区域发展、政府改革和建设等许多方面。比如,在简政放权方面,他们关注办证难、办事难,如各种各样的"奇葩证明",要"证明自己还活着""证明自己没有犯罪记录"等,还关注职业资格、企业注册登记、中介服务、行政审批等方面。这些都不同程度地体现在了报告之中。

5.创新《政府工作报告》起草方式。今年报告起草过程中,做了一些新的探索。比如,成立报告起草前期工作小组,在中央经济工作会议召开之前,同时启动报告起草工作,并且主要吸收青年骨干参加,在讨论中大家提出新的想法，起草出报告框架和初稿。这样不但节省了前期工作时间，而且把一些青年人的新想法体现在报告之中。比如，一些新的概念，"城归"，"独角兽"公司，"极客"，VR（虚拟现实），"旅游+"，"+互联网"等等，有些最后可能没有留下，但启发了思路。

6. 认真吸收采纳人大代表和政协委员意见。"两会"期间，共汇集代表委员意见上百条，吸收采纳了78条，是历年来最多的一次，增加了560多字。总理要求，能吸收的尽量吸收，如果实在无法吸收，要向代表和委员作出解释和说明。其中重要的修改，比如，增加了"遏制热点城市房价过快上涨""推动融资租赁业健康发展""落实带薪休假制度""有效治理交通拥堵等'城市病'""改革科技评价制度""推进服务贸易创新发展试点""安全高效发展核电""积极应对气候变化""发展绿色再制造和资源循环利用产业""推动部分本科高校向应用型转变""实施中华优秀传统文化传承发展工程"，以及依法惩治毒品犯罪、侵犯个人信息犯罪，"坚决治理政务失信"等。

可以说，报告经过了无数次反复讨论、审议、征求意见和修改完善。我的体会是，报告不是写出来的。报告的起草过程是党中央、国务院决策的过程，是各部门认真研究工作的过程，是全国上下各方面包括人民群众、广大网民参与讨论、提出建议的过程。因此，报告的起草是一个广泛发扬民主、集中民智、最大程度凝聚共识的过程。可以说，报告是"磨"出来的。当然，报告起草经过起草组反复修改、不断完善，字斟句酌，精雕细刻。正如一个人大代表说的，你们起草组也是用"工匠精神"来起草报告的。

（二）今年《政府工作报告》的主要特点。概括起来，就是四个字："新、实、精、活"。

1. 新。贯彻新发展理念，从形式到内容不断有所创新，提出了不少新思路、新举措，也有一些新话。比如：除烦苛之弊、施公平之策、开便利之门。民生是为政之要，必须时刻放在心头、扛在肩上。质量之魂，存于匠心。还有：数字经济，数字家庭，人工智能，智能制造，全域旅游，创业创新创富等；网络新词"被脱贫"等。

2. 实。报告既是一个对全国上下发出的"动员令"，也是一份部署各方面工作的"施工图"。在报告征求意见过程中，各方面普遍反映，报告非常实，体现了实事求是、真抓实干的精神，说实话、出实招、办实事、求实效。报告有许多扎实的政策措施，大家认真读了报告以后，都感到"含金量高"。今年在报告起草和修改过程中，在这方面花了很大功夫。李克强总理要求，要研究十多个方面的重点举措，拿出实实在在的政策措施，真正让社会各方面能够感受到效果。我听到企业界代表董明珠说，她听报告的时候，非常感动，总理讲的都是他们想说的话。特别讲"名目繁多的收费使许多企业不堪重负，要大幅降低非税负担""各有关部门和单位都要舍小利顾大义，使企业轻装上阵""一定要让市场主体有切身感受。"她听报告时，就很有切身感受。代表和委员普遍反映，今年的报告接地气、有温度，体现出民生情怀，为老百姓送上了一连串的"惠民大礼包"。

还有报告突出"实干"，狠抓落实。有的代表专门数了一下，报告后边10多次讲到"干"，"干字当头，真抓实干、埋头苦干，创造性地干"，体现出敢担当、有作为、勤勉尽责干事创业的精神。

3.精。做到精练、精准、精细，精益求精。今年报告篇幅1.86万字，吸收代表委员意见修改后1.9万字，比去年的报告2万多字大大压缩。当然去年有总结"十二五"、部署"十三五"的部分内容。每年在起草和修改报告过程中，压缩文字是很不容易的。各部门、各地方都想增加相关的内容。反复征求意见的时候，都是做加法的多，做减法的少，基本上是越改越多。所以，必须下决心压缩文字，常规性工作一般不讲，可说可不说的话不说或尽量少说。工作部署上，突出重点，兼顾到面，又不面面俱到。政策措施上，注重增强针对性和可操作性。无论是提出的观点、政策措施、文字表述、数据等，都要准确权威。

4.活。文风上更加生动活泼，口语化，接地气，有温度。突出思想性，增强感染力。语言风格上，注重平易朴实，简洁明快，深入浅出，贴近群众，让老百姓听得懂、记得住、能管用。比如，"以'中国工匠'打造更多'中国品牌'，推动中国经济发展进入质量时代。"有些广受赞誉的话是李克强总理亲自加上的。比如："坚守节用裕民的正道"，有的记者还专门查这句话的出处，查出来见《荀子·富国篇》："足国之道，节用裕民，而善藏其余。"还有"把发展硬道理更多体现在增进人民福祉上""减少政府的自由裁量权，增加市场的自主选择权""坚决打好蓝天保卫战""让人们在劳动中创造财富，在奋斗中实现人生价值""以实干推动发展，以实干赢得未来""让科研人员不再为杂事琐事分心劳神"等等。

二、新常态下我国发展面临的新形势

报告对我国发展面临的国内外形势作了深刻分析。一上来就指出："过去一年，我国发展面临国内外诸多矛盾叠加、风险隐患交汇的严峻挑战。""三个面对"："我们面对的是世界经济和贸易增速 7 年来最低、国际金融市场波动加剧、地区和全球性挑战突发多发的外部环境；面对的是国内结构性问题突出、风险隐患显现、经济下行压力加大的多重困难；面对的是改革进入攻坚期、利益关系深刻调整、影响社会稳定因素增多的复杂局面。"

报告总结了我国发展所取得的 7 个方面重要标志性成就，所做的 8 个方面的工作。应该说，报告鼓舞人心，催人奋进，交出了一份沉甸甸的成绩单。总的来说就是：圆满完成全年经济社会发展主要目标任务，实现"十三五"良好开局。

（一）经济运行缓中趋稳、稳中向好。去年初的时候，国内外对我国经济发展还有不少担忧，一些国际机构调低了对我国经济增长的预期，有的认为中国经济会出现衰退、出现风险，甚至会出现"硬着陆"。党中央、国务院保持战略定力，审时度势，沉着应对，坚持不搞"大水漫灌"式强刺激，而是依靠改革创新来稳增长、调结构、防风险，加强和创新宏观调控，采取了一系列有针对性的政策措施。到了下半年，不仅稳住了经济，而且经济运行出现更多积极向好变化。国内外权威机构又开始看好中国经济，纷纷调高对中国经济增长的预期。

去年我国经济增长 6.7%，符合年初提出的 6.5%—7% 的预期目标。这一增速，在世界主要经济体中名列前茅。去年世界经济增长 3.1%，美国经济增长 1.6%，欧元区经济增长 1.7%，日本经济增长 1%，俄罗斯经济增长 -0.2%，巴西经济增长 -3.6%，印度经济增长 7.1%。中国经济对全球经济增长的贡献率达到 33.2%，仍然是全球经济增长的动力之源和稳定之锚。

去年我国经济总量达到 74.4 万亿元，折合 11.2 万亿美元。中国占到全球经济总量的 15% 左右，美国占 24% 左右，中美两国加起来占到 40%。中国经济总量相当于日本的 2 倍多，超过英法德三国的总和。去年 6.7% 的经济增长，带来的经济增量超过 5 万亿元，折合 7500 多亿美元，超过了我国 1994 年全年的经济总量，相当于一个在全世界排名第 17 位国家的经济总量。

物价保持稳定。全年居民消费价格上涨 2%。农产品生产者价格上涨较多一点，全年增长 3.4%。工业生产者出厂价格下降 1.4%，从全年走势来看，自 9 月份开始出现上涨，结束了连续 54 个月下降的态势。到年底的时候，主要原材料如钢铁、煤炭等价格都出现不同程度的上涨，改善了市场供求关系预期。

经济稳中向好的一个重要表现，就是工业企业利润实现增长。前年工业企业利润是下降的，全年规模以上工业企业利润同比下降 2.3%，其中国有控股企业实现利润下降 21.9%。2016 年工业企业利润转降为升，全年规模以上工业企业利润同比增长 8.5%，其中国有控股企业实现利润增长 6.7%。企业效益有了明显改善，呈现出积极向好的发展势头。

特别值得一提的是，节能减排和生态环保取得新成效。在经济缓中趋稳的同时，单位国内生产总值能耗同比下降 5%，超过了年初提出的下降 3.4% 的预期目标。环境治理取得新进展，主要污染物排放量持续下降。

这些都说明，经济发展的平稳性、协调性有所增强，经济发展的质量和效益明显提高，而这正是宏观调控要实现的目标。

（二）就业增长超出预期。就业是经济的晴雨表，是社会的稳定器。去年我国高校毕业生达到 765 万人，还有 500 多万中职毕业生，去产能下岗分流人员多达数十万，再加上军队退役人员安置，还得给农民工就业留出空间。总体上看，就业面临总量、结构、区域三大挑战，增加就业岗位满足总量需求难度加大，供给与需求不匹配的结构性就业矛盾突出，局部性行业性失业风险增多。全年城镇新增就业 1314 万人，大大超出预期增长 1000 万人以上的目标。尤其是高校毕业生就业总体平稳，就业创业人数实现"双升"，去产能分流安置职工达到 70 多万人。外出就业农民工人数继续小幅增长，全国农民工总量超过 2.8 亿人，比上年增长 1.5%。年末城镇登记失业率 4.02%，为 2007 年以来的最低水平。

就业稳定增长，成为经济运行的一大亮点。在我国经济增速放缓的情况下，就业人数不降反增，特别是实现了比较充分的就业，这对于一个接近 14 亿人口的发展中大国来说，是非常难得的。

（三）改革开放深入推进。这几年我国改革力度持续加大，搭建起了"四梁八柱"的总体框架。去年重要领域和关键环节改革取得突破性进展，一批具有标志性、支柱性的重大改革方案出台实施。

中央提出了推进供给侧结构性改革的大思路，着力推进"三去一降一补"五大重点任务，既做减法，又做加法，以钢铁、煤炭行业为重点去产能，全年退出钢铁产能超过 6500 万吨、煤炭产能超过 2.9 亿吨，超额完成年度目标任务，改善了市场供求关系。去库存、去杠杆、降成本都取得新成效，加大补短板力度，办了一批当前急需又利长远的大事。

围绕处理好政府与市场关系这一经济体制改革的核心问题，持续推进简政放权、放管结合、优化服务改革。在提前完成本届政府减少行政审批事项 1/3 目标的基础上，去年又取消一大批行政审批、中介服务、职业资格许可认定等事项，加强事中事后监管，推行"互联网 + 政务服务"，进一步激发了市场活力，为经济发展提供了新动力。

全面推开营改增试点，将建筑业、房地产业、金融业、生活服务业纳入营改增范围，确保所有行业税负只减不增，去年降低企业税负 5700 多亿元。营改增是一次大规模的税制改革，营业税改征增值税，营业税成为了历史，简化了税制，减轻了税负，促进了中小微企业和服务业的发展。

去年还大力推进国有企业改革，制定了"1+N"总体方案和配套政策，出台了加快剥离企业办社会职能和解决历史遗留问题等措施。第一批混合所有制改革试点、国有资本投资公司试点取得阶段性进展。金融、投资、农村、社会、生态等领域改革全面推进。

对外开放推出一批新的重大举措。扎实推进"一带一路"建设，加快战略对接、规划对接，"六廊六路多国多港"主骨架建设稳步展开，一批基础设施互联互通、国际产能合作标志性工程落地。亚洲基础设施投资银行正式开业。12 月 1 日开启了"深港通"。人民币正式纳入国际货币基金组织特别提款权货币篮子，成为人民币国际化的重要里程碑。去年推广上海等自贸试验区改革创新成果，新设 7 个自贸试验区。新设 12 个跨境电子商务综合试验区。除少数实行准入特别管理措施领域外，外资企业设立及变更一律由审批改为备案管理。全年货物贸易进出口总额同比下降 0.9%，降幅比上年收窄 6.1 个百分点；服务进出口贸易增长 14.2%。实际使用外商直接投资 1260 亿美元，同比增长 4.1%。对外直接投资 1700 多亿美元，同比增长 44.1%。

（四）经济结构加快调整。经济发展稳中有进，一个重要表现就是结构调整取得新进展。

1. 消费在经济增长中发挥主要拉动作用。2016 年消费增长 10.4%。最终消费支出对经济增长的贡献率达到 64.6%，比上年提高 4.9 个百分点。消费成为"三驾马车"中拉动经济增长的主要因素，充分发挥了经济增长的"稳定器"和"压舱石"作用。特别是新兴消费快速发展，消费升级步伐加快。

2. 服务业加快发展。去年第三产业增加值占国内生产总值的比重达到 51.6%，比上年提高 1.4 个百分点。三大产业在国内生产总值中的比重，转变为 51.6∶39.8∶8.6。第三产业对经济增长的贡献率上升到 58.2%，提高 5.3 个百分点。生产性服务业快速发展，研发设计、物流快递、金融保险、商务咨询等产业不断扩大。生活型服务业快速拓展，健康养老、文化体育、家政服务、休闲旅游、交通租赁等保持旺盛发展势头。特别是网约车、共享单车等分享经济方兴未艾。

3. 高技术产业、装备制造业快速增长。去年全部工业增加值增长 6%，而战略性新兴产业增加值增长 10.5%；高技术制造业增加值增长 10.8%，占规模以上工业增加值的比重达到 12.4%；装备制造业增加值增长 9.5%，占规模以上工业增加值的比重上升为 32.9%。高技术产业、装备制造业增长大大快于一般工业增长，成为产业结构调整和优化升级的重要标志。

4. 城乡和区域发展协调性增强。统筹推进"三大战略"和"四大板块"协调发展。从城乡结构看，去年城镇常住人口达到 7.9 亿多人，占总人口的比重上升到 57.35%，比上年末提高 1.25 个百分点。深化户籍制度改革，全面推行居住证制度，全年进城落户 1600 万人。从区域发展来看，中西部地区加快发展。全国固定资产投资超过 60 万亿元，实际增长 8.6%。其中西部地区投资增长 12.2%，中部地区投资增长 12%，东部地区投资增长 9.1%，只有东北地区投资下降 23.5%。革命老区、民族地区、边疆地区、贫困地区都保持了快速发展的良好势头。

5. 农业结构调整迈出新步伐。开展农村土地所有权、承包权、经营权"三权分置"改革，农业"三项补贴"改革全面铺开。改革玉米收储制度，完善农产品价格形成机制。开展新一轮退耕还林、耕地轮作休耕制度试点。粮食再获丰收，全年粮食产量 61624 万吨。农业稳中调优，减少了玉米种植面积，增加了高品质、有需求的农产品供应。

（五）发展新动能不断增强。深入实施创新驱动发展战略，加快落实"中国制造 2025"，持续推进"互联网+"行动和"大众创业、万众创新"。

科技领域取得一批国际领先的重大成果。神舟十一号载人飞船与天宫二号空间实验室实现成功对接，世界上最大单体射电望远镜建成启用，新一代大推力运载火箭发射成功，超级计算机运算速度再创世界第一，全球首颗量子通信试验卫星入轨运行，完全自主知识产权的中国标准高速列车正式投入运营。

新兴产业蓬勃兴起与传统产业改造升级相互促进。互联网与各行业加速融合，新兴产业快速发展。以数字化、网络化、智能化为特征的智能制造正在兴起，人工智能、虚拟现实、基因工程等新技术加速发展。新一代通信网络、高端装备、机器人、新能源汽车、3D 打印、智能电视等新产业发展势头迅猛。传统产业加快与互联网、大数据、云计算相结合，在改造升级中焕发出新的生机。

大众创业、万众创新蓬勃发展。随着简政放权、放管结合、优化服务改革深入推进，商事制度改革不断发力，激发了广大群众创业创新的积极性，新登记市场主体大幅增长，这也成为我国经济发展中的一大亮点。2016 年全国新登记企业 553 万户，增长 24.5%，平均每天新增 1.5 万户，加上个体工商户等各类市场主体每天新增 4.5 万户。全面推进 28 个国家双创示范基地建设，新出现一大批专业化众创空间和企业孵化器。

我国经济已进入依靠创新驱动发展的新阶段。新动能的快速成长，有效对冲了经济下行压力，对稳增长、调结构、促升级发挥了重要作用。新动能正在撑起发展的新天地，并推动经济社会发生深刻变革。

（六）**基础设施支撑能力持续提升**。我国城乡基础设施日益完善，现代综合交通运输体系建设加快推进。高速铁路达到 2.2 万公里，占全世界的 60% 以上。郑徐高铁、渝万高铁建成通车，沪昆高铁全线贯通。高铁成为中国的一张"亮丽名片"，引起了全世界的赞叹。新建改建高速公路 6700 多公里、农村公路 29 万公里。世界最长跨度的港珠澳大桥主体贯通。全国已有 29 个城市开通城市轨道交通，运营总里程约 4000 公里。去年新开工重大水利工程 21 项，在建工程投资规模超过 8000 亿元。

去年有 147 个城市、28 个县城开工建设地下综合管廊 2005 公里。我国已建成全球最大的 4G 网络，全国地级市基本建成光网城市。全国移动电话用户超过 13 亿户；移动宽带用户 9.4 亿户，新增 4G 用户 3.4 亿户。全国互联网普及率达到 53.2%，其中农村地区普及率达到 33.1%。互联网的迅速普及，带动了"互联网＋"相关产业的快速发展。

（七）**人民生活继续改善**。城乡居民收入和消费持续增长。2016 年，全国居民人均可支配收入达到 23821 元，实际增长 6.3%。其中城镇实际增长 5.6%，农村实际增长 6.2%。全国农民工人均月收入 3275 元，比上年增长 6.6%。全国居民人均消费支出 17111 元，实际增长 6.8%，其中城镇增长 5.7%，农村增长 7.8%。

扶贫攻坚和贫困救助工作力度加大。全面打响脱贫攻坚战，全国财政专项扶贫资金投入超过 1000 亿元，农村贫困人口减少 1240 万人，异地扶贫搬迁 249 万人。按照 2010 年不变价每人每年 2300 元标准计算，农村贫困人口还有 4335 万人。全年城镇棚户区住房改造 600 多万套，农村危房改造 380 多万户。城乡居民社会保障水平不断提高。基本医疗保险参保人数超过 13 亿人，城乡居民基本医保补助标准由每人每年 380 元提高到 420 元。退休人员基本养老金水平再提高 6.5%。

去年我国外交领域取得重大成就，中国特色大国外交全方位推进。特别是我国成功主办二十国集团领导人杭州峰会，推动取得一系列开创性重要成果，在全球经济治理中留下了深刻的中国印记。推动气候变化《巴黎协定》正式生效。同菲律宾关系实现转变，南海形势发生了有利于我的变化。中国的国际地位和影响力不断提升。

报告分析指出了我国经济社会发展中存在的困难和问题。"四个方面问题"：一是经济发展问题。经济增长内生动力仍不足，去年我国出口下降1.9%。投资增长 7.9%，是多年保持 20% 以上增长之后下降到 10% 以下，民间投资增长只有 3.2%，经济增长主要靠消费增长 10.4% 拉动。在固定资产投资中，第二产业投资增长只有 3.5%，主要靠基础设施投资增长 17.4% 拉动。工业增加值增长只有 6%，经济增长主要靠第三产业增加值增长 7.8% 拉动。企业生产经营困难较多，供给和需求结构性矛盾突出，部分行业产能过剩严重，我国发展中形成了规模很大的产能。工业产能利用率只有74%，部分行业甚至低于 50%。地区经济走势分化，"冰火两重天"，有的地区经济增长还在 10% 以上，而有的地方增速大幅下滑，甚至出现负增长。财政收支矛盾较大，经济金融风险隐患不容忽视。二是环境污染问题。报告特别指出"环境污染形势依然严峻，特别是一些地区严重雾霾频发，治理措施需要进一步加强"。三是社会民生问题。主要是在住房、教育、医疗、养老、食品药品安全、收入分配等方面，人民群众还有不少不满意的地方。特别指出，去年煤矿、建筑、交通等领域发生了一些重大安全事故，令人痛心。四是政府工作存在不足。主要是：有些改革举措和政策措施落实不到位，涉企收费多、群众办事难等问题仍较突出，行政执法中存在不规范不公正不文明现象，少数干部懒政怠政、推诿扯皮，一些领域腐败问题时有发生。

综合分析国内外形势，我们要做好应对更加复杂严峻局面的充分准备。世界经济增长低迷的态势仍在延续，"逆全球化"思潮和保护主义倾向抬头，主要经济体政策走向及外溢效应变数较大，不稳定不确定因素明显增加。我国发展处在爬坡过坎的关键阶段，经济运行存在不少突出矛盾和问题。

总的来说，困难不容低估，信心不可动摇。《政府工作报告》要传递的一个基本信息就是，虽然中国经济发展面临许多困难和挑战，但中国经济的基本面依然是好的，长期向好的趋势没有改变。中国经济运行能够保持在合理区间，把发展的良好势头长期保持下去。

我们有办法有能力解决面临的困难和问题。中国拥有解决问题的条件和优势。中国人民有勇气、有智慧、有能力战胜任何艰难险阻，中国经济有潜力、有韧性、有优势，中国的发展一定会更好。李克强总理唱响了"中国经济光明论"。

三、今年我国发展的总体思路和政策取向

（一）**关于今年发展的总体思路。**今年《政府工作报告》的总基调，就是"稳中求进"。报告通篇贯彻的，一个是稳中求进工作总基调，一个是以推进供给侧结构性改革为主线。概括起来就是："一个总基调，一条主线"。

李克强总理在报告的"2017年工作总体部署"部分中，提出了"四坚持一全面"，就是坚持稳中求进工作总基调，坚持以提高发展质量和效益为中心，坚持宏观政策要稳、产业政策要准、微观政策要活、改革政策要实、社会政策要托底的政策思路，坚持以推进供给侧结构性改革为主线。全面做好稳增长、促改革、调结构、惠民生、防风险各项工作。

做好今年政府工作，要把握好以下五点：

第一，贯彻稳中求进工作总基调。习近平总书记指出，"稳中求进工作总基调，是我们治国理政的重要原则，也是做好经济工作的方法论。"今年坚持稳中求进工作总基调，具有特别重要的意义。稳中求进，总的来说，就是要保持战略定力，着力稳增长、保就业、防风险，守住金融安全、民生保障、环境保护等方面的底线，确保经济社会大局稳定；在稳的前提下勇于进取，致力于促改革、调结构，在关键领域取得新突破。

第二，坚持以推进供给侧结构性改革为主线。这是我国经济发展中的一个新思路，也是一项重要任务。我国经济发展中存在的问题，既有周期性的、总量性的，但主要是结构性的，矛盾的主要方面在供给侧。因此，要把改善供给侧结构作为主攻方向，把深化改革作为根本途径。理解这一重要思路，有三点需要把握：一是既做减法，又做加法。"三去一降一补"是一个整体，"三去"（去产能、去库存、去杠杆）是做减法；"一降"实际上是加减法，叫作降本增效。"一补"，补短板，这是增加供给，主要是满足市场需求的产品和服务，也包括公共产品和公共服务。我们的高质量的工业产品，铁路、公路、机场、地铁等基础设施，医疗、教育等公共服务都是不足的，需要进一步补短板。二是既强调市场供给，更注重制度供给。深化改革就是要解决体制机制问题，特别是降低制度性交易成本。包括深入推进简政放权，大规模减税降费，更大程度放宽市场准入，推动大众创业、万众创新等。这些都是结构性改革，是制度供给方面的创新，目的是

更大程度激发市场活力和社会创造力。三是既强调供给，也关注需求。强调供给侧结构性改革，不是不要扩大需求。在市场经济条件下，供给与需求是一枚硬币的两面，相互依存，不可分割。需求要靠供给来实现，供给必须满足需求，又能够创造需求。

第三，适度扩大总需求并提高有效性。在拉动经济增长的"三驾马车"中，外需出现下降，更需要不断扩大内需。应该说，消费保持平稳增长，对经济增长功不可没，但消费不可能一下子有大的增长，因此，投资增长就成为关键因素。我们要纠正对投资的偏见，好像一下子又要搞"铁公机"了。其实，我们还处在工业化、城镇化快速发展阶段，投资既有需求，也有潜力。两大短板：一是基础设施；二是公共服务。都需要投资，来增加供给，满足需求并创造需求。连美国特朗普也要搞基础设施建设了，准备投资1万亿美元，以此来拉动美国经济增长，创造就业岗位。

第四，依靠创新推动新旧动能转换和结构优化升级。我国发展到现在这个阶段，不靠改革创新没有出路。世界新一轮科技和工业革命方兴未艾。我国正处在新旧发展动能接续转换的关键阶段，旧的发展动能趋于弱化，新动能在加快成长。我国具备加快创新发展的各方面优势条件，已成为世界第二研发大国，研发投入强度居全球第二；拥有全世界最大规模的人力人才资源，有1.7亿多接受过高等教育的专业技术人才。我国还拥有市场规模优势，随着中等收入群体的不断扩大，已成为全世界最具活力和成长性的新兴大市场。要突破发展的瓶颈制约和增长的"天花板"，成功跨越"中等收入陷阱"，必须紧紧抓住新一轮科技和工业革命机遇，实施创新驱动发展战略，实现"弯道超车"。如果把经济发展比作一列火车，过去的动力是蒸汽机，后来是内燃机，现在进入高铁时代需要高速动力。要加快培育壮大新动能与改造提升传统动能并举，打造经济发展的"双引擎"。

第五，着力解决人民群众普遍关心的突出问题。要践行以人民为中心的发展思想，就是要坚持不懈地为群众办实事、做好事、解难事。今年要针对人民群众期盼、关注的切身利益问题，采取更多新举措，让人民群众更多分享到改革发展成果，进一步增加人民群众获得感和幸福感。可以说，报告既是一份"责任状"，也是一份"承诺书"，体现了政府的责任担当和向人民所作出的承诺。

（二）关于今年发展的主要预期目标。大家注意到，与去年相比较，今年经济增长预期目标调低了，从去年的 6.5%—7% 下调到今年的 6.5% 左右，而就业增长目标反而调高了，从去年的城镇新增就业 1000 万人以上调到今年的 1100 万人以上，居民消费价格涨幅保持不变，都是 3% 左右。为什么大家感觉经济稳中向好，却把增速降低了，而同时就业却不降反增？这是出于什么考虑？这的确是国内外广泛关注的一个问题。

今年报告提出经济增长预期目标 6.5% 左右，应该说，这与国内外的预期基本一致，国际货币基金组织、世界银行等国外权威机构，都预期今年中国经济增长 6.5%。同时，这也是一个不低的经济增速，在世界上属于中高速增长，随着中国经济规模的扩大，今年 6.5% 的增长比去年 6.7% 的增长带来的增量还要大。这一增速能够实现到 2020 年国内生产总值和城乡居民人均收入比 2010 年翻一番的目标。更重要的，是适应经济发展进入新常态，推进供给侧结构性改革的需要，保持适度经济增长，可以把更多精力放在提高发展的质量和效益上来，用在调整优化经济结构、推动经济转型升级上来，为今后长远发展奠定良好的基础。大家注意报告上还有一句："在实际工作中争取更好结果。"就是说，我们要努力稳增长，争取实现 6.5% 以上的经济增长。

今年城镇新增就业目标提高到 1100 万人以上，主要考虑：一是释放更加积极的政策导向。今年我国高校毕业生将达到 795 万人，再创历史新高。再加上去产能涉及职工分流转岗就业。我们要实施更加积极的就业政策，确保就业大局稳定。二是这几年城镇新增就业预期目标定在 1000 万人以上，实际结果都是新增 1300 万人以上。三是随着我国经济发展和产业结构变化，特别是服务业的发展，简政放权和"双创"的带动，就业弹性系数提高，过去经济每增长 1 个百分点，可以带动 100 万人就业，现在经济每增长 1 个百分点，就可以带动 200 万左右的人就业。因此，经济增长 6.5%，就可以实现 1100 万人以上城镇新增就业的目标。

居民消费价格涨幅 3% 左右，主要是为了引导市场预期。去年 CPI 上涨 2%，今年以来有所走高。国际上能源原材料价格出现上涨。预期物价会有所上涨，同时也为价格改革预留出空间。我们不希望看到通货紧缩，也要防止通货膨胀。

（三）关于今年宏观经济政策取向。体现宏观政策要稳的政策思路，今年要继续实施积极的财政政策和稳健的货币政策。在区间调控基础上加强定向调控、相机调控，提高预见性、精准性和有效性。

财政政策更加积极有效。今年赤字率拟按 3% 安排，财政赤字 2.38 万亿元，比去年增加 2000 亿元。安排地方专项债券 8000 亿元，继续发行地方政府转换债券。今年赤字率保持不变，主要是为了进一步减税降费。要加大一般性转移支付规模，安排增长 9.5%，重点增加均衡性转移支付和困难地区财力补助。压缩一般性支出，中央部门带头一律按不低于 5% 压缩。政府要过紧日子，让老百姓过好日子。

货币政策要保持稳健中性。今年广义货币 M2 和社会融资规模余额预期增长 12% 左右，比去年 13% 左右有所调低，主要是为了维护流动性基本稳定，促进企业去杠杆，更好支持实体经济发展。保持人民币在全球货币体系中的稳定地位。

四、今年重点工作任务和重大举措

今年《政府工作报告》安排部署了 9 个方面工作任务，推出了一系列重大举措。

（一）用改革的办法深入推进"三去一降一补"。

今年要在巩固去年成果的基础上，进一步扎实推进，力争取得更大成效。

1. 扎实有效去产能。钢铁煤炭去产能是"重头戏"。我国煤炭行业产能为 57 亿吨，产量为 37.5 亿吨，产能利用率是 65%；钢铁行业产能为 11.5 亿吨，粗钢产量为 8 亿吨，产能利用率仅为 70% 左右。我国的钢铁产量占到全世界的大约 45%（河北的钢铁产量 2 亿吨，占全国的 1/4，占全世界的 1/8；唐山的钢铁产量近 1 亿吨，超过整个欧洲，也超过美国；迁安的钢铁产量超过德国），煤炭产量占到全世界的一半以上，成为全世界最大的二氧化碳排放国，面临着节能减排的巨大压力。

今年要再压减钢铁产能 5000 万吨左右，退出煤炭产能 1.5 亿吨以上。

同时，新增加了煤电去产能任务，要淘汰、停建、缓建煤电产能5000万千瓦以上。更多运用市场化法治化手段，严格执行环保、能耗、质量、安全等相关法律法规和标准，有效处置"僵尸企业"，推动企业兼并重组、破产清算。坚决淘汰不达标的落后产能，严控过剩行业新上产能。做好职工安置工作，确保分流职工就业有出路、生活有保障。

2.加大力度减税降费。这是今年《政府工作报告》提出的一个重大举措。报告提出，今年全年再减少企业税负3500亿元左右、涉企收费约2000亿元。一定要让市场主体有切身感受。要多措并举降低企业成本。在减税方面，进一步完善营改增政策，去年从5月1日开始实施，今年还有前4个月翘尾因素，要做到确保所有行业税负只减不增。简化增值税税率结构，由四档税简并至三档（计划由原来的17、13、11、6变成17、11、6）。还要扩大小微企业享受减半征收所得税优惠范围，从应纳税所得额（相当于利润）30万元提高到50万元。科技型中小企业研发费用加计扣除比例由50%提高到70%（研发费用计入成本，再增加50%提高到70%）。

3.今年要更大力度降费。报告明确说"名目繁多的收费使许多企业不堪重负"，过去一般很少这样讲。要大幅降低非税负担。一共是五个方面的措施：全面清理规范政府性基金；取消或停征一批行政事业性收费，收费项目再减少一半以上；减少政府定价的涉企经营性收费和中介服务收费；继续适当降低"五险一金"有关缴费比例；降低企业制度性交易成本，降低用能、物流等方面成本。李克强总理提出，"要舍小利顾大义，使中国企业轻装上阵，创造条件形成我国竞争新优势"。

今年要狠抓脱贫攻坚，再减少农村贫困人口1000万人以上，完成易地扶贫搬迁340万人。中央财政专项扶贫资金增长30%以上。切实落实脱贫攻坚责任制，实施最严格的评估考核，严肃处理假脱贫、"被脱贫"、数字脱贫。要让脱贫得到群众认可，经得起历史检验。

（二）深化重要领域和关键环节改革。

1.深入推进放管服改革。李克强总理说：简政放权、放管结合、优化服务改革，"这是政府自身的一场深刻革命。要继续以壮士断腕的勇气，坚决披荆斩棘向前推进。"今年要全面推行清单管理制度，推进"三个清单"：制定国务院部门权力清单和责任清单，扩大市场准入负面清单试点。深化商事制度改革，实行多证合一。实现"双随机、一公开"监管全覆盖。报告明确提出："减少政府的自由裁量权，增加市场的自主选择权。"并用十分坚定的语气讲道："我们一定要让企业和群众更多感受到放管服改革成效，着力打通最后一公里，坚决除烦苛之弊，施公平之策，开便利之门。"显示了政府推进这一改革的坚定决心。

继续推进财税体制改革，重点是落实和完善全面推开营改增试点政策，中央与地方财政事权和支出责任划分改革。

2.防范和化解金融风险。当前系统性风险总体可控，但不良资产、债券违约、影子银行、互联网金融等风险有所累积，脱实向虚问题突出。要推进金融体制改革，促进金融机构回归本源、突出主业、下沉重心，增强服务实体经济能力。重点解决中小微企业贷款难贷款贵问题，鼓励大中型商业银行设立普惠金融事业部，国有大型银行要首先做到。稳妥推进金融监管体制改革，有序化解处置突出风险点，整顿规范金融秩序，筑牢金融风险"防火墙"。我国经济基本面好，商业银行资本充足率、拨备覆盖率比较高，可动用的工具和手段多。我们能够守住不发生系统性风险的底线。

3.深入推进国企国资改革。今年要基本完成公司制改革，在混合所有制改革方面迈出实质性步伐。持续推进国有企业瘦身健体，抓紧剥离办社会职能，解决历史遗留问题。推进国有资本投资、运营公司改革试点。

（三）进一步释放国内需求潜力。促进消费稳定增长，加快发展新兴消费、服务消费，提高消费品质，整顿规范市场秩序。积极扩大有效投资，包括铁路投资8000亿元，公路水运投资1.8万亿元，再开工15项重大水利工程等。优化区域发展格局，实施"三大战略"，促进"四大板块"发展。扎实推进新型城镇化，实现进城落户1300万人以上，加快居住证制度全覆盖。推动一批具备条件的县和特大镇有序设市。加快城市基础设施建设，特别是地下综合管廊建设。

（四）以创新引领实体经济转型升级。

1.提升科技创新能力。建设重大科技工程。推进科技体制改革，切实落实高校和科研院所自主权，落实股权期权和分红等激励政策，落实科研经费和项目管理制度改革，让科研人员不再为杂事琐事分心劳神。

2.加快培育壮大新兴产业。加快新材料、新能源、人工智能、集成电路、生物制药、第五代移动通信等技术研发和转化，做大做强产业集群。支持和引导分享经济发展。

3.大力推动网络提速降费。随着我国移动互联网用户越来越多，智能手机成了最离不了的随身物品，人们还是感到网速慢、收费高。提速降费好像不是一件很大的事，其实不然，它牵一发而动全身，关系到许多方面发展。增加信息基础设施建设，会拉动投资；提高网速，会促进网络消费。更重要的，提速降费会带来"互联网＋"新产业的快速发展，促进大众创业、万众创新。比如，电子商务、手机支付、网约车，甚至智能手机、微信、二维码、新媒体等新产业发展。因此，提速降费是一件一举多得的大事。今年报告提出，网络提速降费要迈出更大步伐。年内全部取消手机国内长途和漫游费，降低国际长途电话、中小企业互联网专线接入资费，这将会促进"互联网＋"深入发展、数字经济加快成长，让企业广泛受益、群众普遍受惠，受到广大群众和企业的普遍欢迎。

4.大力改造提升传统产业。深入实施"中国制造2025"，加快大数据、云计算、物联网应用，发展智能制造，实施工业强基、重大装备专项工程，大力发展先进制造业。

持续推进大众创业、万众创新，建设"双创"示范基地，发展众创空间等。

5.全面提升质量水平。广泛开展质量提升行动。"大力弘扬工匠精神，厚植工匠文化，恪尽职业操守，崇尚精益求精，完善激励机制，培育众多'中国工匠'，打造更多享誉世界的'中国品牌'，推动中国经济发展进入质量时代。"

（五）促进农业稳定发展和农民持续增收。深入推进农业供给侧结构性改革。加快农业结构调整，适度调减玉米种植面积，促进农村一二三产业融合发展。

推进现代农业建设，发展多种形式的适度规模经营，发展农业保险。

深化农村改革，包括土地制度改革试点，粮食收储制度改革等。

加强农村公共设施建设，新建改建农村公路20万公里，完成3万个行政村通光纤，加大农村危房改造力度。

（六）积极主动扩大对外开放。扎实推进"一带一路"建设，推动基础设施建设互联互通、国际产能合作重大项目，办好"一带一路"国际合作高峰论坛。

1.推动外贸继续回稳向好。推动优进优出，发展服务贸易，推动外资转型升级，支持加工贸易向中西部转移，增加先进技术装备和关键零部件进口。

2.大力优化外商投资环境。进一步放宽服务业、制造业外资准入，实施内外资一视同仁的政策。高标准建设11个自贸试验区。中国开放的大门会越开越大。

3.推进国际贸易和投资自由化便利化。坚定不移推动经济全球化，反对任何形式的保护主义。推进亚太自贸区建设。推动东亚区域全面伙伴关系协定谈判。

（七）加大生态环境保护治理力度。

1.采取有力措施治理雾霾。一些地区严重雾霾频发，成为人民群众的"心肺之患"。李克强总理在报告中提出："要铁腕治理，努力向人民群众交出合格答卷。""坚决打好蓝天保卫战。"今年要采取五个方面的硬措施：一是加快解决燃煤污染问题。全面实施散煤综合治理，以电代煤、以气代煤。加大燃煤电厂超低排放和节能改造力度。二是全面治理工业污染源。对不达标的企业坚决关停。开展重点行业污染治理专项行动，取缔违法"散乱污"企业。全面实行24小时在线监控。三要强化机动车尾气治理。加快淘汰黄标车和老旧机动车，在重点区域推广使用国六标准燃油。四要有效应对重污染天气。扩大重点区域联防联控范围。五要严格环境执法和督查问责。"三严"：对偷排、造假的，必须严厉打击；对执法不力、姑息纵容的，必须严肃追究；对空气质量恶化、应对不力的，必须严格问责。总理在报告中说："治理雾霾人人有责，贵在行动，成在坚持。全社会不懈努力，蓝天必定会一年比一年多起来。"

2.今年主要污染物要继续下降。在重点治理雾霾的同时，还要强化水和土壤污染防治，推进生态保护和建设。今年要完成退耕还林还草1200万亩以上。

（八）推进以保障和改善民生为重点的社会建设。

1.下力气解决群众看病就医问题。一是提高城乡居民医保财政补助标准，扩大用药报销范围。二是在全国推进医保信息联网，实现异地就医住院费用直接结算。三是完善大病保险，提高群众尤其是困难群众大病保障水平。四是全面启动多种形式的医疗联合体建设试点，三级公立医院要全部参与并发挥引领作用。五是分级诊疗试点和家庭签约服务范围扩大到85%以上的地市。六是继续提高公共卫生服务经费补助标准，保护和调动医务人员积极性。七是针对生育两孩，加强医疗保健服务。

2. 织密扎牢民生保障网。继续提高退休人员基本养老金，确保按时足额发放，提高优抚救助标准。加强农村留守儿童关爱保护和城乡困境儿童保障。县级政府都要建立基本生活保障协调机制。解决好农民工工资拖欠问题。

（九）**全面加强政府自身建设**。坚持全面依法履职，加大政务公开力度。把党风廉政建设和反腐败工作不断引向深入，坚决查处侵害群众利益的不正之风和腐败问题。以实干精神狠抓落实。今年《政府工作报告》特别强调实干、狠抓落实。用了比较长的篇幅讲实干，有人统计用了10多个"干"字。报告中讲到，"中国改革发展的巨大成就，就是广大干部群众干出来的，再创新业绩还得靠干"。要勤勉尽责干事创业。各级政府及其工作人员要干字当头，真抓实干、埋头苦干，结合实际创造性地干，不能简单以会议贯彻会议，以文件落实文件，不能纸上谈兵、光说不练。要充分发挥中央和地方两个积极性，严格执行工作责任制，强化督查问责，严厉整肃庸政懒政怠政行为。健全激励机制和容错纠错机制，给干事者鼓劲，为担当者撑腰。广大干部要主动作为，动真碰硬，与人民群众同心协力，以实干推动发展，以实干赢得未来。

解读《政府工作报告》的八大思路

李克强总理在十二届全国人大三次会议上所作的《政府工作报告》，引起了国内外的广泛关注和高度评价。今年报告有三个突出特点：一是新。报告充分体现了改革创新的精神，无论在形式上，还是在内容上，都力求创新，有许多新理念、新思路、新举措。二是实。报告充分体现了真抓实干的精神，说实话、出实招、办实事、求实效，政策措施明确扎实，具有很高的"含金量"。三是活。文风上更加活泼，接地气、口语化，深入浅出，贴近群众，让老百姓听得懂、记得住。"大道至简，有权不可任性""用政府权力的减法，换取市场活力的乘法""让草根创新蔚然成风""迎来万众创新的浪潮""打造健康中国"等等，成为广为传诵的名言。

文以载道，一以贯之。今年《政府工作报告》按照习近平总书记提出的全面建成小康社会、全面深化改革、全面依法治国、全面从严治党"四个全面"的战略布局，勾画出了新常态下中国稳健发展的大思路。报告通篇贯穿的新理念、新思路，突出表现在以下八个方面。

一、坚持稳中求进工作总基调

报告在今年政府工作的总体要求里提出，坚持稳中求进工作总基调。这是贯穿全年政府工作的重要指导思想，也是在去年基础上继续稳定宏观经济政策的重要举措。随着我国经济发展进入新常态，由高速增长转入中高速增长，稳增长成为宏观调控的首要任务，同时还要致力于推进结构调整、创新驱动和动力转换，提高经济发展的质量和效益，稳中求进就成为必然选择。去年我国经济社会发展实现了"三稳四进"：增速稳、就业稳、价格稳；经济结构有新变化，发展质量有新提升，人民生活有新改善，改革开放有新突破。今年还要处理好"稳"和"进"的关系，既要"稳"，又要"进"。稳定宏观政策，稳定市场预期，稳定经济增长，保持经济运行在合理区间，同时把转方式调结构放到更加重要位置，狠抓改革攻坚，突出创新驱动，强化风险防控，加强民生保障，促进经济平稳发展和社会和谐稳定。

二、切实抓好发展这个执政兴国第一要务

今年《政府工作报告》强调了三个重要判断：我国是世界上最大的发展中国家，仍处于并将长期处于社会主义初级阶段。我国经济发展进入新常态，正处在爬坡过坎的关口。我国发展仍处于可以大有作为的重要战略机遇期，有巨大的潜力、韧性和回旋余地。这就使我们对中国经济发展所处阶段认识更加清醒，判断更加准确。我们必须毫不动摇坚持以经济建设为中心，切实抓好发展这个执政兴国第一要务。发展必须有合理的增长速度，我们不唯 GDP，但不是不要 GDP，而是要有质量有效益、能够带来就业和收入增长、贴近老百姓的 GDP，坚持不懈地依靠改革推动科学发展。这应该成为全国上下的共识，成为经济工作长期的指导方针。

三、创新宏观调控思路和方式

我国这些年经济发展的成就为世界瞩目，中央管理经济的能力也得到良好评价。许多国外的专家学者在总结中国经验时，都把强有力的政府管理和宏观调控作为中国的一大特色。面对经济下行压力加大的态势，中央保持战略定力，不搞"头痛医头、脚疼医脚"的短期强刺激政策，而是辨证施治，创新宏观调控思路和方式，在区间调控的基础上实施定向调控，

把握经济运行合理区间的上下限，有针对性地解决经济发展中的突出矛盾和结构性问题，定向施策，聚焦靶心，精准发力，激活力、补短板、强实体，注重预调微调、远近结合、标本兼治，向促改革要动力，向调结构要助力，向惠民生要潜力，既扩大市场需求，又增加有效供给，努力做到调速不减势、量增质更优。这是一种具有中国特色的宏观调控，不仅致力于总量平衡，保持社会总供给与总需求的基本平衡，稳定经济增长；而且致力于结构调控，推动经济结构调整和优化升级，以微观活力支撑宏观稳定，以供给创新带动需求扩大，以结构调整促进总量平衡，确保经济运行处在合理区间，推动经济提质增效升级。

四、保持稳增长与调结构的平衡

稳增长与调结构既相互制约，又相互促进。我国经济发展面临"三期叠加"的矛盾，处在经济增速的换挡期、结构调整的阵痛期和前期刺激政策的消化期。经济下行压力还在加大，发展中深层次矛盾凸显，今年面临的困难可能比去年还要大。《政府工作报告》提出经济增长的预期目标是7%左右，这一目标综合考虑了需要与可能，与世界主要国家相比，这也是一个不低甚至比较高的增长速度，是一个"跳起来才能够得着"的速度，需要付出巨大努力。《政府工作报告》也提出了调结构的目标任务，包括居民收入增长与经济发展同步，能耗强度下降，主要污染物排放继续减少，加快培育消费增长点，增加公共产品有效投资，加快农业现代化，推进新型城镇化，拓展区域发展新空间，创新驱动产业升级等。稳增长是调结构的必要前提，它可以为调结构创造条件，反过来调结构是为了更好地稳增长，促进经济长期稳定发展。我们既要稳增长，保持经济处在合理区间，又要调结构，为经济长远发展打下坚实的基础。保持这两者之间的平衡，就像"走钢丝"一样，需要高超的技巧。中国政府有能力驾驭中国经济这艘大船，乘风破浪，行稳致远。

五、推动中国经济保持中高速增长，迈向中高端水平

中国经济发展由过去的高速转入中高速，过去是"八九不离十"，现在是"七上八下"。过去主要依靠投资和出口拉动经济增长，依靠大量廉价劳动力的成本优势生产和出口劳动密集型产品，依靠拼资源拼环境的粗放式增长方式，现在已经到了必须从根本上转换的时候了。这种转变和"换挡"要经历一个痛苦的过程。同时，还要看到，我国具有经济发展的综合优势和支撑条件，经济实力更加雄厚，基础设施更加完备，世界第一的制造业规模创造出完善的产品配套生产能力，快速发展不断壮大的消费大市场，再加上资金、技术和人才要素，还有城乡、区域发展差距所隐含的巨大发展空间等等，这些都将使中国经济能够在较长时期保持中高速增长。总体上看，中国经济发展还处在世界产业分工的中低端，现在已开始不断向中高端攀升，加快从制造大国向制造强国转变。我们必须紧紧抓住并用好重要战略机遇期，盯住保持中高速增长和迈向中高端水平"双目标"，为全面建成小康社会和实现现代化而不断向前迈进。

六、打造中国经济发展"双引擎"，推动大众创业、万众创新

我国经济发展进入新阶段，传统发展动力趋于弱化，新的动力正在孕育形成，一些新产业、新业态、新模式正在出现。必须加大结构性改革力度，加快实施创新驱动战略，把经济发展的"马力"进一步增大增强。一方面，更好发挥政府作用，改造升级传统引擎，增加公共产品和公共服务供给。进一步加强交通、水利、能源、通信、市政、环保等基础设施建设，加快发展就业、社保、教育、医疗、文化、体育、住房保障等基本公共服务。这些方面仍然是发展的"短板"，市场有需求，群众有期盼，还有很大的发展空间。既有利于补短板、惠民生，又有利于扩内需、促发展，可以收到一举多得之效。另一方面，充分发挥市场配置资源的决定性作用，培育打造新引擎，推动大众创业、万众创新。政府要勇于自我革命，更大力度推进简政放权，给市场和社会留足空间，为公平竞争搭好舞台，用政府

权力的减法，换取市场活力的乘法，让千千万万个市场细胞活跃起来，让更多创客脱颖而出，让草根创业创新蔚然成风、遍地开花，汇聚成创新发展的巨大动能。总的来说，就是要让政府和市场两手发力，让新老引擎共同加力，推动中国经济向前发展。

七、努力增进民生福祉，促进社会公平正义

建立基本的民生保障制度，是现代文明社会的重要标志，是政府的一项基本职责。立国之道，唯在富民。《政府工作报告》始终充满民生情怀，把保障和改善民生放在重要地位，提出要以增进民生福祉为目的，加快发展社会事业，改革完善收入分配制度，千方百计增加居民收入，促进社会公平正义。今年用大篇幅的内容来部署民生工作，涉及就业、社保、收入、教育、医疗、文化、社会治理、环境保护等方面。立足于保基本、兜底线、建机制，织密织牢民生保障网，让广大人民群众更多地分享改革发展成果。促进教育公平，创造公平竞争的市场环境，畅通社会纵向流动的渠道，让每个人都有机会改变自身命运。

八、建设法治政府、创新政府、廉洁政府和服务型政府

今年《政府工作报告》第一次明确提出建设"四个政府"，全面推进依法治国，加快建设法治政府、创新政府、廉洁政府和服务型政府，增强政府执行力和公信力，促进国家治理体系和治理能力现代化。把切实加强政府自身建设放在重要位置，这是与推进政府自我革命、把简政放权作为"当头炮"和"先手棋"一脉相承的，目的就是首先从政府自身做起，带动整个经济社会改革和发展。建设法治政府，就是要坚持依宪施政，依法行政，把政府工作全面纳入法治化轨道。尊法学法守法用法，所有行政行为都要于法有据，任何政府部门都不得法外设权，做到法无授权不可为，法定职责必须为。建设创新政府，就是要体现改革创新的精神，大胆改革，

勇于创新，坚定不移地把改革开放向纵深推进，更大程度激发市场和社会活力。建设廉洁政府，就是要坚持依法用权，倡俭治奢，深入推进廉政建设和反腐败斗争，以权力瘦身为廉政强身，紧紧扎住制度围栏，努力铲除腐败土壤，对腐败分子零容忍、严查处。建设服务型政府，就是要坚持主动作为，强化服务，提高政府效能，做到勤政为民，所有工作都要全面接受人民监督，充分体现人民意愿。

（2015 年 3 月）

我国经济社会发展取得新成就

2016 年，我国发展面临国内外诸多矛盾叠加、风险隐患交汇的严峻挑战。在以习近平同志为核心的党中央坚强领导下，全国各族人民迎难而上，砥砺前行，推动经济社会持续健康发展。党的十八届六中全会正式明确习近平总书记的核心地位，体现了党和人民的根本利益，对保证党和国家兴旺发达、长治久安，具有十分重大而深远的意义。各地区、各部门不断增强政治意识、大局意识、核心意识、看齐意识，推动全面建成小康社会取得新的重要进展，全面深化改革迈出重大步伐，全面依法治国深入实施，全面从严治党纵深推进，全年经济社会发展主要目标任务圆满完成，"十三五"实现了良好开局。

《政府工作报告》总结了过去一年我国发展取得的重要标志性成就，突出表现在以下七个方面。

一、经济运行缓中趋稳、稳中向好

2016 年我国国内生产总值达到 74.4 万亿元，增长 6.7%，符合年初提出的 6.5%—7% 的预期目标。这一增速，在世界主要经济体中名列前茅。2016 年美国经济增长 1.6%，欧元区经济增长 1.7%，日本经济增长 1%，俄罗斯经济增长 –0.2%，巴西经济增长 –3.6%，印度经济增长 7.1%。中国经济对全球经济增长的贡献率达到 33.2%，仍然是全球经济增长的动力之源和稳定之锚。我国 6.7% 的经济增长，带来的经济增量超过 5 万亿元，折合7500 多亿美元，相当于一个在全世界排名第 17 位国家的经济总量，超过我国 1994 年全年的经济总量。

从各地方经济增速来看，一些地方仍然保持高速增长态势。西部地区增长最快，平均增长 8.6%；中部地区次之，平均增长 7.7%；东部地区平均增长 7.6%，只有东北地区增速下降较多。全国 31 个省区市经济增长速度低于 6.7% 的只有 3 个省。西部地区重庆市增速高达 10.7%，位居全国第一，连续多年保持了高速增长。贵州省经济增长 10.5%，西藏自治区经济增长 10%，都保持了两位数增长。

从各地方经济总量来看，广东省达到 79512 亿元，跨越 1 万亿美元大关，这一规模超过了印度尼西亚的经济总量。全国有 9 个省份经济总量超过 3 万亿元，依次是广东、江苏、山东、浙江、河南、四川、湖北、河北、湖南。各地方呈现出你追我赶、争先恐后的发展态势，并且出现了东西部发展差距相对缩小的新局面。

从人均水平来看，2016 年全国人均国内生产总值 53980 元，比上年增长 6.1%。按全年人民币平均汇率 1 美元兑 6.6423 元计算，去年人均国内生产总值 8100 美元。全国人均超过 1 万美元的有 9 个省区市，分别是天津、北京、上海、江苏、浙江、福建、内蒙古、广东、山东，总人口超过 4.66 亿人。其中天津、北京、上海人均超过 1.7 万美元，江苏超过 1.4 万美元。我国有越来越多的居民进入中等收入以上水平，这提供了扩大消费的有力支撑。

物价保持稳定。全年居民消费价格上涨 2%。农产品生产者价格上涨较多一点，全年增长 3.4%。工业生产者出厂价格下降 1.4%，从全年走势来看，自 9 月份开始出现上涨，结束了连续 54 个月下降的态势。到年底的时候，主要原材料如钢铁、煤炭等价格都出现不同程度的上涨，改善了市场供求关系预期。

经济稳中向好的一个重要表现，就是工业企业利润实现增长。2015 年，工业企业利润是下降的，全年规模以上工业企业利润同比下降 2.3%，其中国有控股企业实现利润下降 21.9%，外商及港澳台商投资企业利润下降 1.5%。2016 年工业企业利润转降为升，全年规模以上工业企业利润同比增长 8.5%，其中国有控股企业实现利润增长 6.7%，外商及港澳台商投资企业利润增长 12.1%。企业效益有了明显改善，呈现出积极向好的发展势头。

特别值得一提的是，节能减排和生态环保取得新成效。在经济缓中趋稳的同时，单位国内生产总值能耗同比下降5%，超过了年初提出的下降3.4%的预期目标。全年能源消费总量43.6亿吨标准煤，比上年增长1.4%，其中煤炭消费量下降4.7%，占能源消费总量62%，下降2个百分点；水电、风电、核电、天然气等清洁能源消费量占能源消费总量19.7%，上升1.7个百分点。能源消费增速出现下降，能源消费结构得到改善。同时，环境治理取得新进展，主要污染物排放量持续下降。化学需氧量、氨氮排放量分别下降2.6%、2.9%，超过了年初提出的分别下降2%的目标。二氧化硫、氮氧化物排放量分别下降5.6%、4.0%，超出了分别下降3%的目标。

这些都说明，经济发展的平稳性、协调性有所增强，经济发展的质量和效益明显提高，而这正是宏观调控要实现的目标。

二、就业增长超出预期

就业是经济的晴雨表，是社会的稳定器。去年我国就业面临着复杂局面，高校毕业生达到765万人，还有500多万中职毕业生，去产能下岗分流人员多达数十万，再加上军队退役人员安置，还得给农民工就业留出空间。总体上看，就业面临总量、结构、区域三大挑战，增加就业岗位满足总量需求难度加大，供给与需求不匹配的结构性就业矛盾突出，局部性行业性失业风险增多。

就业是民生的头等大事。稳增长的重要目的就是为了保就业。去年实施更加积极的就业政策，千方百计扩大就业，落实大学生就业创业行动计划，支持以创业带动就业，积极稳妥做好下岗分流人员转岗就业和安置工作。全年城镇新增就业1314万人，大大超出预期增长1000万人以上的目标。尤其是高校毕业生就业总体平稳，就业创业人数实现"双升"，去产能分流安置职工达到70多万人。外出就业农民工人数继续小幅增长，全国农民工总量达到28171万人，比上年增长1.5%，其中外出农民工16934万人，增长0.3%；本地农民工11237万人，增长3.4%。年末城镇登记失业率4.02%，为2007年以来的最低水平。

就业稳定增长，成为经济运行的一大亮点。在我国经济增速放缓、求职人数增加的情况下，就业总数不降反增，特别是实现了比较充分的就业，这对于一个接近 14 亿人口的发展中大国来说，是非常难得的。随着我国经济的发展，特别是产业结构调整变化，经济增长带动就业的能力增强，10年前我国经济每增长 1 个百分点，能够带动 100 万人就业，现在经济每增长 1 个百分点，可以带动 200 万人就业。就业的稳定增长，主要得益于我国第三产业的快速发展、简政放权和"大众创业、万众创新"带来新登记市场主体的大幅增加。服务业已经成为吸纳就业的第一大产业，占就业总量的 40% 以上。就业稳，民心安，对经济社会大局稳定发挥了重要作用。

三、改革开放深入推进

这几年我国改革力度持续加大，搭建起了"四梁八柱"的总体框架。去年重要领域和关键环节改革取得突破性进展，一批具有标志性、支柱性的重大改革方案出台实施。

中央提出了推进供给侧结构性改革的大思路，着力推进"三去一降一补"五大重点任务，既做减法，又做加法，以钢铁、煤炭行业为重点去产能，全年退出钢铁产能超过 6500 万吨、煤炭产能超过 2.9 亿吨，超额完成年度目标任务，改善了市场供求关系。去库存、去杠杆、降成本都取得新成效，加大补短板力度，办了一批当前急需又利长远的大事。

围绕处理好政府与市场关系这一经济体制改革的核心问题，持续推进简政放权、放管结合、优化服务改革。在提前完成本届政府减少行政审批事项 1/3 目标的基础上，去年又取消一大批行政审批、中介服务、职业资格许可认定等事项，加强事中事后监管，推行"互联网 + 政务服务"，进一步激发了市场活力，为经济发展提供了新动力。

全面推开营改增试点，将建筑业、房地产业、金融业、生活服务业纳入营改增范围，确保所有行业税负只减不增，去年降低企业税负 5700 多亿元。营改增是一次大规模的税制改革，营业税改征增值税，营业税成为了历史，简化了税制，减轻了税负，促进了中小微企业和服务业的发展。

去年还大力推进国有企业改革，制定了"1+N"总体方案和配套政策，出台了加快剥离企业办社会职能和解决历史遗留问题等措施。第一批混合所有制改革试点、国有资本投资公司试点取得阶段性进展。金融、投资、农村、社会、生态等领域改革全面推进。

对外开放推出一批新的重大举措。扎实推进"一带一路"建设，加快战略对接、规划对接，"六廊六路多国多港"主骨架建设稳步展开，一批基础设施互联互通、国际产能合作标志性工程落地。亚洲基础设施投资银行正式开业。12 月 1 日开启了"深港通"。人民币正式纳入国际货币基金组织特别提款权货币篮子，成为人民币国际化的重要里程碑。去年推广上海等自贸试验区改革创新成果，新设 7 个自贸试验区。新设 12 个跨境电子商务综合试验区。除少数实行准入特别管理措施领域外，外资企业设立及变更一律由审批改为备案管理。全年货物贸易进出口总额同比下降 0.9%，降幅比上年收窄 6.1 个百分点；服务进出口贸易增长 14.2%。实际使用外商直接投资 1260 亿美元，同比增长 4.1%。对外直接投资 1700 多亿美元，同比增长 44.1%。

四、经济结构加快调整

经济发展稳中有进，一个重要表现就是结构调整取得新进展。

（一）是消费在经济增长中发挥主要拉动作用。2016 年社会消费品零售总额超过 33 万亿元，增长 10.4%。最终消费支出对经济增长的贡献率达到 64.6%，比上年提高 4.9 个百分点。消费成为"三驾马车"中拉动经济增长的主要因素，充分发挥了经济增长的"稳定器"和"压舱石"作用。特别是新兴消费快速发展，消费升级步伐加快。去年网上零售额超过 5 万亿元，比上年增长 26.2%，"双 11"购物节更是呈现异常火爆的景象。旅游消费发展迅猛，全年国内游客达到 44 亿人次，比上年增长 11.2%，国内旅游收入近 4 万亿元，增长 15.2%，居民出境旅游超过 1.285 亿人次，增长 5.6%。我国不仅成为全世界最大规模的旅游市场，也成为世界上最大的旅游客源地，中国人境外购物的消费能力引起世界各国的高度重视。汽车消费增速不减，从城市开始向农村扩展。中国稳居世界最大的汽车市场，去年汽车产量 2800 多万辆，同比增长 13.1%，全国居民每百户家庭拥有汽车 28 辆，比上年增长 21.9%。住房消费也快速增长，越来越多的家庭住房得到改善，拉动了相关家庭消费。

（二）服务业加快发展。去年第三产业增加值超过 38.4 万亿元，增长 7.8%，占国内生产总值的比重达到 51.6%，比上年提高 1.4 个百分点。三大产业在国内生产总值中的比重，转变为 51.6 : 39.8 : 8.6。第三产业对经济增长的贡献率上升到 58.2%，提高 5.3 个百分点。生产性服务业快速发展，研发设计、物流快递、金融保险、商务咨询等产业不断扩大。生活型服务业快速拓展，健康养老、文化体育、家政服务、休闲旅游、交通租赁等保持旺盛发展势头。特别是网约车、共享单车等分享经济方兴未艾。

（三）高技术产业、装备制造业快速增长。去年全部工业增加值增长 6%，而战略性新兴产业增加值增长 10.5%；高技术制造业增加值增长 10.8%，占规模以上工业增加值的比重达到 12.4%；装备制造业增加值增长 9.5%，占规模以上工业增加值的比重上升为 32.9%。高技术产业、装备制造业增长大大快于一般工业增长，成为产业结构调整和优化升级的重要标志。

（四）城乡和区域发展协调性增强。从城乡结构看，去年城镇常住人口达到 79298 万人，占总人口的比重上升到 57.35%，比上年末提高 1.25 个百分点。深化户籍制度改革，全面推行居住证制度，全年进城落户 1600 万人。从区域发展来看，中西部地区加快发展。全国固定资产投资超过 60 万亿元，实际增长 8.6%。其中西部地区投资增长 12.2%，中部地区投资增长 12%，东部地区投资增长 9.1%，只有东北地区投资下降 23.5%。革命老区、民族地区、边疆地区、贫困地区都保持了快速发展的良好势头。

（五）农业结构调整迈出新步伐。开展农村土地所有权、承包权、经营权"三权分置"改革，农业"三项补贴"改革全面铺开。改革玉米收储制度，完善农产品价格形成机制。开展新一轮退耕还林、耕地轮作休耕制度试点。粮食再获丰收，全年粮食产量 61624 万吨。农业稳中调优，减少了玉米种植面积，增加了高品质、有需求的农产品供应。

五、发展新动能不断增强

创新驱动发展战略深入实施，"中国制造 2025"加快落实，"互联网 +"行动和"大众创业、万众创新"持续推进，各方面创新成果不断涌现。

科技领域取得一批国际领先的重大成果。神舟十一号载人飞船与天宫二号空间实验室实现成功对接，世界上最大单体射电望远镜建成启用，新一代大推力运载火箭发射成功，超级计算机运算速度再创世界第一，全球首颗量子通信试验卫星入轨运行，完全自主知识产权的中国标准高速列车正式投入运营。2016 年，全社会研发投入达到 15500 亿元，比上年增长 9.4%，占国内生产总值比重连续 4 年超过 2%。科技进步贡献率由上年的 55.1% 提高到 56.2%。

新兴产业蓬勃兴起与传统产业改造升级相互促进。互联网与各行业加速融合，新兴产业快速发展，这成为我国经济结构调整、转型升级的重要推动力。以数字化、网络化、智能化为特征的智能制造正在兴起，成为制造业的新生力量。人工智能、虚拟现实、基因工程等新技术加速兴起。新一代通信网络、高端装备、智能制造、机器人、新能源汽车、3D 打印、智能电视等新产业发展势头迅猛。去年，我国新能源汽车产量 45.9 万辆，增长 40%；工业机器人产量超过 7 万台（套），同比增长 30.4%；智能电视产量 9310 万台，增长 11.1%；智能手机产量达到 15.4 亿台，增长 9.9%。平台经济、分享经济、协同经济等新模式广泛渗透，线上线下融合、跨境电商、社交电商、智慧家庭、智能交通等新业态不断涌现。传统产业加快与互联网、大数据、云计算相结合，在改造升级中焕发出新的生机。

大众创业、万众创新蓬勃发展。随着简政放权、放管结合、优化服务改革深入推进，商事制度改革不断发力，激发了广大群众创业创新的积极性，新登记市场主体大幅增长，这也成为我国经济发展中的一大亮点。2016 年全国新登记企业 553 万户，增长 24.5%，平均每天新增 1.5 万户，加上个体工商户等各类市场主体每天新增 4.5 万户。28 个国家双创示范基地建设全面推进，新出现一大批专业化众创空间和企业孵化器。

我国经济已进入依靠创新驱动发展的新阶段。新动能的快速成长，有效对冲了经济下行压力，对稳增长、调结构、促升级发挥了重要作用。新动能正在撑起发展的新天地，并推动经济社会发生深刻变革。

六、基础设施支撑能力持续提升

我国城乡基础设施日益完善，现代综合交通运输体系建设加快推进。2016 年铁路投产新线 3281 公里，铁路营业里程达到 12.4 万公里。其中高速铁路达到 2.2 万公里，占到全世界的 60% 以上。郑徐高铁、渝万高铁建成通车，沪昆高铁全线贯通。高铁成为中国的一张"亮丽名片"，引起了全世界的赞叹。新建改建高速公路 6700 多公里、农村公路 29 万公里。世界最长跨度的港珠澳大桥主体贯通。全国已有 29 个城市开通城市轨道交通，运营总里程约 4000 公里。

2016 年新开工重大水利工程 21 项，在建工程投资规模超过 8000 亿元。有 147 个城市、28 个县城开工建设地下综合管廊 2005 公里。我国已建成全球最大的 4G 网络，全国地级市基本建成光网城市。全国移动电话用户超过 13 亿户；移动宽带用户 9.4 亿户，比上年增加 2.35 亿户；新增 4G 用户 3.4 亿户。全国互联网普及率达到 53.2%，其中农村地区普及率达到 33.1%。互联网的迅速普及，带动了"互联网 +"相关产业的快速发展。

七、人民生活继续改善

城乡居民收入和消费持续增长。2016 年，全国居民人均可支配收入达到 23821 元，实际增长 6.3%。其中城镇居民人均可支配收入 33616 元，实际增长 5.6%；农村居民人均可支配收入 12363 元，实际增长 6.2%。全国农民工人均月收入 3275 元，比上年增长 6.6%。全国居民人均消费支出 17111 元，实际增长 6.8%，其中城镇居民人均消费支出 23079 元，实际增长 5.7%；农村居民人均消费支出 10130 元，实际增长 7.8%。全国居民恩格尔系数下降到 30.1%，其中城镇为 29.3%，农村为 32.2%，城镇达到、农村接近联合国划分的 20%—30% 的富足标准。

扶贫攻坚和贫困救助工作力度加大。全面打响脱贫攻坚战，全国财政专项扶贫资金投入超过1000亿元，农村贫困人口减少1240万人，异地扶贫搬迁249万人。按照2010年不变价每人每年2300元标准计算，农村贫困人口还有4335万人。全国城市居民中享受低保人数1480万人，农村居民中享受低保4577万人，其中近500万人享受特困人员救助供养。全年城镇棚户区住房改造600多万套，农村危房改造380多万户，一大批住房困难群众圆了安居梦。

城乡居民社会保障水平不断提高。基本医疗保险参保人数超过13亿人，城乡居民基本医保补助标准由每人每年380元提高到420元。退休人员基本养老金水平再提高6.5%。城乡居民物质文化生活更加丰富多彩，生活质量进一步提升。

外交领域取得重大成就，中国特色大国外交全方位推进。特别是我国成功主办二十国集团领导人杭州峰会，推动取得一系列开创性、引领性、机制性重要成果，在全球经济治理中留下了深刻的中国印记。

回顾过去一年，走过的路很不寻常，成绩来之不易。我国面对的是世界经济和贸易增速7年来最低、国际金融市场波动加剧、地区和全球性挑战突发多发的外部环境。世界经济仍处于国际金融危机之后的深度调整期，复苏动力不足，主要经济体走势分化。国际上"黑天鹅"事件频发，增加了政治经济的不确定性。去年世界经济增长大约是3.1%，外需疲弱和贸易保护主义抬头，都对我国贸易出口带来不利影响。我国货物出口贸易同比下降1.9%，对外投资大于利用外资440多亿美元，外汇流出对人民币汇率稳定造成冲击。我们面对的是国内结构性问题突出、风险隐患显现、经济下行压力加大的多重困难。经济增速换挡、结构调整阵痛、新旧动能转换相互交织，供给和需求失衡，产能过剩严重，一些企业生产经营困难，区域经济走势分化，部分领域风险有所积累。投资增速下降特别是民间投资一度出现负增长，去年全社会固定资产投资增长7.9%，民间投资增长只有3.5%。我们面对的是改革进入攻坚期、利益关系深刻调整、影响社会稳定因素增多的复杂局面。相对容易的改革任务已经完成，剩下的都是"难啃的硬骨头"。市场主体多样化，利益关系多元化，各方面的社会矛盾处理不好就会影响到社会稳定。

去年初，国内外对我国经济发展有不少担忧，一些国际机构调低了对我国经济增长的预期，有的认为中国经济会出现衰退、出现风险，甚至会出现"硬着陆"。党中央、国务院保持战略定力，审时度势，沉着应对，坚持不搞"大水漫灌"式强刺激，而是依靠改革创新来稳增长、调结构、防风险，加强和创新宏观调控，采取了一系列有针对性的政策措施。到了下半年，不仅稳住了经济，而且经济运行出现更多积极向好变化。国内外权威机构又开始看好中国经济，纷纷调高对中国经济增长的预期。应该说，在复杂严峻的国内外环境下，去年实现经济社会发展主要目标，实现"十三五"良好开局，是非常难得的。

正如李克强总理在《政府工作报告》中指出的："这再次表明，中国人民有勇气、有智慧、有能力战胜任何艰难险阻，中国经济有潜力、有韧性、有优势，中国的发展前景一定会更好。"

中央加强宏观调控的决策和实施过程

这次中央加强宏观调控，经历了一个适时变化的过程，体现出不同于以往的鲜明特点。2004 年 4 月，中央果断地加大宏观调控力度，相继采取了一系列措施，宏观调控的效果逐渐显现。事实上，中央加强宏观调控并不是从今年三四月份才开始的，而是从去年二季度就开始了。

一、去年加强宏观调控政策的变化过程

新一届政府成立后，密切关注经济形势发展变化，及时采取必要的宏观调控措施，解决经济运行中的突出矛盾和问题。

2003 年年初国民经济开局良好，一季度国内生产总值同比增长 9.9%。进入二季度，突如其来的"非典"疫情对经济发展造成严重冲击，经济增幅下降，国内生产总值同比增长只有 6.7%。在这种情况下，党中央、国务院坚持"两手抓"的方针，一手抓防治"非典"这件大事不放松，一手抓经济建设这个中心不动摇。一方面，对受"非典"影响较大的行业实施必要的扶持政策，把"非典"对经济的负面影响降低到最小限度；另一方面，对经济运行中出现的新问题见微知著，针对部分行业盲目投资、低水平重复建设的问题，及时采取措施进行必要的微调。5 月 5 日，中办、国办转发《国家发改委关于当前经济发展主要情况和政策建议》，明确提出部分行业特别是钢铁、电解铝、水泥、房地产等投资急剧增加，货币供应量和贷款增长偏快。要切实优化投资结构，加强对钢铁、有色、建材、汽车等行业的规划指导和调控，制止盲目重复建设；有效调控银行贷款和土地供

应，引导房地产业健康发展；深入整顿土地市场秩序，清理各类园区用地。党中央、国务院见事早，行动快，既注意解决受"非典"影响的部分行业恢复增长的问题，又密切关注和解决部分行业盲目投资、过快增长的问题，体现了对经济发展全局的驾驭能力。

进入下半年，随着"非典"影响的减弱，经济发展出现了加快增长的势头。国务院全面分析上半年经济形势，及时采取正确的对策。7月7日，国务院召开常务会议，听取了国家发改委关于当前经济运行情况和下半年工作建议的汇报，认为"非典"疫情对即期消费和部分行业带来严重冲击，经济运行中的主要问题是就业矛盾加剧，信贷投放偏快，结构性矛盾不容忽视。一些地方存在盲目攀比、追求不切实际的高速度的倾向，以及开发区热、圈地热的情况。重工业特别是高耗能产业生产能力增长偏快，电力供应紧张。汽车、钢铁、电解铝等行业过度投资和生产能力过剩现象仍在继续，房地产开发投资增长过快，生产资料价格继续上涨。提出要继续落实受"非典"冲击较大行业的税费减免政策，同时加强宏观调控，及时解决经济运行中出现的突出问题。7月21日，中央政治局召开会议，研究部署进一步做好经济工作和公共卫生建设等问题。7月28日，党中央、国务院召开全国防治"非典"工作会议。温家宝总理在分析经济形势和经济运行中存在的突出问题时指出，一些行业低水平重复建设抬头，钢铁、建材、有色金属、汽车、纺织等行业出现盲目投资倾向，无序竞争加剧，结构矛盾突出，造成了电力供应和铁路运输紧张。部分地方房地产开发投资增长过快，存在不少隐患。特别是一些地方盲目兴建各类开发园区，滥占大量耕地，侵害农民利益。强调要切实解决这些问题，加强和改善宏观调控。7月29日，中共中央、国务院转发《国家发改委关于当前经济运行情况和做好下半年经济工作的建议》，全面分析了经济生活中存在的困难和问题，提出要制止盲目投资和低水平重复建设，实行最严格的土地保护制度，清理和整顿各类开发区，加强信贷管理。

从下半年开始，出台了一系列宏观调控政策措施：

一是清理投资增长过快行业的项目。对已经出现盲目投资和低水平重复建设的行业，进行在建项目的全面清理。加强行业规划和政策指导，严格市场准入制度。12月23日，国办转发国家发改委等部门《关于制止钢铁、电解铝、水泥行业盲目投资若干意见的通知》，提出要对这些行业的投资建设项目进行认真清理。

二是加强信贷管理，提高银行存款准备金率。 8月23日，中国人民银行宣布，决定从9月21日起提高存款准备金率1个百分点，即存款准备金率由6%调高至7%，这将冻结商业银行1500亿元的超额准备金。12月10日，中国人民银行决定扩大金融机构贷款利率浮动区间，下调金融机构超额准备金存款利率。

三是清理整顿各类园区和土地市场，加强房地产市场管理。 8月31日，国务院发布《关于促进房地产市场健康发展的通知》。9月28日，国务院组织清理整顿开发区，整顿土地市场秩序。11月21日，国务院通知要求进一步治理整顿土地市场，加快对各类开发区的清理进度，坚持纠正违规擅自设立开发区、盲目扩大开发区规模的现象。截至2003年底，全国共清理出各类开发区6015个，规划面积3.54万平方公里，撤销2426个，整合294个。各地停止了新设开发区和扩大规模的审批，基本刹住了乱设开发区的"圈地"之风。

临近年底,12月24日，国务院召开常务会议，分析全年经济运行情况，研究进一步贯彻落实中央经济工作会议精神，安排部署明年工作。分析认为，经济运行中存在一些突出矛盾和问题，主要是投资规模偏大，部分行业盲目投资、低水平重复建设未得到有效遏制，一些地区煤电油运供求矛盾突出等。会议决定要控制固定资产投资规模，加大对某些盲目投资、低水平扩张行业的调控力度。采取经济、法律手段为主的综合措施，严格市场准入、严格控制用地、严格项目审贷。加强经济运行调节，努力缓解煤电油运的瓶颈制约。

应该说，一年来这些宏观调控政策措施，对保持我国经济持续较快增长的势头起到了重要作用。一方面，促使受"非典"影响较大的行业恢复和发展，推动经济增长；另一方面，对部分过热行业有所抑制，逐步加强经济薄弱环节。从下半年开始，国民经济出现加快发展势头。三季度经济增长上升为9.6%，四季度达到9.9%。这样实现全年经济同比增长9.1%，商品零售价格结束了连续五年的负增长，变为同比增长0.1%，居民消费价格上涨1.2%。

二、今年以来加强宏观调控的重要举措

总体上看，当前我国工业化、城镇化进程加快，消费结构升级，国外部分产业加速向我国转移，我国经济发展速度呈加快之势。但在经济发展过程中，一些深层次的矛盾没有根本解决，新的突出问题又暴露出来。

2004年3月5日，温家宝总理在《政府工作报告》中，全面地分析了经济形势，阐述了加强宏观调控的基本思路和政策措施。他指出，在经济加快发展的过程中，出现一些新的矛盾，特别是投资规模偏大，部分行业和地区盲目投资、低水平重复建设比较严重，能源、交通和部分原材料供求关系紧张。粮食减产较多，违法违规占用耕地现象比较突出。搞好宏观调控，既要保持宏观经济政策的连续性和稳定性，又要根据经济形势发展变化，适时适度调整政策实施的力度和重点。要坚持以市场为导向，主要运用经济、法律手段，辅之以必要的行政手段，加强引导和调控。主要包括：一是适当控制固定资产投资规模，坚决遏制部分行业和地区盲目投资、低水平重复建设，是今年宏观调控的一项重要任务。二是要充分发挥货币政策的作用，适当控制货币信贷规模，优化信贷结构，既要支持经济增长，又要防止通货膨胀和防范金融风险。三是依法加强用地管理。继续清理开发区，整顿规范土地市场。四是努力缓解当前能源、重要原材料和运输的供求矛盾。加强经济运行调节，促进煤、电、油、运和重要原材料的供需衔接。

针对经济运行中存在的突出矛盾和问题，中央果断加大了宏观调控力度。4月9日，国务院召开第47次常务会议，分析一季度经济形势，研究进一步加强宏观调控的政策措施。4月中下旬，中央政治局常委会、中央政治局全体会议先后听取了经济形势汇报。随后，中共中央办公厅、国务院办公厅发出了《关于当前经济形势问题的通知》，对进一步加强宏观调控作出具体部署。

今年以来，特别是4月份以后，中央采取的加强宏观调控的措施主要有以下方面。

（一）加强金融调控和信贷管理。针对一季度货币信贷增长过快的情况，从4月25日起，中国人民银行再次将存款准备金率提高0.5个百分

点，即存款准备金率由 7% 提高到 7.5%，金融机构将一次减少可用资金
1100 亿元左右。同时，实行差别存款准备金率制度和再贷款浮息制度。4
月 13 日，银监会发出通知，决定派出 5 个检查组，对广东、浙江等 7 省部
分银行业金融机构部分行业贷款情况进行重点检查。4 月 30 日，央行、国
家发改委、银监会发出通知，要求进一步控制信贷规模，降低信贷风险。

（二）严格土地管理，深入开展土地市场治理整顿。4 月 28 日，国务院
召开常务会议，研究部署土地市场治理整顿和严格土地管理工作，决定集
中半年左右时间，清理检查去年以来土地审批和占用情况，重点是新上项
目的用地情况，整顿违法批地、非法占地的行为，尤其是超规划、越权和
分拆批地问题。进一步清理整顿开发区，坚决压缩开发区数量和规划用地
规模，收回闲置未用土地。为制止乱批滥占耕地、健全土地管理制度，国
务院决定从 5 月份开始暂停建设项目用地审批半年。严肃查处湖南省嘉禾
县强制拆迁、山西省周至县非法圈占土地等案件。国务院办公厅下发《关
于控制城镇房屋拆迁规模、严格拆迁管理的通知》，坚决控制城市盲目扩张
和拆迁规模过大的倾向。

（三）全面清理在建和拟建投资项目。2 月 4 日，国务院召开严格控制部
分行业过度投资电视电话会议。3 月 10 日，国家发改委宣布，严格控制钢铁、
电解铝、水泥等建设项目，坚决控制住固定资产投资过度增长的势头。4 月
25 日，国务院发出通知，决定提高钢铁、电解铝、水泥、房地产开发固定资
产投资项目资本金比例，钢铁由 25% 及以上提高到 40% 及以上，水泥、电
解铝、房地产开发（不含经济适用房项目）均由 20% 及以上提高到 35% 及
以上。4 月 28 日，国务院召开常务会议，责成江苏省和有关部门对江苏铁本
钢铁有限公司违规建设钢铁项目有关责任人作出处理。4 月 29 日，国务院要
求各地区、各部门、各有关单位在一个半月内，对所有在建、拟建固定资产
投资项目进行一次全面清理。重点清理钢铁、电解铝、水泥、党政机关办公
楼和培训中心、城市快速轨道交通、高尔夫球场、会展中心、物流园区、大
型购物中心等项目，以及今年以来新开工的所有项目。

（四）大力缓解煤电油运紧张状况。加强经济运行调节，促进煤电油运
和重要原材料的供需衔接。国务院办公厅下发《关于进一步加强当前煤电
油运综合协调工作的通知》，全力做好夏季用电高峰电力供应调度工作。加

强电力需求侧管理，实行差别电价政策。充分挖掘煤电油运企业的生产潜力，并抓紧建设一批见效快的煤电油运项目。加强运输调度工作，保证煤炭、粮食、石油、化肥等重要物资的运输。

（五）切实加强农业，促进粮食增产和农民增收。中央在半年多时间内，连续召开了几次有关农业、农村和粮食工作会议，采取了一系列更直接、更有力的政策措施。去年7月23日，针对"非典"对农民增收造成的影响，国务院专门下发了《关于克服"非典"型肺炎疫情影响促进农民增加收入的意见》，采取有效措施，包括增加国债对农业的投入，着力解决影响农民增收的突出问题。10月28日，国务院召开粮食和农业工作会议，着重研究增加农民收入和保护粮食生产能力问题，提出实行最严格的耕地保护制度，增强对粮食主产区和种粮农民的支持，增加对农业和农村的投入，加强粮食市场宏观调控。12月25日，中央召开农村工作会议，全面部署农业和农村工作，着重研究促进农民增收、提高粮食综合生产能力、深化农村改革等问题。

今年初，中共中央、国务院下发《关于促进农民增加收入若干政策的意见》（中央1号文件），把解决好"三农"问题作为全党工作的重中之重，集中力量支持粮食主产区发展粮食产业，促进种粮农民增加收入，继续推进农业结构调整，深化农村改革，强化对农业支持保护，力争实现农民收入较快增长。3月23日，国务院再次召开粮食和农业工作会议，出台了一系列重要举措，包括对种粮农民实行直接补贴，在粮食主产区进行免征农业税改革试点，扩大良种补贴范围和规模，对重点粮食品种实行最低保护价收购，稳定农业生产资料价格，稳定增加粮食播种面积，精心调控粮食市场供应。5月31日至6月1日，国务院召开全国粮食流通体制改革工作会议，决定放开粮食收购和价格，健全粮食市场体系；全面实行对主产区种粮农民的直接补贴政策，调动主产区和农民种粮积极性；加强和改善粮食宏观调控，确保国家粮食安全。7月5日至6日，国务院召开全国农村税费改革试点工作会议，决定加大税费改革力度，从今年起全面取消农业特产税，推进减征免征农业税改革试点，五年内在全国取消农业税，积极稳妥地推进乡镇机构、农村义务教育管理体制和县乡财政体制等相关配套改革。

加强市场调控和价格监管。重点加强对粮食等生活必需品和生产资料的市场调控与价格监管，严格控制地方出台新涨价措施。

这些宏观调控措施果断有力，在实施中取得明显成效。经济运行中的突出矛盾和问题出现缓解，不稳定、不健康因素得到一定抑制。固定资产投资和部分行业增长过快的势头得到遏制，货币信贷增幅明显回落，基础产品价格涨势减缓。与此同时，国民经济继续保持较快增长的良好势头。

这些充分说明，中央采取的一系列宏观调控措施是及时、正确、有效的。但经济运行中的一些矛盾和问题仍然比较突出，宏观调控工作不可放松，必须坚持不懈地继续抓好。随着各项宏观调控政策措施逐步到位，效果必将进一步显现，宏观调控的预期目标完全可以实现。

（2004 年 12 月）

中央加强宏观调控的新变化和新特点

一、这次加强宏观调控的新变化

中央这次加强宏观调控，与 1993 年和 1998 年两次相比，无论是宏观调控的背景条件，还是目标任务，无论是政策措施，还是方式方法，都有很大不同。

（一）宏观调控的背景条件发生了很大变化。1993 年开始的宏观调控，刚刚提出建立社会主义市场经济体制的目标任务，计划经济的因素还在很大程度上存在。1998 年开始的宏观调控，则是处在社会主义市场经济体制建立的过程中，市场的因素在增加，计划的因素同样存在。而这次进行宏观调控，社会主义市场经济体制已初步建立，经济运行中市场的因素大大增强，与此同时政府的作用还在相当程度存在。应该说，这次宏观调控的背景、条件、对象等，都发生了重要变化。这次投资扩张有三个突出特点：一是地方政府主导型的投资扩张。一些地方政府热衷于招商引资项目，大搞开发区，盲目扩大城市建设规模，直接干预企业微观投资决策，这是导致部分行业过度投资和低水平重复建设的重要原因。二是投资扩张很大程度上靠大量消耗土地支撑。很多城市建设靠低成本经营土地，搞所谓"经营城市"；许多企业靠廉价取得土地作抵押贷款筹集资金，大量违法违规拆迁房屋和占用耕地，并对拆迁居民和失地农民补偿不足，造成许多社会不稳定因素。三是投资过热在很大程度上由个体私营等非公有制经济盲目投资所致。目前我国固定资产投资中来自非公有制经济的占到近 60%，上海、江苏、浙江超过 2/3。近年来，新上钢铁项目中相当部分是民间投资，其中不少资金是靠银行贷款。房地产开发中，包括土地抵押贷款、房地产开发贷款和住房消费贷款，来自于银行的资金占 60% 左右。这些投资，受局部和眼前利益驱动，带有很大的市场盲目性，又由于大量依赖银行贷款，积聚着不少金融风险。针对这些突出特点，要使宏观调控达到预期目标，必须坚决约束政府投资行为，下大力气转变政府职能，切实加强土地和信贷管理，强化行业指导和市场预警，严格市场准入，进一步加强和完善政府的经济调节和市场监管职能。

（二）宏观调控的目标任务发生了很大变化。1993 年开始实施的宏观调控，以治理通货膨胀为首要任务。1992 年出现经济过热，经济增长率高达 14.2%，商品零售价格涨幅 1994 年最高时达到 21.7%，居民消费价格达到 24.1%，出现严重的通货膨胀。宏观调控采取的主要措施，是实行适度从紧的货币政策，整顿投资和金融秩序，抑制经济过热，治理通货膨胀。经过三年多的努力，到 1996 年国民经济运行成功实现了"软着陆"。1998 年开始实施的宏观调控，则主要以治理通货紧缩为主要任务。1997 年受亚洲金融危机的影响，国民经济出现下降趋势，消费需求不足，出口受到限制，投资需求下降，市场商品大量供过于求，物价持续走低。1999 年经济增长降为 7.1%，商品零售价格出现负增长，为 - 3%。宏观调控的主要措施是，坚持扩大内需的方针，实行积极的财政政策和稳健的货币政策，发行长期建设国债，扩大投资需求，连续 7 次降低利率，刺激投资和消费，同时培育和扩大消费需求，积极鼓励出口，拉动经济增长。这些宏观调控政策措施取得了明显成效，经济保持了 7% 以上的增长速度，1998 年至 2002 年五年平均增长 7.7%。到 2003 年，基本结束了通货紧缩趋势，经济增长达到 9.1%，商品零售价格结束了连续五年的负增长，转为增长 0.1%，居民消费价格上涨 1.2%。可以说，我们在提出建立社会主义市场经济体制以后，经历了两次宏观调控，既积累了治理通货膨胀的经验，又积累了治理通货紧缩的经验。

这次宏观调控则面临着新的问题，经济运行既不是总体过热，也不是全面收缩；既不是通货膨胀，也不是通货紧缩；而是部分行业投资过热，物价面临上涨的压力，造成经济运行紧张。2003 年我国经济增长 9.1%。进入 2004 年，一季度经济增长 9.8%，3 月份居民消费价格同比上涨 3%。经济运行中既面临着总量问题，而更多的主要还是结构问题、体制问题和增长方式问题。宏观调控的主要措施，是控制信贷规模，严格土地管理，清理整顿建设项目，加强经济薄弱环节。目的是及时消除经济运行中的不稳定、不健康因素，促进国民经济既快又好地平稳向前发展。

（三）宏观调控的方式方法发生了很大变化。由于宏观调控的背景条件、目标任务都发生了很大变化，调控的方式方法自然就有很大不同。这次宏观调控既不是紧缩性政策，也不是扩张性政策；既不是简单地抑制经济过热，也不是一味地促进发展；既不是全面紧缩银行信贷，也不是全面降低物价涨幅。而是紧紧抓住经济生活中的主要矛盾和突出问题，有针对性地进行治理调控，在适当进行总量控制的同时，着力于进行结构调整。按照"果断有力、适时适度、区别对待、注重实效"的原则，注重统筹兼顾，不是急刹车，不搞一刀切，在工作中注意防止盲目性和片面性。调控办法更加灵活，效果也更加明显。

二、这次加强宏观调控的新特点

可以说，这次加强宏观调控，充分吸收和借鉴了以往宏观调控的经验教训，提高了宏观调控的技巧和效果，体现出一些新的特点。

（一）宏观调控更加注重预调和微调，注意把握好时机、节奏和力度。从去年以来加强宏观调控的实施过程可以看出，刚开始在去年二季度"非典"流行期间，就发现部分行业盲目投资重复建设的苗头性问题，并及时采取预警措施。在着重做好"非典"防治工作、努力降低"非典"对经济发展影响的同时，并没有忽视经济运行中出现的新问题，而是敏锐地抓住问题并着手解决。下半年一方面积极扶持受"非典"影响较大行业的恢复和发展，另一方面相继采取了一些宏观调控的政策措施，使经济增长能够保持在一个合理的区间。今年以来则根据经济发展的新情况新问题，及时采取果断有力的政策措施，进一步加强宏观调控，大力解决经济运行中的突出矛盾和问题。这些循序渐进式、力度不断加大的宏观调控，使国民经济继续保持平稳较快增长的良好势头，有效地防止了经济的大幅波动。总体上看，宏观调控见事早、行动快，时机选择得当，分寸把握适度，体现了较高的调控能力和水平。

（二）紧紧抓住和解决经济运行中的主要矛盾和突出问题，注重运用经济手段和法律手段，辅之以必要的行政手段。这次宏观调控的主要矛盾，是固定资产投资规模过大，特别是部分行业过度投资、盲目重复建设。这一主要矛盾带来了四个方面的突出问题：一是造成信贷规模过快增长；二是占用大量土地；三是引起生产资料价格迅速上涨；四是带来煤电油运全面紧张。宏观调控的重点，是着重治理固定资产投资规模过大，特别是限制部分行业盲目投资过度增长。主要采取了两方面的重要措施，管好"两道闸门"：一个是严格控制信贷规模，调高银行存款准备金率，公开市场操作，减少货币供应量。另一个是严格土地管理，在清理整顿开发区的基础上，治理整顿土地市场秩序。这些主要都是经济手段和法律手段，同时也运用必要的行政措施，相互配合，共同作用。由于问题抓得准，措施得力，手段配合得当，所以效果比较明显，使得经济运行朝着宏观调控的预期目标发展。

（三）松紧适度，有保有压，既解决经济运行中的突出问题，又加强经济发展中的薄弱环节。这次宏观调控有两个方面的任务：一方面是控制部分行业过度投资；另一方面是加强经济薄弱环节。宏观调控任务最难的还不是把过热的部分行业降下来，而是加强农业、水利、能源、交通、第三产业、社会事业等薄弱环节，因为这些是长期艰巨的任务。宏观调控坚持区别对待，该控制的坚决控制，该鼓励的坚决鼓励，该支持的坚决支持。切实加强农业，促进粮食增产和农民增收，是这次宏观调控的一项重点任务，也是这次宏观调控的一个明显特点。中央在不到一年时间内，连续召开了几次有关农业、农村和粮食工作会议，采取了一系列有力的政策措施，包括对种粮农民实行直接补贴、较大幅度降低农业税税率、对重点粮食品种实行最低收购价等，使粮食生产和农业发展有了一个大的转机。这是保持物价基本稳定、防止通货膨胀的一个重大举措，奠定了宏观调控成功的基础。

（四）标本兼治，着眼于从根本上解决长期性的经济结构、体制和增长方式问题。这次宏观调控立足当前，着眼长远，既要实现当前宏观经济的良性运行，也要为今后经济发展打好基础。中央明确指出，我国经济生活中存在的许多问题，从根本上说是结构问题、体制问题和增长方式问题。

因此，宏观调控在坚持搞好总量调控的同时，着力推进结构调整、体制改革和增长方式转变。抓住宏观调控的有利时机，大力推进经济结构调整，加快体制机制创新，把经济增长方式真正转到依靠科技进步、优化结构和提高效益的轨道上来，实现经济增长与结构、质量、效益相统一，促进经济社会全面、协调和可持续发展。

　　总的来说，这次宏观调控还在进行当中，有许多新的经验值得很好总结。通过这次宏观调控，将进一步加深我们对社会主义市场经济条件下宏观调控规律的认识，为我国经济今后实现更快更好发展奠定坚实的基础。

（2004 年 12 月）

三

改革开放重点问题研究

我国下一步经济改革的重点是
推进财税体制改革

　　我国改革已进入攻坚阶段，必须以更大决心和勇气全面推进改革，特别是要在重点领域和关键环节上取得突破性进展。从总体上看，我国下一步经济改革的重点和关键是推进财税体制改革，这涉及各方面重大利益关系的调整，关系到我国改革发展的全局和国家的长治久安。

一、财税体制改革关系我国改革发展全局

　　亚当·斯密说，财政乃庶政之母。财税是国家履行职能的基础，财税的好坏决定着国家的兴衰存亡。正如温家宝总理所说，一个国家的财政史是惊心动魄的，如果你读它，会从中看到不仅是经济的发展，而且是社会的结构和公平正义的程度。中国历史上每一次重大改革，其核心都是财税体制改革。从商鞅变法"废井田、开阡陌"实行土地私有制，到王安石变法实行"方田均税法"，到张居正变法推行"一条鞭法"，这三次变法都直指问题的核心，改革国家财税制度，重新调整社会利益关系。从唐代的"两税法"，到清朝的"摊丁入亩"，每一次财税改革都影响深远，推动了社会稳定发展。历史的经验充分说明，财政税收体制事关国家安危、社会治乱，人民祸福。

　　改革开放以来，我国财税体制经历了几次重大改革。特别是提出建立社会主义市场经济体制以后，以1994年实行分税制为标志，加快了财税体

制改革步伐，取得了三个方面的重大进展：

一是适应建立社会主义市场经济体制的需要，推进分税制财税体制改革。这是一次带有根本性的改革，取得了显著成效，建立起国家财政收入稳定增长机制，提高了财政收入"两个比重"：财政收入占国内生产总值的比重，从 1993 年的 12.3% 提高到 2009 年的 20.5%；中央财政收入占全部财政收入的比重，从 1993 年的 22% 提高到 2009 年的 52.4%。集中力量办大事，增强了国家宏观调控能力。初步规范了中央与地方之间的分配关系，划分了中央和地方的事权与支出责任，建立起中央和地方财政收入均快速增长的双赢的财政体制，调动了中央和地方两个积极性。从而不断加大中央财政转移支付力度，调整地区之间收入分配格局，促进区域协调发展。

二是紧紧围绕转变政府职能，建立起公共财政体制基本框架。这些年来，从根本上调整财政支出结构，大幅减少政府财政用于建设项目的投资，加大对政府公共服务领域的投入，更多地用于加快社会事业发展和解决民生问题，推进了教育、医疗、文化、科技、就业、社会保障等方面的改革和发展，实现了从建设型财政向服务型财政和民生型财政的转变。

三是按照科学发展观的要求，探索建立有利于科学发展的体制机制。围绕保持经济平稳较快发展，不断增强财政宏观调控能力；统筹城乡发展，推进农村税费改革；加快振兴老工业基地，实行增值税转型试点；加强节能环保，推进资源税费改革；扩大对外开放，改革和完善出口退税机制。所有这些，都标志着我国财税体制改革取得了巨大成就。

同时，我们也清醒地看到，财税体制改革还面临着许多矛盾和问题，与贯彻落实科学发展观、完善社会主义市场经济体制、建立公共财政体系的要求，还有很大差距。突出表现在：分税制改革不彻底，有许多遗留问题需要下大力气解决。分税制主要是明确了中央与地方之间财权或者说税收分享比例，事权与支出的责任界定尚不够清楚，财力与事权不匹配。分税制主要是中央与地方各省区市之间的分税，省以下市、县、乡各级财政体制不规范，主要是参照中央与地方之间的分税制做法，上级政府与下级政府划分收入主要采取分税制、分成制或两者的混合体制，部分仍为包干制，少数为统收统支体制，都或多或少留有包干制这种旧体制成分。分税制带来了财权不断上收，事权不断下移，财权与事权产生背离现象，加剧了县乡财政困难。与中央财政收入占全部财政收入比重不断提高相对应的是，地方财政收入占全部财政收入比重不断下降，由1993年的78%下降到2009年的47.6%，而与此同时，地方预算内财政支出占整个财政支出的比例2009年则为80%。也就是说，地方政府只拿到47.6%的财政收入，却承担80%的支出责任，这巨大的收支缺口主要通过中央转移支付来解决。2009年中央对地方税收返还和转移支付28621.3亿元，占地方财政支出的46.8%，形成了地方财政对中央财政的很大依赖。财政转移支付制度不完善，一般性转移支付所占比重少，而专项转移支付比重大。2009年一般性转移支付占中央全部转移支付（去除税收返还额后为23678亿元）的比重为47.8%，专项转移支付达到52.2%，专项转移支付带有不规范性和随意性，容易造成"跑部钱进"现象，增加了"寻租成本"。更为突出的问题是，地方为缓解财政困难，纷纷建立地方融资平台，积极发展"土地财政"，把土地作为生财之道，许多地方政府大搞开发区，征地拆迁，卖地赚钱，政府的许多建设项目也依靠土地担保，大量向银行借贷，其中隐含了不少财政风险。据有关专家测算，2009年全国卖地收入1.6万亿元，同比大增60%。到今年底，地方政府债务总额将达到11万亿元以上，超过GDP的30%。各级政府融资平台资产负债率普遍高达80%以上，有些甚至达到100%。

这些问题，都与财税体制有关，特别是与分税制的不完善有关。财税体制是国家再分配的最重要手段，关系到社会各方面的重大利益格局，涉及中央与地方的利益关系、各地区之间的利益关系，以及国家、企业、个人之间的利益关系。深入贯彻落实科学发展观，完善社会主义市场经济体制，从根本上转变政府职能，转变经济发展方式，都要求我们必须把财税体制改革作为下一步改革的重点和关键，下更大力气、采取更加有力措施，推动财税体制改革取得突破性进展。

二、突出重点加快推进财税体制改革

按照党的十七大对深化财税体制改革的明确要求，围绕推进基本公共服务均等化和主体功能区建设，完善公共财政体系，以进一步完善分税制为突破口，推进财税体制改革。健全中央和地方财力与事权相匹配的体制，加快形成统一规范透明的财政转移支付制度，提高一般性转移支付规模和比例，完善省以下财政体制，增强基层政府提供公共服务能力。

（一）**进一步完善分税制财税体制**。分税制是我国一项根本性的财政制度，涉及中央与地方、地方与地方、上级与下级的重大利益关系，事关我国改革发展全局。经过这么多年的运行，总体改革是非常成功的，同时也暴露出不少问题。要按照科学化、规范化、法治化的要求，进一步完善分税制。我国是一个各地区发展很不平衡的大国，实行的是中央、省、市、县、乡五级财政，建立分税制的财政体制，既包括中央与地方的分税制，也包括省、市、县、乡之间的分税制。进一步完善分税制，既要完善中央与地方的分税制，也要完善省、市、县、乡之间的分税制，明确各级政府之间的财权与事权划分，建立财力与事权相匹配的体制。要把实践证明是正确的、行之有效的制度、体制和做法，经过补充、修改和完善，上升到国家法律的高度确定下来，实现分税制的法治化管理。

（二）**健全中央和地方财力与事权相匹配的体制**。这是中央和地方普遍关心的一个大问题，需要高度重视，周密部署，精心操作，平稳推进。明确划分中央与地方的事权与支出责任，是完善财税体制的基础和前提。要按照法律规定、受益范围、成本效率、基层优先的原则，科学合理地界定中央与地方的事权和支出责任。全国性的公共产品和服务以及具有调节收入分配性质的支出责任由中央全额承担；区域性的公共产品和服务的支出责任由地方政府承担；跨区域的公共产品和服务的支出责任，分清主次由中央与地方政府按照一定比例共同承担。这些都需要逐一进行精确测算和科学评估，尽量做到上下各方都满意，实现规范化、制度化、法治化。这里需要说明的是，建立分税制一般把20%和60%作为"两个比重"（财政收入占国内生产总值的比重，中央财政收入占全部财政收入的比重）的调控线，我国2009年"两个比重"分别为20.5%和52.4%，因此就出现了关于我国"两个比重"究竟是高还是低的争论，这里面还涉及中央和地方预算外收入、政府债务等因素，而且这些因素对实际的"两个比重"产生了较大影响。这须在规范政府财政收入的前提下，统筹加以考虑和研究解决。

（三）加快形成统一规范透明的财政转移支付制度。这也是各地特别是中西部地区非常关心的一个大问题。要逐步建立以一般性转移支付为主、专项转移支付为辅的转移支付体系，促进地区间财力均衡分配和基本公共服务均等化。提高一般性转移支付的规模和比例，减少并清理整合专项转移支付。加大中央财政转移支付力度，特别是加大对禁止和限制开发区域的支持，加大对资源枯竭型城市的支持，完善民族地区转移支付政策。进一步规范转移支付分配办法，尽可能按照因素法、公式法，科学合理地进行分配，总的要求是做到统一、规范、透明、公平、公正。

（四）完善省以下财政体制。在我国财政总体形势较好的情况下，省以下财政面临较多困难和问题。要通过深化财政体制改革，完善地方税体系，增加地方税收收入，壮大地方财政实力。适当统一省以下主要事权和支出责任划分，将部分适合更高一级政府承担的事权和支出责任上移。强化省级财政调节辖区内财力差异的责任，形成合理的省以下横向、纵向财力分配格局，促进省以下财力均衡。研究建立县乡最低财力支出保障机制，明确县级政府提供基本公共服务的范围和标准，积极推进"省直管县"和"乡财县管"财政管理改革。

（五）规范非税收入管理，解决"土地财政"问题。这也是财政体制改革的难点所在。非税收入作为政府收入分配体系的组成部分，与税收互为补充，都是以政府为主体的再分配形式。但我国各级财政非税收入所占比重过高，增长过快，扭曲了国家正常的财政税收关系。据统计分析，地方一般预算非税收入约占全口径非税收入总量的20%—25%。如果按20%的比例推算，2007年全国地方政府非税收入规模超过2万亿，约相当于2.4万亿的地方一般预算收入。可以说，非税收入已经占据了地方财政收入的"半壁江山"。各地情况表明，非税收入增长普遍快于税收收入增长。深化财税体制改革，必须有效控制地方政府非税收入大幅增长，规范非税收入管理。各级政府的全部收入和支出，都要列入本级政府预算。在清理整顿非税收入的基础上，将保留的收费、基金全部纳入预算管理。特别要研究解决地方"土地财政"问题，建立地方财政土地出让收益的良性运行机制，降低地方财政对土地出让收益的过度依赖，把土地出让金保持在比较合理的水平。这不但是深化财税体制改革的重要内容，也是保持我国房地产市场健康发展的关键所在。

（六）**推进其他方面的财税体制改革**。财税体制改革是一项复杂的系统工程，涉及许多方面利益关系的调整。要在进一步完善分税制为标志的财税体制的同时，加快推进其他方面的财税改革。深化预算制度改革，强化预算管理和监督，逐步将所有预算外资金全部纳入预算内管理，建立完整的国家财政预算体系，逐步构建由公共财政预算、国有资本经营预算、政府性基金预算和社会保障预算组成的有机衔接的国家财政预算体系。深化税制改革，全面实施增值税转型改革，完善消费税制度。研究实行综合与分类相结合的个人所得税制。研究开征物业税，开征环境保护税和社会保障税。推进资源税制改革，建立和完善资源开发生态补偿机制。

（2010 年 9 月）

加快推进农村金融改革发展

近年来，我国农村金融改革积极推进，特别是农村信用社改革和建立农村新型金融机构试点工作取得积极进展。但从总体上看，农村金融仍然是我国整个金融体系的薄弱环节，农村金融也是制约我国农村改革发展的一大瓶颈。因此，无论从我国金融改革发展来看，还是从我国农村改革发展来看，都必须加快推进农村金融改革发展。

一、我国农村金融发展存在的突出问题

（一）**农村资金流向城市的趋势没有得到根本改变，农村存贷差的问题突出**。农村大量的存款不是成为支农的资金，而是逆向流入城市，结果农村一些金融机构在很大程度上变成了"抽水机"而不是"蓄水池"。这样，农村资金供给不足，农民贷款难、农村融资难成为解决"三农"问题和农村实现小康的主要制约因素。

（二）**农村金融服务机构和网点少，经营风险高，效益低**。目前分布在农村县城以下乡镇的金融机构主要是农村信用社，全国只设有一家银行业机构网点的乡镇有 8231 个，仍有 3302 个乡镇没有银行业机构营业网点。农村信用社依然面临着资产质量较差、经营效益不好、资本充足率低、抗风险能力弱等诸多问题。

（三）**农村金融市场发育程度严重不足，缺乏必要的市场竞争**。从类型上看，农村金融机构有农业银行、农业发展银行、农村商业银行、农村合

113

作银行、农村信用社、邮政储蓄机构，还有试点成立的村镇银行、小额贷款公司和农民资金互助社，但大多对农村的信贷服务有限，有的职能单一，有的刚刚设立，主要的还是农村信用社。整体上看，农村金融市场在很大程度上仍然是卖方市场，服务动力不强，服务活力不足。

（四）**农村金融环境较差，经营管理素质不高，社会信用问题比较突出。**农村金融面向农民和千家万户，经营困难比较多。一方面，农村的信用环境不佳，欠账逃债和呆坏账现象容易发生；另一方面，农民信用担保比较困难。这些都是农民贷款难的症结所在。

（五）**违法违规融资问题突出，地下钱庄和高利贷在一些地方长期存在。**银行正常贷款无法满足需求，只好转入地下，有资金，有需求，就必然有生意。今年以来实行稳健的货币政策，银行控制信贷总量，中小企业贷款难问题显现。据调查，约有半数小企业通过民间借贷进行融资，而贷款利率大都在20%以上。温州地区民间资金高达6000亿元以上，大量融资都是通过民间借贷实现的。高息民间借贷正呈现蔓延之势，这其中隐藏着很大的金融风险。这从另一方面也迫使我们必须加快推进农村金融改革创新，规范发展民间借贷，打击非法集资，促进农村金融健康有序发展。

二、推进农村金融改革创新的基本思路

经过这么多年的探索发展，应该说在农村金融改革创新的一些基本问题上已经达成共识。推进农村金融改革创新，应该坚持以下几个原则：

（一）**必须发展大量中小型金融机构来服务农村中小企业和农民。**各国发展金融的经验都证明，大型金融机构一般很难从事普遍的大量的中小企业贷款，要满足大量中小企业贷款需求，就要发展量多面广的区域性中小金融机构。要在加强大型商业银行农业银行、政策性银行农业发展银行为"三农"服务责任的同时，积极稳妥地发展各种类型的区域性农村新型金融机构，来为"三农"提供更广泛全面的金融服务。

（二）**农村金融发展必须立足于市场化和充分的市场竞争，建立公开、规范、制度化的农村金融体系。**要从根本上改变农村金融发展滞后的局面，

就要加快农村金融机构发展步伐，实现农村金融从卖方市场向买方市场转变。要打破垄断经营，公开市场准入，建立统一的准入标准，凡是符合资质的都可以进入，并鼓励市场竞争，在竞争中有序发展。

（三）建立严格的监管制度，坚决有效防范金融风险。农村大量中小型金融机构的发展，最大的问题是监管。金融风险和混乱是经济发展的最大隐患，管不好就会出大问题。因此，发展既要积极，又要稳妥，特别是监管要跟上。要借鉴国外成功的监管经验，加强地方金融监管机构的职能。

（四）政府要实行扶持和优惠政策，鼓励和帮助农村金融稳步发展。"三农"始终是我国经济发展的薄弱环节，发展农村金融不能仅仅依靠市场这只看不见的手进行调节，政府要发挥好调控作用，特别是运用财政、税收、货币等政策措施支持农村金融发展。

三、加快推进农村金融改革创新的政策建议

（一）在农村金融改革试点的基础上，稳步推进新型农村金融机构发展。现在全国新型农村金融机构包括村镇银行、小额贷款公司和农村资金互助社设立的数量还很有限，远远不能满足农村经济发展需要。要把发展农村小型金融机构作为解决农村融资难问题的重要突破口，在认真总结试点经验、切实加强监管的基础上，加快发展步伐。

（二）加大政策支持力度，建立和完善农村金融体系。在财政政策方面，可以考虑给予农村或农户贷款适当贴息。现在规定，农村小额贷款公司的贷款利率不高于央行公布的基准利率的 4 倍，其浮动幅度按市场原则自主确定。实际上是就高不就低，4 倍利率就达到 20% 以上，这对许多中小企业和农户是很难承受的。为了鼓励金融机构向农村中小企业和农户贷款并有利可图，同时减轻企业和农民的负担，国家有必要给予适当贴息补助。在税收政策方面，现在农村信用社享受所得税减免、营业税减半的政策，下一步可以在县以下经营的金融机构都实行这一优惠政策；在一些贫困地区，如国家级贫困县，还可以实行更加优惠的政策，如更多地减免所得税和营业税。在货币政策方面，目前对农村信用社实施差别化准备金率

并给予再贷款支持，下一步可以将这些政策继续保持下去，并且适当扩大实施范围。

（三）**创新农村信贷模式，提高支持"三农"的服务能力**。要加快发展以下几种信贷形式：一是"保险＋信贷"模式。农业生产和农民生活受到自然灾害的影响很大，贷款隐含着较多风险。金融机构可以与保险公司开展合作，利用"保险＋信贷"的模式进行贷款服务，银行与农民、保险公司结成利益共同体。二是集中授信贷款模式。利用农业产业化"产供销一条龙"服务，特别是"公司＋农户"的形式，对农民贷款集中授信，可以起到一举多得的效果。三是供应链金融模式。这与集中授信有点类似，但又不完全相同。"供应链金融"的最大特点是依托一个大的核心企业，为上下游供应链提供金融服务。服务对象既可以是供应链上的一串中小企业，也可以是供应链上的一群农户，把农村分散化信贷转变为集中化批量化信贷，实现农村信贷的集约化、规模化经营，以此来解决中小企业和农户的贷款难问题，并迅速有效地扩大银行的纵深服务，达到一种双赢或多赢的结果。对农户的供应链金融服务，一般可以利用"公司＋专业合作社＋农户"模式，利用"订单农业"和"农超对接"等方式，提供延伸化金融服务。这是今后农村信贷一个有发展前途的领域，金融创新在这方面可以有所作为。

（2011 年 10 月）

必须迅速出重拳调控房地产市场

今年《政府工作报告》提出，要坚决遏制部分城市房价过快上涨势头，满足人民群众的基本住房需求。然而，近期房价却出现迅速大幅上涨，人们惊呼迎来了"疯狂的房价"，形成"全民大炒房"的热潮，房地产市场泡沫不断扩大。现在已经到了必须迅速采取果断措施，出重拳调控房地产市场的时候，否则将酿成经济发展的严重后果。

一、今年以来房地产价格出现新一轮疯狂上涨

去年受国际金融危机的影响，年初曾出现房价趋稳回落的现象，但之后房价又出现迅速回升和上涨，全年房价上涨幅度惊人。据国土资源部中国土地勘测规划院全国城市地价监测组发布的研究报告显示，去年我国住宅均价上涨了 25.1%，达到了 2001 年以来房价上涨的最高水平。今年以来，在经历了 1 月份的恐慌抢购，2 月份供需相对减缓和短暂政策观望，3 月份市场回热、地王频出、开盘项目价格屡创新高，进入 4 月份中国楼市出现了价量齐升，人们纷纷恐慌入市，房地产市场已经出现"狂热"的状态。

今年一季度北京开盘项目均价达到 22196 元 / 平方米，环比去年四季度上涨 23.23%，同比去年一季度上涨 85.90%。进入 4 月份以来，北京房价更是一路攀升。清明节期间北京住房成交均价达到 25010 元 / 平方米，环比 3 月上涨了 5469 元 / 平方米，涨幅为 27.99%，同比去年清明节期间的成交均价 10947 元 / 平方米，涨幅高达 128.46%。商品房成交均价已从

117

今年初的每平方米 1.7 万元，攀升至目前的 2.5 万元人民币，五环内房价超过了 3 万元，京城最贵的楼盘东钓鱼台家园突破了每平方米 8 万元大关。

今年 4 月 8 日—11 日北京春季房展，更是呈现一派火爆的局面。北五环外以北苑为中心从立水桥到来广营一线被称为"国奥板块"，新盘上市均价每平方米已破 3 万元，比去年同期上涨 92%。北京的东、北、南都出现了不同程度的郊区商品房价格超过城区次新房的现象，接近六环的商品房价格超过四环次新房价格，位于通州的商品房部分项目已接近 3 万元。4 月 11 日，位于朝阳区五里桥附近的中弘·北京像素两幢楼开盘就引起上千人的纠纷，头一天购房者被告知两楼价格分别为均价 2 万元和 2.4 万元，可过了一晚上就上涨 4000 元，达到 2.4 万元和 2.8 万元。与此同时，二手房价也出现了大幅上涨。去年一季度北京二手房均价不足 9300 元／平方米，今年以来二手房交易均价已稳定在 14650 元／平方米左右，上涨幅度超过 50%。

上海、深圳等一线城市也出现了类似现象，房价大幅上涨，市场一片火爆。上海 3 月份全市商品住宅成交均价为 19767 元／平方米，同比大幅上涨了 48%。深圳市规划国土委发布报告，2 月份关内新建住宅均价为 39840.85 元／平方米，同比上涨了 185.22%，环比上涨 21.8%；关外新建住宅均价为 16969.87 元／平方米，同比上涨 76.79%，环比上涨 4.09%。3 月份深圳市新建商品住宅销售均价为每平方米 20453 元，比上年同期上涨 86.43%。进入 4 月份，全国一线城市房价同比上涨了 64%，二线城市房价同比上涨了 36%。全国房价呈现出普遍大幅上涨的态势。

房价的持续大幅上涨，更加助长了人们的恐慌心理。受房价只会涨、不会降的追涨心理影响，房价越是上涨，人们越是要赶紧出手买房，自住者担心以后买房会更贵、更负担不起，投资投机者则希望在继续上涨中赚到大钱。房地产商、购房者、投资者都在赌房价上涨，推波助澜不断把房价推上新的高位，在这个过程中房地产市场泡沫不断膨胀。20 世纪 80 年代末、90 年代初日本经济泡沫破裂，2008 年美国的房地产次贷危机最终演变为国际金融危机，都是由房地产泡沫破裂造成的，留下了极其沉痛而深刻的教训。

在现代经济发展过程中，对国家宏观调控来说，管理好通货膨胀至关重要，而管理好资产泡沫更具有决定性的意义。我国房地产价格的迅速大幅上涨，不仅严重背离了经济发展和居民的消费承受能力，而且带来了疯狂的投机，出现了"全民大炒房"的热潮，已经预示着一场房地产市场泡沫的危机。必须迅速采取果断措施，出重拳调控房地产市场，以实现房地产行业发展的"软着陆"，从而保持我国经济平稳较快发展。

二、房地产价格疯狂上涨的症结何在

为什么在国家三番五次加强和改善房地产市场调控的情况下，都没有能够实现房价趋稳，反而出现房价持续大幅上涨？其症结到底在什么地方？这不能不引起我们的深思。

房价呈现不断上涨的趋势，是由我国处在工业化、城镇化和经济快速发展过程中庞大的住房需求所决定的。但房价非理性的大幅度超常规上涨，就不仅仅是常规性的供求关系所能解释的。人们一般认为，房价大幅上涨主要是因为严重的供求失衡即供不应求所造成的。这种观点并不完全正确，中国的房价持续大幅上涨，不仅仅是实际的住房需求的问题，而在很大程度上是不断膨胀的投资需求和投机需求造成的。现实的有效住房需求总是有限的，而投资和投机需求则是无限的。不遏制大肆炒作的投资和投机需求，房地产市场将永远处于饥渴的状态，永远是供不应求，结果必然是房价被炒得越来越高，直到再也没有人承受得了为止。

中国的房地产价格持续大幅甚至疯狂上涨，主要是由以下三个极不正常的原因造成的：

（一）**大量房地产投资和投机现象不断炒高房价**。在房价永远是上涨趋势的炒作影响下，投资房产成为最赚钱的买卖。这些年来，人们纷纷把家庭储蓄投资于房地产，许多人赚了大钱，在广泛的示范效应作用下，形成了"全民炒房热"，并出现了大批专业炒房客，在房价不断攀升中积累起雄厚的资金财富。闻名全国的温州炒房团最具代表性，在各大城市的炒房客中往往可以见其身影，他们有组织地转战全国各地，出手不凡，往往满载而归。今年以来，温州炒房团走三亚，转南京，据报道南京新楼开盘时许多楼房都被温州炒房团买走，甚至出现整层楼一买而光的现象。

分析一下我国购房者的实际需求，可以发现，投资投机型购房占有相当大的比例。全国各地城市新建开发区中，大批的楼盘都已售出，而实际居住者寥寥无几。北京许多新楼盘售完几年，居住者也所占不多。据最新调查显示，京城投资型购房今年 3 月环比翻了一倍，创下近两年来的新高，居民多套住房拥有率也结束了去年以来走低的态势，开始出现反弹，近一成五的居民拥有多套住房。有业内人士估计，在购房者中，自住型刚性需求占到 60%—70%，投资客则抢占了剩余的 30%—40%，有的地方投资者购房甚至占到一半以上。由此可以判断，大量投资投机者购房成为推动房价不断大幅上涨的重要原因，也是造成房地产市场供不应求的症结所在。

（二）**房地产行业的非规范运作和超高额利润不断抬高房价**。这些年来，投资房地产只要能够拿到一块地，盖起房子就可以稳赚得盆盈钵满，这已是人所共知的事实。据测算，2009 年全国城镇商品住房的平均成本，每平方米约 2500 元，房地产行业地价占房价比例平均在 15%—30% 之间，行业整体利润率在 30% 以上。中国土地勘测规划院地价所所长赵松向认为，地价占房价 23.2% 是整个行业的平均值，算上约 30% 的建筑安装成本，12%—15% 的税费成本，房地产行业的整体利润率在 30%—40% 之间。全国政协委员刘明华指出，国际上房地产业的利润率一般在 5% 上下，而我国房地产行业的利润率在 30% 以上，完全是暴利行业。大批央企不惜以"地王"的天价购置土地，急于进入房地产行业经营，也充分说明了这一点。

与此同时，房地产商在房地产市场中处于强势地位，他们占有主导性话语权，并寻找其利益代言人影响舆论，甚至房地产商之间形成价格同盟操控房价，并通过捂盘惜售、雇托假售等多种手段，造成房价将不断暴涨的假象，制造购房恐慌心理，以赚取更多更高的超额利润。

（三）**地方政府"土地财政"所形成的土地紧缺供应和高地价不断带动房价攀升**。土地资源具有高度稀缺性，地方政府都看到了土地生财之道，这些年许多地方政府大搞开发区，征地拆迁，卖地赚钱，形成了政府的"土地财政"。政府的许多建设项目也依靠土地担保，大量向银行借贷，这其中隐含了不少财政风险。政府向开发商出让土地，本能地倾向于"少供地，高价钱"，保持土地的高度紧缺状态，以此赚取"高额垄断利润"。高地价抬高了房价，造成一种一浪高过一浪的恶性循环。

全国重点监测城市的地价房价比均值已达到31.29%，在长三角、珠三角以及环渤海等地区的一些城市，其比例更高。特别是天津、上海、南京、杭州、宁波5个城市地价占房价比已经超过40%，宁波更是超过50%。今年以来，土地出让中"地王"频现。1月份上海市中心接连拍出3块天价地王，最高的楼面地价超过5.28万元／平方米。进入3月份，北京地王更是接连登场，一天之内就产生了3个地王。继3月15日一天卖出6块地、土地出让金高达143.5亿元之后，17日土地出让虽然有两块流标，但还是再次获得了大丰收，当天共获得土地出让金76.25亿元，两天收入即接近220亿元，实为罕见。今年一季度，北京市土地交易金额总共达到486亿元，远远超过去年一季度的23亿元，是去年同期的21倍多，并已经达到了去年全年土地出让金总额928亿元的52%。不仅总交易额猛增，而且溢价率也已达到120.8%，环比去年的2%，上涨了60倍。土地出让的楼面均价则上涨到了每平方米7314.6元，相比去年上涨了339%。甚至出现了"面粉贵过面包"的不正常情况，开发商拍得的地价已经超过了在售房的房价，除了大肆推高新的房价之外别无选择。

以上三个方面——大量投资投机购房炒高房价、房地产商炒作和高额利润不断抬高房价、地方政府"土地财政"土地紧缺供应和高地价带动房价，成为推动我国房价不断大幅攀升的三大因素。这三个方面形成三大利益群体，彼此紧密联系，受强烈的利益驱动，在房地产市场上发挥了推波助澜的作用，不断把房价推上高位。土地市场炒作的低风险，楼市的高利润，必将使不断上涨的高房价成为常态。不从这三大方面出重拳进行调控，房价持续大幅走高的趋势不会停止，稳定房价的期望将难以实现。如果不遏制愈演愈烈的炒房现象，不限制房地产行业的超高额利润，不改变现今的土地财政状况，就难以走出房价越调越高的怪圈。不下非常之决心，不出台非常之举措，是不能彻底遏制楼市乱象的。

三、有针对性地出重拳调控房地产市场

住房不是普通商品，房地产市场也不是一般意义上的商品市场。住房问题是千千万万普通老百姓最大的民生问题之一。中国的房地产市场已经在国民经济中占有突出重要的地位，既关系到经济持续平稳较快发展，也关系着人民群众的切身利益。因此，发展我国的房地产市场，既要充分发挥市场机制配置资源的基础性作用，也要加大国家宏观调控的力度，这样才能促进房地产市场健康稳定发展，以造福于国民经济，造福于民生。

从世界各国房地产发展的经验和教训看，凡是重视房地产的民生性质，并将房地产市场作为消费市场的，国家经济周期波动就较小，经济发展就比较健康；凡是轻视房地产的民生性质，并将房地产市场作为投资或资本市场的，国家经济周期波动就比较大，甚至会导致泡沫破裂，造成灾难性的后果。

针对我国房地产市场中导致房价疯狂上涨的症结所在，需要对症下药，采取一些釜底抽薪的治本之策，归纳起来就是"打投机，治炒作，抑暴利，降地价"。

（一）**严格控制房地产投资和投机行为。**信贷、税收是调控房地产的有效手段。关键是要加大调控力度，迅速出台一些有效的调控措施，坚决遏制大肆炒房的投资和投机需求。鼓励和支持居民自住性住房消费，考虑到居民改善性住房需求和家庭子女的住房需求，可以不限制居民家庭拥有第二套住房。但对第二套住房以上的投资或投机购房，则要进行严格的限制。如大幅度提高银行贷款首付比例和贷款利率，甚至不予贷款。对于购买多套住房进行投资而长期闲置，可以考虑征收住房闲置税，以增加其投资负担，降低其投资收益。要尽快出台物业税，对于拥有多处房产，可以加征房产税。对于各种各样的炒房团，也要进行严格限制，比如在异地购房不能超过 1 处，否则将征收高额税费。

（二）**大力整顿和规范房地产企业经营行为。**正是由于住房是一种关系国计民生的特殊商品，不能任其价格无限制上涨，不能任其牟取暴利，损害国家整体和社会大众利益。国家要对房地产价格进行适当干预，坚决打击操控房价、哄抬房价等行为。国家要建立经常性的房价统计、监督、预警和管理

制度，特别要针对房价过度上涨采取有效的调控和干预措施。鼓励房地产行业进行充分的市场竞争，严格禁止行业内部形成价格垄断现象。通过严格税收征管和加大处罚力度等手段，打击房地产行业牟取暴利行为，使房地产业利润保持在合理水平。建立公开、公平的房地产市场交易机制，取缔捂盘惜售、雇托假售等各种违规操作，保护消费者的合法权益。

（三）从根本上研究解决"土地财政"问题。土地供应会越来越紧，地价会越来越高，地价必然大幅推高房价，已经成为普遍的心理预期，这是导致房价不断走高的重要原因。因此，抑制房价必须从稳定地价入手。要建立地方财政土地出让收益的良性运行机制，将地方政府土地出让金纳入财政预算，降低地方财政对土地出让收益的过度依赖，把土地出让金保持在比较合理的水平。科学制定土地供应长期规划，保持土地市场供应的长期均衡发展，做到"细水长流"，以形成土地市场供应的正常心理预期。在有效保护耕地的前提下，适当增强土地市场供应。在优先安排保障性住房建设用地的同时，可以考虑增加限价地和限价房的供应，保持房地产开发商的合理利润，以起到平抑房价的作用。科学测算地价占房价比例，把地价占比控制在合理的范围之内。建立科学、规范、公开、透明的土地出让招拍挂制度，消除非规范运作，严厉打击土地出让中的腐败行为。同时，严格执行收取土地闲置费政策，防止和打击囤地炒地行为。通过采取综合性的手段，只要地价保持在一定的合理范围内，就能够从根本上抑制房价的大幅上涨。

治乱必下猛药。与其扬汤止沸，不如釜底抽薪。相信在国家坚决果断的宏观调控下，我国持续大幅上涨的房价必将会得到有效遏制，从而逐步形成正常健康的房地产市场秩序，促进我国经济平稳较快发展。

（2010年4月）

坚定不移把房地产市场调控进行到底

今年 4 月以来的房地产市场调控，已经取得了初步成效。部分城市房价过快上涨的势头得到遏制，投资投机性购房大幅下降，房地产市场供求关系发生了积极变化。但目前市场观望气氛浓厚，买卖双方还处在僵持状态，对未来房价走势还存在很大疑虑。可以说，房地产市场调控正处在关键阶段，不进则退，稍一放松将前功尽弃，必须坚定不移地把房地产市场调控进行到底。

一、房地产市场调控正处在关键阶段

今年 4 月 17 日，国务院发布《关于坚决遏制部分城市房价过快上涨的通知》（国发〔2010〕10 号）后，市场迅速作出反应，业内称其为"史上最严厉的房地产市场调控措施"。实行差别化房贷政策，有针对性地遏制投资投机性购房，效果迅速显现。

近几个月来，各地房价保持平稳，部分一线城市房价出现下降。北京新房价格从 7 月中下旬开始明显松动，打折促销、低价入市楼盘明显增多；二手房成交价与新政前相比已下调了 12%。上海市 6 月新建商品住房成交均价比 4 月下降 18%，二手房成交均价比 4 月下降 7%。深圳 6 月份商品住房均价环比下降 5.8%。与此同时，二线城市房价出现小幅上涨。7 月份全国 36 个大中城市房价环比上涨了 1.61%。少数城市房价上涨幅度仍然较大，尤其是一些二三线城市房价出现了较快的上涨。中国指数研究院监测的 30 个全国主要城市中有 19 个城市出现价格上涨，厦门、扬州的住房均价涨幅皆在20%以上，南京楼价涨幅达31.65%，天津楼市均价则涨至历史最高水平。

进入8月份，全国楼市开始出现比较明显的量价齐涨的态势，尤其是一线城市开始出现转折。住房成交量大幅回升。北京8月份实际成交期房环比增长11.2%，成交现房环比增长12.4%，二手房成交量环比增长14.8%；上海8月份商品住宅成交面积环比上升61%；深圳8月份商品住宅成交面积环比大幅上涨84%。8月末一些楼盘集中放量，北京一些城郊低价新盘甚至出现千人哄抢、一房难求的场景。一些炒房团又开始蠢蠢欲动，南京重现"日光盘"，销声匿迹两月有余的"抢房"场面再次出现。尤其值得注意的是价格出现上涨现象。北京8月份商品住宅成交均价为21008元/平方米，环比上涨10.6%，创下调控以来的最大涨幅；二手房整体交易均价为20988元/平方米，环比上涨1.59%。上海市8月份商品住宅成交均价在持续3个月下调后，重新上涨到21156元/平方米，环比上涨9.5%，接近调控前的水平。广州8月份新房成交均价环比上涨6.4%。深圳8月份新房成交均价环比上涨5.8%。

据业内人士分析，出现这种情况的原因，主要有：首先是4个多月时间积压了比较多的刚性需求，这部分需求在个别项目调低售价时就开始入市；其次是购房者经过几个月的观望，调控措施已见底，怀疑房价不可能再有下降；三是不少市场炒作影响人们的购房心理，抓住时机赶快入市，担心房价还会上涨。

目前，房地产市场成为一种最大的博弈，成为中国最大的"赌场"。各种舆论和谣言四起，从各方面影响人们下注。一种观点认为，房地产市场调控已经打压了经济增长，今年经济增长出现前高后低主要是因为房地产市场调控所致，因此为了保增长必须放松房地产市场调控。另一种观点认为，政府出重拳调控房地产市场，这是过多使用计划经济手段和政府行政手段，限制甚至扭曲了房地产市场正常的供求关系，妨碍了房地产市场健康发展。再一种观点认为，这些年房地产市场调控往往是越调房价越高，在每一次调控之后都是房价报复性的强劲反弹，所以购房者要看准时机赶快出手买房，不然房价又涨上去了。还有一种观点认为，我国房地产市场面临的最大问题是严重的供不应求，房价上涨是必然的，越打压房价上涨越多。该出手时要出手，早买早得益，晚买必遭殃。好像这种观点已被这些年的事实所证实，前几年一些人买两套可以赚一套，发了大财，一些没有买房的人后悔不及。

以上这些观点都是错误的，不管动机如何，都试图影响国家调控政策和市场预期。今年以来国家出重拳调控房地产市场是完全正确的，我国房地产市场已经出现了严重的泡沫，全民大炒房导致了疯狂的房价，不及时进行调控将酿成严重的后果。针对房价的急剧暴涨，国家必须采取比控制物价上涨更加严厉的政策，才能保证住房这一民生必需品不被大量的投资和投机所炒作。房地产市场调控没有对经济增长带来太大影响，经济增速的适度下降正是宏观调控预期的结果，因此不会为了保增长而放松调控。我国房地产市场面临的最大问题是房地产市场秩序混乱，被大量的投资投机和炒作哄抬所左右，扰乱了正常的房地产供求关系。我国处在工业化、城镇化快速发展过程中，房价总体上会呈现一种上涨的趋势，但短期内非理性的大幅暴涨肯定是不正常的。中国的房价持续大幅上涨，不仅仅是实际的住房需求的问题，而在很大程度上是不断膨胀的投资需求和投机需求造成的。

我国的房地产市场经过这些年的发展，取得了很大成效，同时也积累了严重隐患。一是房价急剧暴涨，大量投资投机购买炒作，房市黑幕操控，已经形成了比较严重的房地产市场泡沫。在中国，干什么都不如干房地产，干什么都不如炒房子。中国房价的大幅上涨在很大程度上是不断炒起来的，许多房子还没有建成，已经被炒过几手，"炒楼花"和"炒房团"就是炒房的鲜明标志。二是房价上涨大大超过了老百姓的购买能力，普通工薪阶层工资的上涨根本赶不上房价的上涨，为买一套房花光了上一代的积蓄，透支了下半辈子的收入，几乎所有存的钱都用在了买房上，住房成为压在老百姓身上的沉重大山，极大地抑制了社会消费，造成消费不足和经济结构失衡。三是房地产市场变成了一种社会财富集中再分配的手段，产生巨大的"财富黑洞"和"磁吸效应"，带来严重的两极分化现象。一方面，在房地产商和投资投机者手中积累起大量社会财富。2009年福布斯中国富豪榜上，一半左右上榜富豪的主业为房地产。胡润百富榜前10名中，从事房地产业的富豪占据8席，其中有4位是首次跻身前10名，身价290亿元以上的地产富豪有6人，最高的达到320亿。在北京投资拥有几十套住宅的人不在少数。据报道，山西某县原煤炭局长在北京繁华地段共拥有35套住宅。另一方面，众多老百姓望房兴叹，大量工薪阶层变成"房奴"，一年时间房价翻一番将无数普通购房者多少年辛辛苦苦积攒的钱席卷一空。老百姓说"房价猛于虎"。社会贫富差距通过住房而越来越明显地表现出来。四是高房价引起了强烈的社会不满，可以说是民怨沸腾。尤其是一些青年人买房无指望，租房不堪重负，一个月的绝大部分收入都用在了房租上，甚至有的出现了房租高过工资的现象，变成了为房主打工。如果政府的房地产市场调控政策没有达到预期效果，将会在社会上产生强烈的失望情绪。五是房地产市场秩序混乱和严重的腐败问题。房地产市场黑幕重重，乱象丛生。房地产商在房地产市场中处于强势地位，他们占有主导性话语权，并寻找其利益代言人影响舆论，甚至房地产商之间形成价格同盟操控房价，并通过捂盘惜售、雇托假售等多种手段，造成房价将不断暴涨的假象，制造购房恐慌心理，以赚取更多更高的超额利润。

综合以上分析，我国房地产市场调控正处在关键阶段，如果放松调控将前功尽弃，坚持下去就可以渡过难关，迈过这道坎开创一个新局面。必须进一步加大力度，明确政策导向，加强舆论引导，坚定不移地把房地产市场调控进行到底。

二、努力实现房地产市场调控的基本目标

这次房地产市场调控力度空前，针对性强，目的是坚决遏制部分城市房价过快上涨，并且使调控之后不再出现房价报复性反弹，真正走出房价越调越高的怪圈，就必须以这次调控为开端，标本兼治，研究制订周密的后续调控方案，形成一整套连续性政策，最终消除房地产市场发展的重大隐患，建立起房地产市场健康发展的长效机制。

要实现以上调控目标，必须从以下几方面着手进行调控：

一是通过有效调控将大量投资投机者逐出市场，从而建立起正常的房地产市场供求关系，保持供求关系的基本平衡，或者说"紧平衡"，挤压掉

房地产市场的严重泡沫，使房地产价格保持在合理的水平。

二是通过调控限制房地产行业牟取暴利行为，使房地产业利润保持在社会平均利润或略高于平均利润的水平，这样可以释放出更多的价格空间。

三是通过调控建立起正常的土地供应关系，并且使地价保持在合理的水平。进一步研究解决地方政府"土地财政"问题，建立地方财政土地出让收益的良性运行机制。

四是国家对房地产市场有效监管，坚决打击房地产领域违法违规行为，建立起房地产市场公开、规范、竞争、有序的市场秩序。

实现房地产市场调控目标，要综合运用"组合拳"和"连续拳"，不断加强调控效果。目前出台的差别化信贷政策是最直接、见效快的政策，但也仅仅是治标的手段。要做到标本兼治，就要进一步运用税收手段，以及相应的价格手段，加快制定和出台税收政策、土地政策、价格政策、财政政策和行政管理政策等，从多个方面促使房地产市场发展走上健康的轨道。

三、进一步加强房地产市场调控的政策建议

（一）**认真落实差别化信贷政策**。国发10号文件（新国十条）下发以来，有关部门和一些地方出台了实施细则，还有一些地方没有出台。严格落实差别化信贷政策，还涉及一些具体的操作性问题，对二套、三套房贷如何认定和监管，必须有相应严格的标准和程序，因此落实到位还有一定难度。关键是各地方、各部门要密切配合，真正把已经出台的政策落到实处，确保政策的实施效果。同时，按照规定严格落实地方政府的责任，建立起考核问责机制。

（二）**继续采取措施严格限制投资投机性购房**。差别化信贷政策对购买第二套、第三套以上住房作了严格规定，但由于许多投资投机购房者是采取非信贷的融资方式甚至以全额付款方式购房，这一措施作用有限。为了还原住房的民生消费属性，最大限度地消除其投资属性，抑制房价的炒作空间，还必须对投资投机行为进行必要的限制。建议在房价居高不下的一线城市，特别如北京、上海、深圳、杭州等城市，限制购买非自用性住房，

甚至对没有在当地就业和提供纳税及社会保险缴纳证明的外来投资者采取限制购房的措施。

（三）尽快制定出台房产税，并加快研究制定物业税。税收是更为重要、管长远的调控手段。制定房产税或物业税，基本目的是加大拥有多套住房的投资投机成本，把投资投机性住房逼入市场。针对普通老百姓对实行房产税的担心，可以对拥有一套自住房实行免税或者象征性的低税，重点是对第二套以上住房实行较高的税收。还可以考虑针对大量投资的闲置性住房，征收住房闲置税。同时，严格二手房交易个人所得税的征管，按照交易差价即赢利所得的 20% 征缴个人所得税，坚决打击房地产交易中的偷税漏税行为。

（四）在加快保障性住房建设的同时，面向大众的普通商品房开发建设可以采取"两限房"的政策，即限地价和限房价。加快推进公共租赁住房、廉租住房、棚户区改造安置住房等保障性安居工程建设。要改革政府土地出让"招拍挂"制度，一些政府土地出让不必通过出价高者竞得，而可以是最符合条件者竞得，如限制地价、限制房价、房屋面积结构、建筑质量、周围环境和配套设施等，制定详细的标准，实行严格的监管。在保证房地产开发商合理利润的同时，解决高地价和高房价问题。

（五）考虑对房价上涨过快地区采取适当价格干预政策。国家对通货膨胀采取预警和多种调控政策，使物价保持在合理水平，就像对粮食采取保护价政策，实行"米袋子"省长负责制、"菜篮子"市长负责制一样，对住房这一"天价"的民生必需品也有必要采取适当的价格干预政策。建议建立房价预警制度，对于房价年涨幅高于经济增长或收入增长，就要进行价格干预。比如可以考虑征收高价税，通过反暴利来控制价格上涨。当然，对房地产价格干预是一个新课题，对房地产这种特殊商品必须采取特殊的管理方式。

（六）进一步深入整顿和规范房地产市场秩序。房地产市场是我国目前最混乱的市场之一，虚假宣传、操纵舆论、欺诈骗售、囤地捂盘、偷税漏税以及行贿腐败等现象严重，扭曲了市场价格，破坏了社会风气，引起全社会的普遍不满。必须下大力气，切实加强对房地产市场的整顿和监管，坚决纠正和查处一些违法违规行为。治乱必用重典，没有大刀阔斧的治理，不足以从根本上扭转房地产市场的乱象。

通过多种综合性措施，坚持不懈地加强房地产市场调控，解决房地产市场发展中面临的严重问题，促使我国房地产市场发展走上正轨，从而为我国经济长期平稳较快发展创造良好条件。

（2010 年 9 月）

加快建立房地产市场调控长效机制

今年以来，各地区各有关部门认真贯彻党中央国务院关于大规模实施保障性安居工程、促进房地产市场健康发展的一系列重要决策和政策措施，全国房地产市场调控取得积极进展，多数城市房价涨幅回落，部分城市房价出现下降，投资投机性需求得到遏制，一些房价过高的城市出现了降温迹象，调控效果不断显现。与此同时，大部分城市房价依然处于高位，一些二三线城市房价还在上涨，买卖双方仍处于观望和博弈阶段，市场陷入僵持和胶着状态，对未来房价走势还存在很大疑虑。可以说，房地产市场调控正处在关键阶段，不进则退，必须坚定不移把房地产市场调控进行到底，标本兼治，研究制订后续调控方案，加快建立房地产市场调控长效机制。

一、高度重视解决房地产市场的深层次问题

我国房地产市场调控虽然取得积极成效，但整个房地产市场发展还面临突出的矛盾和问题，存在着重大隐患。

（一）**房价急剧上涨，房地产市场泡沫不断积累**。近几年，我国房价成倍大幅上涨。从 2005 年到 2011 年初，北京的新建商品住房均价从 6232 元／平方米，上涨到 22310 元／平方米，上涨了 2.58 倍；上海的新建商品住房均价从 8627 元／平方米，上涨到 19168 元／平方米，上涨了 2.22 倍；杭州的新建商品住房均价从 7210 元／平方米，上涨到 25840 元／平方米，上涨了 2.58 倍；深圳的新建商品住房均价从 6037 元／平方米，上涨到 16978 元／平方米，上涨了 2.81 倍。以北京亦庄的房价为例，2005 年

新建商品住房价格是 4000 元／平方米左右，现在已涨到 2 万元／平方米以上，上涨了 4 倍多。目前，北京城八区新建商品住房均价为 34249 元／平方米，东北三环外太阳宫附近的房价已达 4 万元／平方米。我国一线城市的房价甚至超过了发达国家的房价水平，如日本东京市区一套公寓房加停车位约折合人民币 2.4 万元／平方米，美国芝加哥购买独栋别墅折合人民币约 9240 元／平方米，纽约曼哈顿公寓楼的售价折合人民币为每平方米在 3 万元至 3.5 万元，而北京中心区的房价已涨到 4 万元以上。房价的疯狂上涨已经远远超过老百姓的承受能力。世界银行测算的房价收入比一般不超过 5∶1，房价冲高到户均收入 6 倍以上即被经济学家称之为泡沫区。在美国，城市家庭平均年收入在 7 万美元至 10 万美元之间，通常大多数州的中心城市，市民购买一套住房也就在 20 万美元至 30 万美元左右。2008 年美国房价收入比达到 6∶1 左右，泡沫就开始破裂。中国社科院研究报告指出，北京的房价收入比已达到 25∶1，超出国际平均水平 5 倍。与此同时，大量投资投机购房造成住房空置率高升。北京联合大学城市科学系主任张景秋等人调查，北京的住房空置率为 27.16%。广州住宅空置率为 20.24%，其中珠江新城住房空置率达 35.14%，以海珠、番禺为代表的南部片区平均空置率为 28.74%。海南三亚的住房空置率高达 80%。内蒙古鄂尔多斯康巴什新城被称为"鬼城"，住房空置率高到 90% 以上。这些都充分说明，房地产市场泡沫已相当严重。

（二）房地产市场变成了一种社会财富集中再分配的手段，产生巨大的"财富黑洞"和"磁吸效应"，带来严重的两极分化现象。一方面，在房地产商和投资投机者手中积累起大量社会财富。2011 年胡润富豪榜公布，房地产行业所占席位最多，达到 23.5%。身价 200 亿元以上的地产或与地产有关的富豪达 22 人，最高的达到 500 亿元。炒房者在北京投资拥有十几套甚至几十套住宅的人不在少数。另一方面，众多老百姓望房兴叹，大量工薪阶层变成"房奴"，一年时间房价翻一番将无数普通购房者多少年辛辛苦苦积攒的钱席卷一空。老百姓说"房价猛于虎"。社会贫富差距通过住房而越来越明显地表现出来。

（三）房地产行业暴利导致严重的逐利行为，造成房地产行业畸形发展。中国社科院《住房绿皮书：中国住房发展报告（2010—2011）》分析认为，我国房地产业平均毛利率达到 55.72%，众多企业集中投资房地产就是为了追逐高额利润。一位房地产开发商暴料自己的成功之路："2002 年以前我从事物流行业，一年赚 300 万至 400 万元就不错了，利润只有 7% 左右。后来转行搞加工业，利润达到 20%。现在搞房地产，3 年前一个项目投了 2 亿元，3 年后除去成本净挣 2 个亿。搞了房地产，就不想再搞其他行业了。""房地产企业利润来源有三个方面：一是囤积土地，二是抬高房价，三是避税。其中税收规避方式较多，所以地价和房价上涨部分几乎都成为企业利润。"正是由于高额利润的存在，许多原来从事实体经济的企业纷纷转搞房地产，就连一些大国企也眼红拿地成为"地王"，温州不少企业进入房地产行业，甚至房地产业的利润成为企业利润的主要来源，这对实体经济的发展产生了非常不利的影响。

（四）**房地产市场秩序混乱，伴随严重的腐败问题。**房地产市场黑幕重重，乱象丛生。房地产商在房地产市场中处于强势地位，他们占有主导性话语权，并寻找其利益代言人影响舆论，甚至房地产商之间形成同盟操控房价，并通过捂盘惜售、雇托假售等多种手段，造成房价将不断上涨的假象，制造购房恐慌心理，以赚取更多超额利润。

（五）**高房价引起了强烈的社会不满，人们对房地产市场调控寄予厚望。**房价上涨大大超过了老百姓的购买能力，普通工薪阶层工资的上涨根本赶不上房价的上涨，为买一套房花光了上一代的积蓄，透支了下半辈子的收入，几乎所有存的钱都用在了买房上，住房成为压在老百姓身上的沉重大山。尤其是一些青年人买房无望，租房不堪重负，一个月的绝大部分收入都用在了房租上，甚至有的出现了房租高过工资的现象，变成了为房主打工。如果政府的房地产市场调控政策没有达到预期效果，将会在社会上产生强烈的失望情绪。

二、建立中国特色的房地产市场发展模式

经过这些年来房地产业发展和房地产市场调控实践，我们的认识越来越清楚，这就是要加快建立中国特色的房地产市场发展模式。

（一）坚持住房"民生＋消费"的基本属性和发展定位，限制住房的资本属性和投资需求。发展我国的房地产市场，加强房地产市场调控，首先必须明确住房的属性定位。住房不是普通商品，房地产市场也不是一般意义上的商品市场。住房问题是千千万万普通老百姓最大的民生问题之一。从世界各国房地产发展的经验和教训看，凡是重视房地产的民生性质，并将房地产市场作为消费市场的，国家经济周期波动就较小，经济发展就比较健康，如德国等；凡是轻视房地产的民生性质，并将房地产市场作为投资或资本市场的，国家经济周期波动就比较大，甚至会导致泡沫破裂，引发金融危机、经济危机，如日本、美国等。即使在房地产泡沫较大的日本、韩国，对住房及相关土地的市场价格波动，也是有所限制的。必须高度重视住房的民生性质，强化房地产的消费品属性而弱化其资本属性，坚决遏制房地产市场中的投资和投机现象，从满足人们的住房需要出发来调节房地产市场供求关系。

（二）坚持"市场＋调控"的发展方向，不断加强和改善房地产市场调控。在中国房地产市场发展问题上，一直存在着一种错误的观念，认为我国住房制度改革的目标就是要实现完全的市场化，发展房地产市场应该完全由市场说了算，政府不应该进行干预，政府调控房地产市场就会扭曲正常的供求关系，妨碍房地产市场的健康发展。国外房地产市场发展正反两方面的经验都充分证明，发展房地产市场必须加强国家宏观调控，以纠正和修补市场的缺失。中国的房地产市场已经在国民经济中占有突出重要的地位，既关系到经济持续平稳较快发展，也关系着人民群众的切身利益。发展我国的房地产市场，既要充分发挥市场机制配置资源的决定性作用，也要加大国家宏观调控力度，坚定不移把房地产市场调控进行下去，促进房地产市场健康稳定发展。

（三）坚持"市场＋保障"的发展模式，以市场化住房为主、保障性住房为辅，满足人们不同层次的住房需要。一方面，通过发展规范有序的房地产市场，解决大部分居民改善性住房需求和中高端住房消费；另一方面，通过住房保障政策，加快建设保障性住房，为中低收入者提供基本的住房保障。要使保障性住房达到一定的比例，既能够满足中低收入者基本的住房需要，也能够对房地产市场起到必要的调控作用。目前我国保障性住房在整个住房体系中所占比重在 10% 左右，"十二五"时期计划建设 3600 万套保障性住房，到 2015 年我国保障性住房所占比重将提高到 20% 左右，之后还要继续建设保障性住房，争取达到 30% 左右，最终形成市场化住房和保障性住房 7∶3 的格局。

三、努力实现房地产市场调控的基本目标

这一轮房地产市场调控力度空前，针对性强，目的是坚决遏制部分城市房价过快上涨，并且使调控之后不再出现房价报复性反弹，真正走出房价越调越高的怪圈，就必须以这次调控为开端，标本兼治，研究制订周密的后续调控方案，形成一整套连续性政策，最终消除房地产市场发展的重大隐患，建立起房地产市场健康发展的长效机制。

要实现以上调控目标，必须从以下几方面着手进行调控：

一是通过有效调控将大量投资投机者逐出市场，从而建立起正常的房地产市场供求关系，保持供求关系的基本平衡，挤压掉房地产市场的严重泡沫，使房地产价格保持在合理的水平。

二是通过调控限制房地产行业牟取暴利行为，使房地产行业利润保持在社会平均利润或略高于平均利润的水平，这样可以释放出更多的价格空间。

三是通过调控建立起正常的土地供应关系，并且使地价保持在合理的水平，尤其是要对普通住房用地价格加以控制。进一步研究解决地方政府"土地财政"效应问题，建立地方财政土地出让收益的良性运行机制。

四是国家对房地产市场有效监管，坚决打击房地产领域违法违规行为，建立起房地产市场公开、规范、竞争、有序的市场秩序。

实现房地产市场调控目标，要综合运用"组合拳"和"连续拳"，不断加强调控效果。目前出台的差别化信贷政策和限购政策是最直接、见效快的政策，但也只是治标的手段。要做到标本兼治，就要进一步运用税收手段，以及相应的价格手段、财政手段和行政手段等，加快制定和出台税收

政策、土地政策、价格政策、财政政策等，从多个方面促使房地产市场发展走上健康的轨道。

四、进一步加强房地产市场调控的政策建议

（一）**开展一次全国性住房普查，为房地产市场调控提供基本依据**。我国房地产市场发展的基本底数不清，使人难以作出正确判断，亟须作一次全面的住房调查摸底。比如，全国各地到底有多少住房？各种类型的住房如自有房、商品房、公租房、小产权房等有多少？城镇有多少人需要保障性住房以及需要哪种类型的保障性住房？全国空置房的比例到底有多大？房地产行业的利润率到底有多高？还有房地产市场的泡沫到底有多大？银行房贷的风险如何？等等，这些都需要在大量调查统计的基础上作出分析判断，据此进一步调整和完善国家的房地产市场调控政策。

（二）**认真落实好已出台的调控政策措施**。当前正处在调控的关键期，各种力量博弈相持。要使调控政策取得预期效果，必须防止各方面因素"对冲"调控成效。有一种观点说，现在房地产市场调控比较严厉的政策只是暂时的阶段性政策，一到经济增速下降了，就会放松调控，房价还会出现报复性反弹。这是有意在散布谣言，试图影响国家调控政策和市场预期。应该明确宣布，国家房地产市场调控政策将长期持续下去。要按照规定严格落实地方政府的责任，建立起考核问责机制。进一步实施差别化住房信贷、限贷和限购政策，特别是在二、三线房价过快上涨的城市采取限购措施。同时，按计划加大保障性住房建设力度。通过房地产市场调控和保障性住房建设"两手抓"，促进房地产市场的健康发展。

（三）**督促各地积极稳妥出台房产税，加大税收的调控力度**。税收是更为重要、长远的调控手段。制定实施房产税，基本目的就是加大拥有多套住房的投资投机成本，把投资投机性住房逼入市场。目前只有上海、重庆进行房产税试点，但由于力度太小，对房地产市场的调控作用不大。应抓紧总结经验，完善办法，逐步在全国推开。针对普通老百姓对征收房产税的担心，可以明确对拥有一套一定面积以内的自住房实行免税，其他一套

自住房也可实行象征性的低税，重点是对第二套以上住房征收较高的税收。还可以考虑针对大量投资的闲置性住房，加快制定和实施征收住房闲置税。同时，严格对二手房交易个人所得税的征管，按照交易差价即赢利所得的20%征缴个人所得税，坚决打击房地产交易中的偷税漏税行为。

（四）对房地产市场调控采取适当的价格干预政策。国家对通货膨胀采取预警和多种调控措施，使物价保持在合理水平，比如对粮食采取保护价政策，实行"米袋子"省长负责制、"菜篮子"市长负责制；对煤电水气等采取价格管制措施等。对住房这一"天价"的民生必需品更有必要采取适当的价格干预政策。建议建立房价预警制度，对于房价年涨幅高于经济增长或收入增长，就要进行价格干预。比如可以考虑征收高价税，通过反暴利来控制价格上涨。目前最好的方式是实施"两限两竞"政策，即限房价竞地价、限地价竞房价。要改革政府土地出让"招拍挂"制度，政府土地出让不必通过出价高者竞得，而可以是最符合条件者竞得，如限制地价、限制房价、规定房屋面积结构、建筑质量、周围环境和配套设施等，制定详细的标准，实行严格的监管。在保证房地产开发商合理利润的同时，解决高地价和高房价问题。要着手研究普通商品住房用地退出"招拍挂"市场的办法。

（五）严格整顿和规范房地产市场秩序。房地产市场是我国目前比较混乱的市场，虚假宣传、操纵舆论、欺诈骗售、囤地捂盘、偷税漏税以及行贿腐败等现象严重，扭曲了市场价格，破坏了社会风气，引起全社会的普遍不满。必须下大力气，切实加强对房地产市场的整顿和监管，坚决纠正和查处一些违法违规行为。治乱必用重典，没有大刀阔斧的治理，不足以从根本上扭转房地产市场的乱象。

（六）从根本上研究解决"土地财政"问题。土地供应会越来越紧，地价会越来越高，地价必然大幅推高房价，已经成为普遍的心理预期，这是导致房价不断走高的重要原因。因此，抑制房价必须从稳定地价入手。要旗帜鲜明地反对一些地方政府热衷"经营土地""经营城市"的行为，抑制土地出让金在政府总收入中所占比重及所带来的"财富效应"。建立地方财政土地出让收益的良性运行机制，降低地方财政对土地出让收益的过度依赖，把土地出让金保持在比较合理的水平。科学制定土地供应长期规划，保持土地市场供应的长期均衡发展，做到"细水长流"，以形成土地市场供应的正常心理预期。在有效保护耕地的前提下，适当增强土地市场供应。只要地价保持在一定的合理范围内，就能够从根本上抑制房价的过快上涨。

通过多种综合性措施，坚持不懈地加强房地产市场调控，解决房地产市场发展面临的突出矛盾和问题，促使房地产市场发展走上正轨，建立起我国房地产市场健康发展的体制机制。

（2011 年 10 月）

德国房地产市场调控经验值得借鉴

这场席卷全球的国际金融危机是由美国房地产次贷危机所引发，20世纪80年代末日本经济泡沫破裂也是由房地产泡沫破裂所造成，因此房地产市场调控引起世界各国的极大关注。在受国际金融危机冲击，一些欧洲国家如法国、英国、爱尔兰、西班牙等国房价大跌之际，有一个国家表现亮丽，欧洲最大经济体德国的房地产市场始终保持稳定，经济呈现持续增长的良好势头，这不能不引起我们的深思。为什么德国能够在全球金融风暴中独善其身？一个重要原因就是德国的房地产市场调控政策功不可没。

一、德国如何进行房地产市场调控

世界上许多国家的房地产市场都出现过大涨到大跌的剧烈波动，造成经济的大起大落，甚至导致严重的经济危机。然而德国的房地产市场却始终保持稳定，从1977年至今，德国人均收入增长三倍，而同期房价平均只上升60%，即德国房价平均每年只上涨1%。近10年来，扣除物价上涨因素，房价还以每年1%的速度下降。这在世界上是非常罕见的。为什么德国能够保持房地产市场如此平稳的发展？其房地产市场调控有哪些措施？

从根本上看，德国实行的是社会市场经济制度，政府一方面确保市场经济的稳健运行，另一方面对市场经济的不良后果如分配不公、恶性竞争等进行必要的预防和干预，政府的宏观调控力度较大。德国宪法明确规定，"德国是一个高福利国家"，在住房制度方面也实行福利住房政策。德国政府一直强化房地产的消费品属性而弱化其资本属性，强化住房的福利性质而弱化其盈利性，保障居民住房需要成为联邦政府首要的政策目标之一。实施"政府主导、市场参与"的房地产发展模式，不断强化房地产市场调控，使得数十年来德国房地产市场供求基本平衡、房地产价格水平总体较低、市场抗风险能力较强。德国因此成为全世界房地产市场调控的成功典范。

（一）**以保障福利住房为宗旨的房地产发展规划**。德国是世界上实行最完备、最严格住房规划的国家之一，这成为政府管控房地产市场的重要手段。在德国的住房规划中，保障家家有房住是其基本目标。德国政府房地产规划中对高、中、低档房屋的比例作了明确规定，特别是对低收入者，各地方政府根据当地情况明确规定所有住房中福利房的比例。比如科隆市政府就规定，每年新建的 3800 套住房中，1000 套必须是面向低收入家庭的出租房。政府对社会福利住房专门规划用地，在发展商开发后再以较低的价格提供给需求者，其中的市场差价由政府向开发商提供补贴。社会福利住房主要面向低收入群体、多子女家庭、老人和残疾人等。在社会福利房兴盛时期，德国约有 1/3 的住房具有社会福利住房的性质。

（二）**实行严格的房价管理**。几年前，记者看到在柏林市中心黄金地段的公寓，售楼标价只有每平方米 1500 欧元（相当于 1.5 万元人民币左右），比中国一些大城市的房价还低，而德国人的平均工资却是中国的 10 多倍。当时英国伦敦同等规格的住房价格至少是柏林的 10 倍。在英国、西班牙等国的房价大幅上涨又大幅下跌的情况下，德国房价却一直波澜不惊。近年来，大量国外炒房团看准德国的低房价而涌入，企图购房炒作，但都铩羽而归。原因在于德国政府对市场房价有着严格的规定，购房者无法炒高房价。德国政府狙击炒房有"三大撒手锏"：一是为不同地段、不同类型的住房制定详细的"基准价格"，这类指导价具有法律效力，所有房地产交易必须照此执行，在合理范围内浮动；二是对抬高房价者施以刑罚威慑；三是课以重税限制。在德国，各类房地产价格并不是由房地产商说了算，也不是由政府说了算，而是由独立的地产评估师来评估认定。德国法律规定，对于房价、房租超高乃至暴利者，地产商和房东甚至要承担刑事责任。如果出售者的房价超出"合理房价"的 20%，就构成了违法，购房者可以向法院起诉，如果房价不立即降到合理范围内，出售者将会面临高额罚款；

如果出售者的房价超出"合理房价"的50%，就构成了犯罪，将受到更高额度的罚款，甚至被判三年徒刑。严厉的法律规定，限制了炒作房地产价格的可能性。

（三）对房地产开发商进行严格监管。在德国，房地产开发商的角色被弱化，并受到严格限制。首先是真正销售房地产的开发商所占比例不高，许多房地产开发商仅负责房屋开发建设，完工即交工，大量的社会福利房即采取这种模式。同时，住房合作社等合作建房的比例占到35%，政府在信贷、土地供应等方面给予优惠政策。其次是政府通过完备的法律和制度对房地产开发商进行监管，开发商除了要严格遵守政府提供的建筑图，还必须严格执行对购房者的各项承诺，包括从居住面积、户型分割到室内设备标准等各项细节，一切都在规定的范围之内，而不能随意变更。房地产商的开发建设和销售活动，都被纳入严格的法律和制度框架之内，其操控市场和牟取暴利是不可想象的。

（四）严格的高税收制度。税收是德国政府调控房地产市场的重要手段。无论是在新增房屋建设、保障住房供应，还是在限制房地产投机方面，德国政府都积极运用税收手段，大都取得了立竿见影的效果。德国政府一直采取高税收限制和打击炒房行为，压缩房地产投机的利润空间。政府对房地产买卖获利者征收高额的土地购买税和资本利得税。住房交易征收1%—1.5%的不动产税和3.5%的交易税，获利所得征收15%的盈利税，房租收入征收25%的所得税。地方政府通过出台法规限制高房价和高房租，对市场上的炒作资金通过课以重税的方式加以限制，使投机购房者没有藏身之地。

（五）完善的租房制度。德国是租房居住率比较高的国家，只有40%左右的家庭拥有自住房产，其他60%左右的家庭依靠租房居住，其中青年人租房居住者高达77%。为什么会有这么高比例的家庭愿意租房居住？原因在于德国法律给予租房人近乎完美的制度保障。在德国，租房的"安全感"不亚于买房，甚至几十年居住在一所出租房中的德国家庭不在少数。德国法律规定，房东不得随意涨房租，房租基准价格都有专门机构根据房屋状况评定，房东要提高租金，必须书面举证出充分理由，即使正当涨价也必须连续15个月内没有涨过价，而且涨幅一般不得超过10%，否则就面临被起诉的后果。法律还注重保护租房者的多方面权益，《租房法》有非常详尽的规定，如房东将房子租给房客，必须保持完好无缺，如果房子或房内的设施有损，则由房东承担修理和费用。租房合同一经签订，虽然房屋产权属于房东，但其使用权完全属于房客，包括房东在内的任何人在没有得到房客许可的情况下无权进入该房子，更不能要求房客搬出。如果租房者没钱支付房租，房主不能直接将其赶出去，而需要先上诉到法庭，提供证据证明租房者确实没有足够收入，而由政府提供租房补助。德国大部分人认为租房比买房更合算，买房多为人们的一种投资和养老保险方式。

（六）**严格的独立评估机制**。德国房价的稳定，还有一个非常重要的手段，就是独立的房地产评估机制，其中有两个角色发挥着重要作用：房地产评估师和房地产评估委员会。德国按照《联邦建筑法》成立了各地"房地产公共评估委员会"，其职责是对当地地价、房价等制定基准价，形成详细的"地价图"。房地产评估师为独立执业者，需要通过专门考试获得资格，宣誓后受到法律认可。评估师资格实行年审制，不合格者将被取消资格。评估师对自己的评估结果承担法律责任，负责长达30年。评估的基准价格具有很强的权威性和约束力，政府以此制定房屋销售和出租指导价，售房者和出租者都必须以此为准。

（七）**完备的住房信贷体系**。德国房地产政策还有一个重要的特征，就是其特殊的住房金融体系。在德国，政府为了满足不同阶层居民的住房需要，建立了一个多模式构成的住房金融体系。从金融机构来讲，有抵押贷款银行、储蓄银行、建房互助储蓄合作社等，与此对应的住房贷款模式也多样化，其中最有特色的就是实行合同储蓄贷款和房贷固定利率制。德国实行"先存后贷"合同储蓄计划，即买房者先存入房价50%的资金才能获得贷款，存款是固定利率，贷款也是固定利率，没有变化。为了鼓励这种住房储蓄模式，政府还对首次参加住房储蓄的购房者给予一定的补助优惠。这种信贷封闭运行机制有一个很大的好处，就是始终把信贷风险限制在可控范围内，而不会出现像美国次贷危机引发金融危机那样的情况。

二、德国房地产市场调控给我们的重要启示

德国作为实行社会市场经济制度的发达国家，注重自由市场经济与政府宏观调控的有机结合，在建设福利国家的过程中，实行福利住房政策，始终坚持对房地产市场进行有效调控，保持稳定的低房价，实现经济的持续稳定发展。其成功的经验值得我们很好借鉴。

（一）建立中国特色的房地产市场发展模式。在中国房地产市场发展问题上，一直存在着一种错误的观念，认为我国住房制度改革的目标就是要实现完全的市场化，发展房地产市场应该完全由市场说了算，政府不应该进行干预，政府调控房地产市场就会扭曲正常的供求关系，妨碍房地产市场的健康发展。作为高度发达的市场经济国家德国的经验，已经充分说明这种观点是完全错误的。中国作为社会主义国家，必须把保障居民的住房需要作为重要的政策目标。住房不是普通商品，房地产市场也不是一般意义上的商品市场。住房问题是千千万万普通老百姓最大的民生问题之一。必须高度重视住房的民生性质，强化房地产的消费品属性而弱化其资本属性，强化住房的福利性质而弱化其盈利性。中国的房地产市场，要坚持走"双轨制"的发展道路，即市场化与福利化相结合：一方面，通过发展规范有序的房地产市场，解决居民改善性住房需求和中高端住房消费；另一方面，通过实行福利住房政策，加快建设保障性住房，满足中低收入者的住房需要，为居民提供最基本的住房保障。要坚持市场机制与国家调控相结合，既要充分发挥市场配置资源的决定性作用，也要加大国家宏观调控的力度，促进房地产市场健康稳定发展，防止房地产市场的大起大落，以利于国民经济发展，造福于民生。按照这样的目标和原则，制定科学全面的房地产市场发展规划，合理确定房地产市场的需求结构特别是保障性住房所占的比例，满足不同层次居民的住房需要。

（二）国家房地产市场调控要把调控房价放在突出位置。我国房地产市场发展过程中，有一种错误的认识，认为政府调控不应该干预房价，房价应该完全由市场来决定。我国处在快速城镇化过程中，房价快速上涨是一种必然趋势，打压房价必然出现报复性反弹，越调控反而是房价越高。德国的房地产市场调控经验，已经对此作出了最好的回答。德国对房价实行

严格管理，并以重税打击投机炒房行为，使投机购房者为之绝迹，房价也保持了平稳的趋势。这一经验值得我们很好借鉴。我国房价暴涨已经引起老百姓的强烈不满，带来巨大的隐患。房价上涨大大超过老百姓的购买能力，变成压在老百姓身上的沉重负担。房地产市场变成了一种社会财富集中再分配的手段，产生巨大的"财富黑洞"和"磁吸效应"，带来严重的两极分化现象：一方面，在房地产商和投资投机者手中积累起大量社会财富；另一方面，众多老百姓望房兴叹，大量工薪阶层变成"房奴"，老百姓感叹"房价猛于虎"。在这种情况下，必须坚决对房价进行调控，国家对住房这一"天价"的民生必需品有必要采取价格干预政策。可以借鉴德国的做法，建立严格的房地产价格评估机制，制定"基准价格"作为房地产出售和出租的指导价，并以严格的法律法规进行管理。这不但可以限制住投机炒房行为，也能够保证房价的基本稳定。在房价调控的过程中，开始可以建立房价预警制度，对于房价年涨幅高于经济增长或收入增长，就要进行价格干预。比如可以考虑征收高价税，通过反暴利来控制价格上涨。

（三）严格对房地产开发商进行市场监管。我国房地产市场存在着很大的混乱，一个重要原因就是房地产商在房地产市场中处于强势地位，围绕房地产行业已经形成了一个利益共同体，这更增加了房地产市场调控的难度。德国的经验说明，要发展一个健康稳定的房地产市场，对房地产商在房地产市场中的正确定位和依法管理是必不可少的。房地产市场由独立公正、受法律约束的房地产评估机构来主导，而不是完全由房地产商来主导，是一种更好的选择。要加快研究制定针对房地产开发商的法律法规，依法对房地产市场进行管理，坚决打击房地产商牟取暴利的行为。

（四）建立严格规范的房地产税收制度。我国房地产市场的火爆和疯狂，其根源在于利益太大，房地产商、炒房者、房屋出租者、土地供应者等都在房地产市场获得了巨大利益，这最终都转嫁到了房价上。德国的经验，除了进行严格的房价管理，就是利用高税收来限制和打击炒房行为，极大地压缩房地产投机的利润空间。对房地产市场调控来说，税收是一个更重要、管长远的调控手段。征收房产税或物业税，基本目的就是加大拥有多套住房的投资投机成本，把投资投机性住房逼入市场。目前我国上海、重庆等少数几个地方已经开展征收房产税的试点，但舆论反映税收力度太弱，对房地产市场所起的调控作用非常有限。应该加快在全国普遍实施房产税，并加大税收调控力度。针对普通老百姓对征收房产税的担心，可以对拥有一套自住房实行免税或者象征性的低税，重点是对第二套以上住房实行较高的税收。还可以考虑针对大量投资的闲置性住房，征收住房闲置税。同时，严格二手房交易个人所得税的征管，按照交易差价即赢利所得的 20% 征缴个人所得税，坚决打击房地产交易中的偷税漏税行为。

（五）*严格规范管理房地产租赁市场*。国外租房居住的比例是很高的。而我国自有住房率高达 80% 左右，许多青年人也希望拥有自己的住房，这与国外反差很大。除了国情和人们的居住观念之外，一个非常重要的原因在于国外有非常严格规范的房地产租赁市场，特别是对租房者近乎完美的制度保障。总体而言，在德国等国租房比买房更合算。另外，中国人买房与外国人买房也有很大差别，外国青年人主要是依靠自己的力量来贷款买房，而中国青年人则是举全家之力甚至亲朋相助来买房，目的是为解决一辈子的安居问题。针对这种情况，一方面，不能期望也不可能出现大多数人去租房而不买房，多数人还会以买房为主；另一方面，为了鼓励更多的人租房居住，必须建立规范完善的房地产租赁市场。最重要的是要切实保障租房居住者安心放心，能够安居而有长期稳定的安全感。为此，要借鉴德国的《租房法》，制定相应的法律法规，切实保障租房者的现实利益。至少做到三点：一是保障房租价格的相对稳定，而不会被肆意乱涨价；二是保障居住者有长期安全感，而不会被赶来赶去；三是保障出租房屋的基本居住设施，而不会给租住者带来许多困难和麻烦。要做到这些，就必须建立明确详细的租房保障制度，并切实加以落实，真正使租房成为一种稳定可靠的居住方式。

建立中国特色的保障性住房发展模式

住房问题是千千万万普通老百姓最大的民生问题之一。住房既有商品属性和经济功能，更有民生属性和社会功能。建设中国特色的住房体系，必须坚持"两条腿"走路，即市场化与保障性相结合：一方面，通过发展规范有序的房地产市场，解决大部分居民改善性住房需求和中高端住房需求；另一方面，通过实行基本住房保障政策，加快建设保障性住房，满足中低收入者的住房需要，为居民提供最基本的住房保障。要从我国的基本国情和发展阶段出发，更加重视住房的民生性质，把满足人民群众的基本居住需求放在首要位置，建立中国特色的住房保障制度，同时加强房地产市场调控，引导房地产市场平稳健康发展，形成比较完善的中国特色城镇住房体系。

我国现行的住房保障模式，主要是采取实物保障和货币补贴相结合，以实物保障为主。货币补贴是由政府向符合廉租住房条件的城镇低收入住房困难家庭发放住房租赁补贴，由其通过市场自主租房。实物保障有三种形式：一是租赁型住房，包括公共租赁住房、廉租住房，前者供应对象主要是城镇中等偏下收入住房困难家庭，后者供应对象是低收入住房困难家庭。二是出售型住房，即控制价格的政策性产权房，包括经济适用住房、限价商品住房。前者供应对象主要是城镇低收入住房困难家庭，后者供应对象主要是城镇中等及中等偏下收入住房困难家庭。三是安置性住房，包括各类棚户区、危旧房、城中村改造安置住房，供应对象是原居住居民，其中多为低收入中等偏下收入住房困难家庭。

从国外的情况看，一些发达国家在其发展过程中，除了主要通过发挥市场作用来促进房地产市场发展外，都辅之以建设保障性住房来解决中低收入居民的住房困难问题。他们的经验，归纳起来主要有：一是在住房短缺阶段，政府通过立法形式，大规模建设保障性住房，主要是公共租赁住房，加大住房供应量，以比较优惠的租金提供给中低收入住房困难家庭。二是在进入住房供求平衡阶段，又把相当多一部分公共租赁住房出售给承租家庭，同时继续建设一部分针对特殊群体的公共租赁住房。三是在市场能基本满足各类房屋实物形态需求的情况下，保障性房屋转变为主要依靠市场化供应，住房保障也由主要依靠建设保障性住房转向主要提供住房租赁补贴。在国外住房制度建设和房地产市场发展的经验中，一些奉行新自由主义的自由市场经济国家如美国等，都经历过房地产市场的巨大泡沫和大起大落，最终导致严重的经济危机；而实行社会市场经济制度的国家如德国等，房地产市场始终保持相对稳定，其"市场＋保障"的住房制度和"市场＋调控"的房地产发展模式，提供了一种可资借鉴的成功范例。

当前和今后一个时期，我国保障性住房建设要以解决城镇中低收入居民的住房困难为重点，以保障群众的基本住房需求为目标，实行政府优惠政策扶持、社会资金投入的基本住房投资机制，租售并举、滚动发展的基本住房供应机制，各级财政补贴、金融支持的基本住房消费机制，大规模推进保障性安居工程建设，重点建设公共租赁住房特别是廉租房，加快棚户区（危旧房、城中村）改造步伐，规范和完善其他类型的保障性住房，着力增加保障性住房供给数量，优化供给结构，完善住房保障体系，使城镇中低收入家庭居住状况得到较大改善，建立起中国特色的城镇住房保障体系，为全面建成小康社会奠定坚实基础。

建立中国特色的保障性住房发展模式，需要把握好以下几个方面：

第一，在保障性住房和市场化住房的关系上，我国未来的住房模式应该是以市场化住房为主、保障性住房为辅，保障性住房也要达到较大的比例。 目前我国保障性住房在整个住房体系中所占比重不到10%，"十二五"时期计划建设3600万套保障性住房，到2015年我国保障性住房所占比重将提高到20%左右。一些发达国家如英国、法国等公租房所占比例都在25%以上。英国在二战后住房短缺阶段，政府大量建设保障房，1946—1979年工党和保守党执政时期政府建房占建房总量的比重保持在45%—50%，其中1946—1951年主要城市的政府建房量达到78%。法国2009年享受廉租房的家庭占到全部家庭总数的17%。新加坡政府所建公共租屋达到居民住房量的87%。我国正处在工业化、城镇化快速发展过程中，住房相对短缺将延续较长时间，到2015年以后，我们应继续建设保障性住房，争取保障性住房能够占到整个住房总量的30%左右，大城市比重可以更高一些，中小城市比重则相对低一些。这样才能基本解决中低收入群众的住房困难问题，同时也才能对房地产市场起到较大的调控作用。

第二，在公租房与其他保障性住房的关系上，逐步建立以公租房为主的保障性住房发展模式。目前我国的保障性住房形式多样，这适合不同地方多层次的住房需要，特别是一些地方旧城区、棚户区、城中村改造任务很重，这些地方的危旧房改造既能够解决群众的住房困难问题，又可以在很大程度上改变城市面貌，还可以拉动投资和消费，是一件一举多得之事。因此，应该鼓励各地根据自身实际建设多种类型的保障性住房。但从长远看，应该逐步把保障性住房统一为公租房，使公租房成为保障性住房的主要形式，以此实现保障性住房建设和管理的统一、规范、简便易行。

第三，在建设保障性住房和提供住房保障补贴，即"补砖头"和"补人头"的关系上，目前应以建设保障性住房为主，提供住房保障补贴为辅。鉴于现在我国住房问题主要表现为住房短缺、供应不足，解决城镇居民基本的住房保障问题，首先要大量建设保障性住房，增加住房供应量，以满足住房困难家庭的居住需要，同时辅之以住房保障补贴。长期来看，到了我国基本渡过住房短缺阶段、全社会住房供求基本平衡的时候，应该适时把住房保障由以"补砖头"为主转变为以"补人头"为主，主要提供住房补贴。

第四，在公租房的租与售的关系上，应该坚持"租售并举、租赁为主"的发展方向。短期来看，公租房建设和管理要坚持公租房"租"的性质，政府手中掌握较多数量的租赁房源，用以调节保障性住房需求，以适应中等以下收入群体及新毕业大学生、新就业人口、流动人口等群众的阶段性住房需求。同时，要维持相当数量的公租房源，以适应滚动新增的阶段性需求。在一些地方，公租房供应对象还可考虑适当扩大，以适应一些流动性较大且又需给予住房政策优惠的人群，如引进人才、干部交流等的需求。从长远看，公租房不宜完全限制只租不售，为了能够盘活存量资产，实现保障性住房建设的滚动发展，可以考虑在经过一段时间后（如5年左右），将一些政府不需持有的租赁房出售给具备购买能力的承租家庭，这可以回收一些资金用来新建保障房，更重要的是还可以利用公租房这一优质资产，吸引银行贷款建设公租房。新加坡居住在政府组屋的家庭中有92%拥有组屋产权。

第五，在公租房准入和退出的问题上，要坚持公平公正公开的原则，逐步从严进严出向宽进宽出转变，同时采取封闭运行的管理方式。 鉴于目前保障性住房建设刚刚起步，供求关系紧张，应坚持严进严出的政策，即严格建立准入标准和退出机制，使真正需要保障房的家庭能够得到保障房，而把不需要的排除出去。今后随着保障房数量的增加和供求关系的缓解，各地可根据实际情况调整保障房准入和退出的标准。如重庆市保障房供应数量较大，已采取"两不限"的政策，即不限制城乡户籍，不限制收入多少，凡是在当地有稳定工作、无住房或住房困难的家庭及个人都可以申请公租房。但公租房管理上要采取封闭运行的方式，公租房不允许转租，即使已经出售给承租者的公租房，也不允许上市交易，如要出售必须由原公租房所有者进行回购，以保证公租房的基本属性。

（2011年6月）

中国经济发展的全球影响与抉择

随着中国经济快速发展，经济规模不断扩大，进出口贸易大幅增加，对世界经济的影响越来越大。全世界都把目光转向中国，各国政府官员、新闻媒体、专家学者异口同声称赞中国经济发展取得的成就，惊叹中国经济日益增长的影响力。正在进行的中国宏观调控，引来各国一片评论，甚至一些政府和企业急谋对策，以适应中国经济的变化。

中国经济发展到底对全球经济带来了哪些影响？如何评价中国经济在全球经济中的地位和作用？我们应该采取什么样的回应和对策？这些都是需要深思熟虑并作出抉择的问题。

一、中国经济发展对全球经济的影响

（一）**中国的经济地位举足轻重**。改革开放以来，从 1978 年到 2003 年的 25 年时间里，中国国内生产总值年均增长 9.4%；去年增长 9.1%，达到 116694 亿元，按现行汇率计算，折合 14000 多亿美元，经济总量跃居世界第 6 位。进出口贸易总额达到 8512 亿美元，居世界第 4 位，其中出口额 4384 亿美元，进口额 4128 亿美元，居世界第 3 位。中国经济的高速增长，不断扩大的经济规模，进出口贸易的迅速增加，都使得中国经济在世界上具有举足轻重的地位，产生着越来越大的影响。

美国财长斯诺在七国集团财长和央行行长会议后表示："中国显然正在全球经济中扮演越来越重要的角色，这一延续过程对美国和七国集团其他成员非常重要。"5月11日，刚刚被任命为美国财政部驻中国经济特使的保罗·斯佩尔兹在北京新闻发布会上说："当谈到中国，我认为需要强调的是，中国正在快速成为美国更加重要的贸易伙伴和亚洲重要的增长引擎，同时中国比过去任何时候都对全球经济有着更加重要的影响。"美国官员已注意到中国经济的影响力，上月表示希望中国加入西方七国集团，共同就全球经济重大问题进行协商。

美国大投资银行之一莱曼兄弟公司的两名经济学家在一份研究报告中指出，"尽管中国去年的 GDP 仅占全球的 4%，不算太多，但占了全球经济增长的 13%。中国对世界工业产出的重要性更大，其消耗的很多主要原材料占全球的 20%—40%。"

事实上，中国经济对全球经济的影响，主要表现在对促进全球经济增长的影响。去年，我国经济增长占全球经济增量的 17.5%，对世界贸易增长的贡献率达 29%，仅次于美国。以至于国外有人评价，中国经济与美国经济一起，成为拉动全球经济增长的两个车轮。中国经济的快速增长，正在改变着世界经济版图。

（二）中国成为世界注目的快速发展的大市场。早在 1840 年，一位英国作家就写道："如果我们可以说服每个中国人将衬衫下摆放长 1 寸，那么兰开夏郡的工厂就可以开足马力生产。"现在，中国占世界 22% 的人口数量，高素质的廉价劳动力、不断发展的广阔的国内市场成为吸引外商的强力磁石。外国公司纷纷进驻中国，在中国建立生产基地和研发中心，试图以低成本的优势大规模地占领中国市场和世界市场。2003 年，中国实际利用外资 535 亿美元，继续超过美国居世界第一。到今年 4 月底，全国累计批准设立外商投资企业近 48 万个，实际直接利用外商投资 5210 亿美元。

英国《经济学家》在一篇评论中写道："全世界都在关注中国——不仅因为这个国家的巨大和发展迅速，更重要的是她深刻地影响着世界各地的公司的财运。当 2001 年中国加入 WTO 的时候，外国企业感到了巨大的市场在召唤。中国的增长、稳定和潜力，使外国企业对中国的热情如潮。从上海和北京朝圣回来的商人相信这个世纪是中国世纪。中国有 13 亿的消费者，他们也是低成本工人，他们需要任何可以想象的产品和服务，外国企业谈论到这些简直就像遇到了救世主。"

以移动电话为例，1987 年摩托罗拉进入中国，现在是中国最大的外国移动通信企业，2002 年中国市场为其带来了 57 亿美元收入，中国也成为摩托罗拉第二大市场。

汽车是中国最热门的消费产品。2002 年中国本土制造的汽车增长了 50%，2003 年高达 75%，达到 197 万辆。即使是专业人士也感到惊讶，通用汽车中国区主席墨斐说："2001 年世界上谁也没有预测到今天我们所看到的现象。"他预计中国继 2003 年超过德国，今后两年将超过日本成为继美国之后的世界第二大新车市场。墨斐预期 2010 年之前，中国的汽车销售将以每年 10%—15% 的速度增长。很多分析家更为乐观，认为将会达到 20%—25%。由于价格和生产能力的高水平，一些大的中外合资企业都在扩大投资和生产能力。去年，通用、大众、丰田、本田、日产、标致、福特和戴姆勒－克莱斯勒竞相宣布向中国新增投资，总量超过 200 亿美元。

（三）**中国进出口贸易强劲增长惠及世界经济**。中国进出口贸易高速增长，2003 年强劲增长 37.1%，进口额更是剧增 40%。这使许多向中国出口的国家喜形于色。中国的进出口贸易拉动了全球经济增长，更成为亚洲邻国和其他国家经济增长的重要动力源。中国在建造现代经济的基础设施过程中，从日本、韩国、德国、中国台湾等地采购了大量的大型设备和技术。2003 年，中国对日本总出口增长的贡献率为 32%，对韩国为 36%，对中国台湾更高达 68%。对于较小而多样性的东盟国家来说，中国对其去年的出口增长贡献率在 30% 左右。得益于中国需求的还不仅仅是亚洲国家。2003 年中国对德国总出口增长贡献率为 28%，对美国为 21%。拉美国家同样受惠于中国，据联合国拉美和加勒比海沿岸地区经济委员会统计数据显示，2003 年拉美国家对中国出口激增 72%，其中阿根廷更是独占鳌头，增幅高达 143%；巴西增幅高达 80%；委内瑞拉、智利和哥伦比亚分别增长 54%、59% 和 136%。这些国家的许多公司越来越依赖中国市场。

随着中国经济发展和对外开放的不断扩大，国内与国外经济的联系越来越密切。中国经济的外贸依存度已经达到 60% 以上，远远高于世界上许多国家。如美国的外贸依存度是 18.2%，日本的外贸依存度是 18.3%，印度的外贸依存度是 20%。

中国的国际支付能力强大，成为吸引国外出口的重要客户。到今年 4

月底，中国的外汇储备达到 4500 亿美元，仅次于日本而居世界第 2 位。

摩根士丹利公司首席经济学家罗奇认为，中国大陆的宏观调控是全球经济的重大议题。他举例，若以大陆去年主要的几个贸易伙伴经济受惠度来看，由于大陆经济的高速增长，已让周边经济体形成以大陆为中心的亚洲经济模式，多数国家均在大陆去年进口额暴增 40% 幅度中分享一份美餐。

亚洲增长的希望越来越维系于中国 13 亿人口成为成熟消费者的预期上。亚洲许多公司都在中国设立组装工厂，该地区越来越多的贸易都是途经中国或是以中国为终点。

（四）中国的对外采购影响国际市场价格。中国经济的高速增长，对重要原材料的消费不断增加。2003 年，中国消费钢材 2.6 亿吨、煤炭 15 亿吨、水泥 8.2 亿吨，分别相当于 2001 年世界总产量的 36%、30% 和 55%；消费原油约 2.6 亿吨，超过日本而仅次于美国居世界第二位。中国强劲的进口，使得中国成为国际市场上许多商品的重要买主。美国商业周刊工业原材料现货价格综合指数显示，2001 年后其价格指数一直呈现 −15% 的下降态势，而在中国市场推动下，2004 年转变为 30% 的大幅跃升，显见中国市场的左右力量。

中国目前是国际市场原油、钢材、矿产等资源的主要进口国，中国的需求在很大程度上决定着这些商品的价格。特别是钢铁、石油、铁矿石、大豆、棉花等重要物资的价格，在一定程度上变成了中国价格。中国的强劲需求造成国际市场的价格上涨，如铜的价格在去年上涨了 70%，锌和镍上涨了 38%，铝和钢的价格也在猛增。根据摩根士丹利金属市场分析家埃特威尔分析，中国目前消费着全球主要商品的约 20%，与 1985 年的 4% 相比增长迅猛。

在美国，汽车制造业产生的废钢的价格在 2003 年攀升了惊人的 69%，每吨价格超过了 215 美元。去年 6 月美国国内热轧钢的价格是 260 美元 / 吨，而今年 4 月的交货价为 410 美元 / 吨。古老的美国钢铁公司的股价在不到一年的时间里已经从 10 美元上涨到了 36 美元。俄勒冈州波特兰市的废钢交易商史尼索钢铁公司股价在这一年里从 10 美元飙升到了 50 美元以上。钢铁业甚至还出现了一支新的上市股票：国际钢铁集团股票自从去年 12 月中旬开始交易以来，已经升值了 50% 以上。

有报道说，中国还购买了世界贸易中心废墟中的一部分废旧钢铁，甚至从美国向亚洲出口老式轧钢机也成了一项兴隆的买卖！由于建筑业以及基础设施建设的欣欣向荣，中国目前对钢铁有着永不满足的需求。钢铁业之所以繁荣，最主要的原因是得到了中国人的恩惠，这让钢铁制造企业和其他企业一样受制于中国。

中国已经成为左右国际工业品市场的重要因素。美联储主席格林斯潘认为，这些商品价格的大幅上涨，很大程度上归因于中国的需求。

与此同时，中国的物美价廉的商品迅猛出口，也对全球消费品的价格产生重要影响。正如英国《经济学家》杂志所说："在全球各处的货架摆放着来自'世界工厂'的低成本商品。以中国为基地的制造商决定着从钢铁到芯片的全球各种商品的价格。"

格林斯潘指出，中国为了抑制通货膨胀而降低经济增长速度，这将推动全球商品价格的下降。罗奇认为，以中国大量原材料消耗量及中国市场高速增长的进口贸易额，中国经济走缓将对亚洲经济复苏脚步造成严重影响，同时导致全球工业原材料价格的逆转走势。

全球商品市场将会受到中国增长减缓的影响。中国经济将减速的消息对外国金属、采矿公司打击最大。中国宏观调控和经济将出现收缩的消息传出，国际原材料价格随即呈现出下降趋势。国际原材料价格的下降使那些生产原材料的企业利润迅速减少，美国、韩国与钢铁、化学相关的股票全部暴跌。

（五）中国经济变化影响国际汇市股市。去年以来，中国的人民币汇率成为国际经济中的一个热门话题。有感于中国经济的强劲增长和中国商品出口的迅猛势头，在国际上出现了要求人民币升值的呼声。中国政府一再重申，中国实行以市场供求为基础的、单一的、有管理的浮动汇率制度。保持人民币汇率基本稳定，不仅有利于中国经济和金融持续稳定发展，而且有利于周边国家、地区以及世界经济和金融的稳定发展。我们要在保持人民币汇率基本稳定的基础上，进一步探索完善汇率形成机制，采取多种措施逐步缓解人民币升值压力。时至今日，有关人民币升值的争议之声仍未平息，不时泛起。国际上预期人民币升值而热炒人民币的商家大有人在，一些商人大量囤积人民币以期套利。

今年召开的西方七国集团财长会议发表的一份声明中强调，对于那些汇率缺乏灵活性的主要国家或地区，应当增强这种灵活性。这句话部分是指中国。美日等西方国家继续就人民币升值问题对中国施压。

中国政府进行宏观调控，抑制某些行业过快增长。这使一些人担心中国市场需求增长放缓，从而影响亚洲国家和地区对华出口，亚洲各主要货币相继出现贬值。中国的宏观调控也对澳元产生冲击，使之出现下跌之势。中国抑制经济增长过热的消息传出后，全球主要市场金价跌幅超过 3%。

亚洲各地股市出现不同程度的急跌。日本、韩国、我国台湾股市相继下跌。在欧洲和美国，各地股市出现自马德里大爆炸以来最大的单周跌幅。市场人士担心，中国市场的需求增长即将放缓，这将影响上市公司的盈利。

二、中国经济发展的抉择

中国经济发展正在对世界经济产生越来越大的影响。面对国际上对中国经济发展的如潮评价，我们能够得到什么样的认识和启示？如何作出正确的抉择？

（一）中国经济发展的成就值得我们自豪，这必将增强我们对中国经济发展前景的信心，激励我们发愤图强，毫不懈怠地去实现我们的宏伟目标。中国的发展势头，不可阻挡。我们面临着难得的历史性机遇，必须紧紧抓住并且有所作为，力争实现既快又好地发展。进一步树立中国和平发展的形象，消除各国对中国发展的疑虑，营造良好的周边环境和国际环境，在与世界各国的互利合作中更好地发展自己。

（二）正确估价自己，清醒地看到自己的优势和劣势。在别人的赞扬声中，不自我陶醉，不沾沾自喜，更要反躬自省，谦虚谨慎，韬光养晦，苦练内功。要增强忧患意识和危机意识，清醒地认识我国发展面临的压力和制约因素。我国的经济增长在很大程度上还是粗放式增长，资源消耗多，环境代价大，重要原材料对进口的依赖程度高，这些都极大地影响着我国经济的可持续发展，甚至严重影响到我国的经济安全。在当今世界上，美国一超独霸，经济实力强大。我国还是发展中国家，与发达国家有相当大的差距，在发展中正如逆水行舟，不进则退。我们必须善于把握自己，埋头苦干，脚踏实地，一步一个脚印地前进。

（三）**进一步树立和增强大国意识、全球意识，用长远的国际战略眼光来处理国际经济问题。**随着中国的不断发展和强大，中国应该也能够在世界经济、政治各领域占有一席之地，增加自己的发言权。经济快速增长、巨大的潜力和广阔的市场，这是我们的一张"王牌"，我们要打好这张"经济牌"，在复杂多变的国际局势中赢得主动。在国际上树立开明、守信、参与、合作的形象，积极参与双边和多边经济合作，推进经济一体化进程，在不断扩大的对外开放中更好地发展自己。

（四）**统筹国内发展与对外开放，充分利用国内外两个市场、两种资源。**随着我国对外开放和国际影响的日益扩大，国内经济与世界经济更加紧密地联系在一起，国内的发展变化带来世界性影响，世界经济的变化也对国内经济造成重大影响。因此，必须把中国经济放在世界经济的大环境中来考虑和处理问题。中国的宏观调控也必须考虑到国内外的影响和制约，兼顾我国发展的当前利益和长远利益。要学会在国际市场的商海中搏击风浪的本领，密切关注国际市场价格的变化，不但要做好现货市场，也要做好期货市场；不但要运用好商品市场，也要运用好资本、技术市场包括股市、汇市，在国际贸易中充分利用比较优势原理寻找和获得最大的国家利益。

（五）**更好地运用国际经济规则为我国服务，妥善处理国际经济中的摩擦和纠纷。**在日益密切和多样化的世界经济交往中，经济摩擦和纠纷不可避免，甚至会成为一种经常性的现象。特别是在中国和平发展的过程中，利益格局也将随之发生改变，其他国家与中国的摩擦和纠纷在所难免，对此我们必须有充分的准备，并预谋对策。比如像人民币汇率问题有可能成为一个长期争议的问题，还有国际市场一些战略性物质如石油的竞争问题、国际经济的核心金融问题，甚至还可能有世界性的粮食问题等等。世界经济本身就是一个充满矛盾的既合作又竞争的体系，我们更大程度地融入世界经济之中，就必须学会既合作又斗争。充分利用国际经济规则并积极参与规则的制定，必要时进行有理、有利、有节的斗争，还要善用谈判和妥协的方式，维护我国的最大利益。

（六）**更加注重维护国家经济安全，防范和化解各种经济风险。** 随着我国对外开放的不断扩大，世界经济对我国正反两方面的作用同时存在，其负面作用就是国际金融和经济风险的影响增加。随着我国加入 WTO 后过渡期的结束，人民币资本项目下可兑换进程的加快直至实现完全可兑换，国际经济和金融对我国的影响将会越来越大，外国资本更大程度地进入中国，要求我们必须有更强的管理手段和更高的管理水平，及时防范和化解各种经济和金融风险。在经济发展过程中，我国宏观调控的复杂性和难度也在不断加大，这就要求我们必须建立一套反应灵敏的经济监测和预警体系，建立一套迅速反应的调控处理机制，能够根据经济变化的指征适时作出微调，减少经济波动，避免大起大落，以保证中国经济这艘巨轮乘风破浪快速平稳前进。

（2005 年 1 月）

抓住国际金融危机机遇
提高我国国际地位和影响力

这场百年不遇的国际金融危机对我国经济发展带来了严重冲击，使我们面临严峻复杂的国内外经济环境和前所未有的困难与挑战。但与此同时，也为我们提供了前所未有的发展机遇。我们应该紧紧抓住难得的历史性机遇，妥善应对，积极进取，统筹国内国际两个大局，充分利用两个市场、两种资源，加快发展自己，不断提高我国的国际地位和影响力。

一、国际金融危机给我国发展提供了难得的历史机遇

2008年9月，美国金融危机爆发，迅速演变成一场波及全球的国际金融危机。这场金融危机危害之烈、影响之深，始料不及。美联储前主席格林斯潘称其是他职业生涯中所见最严重的一次金融危机，美国正陷入"百年一遇"的金融危机引发的经济衰退中。日本首相麻生太郎称，此次金融危机的严重程度堪与1929年世界经济危机相匹敌。各国媒体纷纷以"金融飓风""金融海啸"来比喻这场金融危机。

国际金融危机的扩散蔓延，造成全球经济普遍下滑，一些发达国家经济陷入深度衰退。美国2008年12月宣布其经济陷入衰退，第四季度国内生产总值同比下降0.9%，2009年一季度同比下降2.5%。日本正在经历"二战"以来最严重的经济危机，2008年日本经济实际增长率为 –0.7%，第四季度国内生产总值同比下降4.3%，2009年一季度同比下降7.4%。欧元

区经济不断恶化，2008 年第四季度同比下降 1.5%，2009 年一季度同比下降 2.8%。作为"欧洲经济火车头"的德国正面临着 20 世纪 40 年代以来最严重的经济收缩。德国经济在 2008 年第二季度和第三季度分别下降 0.4% 和 0.5%，经济部长米夏埃尔·格洛斯预计，2009 年德国 GDP 可能会下降 2.5%，这将创下二战以来的最大跌幅。英国经济在 2008 年第三季度和第四季度分别下降 0.6% 和 1.5%，预计 2009 年 GDP 将同比下降 3.3%，创 1949 年以来的最大降幅。法国经济 2008 年第四季度以 34 年来最快的速度收缩，比第三季度下降 1.2%，全年经济增长降至 0.7%，预计 2009 年经济将下降 1.5%—2% 或更多。国际货币基金组织预测，2009 年世界经济将下降 1% 左右，其中美国经济下降 2.6%，欧元区经济下降 3.2%，日本经济下降 5.8%。世界银行预测，2009 年世界经济将下降 1.7%，其中美国下降 2.4%，欧元区下降 2.7%，日本下降 5.3%。

国际金融危机对我国经济发展带来了严重冲击，2009 年将是我国进入新世纪以来最为困难的一年。受国际金融危机影响，我国进出口贸易大幅下降，一些行业和企业经营困难，就业形势相当严峻，经济增速过快下滑成为影响国民经济全局的主要矛盾。中央充分估计了这场国际金融危机的严重性和复杂性，及时果断地采取了应对危机扩大内需促进增长的一揽子政策措施，正在逐步见到成效。

在这场国际金融危机中，我们处在相对有利的地位，具备许多优势和有利条件。一是我国受国际金融危机的影响相对较轻，特别是在世界金融体系风雨飘摇中我国金融依然保持稳定，资金充足，流动性良好，贷款额大幅增加。二是在世界经济普遍衰退的情况下，我国经济仍然保持 6% 以上的增长速度（去年第四季度增长 6.8%，今年一季度增长 6.1%），可谓"一枝独秀"，与其他国家形成鲜明对比。三是我国具有较强的经济实力。经济总量超过德国仅次于日本，位居世界第三；外汇储备接近 2 万亿美元，位居世界第一；进出口贸易总额位居世界第三，出口额和进口额都接近于德国。四是良好的财政状况。近年来我国财政收入大幅增加，拥有比较充足的财力支持。在美国等其他国家财政债台高筑、入不敷出的情况下，我国加上 2009 年增加财政赤字 9500 亿元，财政赤字占国内生产总值的比重仍然在 3% 以内，保持在可承受的较低水平。五是集中力量办大事的制度优势。还在其他国家争议如何应对金融危机、华盛顿 G20 峰会召开之前，我国就迅速出台总额达 4 万亿元的经济刺激计划，抓住了时机，赢得了时间。六是我国有广阔的国内市场，巨大的消费潜力，又处在工业化、城镇化快速发展时期，这为我们扩大内需创造了很大空间。所有这些优势和有利条件，都使我国在这场世界金融危机中凸显出重要的国际地位和国际影响力。

世界各国纷纷看好中国，对中国在应对国际金融危机中的作用寄予厚望。这场国际金融危机加快了世界经济政治格局的演变，从 G8 峰会到 G20 峰会就是一个重要象征。西方六强加日本加俄罗斯已经不能解决世界性的重大问题，以金砖四国（中国、俄罗斯、印度、巴西）为代表的新兴国家力量在不断增强，因此 20 国集团才更有代表性。2008 年 11 月 15 日，20 国集团领导人峰会在美国首都华盛顿举行。中国在会前强力推出总额高达 4 万亿元的经济刺激措施，引起国内外的热烈反响。国内外股票市场应声大幅上涨，世界各国媒体一片叫好之声，各国领导人、企业家、经济学家等都给予高度赞誉。美国《时代》周刊说，中国推出 6000 亿美元救市计划，堪比具有中国特色的新政。英国《泰晤士报》说，北京的庞大救市计划将击败所有对手，震撼力堪比北京奥运。日本《产经新闻》说，中国出台大规模经济刺激方案，意在彰显负责任大国形象。俄罗斯《独立报》说，中国开出反危机处方，投入巨额资金来消除世界金融危机造成的后果。2009 年 4 月 1 日至 2 日在英国伦敦召开 20 国集团领导人峰会，国外媒体评论，中国由于在国际金融危机冲击中仍然保持了经济相对稳定，拥有近 2 万亿美元的全球第一的外汇储备，金融稳健运行，应对措施得力，无形中提升了中国的国际地位。一段时间以来，"中美共治"的提法成为舆论热议的话题。4 月 1 日，在伦敦金融峰会正式开始前，胡锦涛与奥巴马举行了双边会谈，引起国际社会高度关注，甚至被形容为"G2 峰会"。国际媒体报道：G20 峰会召开，G2 峰会先登场。2008 年年初，一些美国媒体和经济学家提出"两国集团"格局的设想。其中最为典型的当属哈佛大学教授弗格森提出的"中美国（Chimerica）"概念。他认为，现在的全球经济是在美国消费、中国生产，美国是债务国、中国是债权国的结构下运作，两者之间堪称是"天作之合"，于是以 China 和 America 这两个词构成 Chimerica，象征中美两国经济已经融为一体。美国前国务卿基辛格和前总统国家安全事务助理布热津斯基也提出，中美两国应建立一种"命运共同体"结构，把两国关系提升到新的高度。

以上这些都充分说明，中国的综合国力和国际地位在提升，中国在国际舞台上拥有了更多的话语权和国际影响力。当然，我们有自知之明，不会得意忘形，不会接受 G2 的说法，G2 不符合我国的战略利益，也不符合我国对自己的定位。我们仍然是一个发展中国家，与发达国家相比还存在着很大差距。由于中国国家大，经济实力增长快，自然会越来越引起其他国家的重视。对此我们必须始终保持着清醒头脑。

从一个长期的国际战略眼光来看，这次国际金融危机正在改变着世界经济政治版图，对于正在迅速崛起的中国来说，带来了一个难得的历史性机遇。我们要紧紧抓住这一机遇，审时度势，统筹谋划，制定应对国际金融危机的国家战略，更好地发展自己，不断增强经济实力和综合国力，加快中华民族伟大复兴的历史进程。

二、抓住机遇加快提高我国的国际地位和影响力

发展是我们党执政兴国的第一要务。特别是在当前国际金融危机扩散蔓延、全球经济普遍下滑、主要发达国家经济陷入衰退的情况下，保持我国经济平稳较快发展至关重要。只有在这"一退一进""一慢一快"中，我们才能不断赶超其他国家，加快提升我国的国际地位。

我们从国际比较中可以看出，2008 年我国国内生产总值超过 30 万亿元（300670 亿元），按当年平均汇率（1 美元 = 6.948 元）计算，折合 43274 亿美元，经济总量位居世界第 3 位，超过德国而仅次于日本（日本为 48440 亿美元），与日本相差 5166 亿美元，与日本的差距明显缩小。中国 2007 年 GDP 超过德国，领先德国不过 913 亿美元，而 2008 年则超过德国（38180 亿美元）4040 亿美元。如果 2009 年我国经济增长率按 7% 计算，GDP 总量将达到 321717 亿元，按 1 美元兑换 6.83 元计算，折合 47103 亿美元；如果日本经济下降 2%，中日经济总量将基本相当；如果日本经济下降 3%，那么中国经济总量就会超过日本。当然，这些都是在不考虑汇率大幅变动和其他不确定因素的情况下所作的推算。但无论如何，

2009、2010 年中国经济总量就可能超过日本而位居世界第二。照此发展下去，中国赶超美国的时间也将大大提前。

英国《独立报》发表文章《全球衰退加速调整世界经济版图》，文章说："直到去年，美国的消费还绝对占据全球首要位置。然而现在，中国消费者占了全球总需求增长的绝大部分。经济规模的变化意味着中国明年将超过日本成为世界第二大经济体。到 20 年代末，中国将超过美国，成为世界头号经济大国。设想一下 20 年后的世界，中国和印度届时将位居全球前列。最终我们会把这次世界金融危机看作是一个重大转折点。"日本前首相福田康夫在 2009 年海南博鳌论坛接受英国记者采访时说："从经济规模上看，2030 年中国可能超过美国，并且是日本的 4 倍至 5 倍。"

我们要抓住机遇着力发展自己，按照科学发展观的要求，保持经济平稳较快发展，加快调整经济结构和转变发展方式，着力推进改革开放和自主创新，不断增强我国的经济实力和国际竞争力，推动我国经济迈上一个新的更高的台阶。

（一）紧紧抓住"保增长、促发展"这一主题，把我国经济平稳较快发展的良好势头长期保持下去。提升我国的国际地位，关键在于增强我国的经济实力，保持我国经济长期平稳较快发展。在国际金融危机的严重冲击下，中国还能否保持经济平稳较快发展，这引起了国内外的广泛关注。尤其是中国 2009 年将保持多高的经济增长率，何时能够止跌回升，实现经济较快增长？这一直成为国内外注目的焦点。中央提出，今年要把保持经济平稳较快发展作为经济工作的首要任务，把扭转经济增速下滑趋势作为宏观调控最重要的目标，可以说具有重大的现实意义和深远的历史意义，关系到我国的经济全局和长远发展。我国推出的应对国际金融危机、扩大内需、促进经济增长的一揽子计划，赢得了国际社会的高度评价，对扭转经济增速下滑趋势起到了至关重要的作用。我们还要根据国内外经济形势的发展变化和需要，出台进一步拉动内需的政策措施。最重要的是，紧紧抓住这次世界经济结构调整的机遇，加快转变我国的经济发展方式，实施扩大内需的方针，促进经济增长由主要依靠投资、出口拉动向依靠消费、投资、出口协调拉动转变。在国际经济危机冲击、外需急剧收缩的情况下，必须立足于扩大国内需求，增强投资和消费对经济增长的拉动作用。一方面，通过扩大投资，加快交通、水利、电力、通信、生态、环保等基础设施建设，利用这个机会使我国的整个基础设施状况和城乡面貌有一个新的更大的改变，为我国今后的长远发展打下坚实的基础。加快教育、卫生、文化、保障性住房、社会保障体系等民生工程建设，使人民群众更多地享受到改革发展成果，从根本上解除老百姓的后顾之忧，实现国家的长治久安。另一方面，通过扩大消费，为我国的经济发展提供最终的持久动力。特别是通过制定实施鼓励居民消费的政策措施，加快改变我国长期以来"高储蓄率、高投资率、低消费率"的经济发展方式，使经济增长更多地建立在依靠消费拉动的基点上。这是实现我国经济持续较快增长和良性循环的可靠保证。

（二）加快调整经济结构，推进产业优化升级。我国已经成为世界上的制造业大国，被称为"世界工厂"，有80多种产品产量位居世界第一。但是我们生产的大量还是劳动密集型产品，是低附加值的低端产品，缺乏自主知识产权，缺乏自有核心技术，缺乏知名品牌，在国际竞争中处于不利地位。大量的出口加工型企业赚取的仅仅是少得可怜的加工费。例如，中国每出口一件衬衣只赚0.35美元，卖8亿件衬衣赚的钱，才可能买到一架空客380飞机。国际经济危机造成我国出口大幅下降的同时，也带来了推动经济结构调整的一个重要契机。在经济困难的情况下，形成一种市场优胜劣汰的倒逼机制，迫使行业、产业以及企业进行优化重组。国务院已经制定了十大重点产业的调整和振兴规划，这对于推进产业结构优化升级具有重大战略意义。我们要抓住机遇加快推进经济结构调整。一是推进企业优胜劣汰和兼并重组，实现集约化、规模化经营，着力培育一批具有世界水平的大企业和企业集团。二是加大企业技术改造力度，推进企业技术装备更新换代和产品升级，全面提高技术水平和市场竞争力。三是大力提高自主创新能力，加强技术研发，创造更多的核心技术、自主知识产权和知名品牌。通过产业结构调整和优化升级，推动我国产业发展迈上一个新的台阶，不断提高我国的国际竞争力。

（三）坚定不移地实施互利共赢的开放战略，积极参与国际经济金融合作。国际金融危机爆发以来，我国积极参与20国集团领导人峰会等重要国际会议，以负责任的积极合作的姿态提出了我们的主张，无形中提升了我国的国际地位和发言权，对此国际社会给予高度评价。我们要紧紧抓住世界经济政治秩序和格局调整的机遇，积极参与国际经济金融合作，共同应对国际金融危机的冲击和挑战，提升我国的国际地位和影响力。中国要在世界上进一步树立开放合作、互利共赢的良好形象，高举反对贸易保护主义的旗帜，推进经济贸易自由化和便利化。我们呼吁并积极推动国际金融改革，支持国际货币基金组织增资，参与国际金融救援行动，加强国际金融监管合作，致力于推动建立公正合理的国际经济金融新秩序。中国将在这些行动中发挥更加重要的积极作用。

（四）加快"走出去"步伐，更好地利用国外市场和资源发展自己。这次国际金融危机提供了一次我国"走出去"的难得机遇，关键是我们要紧紧抓住这一机遇，积极稳妥地迈出"走出去"的重要步伐，取得扎扎实实的成效。一方面，利用国际市场价格走低的时机，扩大我国必需的重要产品的进口，特别是增加先进技术装备、重要能源资源和原材料的进口，建立国家储备体系。这具有重要的战略意义，可以应对国际市场价格波动的风险，增强我国的后备供给和市场调控能力。另一方面，利用国际资本市场资金紧缺、企业兼并重组的机会，适时"走出去"参与国际并购，审慎果断地扩大对外投资，以投资带动技术提升，开拓国外市场。同时，积极参与国际能源资源合作开发，包括矿产勘探开发、土地承包经营、森林开采经营、海洋资源开发等，从更大范围、更高水平上提高我国的能源资源保障能力。为此，要从国家战略层次研究制定我国"走出去"的发展规划，对我国新形势下对外开放战略作出全面部署。

（五）积极稳妥地推进人民币国际化进程，逐步提高我国金融的国际地位和影响力。国际金融危机进一步凸显了现代金融在世界经济中的核心地位和巨大作用。这次国际金融危机也暴露了美元作为国际储备货币的缺陷，在一定程度上削弱了美元的国际地位，显示出改革和创新现行国际货币体系的必要性和重要性。毫无疑问，美元仍然处在国际货币体系的垄断地位，但随着世界经济格局的变化，美元的垄断地位正在受到动摇，欧元的国际地位增加，日元也占有一定的地位。随着中国经济实力的增强，特别是对外贸易的迅速扩大和外汇储备的急剧增加，加上人民币币值的稳定和明显的升值趋势，人民币的国际地位越来越重要，人民币事实上已经成为一种区域性的国际货币。世界各国纷纷看好人民币，有的世界知名专家预测人民币将同美元、欧元一起构成世界三大储备货币。但是由于人民币还不是完全自由兑换的货币，人民币在世界经济中发挥作用还要经历一个过程。这次国际金融危机提供了一次我们重新审视人民币的机会，我们是否可以适时适度地推进人民币的国际化进程，并为此制定一个清晰的战略，设计出一个"路线图"，这是摆在我们面前的一个重大问题。2009年以来，人民币的国际化进程明显加快，我国继与韩国、中国香港、马来西亚、白俄罗斯、印尼和阿根廷等国家和地区签订总额达6500亿元规模的货币互换协议之后，又在上海市和广东省广州、深圳、珠海、东莞四城市开展跨境人民币结算试点，这标志着人民币国际化又迈出重要步伐。我们要适应国内外经济发展需要，积极稳妥地推进人民币国际化进程，分阶段、有步骤地做好各项工作。一是逐步扩大人民币可兑换的范围，为最终实现人民币完全可兑换创造条件。如根据需要适时进一步扩大人民币国际互换的国家范围，增加人民币跨境结算试点，逐步扩大人民币作为贸易结算和支付的手段，不断完善人民币使用的管理办法。二是稳步推进人民币区域性国际化，特别是加快人民币在周边国家和地区的国际化进程。加强中国的出口国地位和直接投资国地位，是带动人民币区域性国际化的重要力量。为此，要积极发展对东南亚、南亚、中亚和俄罗斯等周边国家的贸易和投资，加快推进区域经济一体化进程。增加向周边国家提供人民币出口信贷，加快我国金融业走向周边国家的步伐，跨境设立金融机构开展人民币经营业务。三是相互开放金融市场，逐步实现我国金融市场与国际接轨。在不断健全我国金融市场和监管体系、有效防范金融风险的情况下，进一步扩大金融开放，把"引进来"与"走出去"相结合，全面提高我国金融的开放与管理水平，创造有利于人民币国际化的体制和制度环境。

危机与机遇并存。关键是我们要紧紧抓住机遇，化危为机，迎接挑战，战胜困难。经过这场国际金融危机暴风骤雨的洗礼，中国经济必将以崭新的面貌登上世界舞台，进一步提高我国的国际地位和影响力。

（2009年12月）

四

区域发展与城镇化问题研究

中国城乡关系演变的历史分析 [①]

工人与农民的关系、工业与农业的关系、城市与农村的关系，是中国社会的基本关系。如何协调和处理好它们之间的关系，涉及中国经济社会发展最基本的战略选择。本文试图运用社会学的结构功能分析方法，来研究新中国成立以来城乡关系的演变过程，并解释中国经济社会的发展变化。

一、中国城乡二元社会结构的形成

（一）新中国成立初期中国的城乡关系。新中国成立初期，中国社会整体上还处在传统农业社会和农村社会，处在前工业化阶段。从产业结构上看，中国仍然是一个以传统农业为主的农业国。1952 年，在工农业总产值中，农业总产值占 56.9%，工业总产值占 43.1%。从就业结构上看，劳动力主要集中在传统农业部门。1952 年，全国总人口 57482 万人，其中农业人口 49191 万人，占 85.6%；非农业人口 8291 万人，占 14.4%。全社会劳动者人数共有 20729 万人，在三大产业结构中，第一产业就业 17316 万人，占 83.5%；第二产业就业 1528 万人，占 7.4%；第三产业就业 1885 万人，占 9.1%。从城乡结构上看，城市化水平很低。1952 年，城镇人口为 7163 万人，占全国人口的比重为 12.46%；乡村人口 50319 万人，占总人口的 87.54%。由中国的国情所决定，中国面临着工业化的艰巨任务。

---

① 本文根据作者的博士论文《中国城乡关系与中国农民工人》（中国社会科学博士论文文库，中国社会科学出版社 2010 年 8 月出版）主要观点写成，详见该书。

1950—1952 年三年国民经济恢复时期，是中国农村人口迁入城市较多的时期。这个时期内，城镇人口比重由 10.64% 上升到 12.46%，城镇人口由 5765 万人增加到 7163 万人，增加了 1398 万人。1953—1957 年第一个"五年计划"时期，国家开始大规模经济建设，从农村招收了大批职工，工业化的启动推动了城市化的发展。这一时期城镇人口达到 9949 万人，全国净增城镇人口 2786 万，其中由农村迁移到城市的人口为 1500 万左右，平均每年约 300 万。城镇人口比重从 12.5% 上升到 15.4%。与此同时，国家组织和动员人多地少的内地向边疆地区移民，也组织动员城市疏散人口支援内地，支援边疆，支援农业建设。因此，这一时期存在着城乡之间人口的双向流动。50 年代由城市迁往农村和由农村迁入城市的人数之比，大约是 1∶1.8。这说明，当时中国的城乡关系是开放的，城乡之间的迁移还是比较自由的，呈现城乡对流的状态。

（二）城乡关系从开放到封闭。许多研究中国城市化过程的人认为，中国 1949—1957 年这段时间城市化的发展是正常的，甚至认为："城市化进程呈城乡对流的良性循环状态。照此发展下去，中国的城市化可能会顺利完成起步阶段进入快速发展阶段，中国经济发展也将由此真正起飞。"我认为这种看法是不全面的。可以说，导致中国城市化同工业化脱轨、城乡二元社会结构形成的基本原因在这一时期已经存在，这主要是因为我国选择的工业化发展战略和资金积累模式的基本框架在这一时期已经形成。以后中国的城市化政策选择，在很大程度上只是这一框架的补充和延伸。

造成以后中国城乡封闭的直接原因，是农民盲目流动问题对城市所造成的冲击，而"盲流问题"的发生则起因于粮食问题。中国人多地少，农业劳动生产率低，粮食问题一直是关系到国计民生的首要问题。1952 年，随着国民经济的恢复和大规模经济建设的开始，城市人口迅速增加。1953 年，全国的城镇人口达到 7826 万人，比 1952 年增加 663 万，比 1949 年增加 2016 万。农村非种粮人口和因灾害减产造成的缺粮人口，需要供应商品粮的也有 1 亿人左右。加上粮食市场的混乱，就出现了 1953 年春全国性的严峻的粮食购销形势。这反映出落后的农业生产力同迅速发展的工业化需要之间的矛盾。

为了解决粮食问题，1953 年 10 月，中央接连召开几次会议，通过了

《中共中央关于粮食统购统销的决议》，11月19日，政务院通过《关于粮食的计划收购和计划供应的命令》。到1954年夏，又分别对食油和棉花实行了统购统销。统购统销制度的建立，对于扭转当时粮食购销紧张的被动局面起到了重要作用。但这一制度奠定了后来中国城乡二元社会结构的一个重要基础，对于我国的城市化进程产生了深远的影响。

1956年以后，在全国范围内出现了严重的"盲流"问题。这些流动的农民开始对城市造成巨大冲击。1956年12月，周恩来总理签发了《国务院关于防止农村人口盲目外流的指示》，但盲流问题并没有得到制止。为此，中共中央、国务院又于1957年3月、9月和12月连续下发通知和指示，要求各地采取坚决措施制止农民外流，开展生产自救战胜灾荒，同时禁止城市粮食部门供应没有城市户口的人员粮食，禁止工矿企业私自招用农村劳动力。1958年1月，经第一届全国人大常委会第91次会议通过，公布实施了《中华人民共和国户口登记条例》。

户口管理和统购统销两项制度的建立，起初并未作为限制城乡人口迁移的手段。但后来随着"大跃进"和人民公社化的发展，农村出现饥荒，城市商品粮供应也日趋紧张。到60年代初，严格的城市户口管理和粮食供应相结合，城市一步步走向封闭，农民不能自由流入城市，这就在城乡之间划出了一条界线。这时城乡人口流动，城市从农村的招工和城市人口向外边的疏散，都纳入到国家计划的控制之下。中国的城乡分割和封闭，就是在这种社会经济条件下形成的，也可说是计划经济体制的产物。

（三）**中国城乡二元社会结构的最终形成。**城乡二元格局最初的出现，是按计划经济体制的要求，防止农民盲目外流对城市生活造成冲击，同时最大限度地把农民稳定在农业上，促进农业生产的发展，以为国家生产更多的商品粮和其他剩余农产品。也就是说，是试图把农民同农村和农业结合起来，创造一个中国社会经济稳定发展的基础。为达到这一目的，还需要在农村建立起一种重要的制度。人民公社制度就是在这种情况下出现的。它的出现，对后来中国农村社会经济的发展，对中国城乡二元社会结构的形成，起到了极其重要的作用。一方面是农村人民公社制度的建立，另一方面是城市以户籍制度为基础由国家统一安排的就业制度和商品粮供应制度以及其他有关人们生活的衣食住行、生老病死等方面的一系列制度的确立，这就最终形成了中国社会的城乡二元格局。

二、中国城乡二元社会结构分析

（一）二元经济结构与二元社会结构的并存。中国城乡二元社会结构形成的根本原因，在于中国的工业化发展战略和资金积累模式。新中国成立以后的工业化发展战略可以概括为：以追求经济高速增长为主要目标的重工业导向发展战略。这一战略使得我国产业的形成脱离了劳动力剩余和资金短缺的客观实际，向着资本密集型而不是劳动密集型的方向发展，造成资本形成要素中短缺的资金对过剩的劳动力的替代和排斥，非农产业部门在产值比重增加条件下就业增长缓慢，这就难以吸收更多的农村剩余劳动力就业，甚至连城市本身的就业问题也难以解决，因此只好关闭城市的大门，把农村人口排斥在城市之外。

中国的工业化资金积累选择的是高强度的积累模式。其特点是：通过农产品国家定价的形式，从农民手中低价收购，又对城市居民和企业低价销售，用以维持大工业低工资和低原料成本，提供不断产生超额工业利润的条件，最后又通过大工业利税上缴，集中起国家工业化的建设资金。1953 年出台的农产品统购统销制度，就是这一积累模式的操作方式。在这种条件下，农业积累向工业领域的转移，主要是通过工农业产品价格"剪刀差"的形式实现的。高强度的积累模式，有力地支持了国家工业化建设，但扭曲了生产要素价格，使工业部门成本意识极差，效益长期低下。另一方面，在过高的积累率下，居民自主消费不足，特别是农村消费市场萎缩，这就从经济上固化起城乡之间的二元状态。因此，这一积累模式就成为城乡隔离状态形成和存在的主要原因。

这说明，中国落后的二元经济结构在特定的工业化发展战略和资金积累模式下，必然导致二元社会结构；反过来，二元社会结构的形成又进一步强化了二元经济结构，造成了二元经济结构同二元社会结构并存的状态。这成为直到 80 年代改革以前中国社会经济结构的重要特征，并直到现在还在很大程度上产生着多方面的影响。

可见，中国社会城乡二元格局的出现具有一定的历史必然性，它是中国在特定条件下社会经济发展过程的一种自然的延伸，并成为整个中国发展过程的一个组成部分。

（二）中国城乡二元社会结构要素分析。这里我们从要素组合的角度来分析一下中国城乡二元社会结构是如何形成和维持的？它具有哪些结构要素？

城乡二元社会结构的存在和维持必须具备四个条件。一是户籍制度。这是城乡二元社会结构划分的基础条件。通过这一制度，把整个社会一分为二：农村人和城市人。他们分别具有农村户口和城市户口，不得随意转换，特别是农村户口不能自由转换成城市户口。目的是阻止城乡之间人口的社会流动，主要是阻止农村人口流出农村进入城市。采取的手段是：一方面，在农村把户口同土地相结合，有农村户口就有在农村的土地，就有从事农业劳动和成为农民的条件。另一方面，在城市把户口同劳动就业和生活供应相结合，有城市户口就可以被安排就业并享受商品粮及其他生活必需品的供应；反过来，没有城市户口就不能在城市就业和生活。户籍制度发挥了一道强有力的闸门作用，因此，这一制度是城乡分割、形成二元的基础条件。二是统购统销制度。在城乡分离的条件下要实现交换，就需要建立起一种独特的制度，这就是农产品统购统销制度。国家从农村以低价统一收购农产品，保证对城市居民的计划供给，同时也保证工业生产的原料来源。反过来，国家利用手中掌握的紧缺的工业产品，换回农民手中国家需要的农副产品。这一制度构成城乡二元社会结构的交换条件。三是人民公社制度。有了城乡之间的分割和交换，还需要从农村和城市两方面来保证各自的稳定。农村的稳定就是通过人民公社制度实现的。人民公社通过土地的集体所有制、集体的生产和分配，通过"三级所有、队为基础"所控制的各方面资源，实现对农民的集中管理和控制，这就形成农民对人民公社的依附性，同时也制止了可能出现的土地兼并和两极分化，防止了流民的产生。因此，这一制度是城乡二元社会结构农村方面的稳定条件。四是城市劳动就业和社会福利保障制度。这是城市方面的稳定条件。它保证了对城市市民的劳动就业安排，并为其提供完备的生活保障，从出生到上学，从就业到退休，包括生老病死、衣食住行，都纳入城市的社会福利和保障体系之中。反过来，农民无法进入这一体系，就无法在城市定居和生活。因此，这就成为城乡二元社会结构的另一个不可缺少的稳定条件。

（三）**中国城乡二元社会结构的功能特点**。这里还需要进一步从结构功能分析的角度来探讨一下中国城乡二元社会结构为什么会出现，以及它为什么会长期存在。

总的来看，中国城乡二元社会结构履行了三个方面的功能：一是资金积累功能。中国强力推进型工业化需要一种高强度的积累模式，这种高强度的积累模式是通过工农业和城乡之间的不平等交换实现的。为了保证这种不平等交换的顺利进行，就需要建立一种制度化的交换体系，这就是统购统销制度。统购统销制度也就履行了工业发展的资金积累功能。二是工业化优先发展功能。工业化优先发展一方面需要农业提供日益增多的廉价的农产品和劳动力，另一方面又需要把农民稳定在农村里乃至农业上。为了避免农村人口流动对城市造成巨大冲击，就需要制造一道闸门来进行控制，这就是城乡户口管理制度。也就是说，户口管理制度是在工业化发展只要好处不要坏处这种两难选择中所发现的一件法宝，它在一定程度上成功地履行了工业化优先发展的功能。三是社会稳定功能。仅有以上两个条件并不能保证社会的稳定。社会稳定首先是农村方面的稳定，人民公社制度就履行了稳定农村社会的功能。其次在城市，劳动就业和社会保障制度起到了稳定城市社会的作用。

中国城乡二元社会结构正是具备了以上这些重要的功能，才得以存在和维持。因此，城乡二元社会结构在它最初形成的一段时间里具有积极的功能，曾推动了中国社会经济的发展。但与此同时，我们不能不看到，同城乡二元社会结构相联系的工业化发展模式是一种比较极端的模式，它一开始就伴随着许多不可克服的矛盾，如公平与效率的矛盾、积累和消费的矛盾、农业与工业的矛盾、城乡矛盾和工农矛盾，等等，所有这些矛盾都制约着中国经济社会的进一步发展。尤其重要的是，城乡二元社会结构在具有积极功能的同时，还具有消极的功能，即负功能。正是这些消极功能的发展，导致了城乡二元社会结构的演变。

三、二元社会结构下的中国城乡关系和工农关系

（一）城市化的曲折道路。在城乡二元社会结构状态下，国家试图通过经济计划来协调工业化与城市化的关系，但城市化却往往同工业化相脱节。这就不可避免地造成城市化的大起大落，工业化和城市化都处在强烈的波动之中，甚至引起急剧的社会震荡。

1958 年开始"大跃进"，全民大办钢铁，用强力推动工业化发展。这一时期大量从农村招工，仅 1958 年一年全国职工人数就增加 2093 万人，到 1960 年职工人数达到 5969 万人，比 1957 年增加 2868 万人。与此相联系，全国城镇人口从 1957 年的 9949 万人迅速上升到 1960 年的 13073 万人，城镇人口比重从 15.39% 猛升到 19.75%。这是一种超过实际能力的揠苗助长式的增长。随着三年严重经济困难的出现，国民经济被迫调整。这就出现了城市人口向农村的反向大迁移，1961—1963 年全国由城市下放农村的职工人数达 2000 万左右，全国城镇人口从 13073 万人减少到 11646 万人，净减少 1427 万，致使城镇人口比重由 1960 年的 19.75% 下降到 1963 年的 16.84%。这一变化正如周恩来总理当时所说，这是一次史无前例的、相当于一个中等国家迁移的空前规模的大调整。

工业化和城市化的这一巨大波动对后来的发展造成了深远的影响。全国工业产值直到 1969 年即 9 年之后才又超过 1960 年的总量；工业产值占社会总产值的比重直到 1977 年即 17 年之后才又超过 1960 年的水平；全国职工人数直到 1970 年即 10 年之后才达到 6216 万人，超过 1960 年的职工数量；城镇人口在全国总人口迅速增加的情况下到 1966 年即 6 年之后才又达到 1.3 亿以上；城镇人口比重即城市化水平表现得更为滞后，直到 1981 年即 21 年之后才达到 20.16%，超过 1960 年的水平。

可见，中国城乡二元社会结构所带来的一个严重后果就是工业化与城市化的脱离，城市化的严重滞后又极大地制约了工业化的发展。

中国城市化的停滞，首先表现在从政策上对城镇人口的压缩和减少市镇的数量。1961—1964 年，全国建制市从 208 座减少到 169 座，建制镇从 4429 个减少到 2877 个。这样，从 1964 年开始，直到 1978 年，全国城镇人口比重一直处在 18% 以下。城市化停滞的另一个表现，是城镇人口的总

量增长主要来自于城镇本身人口的自然增长。据估算，1949—1979 年，城镇人口自然增长累计 5200 多万，占城镇人口净增总数的 66%，自然增长在全国城镇人口增长中起主要作用。城市化的停滞还有一个突出的表现，就是小城镇的衰落。在整个 60 年代和 70 年代，小城镇不但没有发展，而且一些历史上著名的集镇都衰落了。1963—1983 年，全国镇的数量由 4032 个下降到 2781 个，镇的非农业人口所占比重则从 82.63% 下降为 71.95%。中国人口城镇化的一个基本特点是大中小城市的人口增长快于镇的人口增长，使得镇人口占城镇人口的比重由 1953 年的 43.06% 下降到 1982 年的 29.59%，这是中国镇的建设和发展呈现萎缩的一个显著标志。

1966 年"文化大革命"开始，成千上万的干部、知识分子和他们的家属子女在被"批倒斗臭"之后，被遣返原籍。同 60 年代初的 2000 多万城市职工遣返原籍的区别在于：前次主要出于经济原因，这次则主要出于政治原因。1966—1976 年，总数达 2000 万的知识青年在上山下乡运动中，又被下放到农村，这一次大规模的从城市到农村的人口迁移，涉及城市的千家万户，对中国一代人的命运和整个社会的发展产生了深远的影响。这些反城市化的政策和做法，给经济社会各方面造成的负担更是沉重。

（二）农民的固化。在城乡二元社会结构下，中国农村社会的基本特征是：分化程度低，分化速度慢，社会流动停滞，整个社会具有很高的同质性和均等性。农民的基本特征就是固化，即保持固定和不变，很少向外流动，农民内部则很少产生社会分化，而仅有的很少的流动和分化机会又存在着垄断性，广大农民基本上处在一种彼此差别不大、高度同质的状态。

城乡分离限制了农民向城市的社会流动，这样就把农民约束在农村里。在农村又以粮为纲，让农民单纯从事粮食种植业，这又把农民限制在农业上。人民公社的"三级所有、队为基础"的体制，使得农民在集体内部很少存在差别，大家都处在普遍的贫困状态。从 60 年代开始，直到 1978 年，国家基本上停止了从农村招收工人。只是在 1970—1972 年经济短期跃进阶段，才间接地从农村吸收了一部分工人，其中包括从农村下乡知识青年中抽调回城的部分约 400 万左右，此外也有通过复员军人安置和农村合同工转正实现的。

（三）城乡差别和工农差别。由于中国城乡二元经济结构与二元社会结构并存，形成城市——工业、农村——农业的格局，因此，城乡关系在很大程度上也表现为工业和农业的关系。发展经济学和发展社会学理论认为，社会经济总量的增长必然引起社会经济结构的转换，如果社会经济结构的转换滞后，就会反过来制约社会经济的发展。中国城乡二元结构的存在，就必然使得社会经济结构转换严重滞后于社会经济总量的增长，造成中国工业和农业、城市与农村之间的结构性矛盾。1949—1978 年，我国工业与农业的产值比例由 30∶70 变为 75∶25，但是农业人口占总人口的比例仍然高达 84.2%，甚至还高于 1949 年的 82.6% 的水平，农业劳动力仍占总就业劳动力的 70%，城市化水平仅只有 17.92%，低于 1960 年 19.75% 的水平。工业超前而农业滞后的矛盾越来越突出，农业的周期性波动成为一个长期性的社会经济问题。

在城乡二元社会结构状态下，国家通过统购统销制度这种不等价的交换关系，人为地维护和扩大了工农业产品价格的"剪刀差"。1952—1986 年，国家通过"剪刀差"从农业中隐蔽地抽走了 5823.74 亿元的巨额资金，加上农业为国家缴纳的税收 1044.38 亿元，两项合计 6868.12 亿元，约占农业所创造产值的 18.5%。这种不等价交换，就从制度上固定并扩大了城乡差别和工农差别。

从城乡居民收入差别来看，1964 年城乡居民收入差距是 1∶2.2，到 1978 年扩大到 1∶2.4，改革后到 1985 年缩小为 1∶1.7，之后又迅速反弹，到 1994 年更扩大到 1∶2.6 以上。从城乡居民的消费差别来看，1952 年两者之比为 1∶2.4，到 1978 年扩大到 1∶2.9，改革后到 1985 年缩小为 1∶2.2，到 1994 年又迅速扩大到 1∶3.64。

工农差别还有一个重要表现是社会地位的差别。城乡二元社会结构通过严格的户口管理制度把社会一分为二：城市和农村，与此相联系的是城市人和农村人，他们分别被纳入到不同的制度和体制之中，具有不同的身份和待遇，从而具有不同的社会地位，并且存在着这种身份和地位的不可转换性。这就不仅划分而且固定了工人和农民之间的社会地位的差别。

四、改革与中国城乡关系的变动

（一）**农村改革与社会经济结构性演变**。中国城乡二元社会结构的变化与城乡关系的松动是从农村改革开始的，农村改革实质上是改革中国城乡二元社会结构下农村的人民公社制度。

农村改革是从 1978 年后的"包产到户"开始的。1981—1982 年是包产到户普遍发展的时期，并从包产到户转变为包干到户。以包产到户、包干到户为主的家庭联产承包责任制，实质上是把农村人民公社的集体经营变成农民的家庭经营，把集体生产单位还原为家庭生产单位。家庭经营的实行，是农村生产方式的一次重大变革，它开始了农村人民公社制度瓦解的过程。1982 年 12 月国家宪法规定，今后乡镇是我国农村最基层的行政区域，这就最终宣告了人民公社制度的终结。

农村改革后，长期被人民公社体制压抑的农业生产潜力得到发挥，农村经济高速增长，全国粮食产量到 1984 年达到 40731 万吨，人均 400 公斤，创造了历史最高记录。在这种情况下，1985 年 1 月中央下发 1 号文件，正式取消农副产品统派购制度，代之以合同定购和市场收购。到此为止，于 1953 年底建立起来的农产品统购统销制度在延续了 30 多年之后，首先从农村这一端被正式取消。可以说，取消农产品统派购制度是我国继家庭承包制之后的又一次重要改革，它意味着在中国城乡二元社会结构的稳定条件之一——农村人民公社制度被取消之后，城乡二元社会结构的交换条件也开始动摇，这就必然引起城乡二元社会结构的另外两个条件——以城市就业与保障制度为代表的稳定条件和以户口管理制度为代表的分离条件发生变革，从而在整体上导致中国城乡二元社会结构的改变。

农村改革带来了两个直接结果，一个是粮、棉、油等农产品的大量增加，一个是农业剩余劳动力的大量涌现。这就造成一系列的连锁反应，带来农村的非农化趋势与乡镇企业的发展，农村社会经济结构开始全面转换。1978—1988 年，农村乡镇企业职工人数从 2218 万人增加到 9545.45 万人，累计转移农业剩余劳动力 7327.45 万人，乡镇企业产值超过农业产值，占到农村社会总产值的 51.82%。到 1994 年，农村工业产值超过全国工业总产值的一半，已占工业的半壁江山。农村非农产业产值占农村社会总产值的比重上升到 74.3%，而农、林、牧、渔业产值的比重则下降到 25.7%。农村乡镇企业职工总数达到 12017 万人，超过全国国有单位（包括行政、企事业单位）的职工人数，占到农村劳动力总数的 27%，农业劳动力则下降到占全社会劳动力的 54.3%。

中国的农村工业是在二元结构的传统农业和现代大工业两大板块的夹缝中成长起来的，正是在城乡封闭、生产要素市场相对隔绝的特殊条件下，才形成了"离土不离乡、进厂不进城"的中国农村工业化模式。乡镇企业作为中国工业化的一个新的生长点，有效地吸纳了大量农业剩余劳动力，依靠农村自身经济增长实现经济结构的快速转换，从而开拓了中国工业化的一条新路。中国农村工业的发展，作为中国经济发展中一种新的强大的结构和功能要素，从根本上冲击和改变着中国经济二元结构和社会二元结构，并可能最终成为沟通和融合城乡之间、工业和农业之间的桥梁和纽带。

（二）城市改革与社会结构性流动。 中国城乡二元格局的变化是从农村改革开始的，这主要是因为城市作为城乡二元格局的一端是受益者，是既得利益的一方，长期形成的刚性利益难以触动。而农村则是利益的提供者，是受损的一方，因此迫切需要改变自身的处境和地位。农村改革动摇了城乡二元社会结构的两大支柱，"破坏"了城乡二元社会结构农村一方的"稳定"状态，这就反过来对城市一方的"稳定"造成巨大冲击，迫使城市方面也不得不进行改革。城市改革比较复杂和困难，首先从菜篮子做起，进行蔬菜和副食品供应制度的改革，并逐步达到粮油供应的完全放开。到 1993 年，同城市户口制度紧密结合、关系到城市千家万户生活的重要凭证——粮本与粮票，终于失去了作用。城市的劳动就业制度、社会福利保障制度、住房制度乃至户口管理制度，都在逐步的改革之中。所有这一切，都在改变着以前固化的城乡二元社会结构，城乡关系也变得越来越松动。

中国的城市化在经过长期的停滞之后，从 1978 年开始，进入一个新的发展阶段。到 1981 年，城市化水平超过了 1960 年曾经达到的最高程度，并首次超过 20%，为 20.16%。1982—1992 年，全国城镇总人口从 21480 万增加到 32372 万，增加了 10892 万，平均每年增加 1000 万人以上，城市化水平从 21.13% 上升到 27.63%，提高了 6.5 个百分点。到 1994 年，城市化水平进一步达到 28.62%。可以说，改革后中国城市化的新进展，是在城乡二元社会结构不断松动的条件下实现的。城乡关系的松动促进了城市化，但又在一定程度上制约了城市化，使其走上了一条特殊的道路，形成二元城市化的状态，即城市方面的城市化和农村城镇化并存，农村小城镇化快于大中小城市的城市化。中国农村小城镇的发展，在城乡二元社会结构仍然存在的状态下，开辟了一条中国城市化的新路，必将反过来不断改变城乡二元社会格局，最终达到城乡的交流和融合。

城乡二元社会结构下，社会流动的停滞是其主要特征。研究中国城乡关系的演变过程，我们发现，中国城市化的发展与农民的社会流动之间呈正相关关系，城市化的过程就表现为农民从农村向城市流动的过程。中国的农村改革首先把农民从农业解放出来，大批农业剩余劳动力开始从农业向非农产业转移，在城乡分离的状态下采取"离土不离乡"的方式被乡镇企业所吸收，应该说这是农民在改革后的一次重要解放。但随着农村经济的进一步发展，乡镇企业在资本有机构成提高以后，吸收劳动力的能力在下降，农民流动开始从"离土不离乡"向"离土又离乡"转变。1989年民工潮起，百万民工下广州。到目前，据有关部门统计，全国常年流动的民工有5000万—6000万人，其中跨省流动的民工超过2000万。农民开始由农村进入城镇，这是中国农民的又一次重要解放，必将进一步地改变城乡二元社会结构的状况。

（三）中国社会结构性转型与新型城乡关系的确立。在长期的二元社会结构下，中国城乡处于封闭的状态。改革后城乡二元社会结构条件的消失和变化，从人民公社制度退出历史的舞台到统购统销制度的取消，又到城市劳动就业和社会福利保障制度乃至户口管理制度的改革，开始了城乡二元社会结构的不断演变过程。城乡关系越来越松动，城市也变得越来越开放，农民工人开始了在城乡之间的社会结构性流动过程。这样就在以前城乡二元社会结构分离的两大板块中，产生出一块介于两者之间的规模越来越大的中间层：在工业与农业之间产生了乡镇企业；在城市和农村之间产生了小城镇；在工人和农民之间产生了农民工人阶层。这就使得以前的二元社会结构有所改变，变得比较松动和模糊，开始出现不断交流和融合的城乡二元社会结构。

但由于城乡户口管理制度和城市劳动就业与福利制度的继续存在，二元社会结构的界线并未消失，城乡之间还只是有限的交流和开放，城乡之间的结构性矛盾只是有所缓和，并未根本消除。中国经济总量的增长仍然未能改变经济社会结构转换滞后的事实，这表现为中国在经济迅速发展的同时，却存在85%的非农业产值和不到30%的城市化水平、15%左右的农业产值和70%以上的农村人口等结构性失衡状态，城市化严重滞后于工业化的发展。中国社会的基本问题是农民问题，而农民问题又是同农业问题和农村问题相联系的。如果说中国社会经济的发展已经使我们认识到，不能再局限于农业的范围来解决中国的农民问题，那么我们还应认识到，也不能再局限于农村的范围来解决中国的农民问题，而必须从城乡一体的综合性角度来考虑和解决中国的农民问题。

改革开放以来，中国社会已进入一个快速的全面转型时期，正不断地从农业社会向工业社会转变，从农村社会向城市社会转变，由此而形成一个农民从农业向非农产业、从农村向城镇的社会结构性流动过程，这是社会现代化的必然趋势。这就需要我们重新调整中国的社会经济结构，加快城市化的进程，大力改革城乡户口管理制度，改革城市劳动就业、住房和福利保障制度，从根本上改变中国城乡二元社会结构，建立起一种更加开放、交流直到走向融合的城乡关系新格局，最终实现城乡的一体化。

（1995 年）

统筹实施"四大板块"
和"三个支撑带"战略组合

我国是一个发展中的大国，区域发展不平衡既是面临的突出问题，又是发展的潜力和空间所在。广大的东部沿海地区，再加上辽阔的中西部内陆腹地，提供了我国经济发展巨大的回旋余地。十二届全国人大三次会议《政府工作报告》提出，统筹实施"四大板块"和"三个支撑带"战略组合。这是我国区域发展新的重大布局，有利于拓展区域发展新空间，形成我国持续发展的战略支撑。

我国经济发展的一大新动力，就在于拥有广阔的内陆腹地和全国统一的大市场。广大中西部地区发展起来，可以创造巨大的内需。在我国经济发展进入中高速增长的"新常态"，当前经济下行压力加大的情况下，需要进一步谋划区域发展"新棋局"，拓展区域发展新空间，培育区域经济增长新动力，把中国经济发展的区域和城镇化"两大引擎"做大做强。

一、区域协调协同发展迈出新步伐

我国区域发展战略和政策体系不断完善，在"四大板块"战略的基础上，提出了"三个支撑带"战略，区域经济发展形成新的良好势头，尤其是中西部地区加快发展步伐，呈现出前所未有的新格局。

（一）积极谋划区域发展新棋局。近年来，国务院发布全国主体功能区规划，实施新型城镇化战略，制定区域和跨区域政策。特别是提出"三个支撑带"战略，启动实施京津冀协同发展战略，制定实施《关于依托黄金水道推动长江经济带发展的指导意见》和《长江经济带综合立体交通走廊规划（2014—2020）》；提出建设"丝绸之路经济带"和"21世纪海上丝绸之路"，引起了国内外的热烈反响。

（二）**中西部地区经济发展全面提速，我国区域发展差距扩大的趋势开始得到遏制。**我国经济发展中的一个可喜现象，就是一些中西部省份的经济增速上来了，超过了东部地区，甚至出现了投资和出口的大幅增长。这是我国区域发展进程中一个重大的历史性变化。2014年，西部地区重庆经济增长10.9%，居全国第一；西藏和贵州增长10.8%，新疆增长10%，陕西增长9.7%，青海增长9.2%；中部地区江西、湖北增长9.7%，湖南增长9.5%，安徽增长9.2%，河南增长8.9%。从投资来看，2014年，东部地区投资206454亿元，比上年增长15.4%；中部地区投资124112亿元，增长17.6%；西部地区投资129171亿元，增长17.2%。正所谓"东方明西方亮"，中西部的快速发展，弥补了东部地区经济增速下降的缺口，使得我国经济发展有了更大的回旋余地，这一趋势有望继续保持下去。

（三）**区域经济实力明显增强，正在形成一些新的经济增长极。**我国产业转移由东部到中西部不断推进。如在西部，成渝地区、关中地区、北部湾地区发展提速。中部地区长江中游城市群、中原城市群等正在崛起。可以说"八仙过海，各显神通"，呈现出你追我赶的发展态势。一些经济大省的实力不断增强，尤其是东部地区呈现出率先发展的新气象。2014年，广东省经济总量达到67792亿元位居全国第一，江苏省则以65088亿元位居第二，这两个省都超过1万亿美元。经济总量超过3万亿元的省份依次是：山东59427亿元，位居全国第三；浙江40154亿元，位居全国第四；河南35018亿元，位居全国第五。我国已经有天津、北京、上海、江苏、浙江、辽宁、内蒙古、福建、广东9个省区市人均GDP超过1万美元大关，达到中等发达国家水平，这些地区总人口超过4亿人。这成为我国经济发展所取得的一个历史性成就。

（四）**区域合作范围不断扩大，全方位对外开放的格局正在形成。**泛珠三角、长三角、京津冀等区域合作进一步深化，加大力度对口支援西藏、新疆和四省藏区，以及其他民族地区。在继续推进沿海开放的同时，加快了沿边开放、向西开放、内陆开放的步伐。国家先后设立新疆喀什和霍尔果斯经济开发区，内蒙古满洲里、云南瑞丽、广西东兴等沿边重点开发开放试验区，支持建设宁夏内陆开放型经济试验区，启动了丝绸之路经济带、21世纪海上丝绸之路建设规划工作。随着我国区域经济蓬勃发展，区域合作和对外开放进入一个新阶段。

总体上来说，我国区域发展取得了新的重要进展，同时区域发展不平衡的问题仍然突出，区域差距扩大趋势还没有得到根本性改变。中西部地区虽然近年来投资和经济增速等指标高于全国平均水平，但在经济增长的质量和效益、社会发展水平、生态环境等方面，还存在着很大差距。缩小区域发展差距、推进区域协调发展任重道远，需要付出长期坚持不懈的努力。

二、继续实施好"四大板块"发展战略

针对不同区域的实际情况，充分发挥各地区的比较优势，实施差别化区域经济政策。

（一）**坚持把西部大开发放在区域发展的优先位置**。继续采取特殊支持政策，增强西部地区自我发展能力。2015年要在西部地区开工建设一批交通、水利、生态、民生等重大项目，特别是铁路等公共基础设施建设、城乡危房改造等民生工程，这些既有利于扩大投资、增强发展后劲，又能够改善民生、扩大消费，起到一举多得之效。

（二）**深入实施振兴东北地区等老工业基地战略**。落实好11个方面35条政策措施，以改革开放为强大动力，深化国有企业和国有资本管理体制改革，大力发展非公有制经济和中小微企业，充分释放市场经济活力，推动经济结构调整和转型升级，培育经济发展新引擎。

（三）**加大实施中部地区崛起战略力度**。继续推进"三个基地、一个枢纽"建设，即建设全国重要的粮食生产基地、能源原材料基地、现代装备制造及高技术产业基地和综合交通运输枢纽，特别是加快建设中部地区综合交通网络，结合长江经济带和丝绸之路经济带建设，推进中原经济区、

武汉城市圈、环长株潭城市群、皖江城市带、太原城市群等重点区域发展。

（四）支持东部地区率先发展。在改革开放中先行先试，在转变发展方式、调整经济结构、创新驱动和转型升级中走在全国前列，率先全面建成小康社会，率先基本实现现代化。

同时，加大对"老少边穷"地区的支持。帮助革命老区、民族地区、边疆地区和贫困地区加快发展步伐。特别是加强基础设施建设，强化生态建设和环境保护，提高基本公共服务水平，切实改善老少边穷地区生产生活条件。继续实施支持革命老区发展的政策，贯彻落实扶持民族地区发展的措施，深入推进兴边富民行动，加大扶贫攻坚力度，推进全面建成小康社会进程。

三、积极建设连通国内外的"一带一路"

2013 年，习近平主席在访问中亚和东盟期间，先后提出共建丝绸之路经济带和 21 世纪海上丝绸之路的倡议，赋予了古丝绸之路新的时代内涵，为泛亚和亚欧区域合作注入了新的活力。"一带一路"贯通中亚、南亚、东南亚、西亚等区域，连接亚太和欧洲两大经济圈，是世界上跨度最大、最具发展潜力的经济合作带。"一带一路"沿线大多是新兴经济体和发展中国家，总人口约 44 亿，经济总量约 21 万亿美元，分别约占全球的 63% 和29%。这些国家普遍处于经济发展上升期，开展互利合作的前景广阔。深挖我国与沿线国家合作潜力，必将提升新兴经济体和发展中国家在我国对外开放格局中的地位，促进我国中西部地区和沿边地区对外开放，推动东部沿海地区开放型经济率先转型升级，进而形成海陆统筹、东西互济、面向全球的开放新格局。

建设"一带一路"，需要着力推动实施一批相关各国有需求和共识、影响力大、带动性强的重大合作项目，以点带面、从线到片，共同打造沿线区域合作的贸易流、产业带、联通网、人文圈。

（一）推进区域基础设施互联互通。抓住关键通道、关键节点和重点工程，加快构建紧密衔接、畅通便捷、安全高效的互联互通网络。统筹谋划陆上、海上、航空基础设施互联互通，积极推进亚欧大陆桥、新亚欧大陆桥、孟中印缅经济走廊、中巴经济走廊等骨干通道建设，加强海上港口建设及运营管理，畅通陆水联运通道，拓展建立民航全面合作的平台和机制。

（二）挖掘区域贸易新增长点。相互扩大市场开放，深化海关、质检、电子商务、过境运输等全方位合作，提高沿线国家贸易便利化水平。推动企业在沿线交通枢纽和节点建立仓储物流基地和分拨中心，完善区域营销网络。

（三）扩大双向投资合作。推动沿线国家经贸合作由简单商品贸易向更高级的相互投资转变，形成贸易与投资良性互动、齐头并进的良好局面。鼓励企业到沿线国家扩大对外工程承包业务，在"一带一路"主要交通节点和港口共建一批经贸合作园区，吸引各国企业入园投资，形成产业示范区和特色产业园。

（四）提高区域经济一体化水平。积极与沿线有关国家和地区发展新的自贸关系，逐步形成立足周边、辐射"一带一路"、面向全球的高标准自贸区网络。中国为促进"一带一路"建设和发展，与相关国家合作筹建亚洲基础设施投资银行，法定资本为1000亿美元，初始认缴资本目标为500亿美元左右，实缴资本为认缴资本的20%。中国将出资400亿美元成立丝路基金。

建设"一带一路"，涉及国内许多地区，将形成东西双向互动、沿海一线与亚欧大陆桥"大T字型"发展格局。丝绸之路经济带国内沿陇海、兰新线，横跨江苏、安徽、山东、河南、陕西、甘肃、新疆等省区，形成一条贯通东中西的陆路经济大通道，拥有交通、城市、产业等综合性优势，具有巨大发展潜力。需要加强统筹规划，优化经济发展布局，推进城市群和城市带发展，构建中国经济发展的一条重要支撑带。我国沿海地区要加快对接21世纪海上丝绸之路，以港口、码头建设为龙头，建设以远洋运输为主、内联外接、贯通内陆、通江达海的综合物流运输体系，推动国内发展与对外开放融合互动。以"一带一路"为东西重要两翼，让中国经济发展插上飞翔的翅膀，实现中国经济更大发展。

四、推进京津冀协同发展

推动京津冀协同发展，是党中央、国务院在新形势下作出的重大决策部署。京津冀地区是我国少有的一个"双黄蛋"，是一个"大金蛋"——河北省环绕包裹着北京、天津两大直辖市。京津冀总人口超过1亿人，土地面积21.6万平方公里，经济总量占到全国的10%以上。实现京津冀协同发展，是面向未来打造新的首都经济圈、推进区域发展体制机制创新的需要，是探索完善城市群布局和形态、为优化开发区域发展提供示范和样板的需要，是探索生态文明建设有效路径、促进人口经济资源环境相协调的需要，是实现京津冀优势互补、促进环渤海经济区发展、带动北方腹地发展的需要，是一个重大国家战略。

推进京津冀协同发展，要立足各自比较优势、立足现代产业分工要求、立足区域优势互补原则、立足合作共赢理念，以京津冀城市群建设为载体、以优化区域分工和产业布局为重点、以资源要素空间统筹规划利用为主线、以构建长效体制机制为抓手，从广度和深度上加快发展。推进京津双城联动发展，要加快破解双城联动发展存在的体制机制障碍，按照优势互补、互利共赢、区域一体原则，以区域基础设施一体化和大气污染联防联控作为优先领域，以产业结构优化升级和实现创新驱动发展作为合作重点，把合作发展的功夫主要下在联动上，努力实现优势互补、良性互动、共赢发展。重点抓好七个方面工作：一要着力加强顶层设计，抓紧编制首都经济圈一体化发展的相关规划，明确三地功能定位、产业分工、城市布局、设施配套、综合交通体系等重大问题，并从财政政策、投资政策、项目安排等方面形成具体措施。二要着力加大对协同发展的推动，自觉打破自家"一亩三分地"的思维定式，抱成团朝着顶层设计的目标一起做，充分发挥环渤海地区经济合作发展协调机制的作用。三要着力加快推进产业对接协作，理顺三地产业发展链条，形成区域间产业合理分布和上下游联动机制，对接产业规划，不搞同构性、同质化发展。四要着力调整优化城市布局和空间结构，促进城市分工协作，提高城市群一体化水平，提高其综合承载能力和内涵发展水平。五要着力扩大环境容量生态空间，加强生态环境保护合作，在已经启动大气污染防治协作机制的基础上，完善防护林建设、水资源保护、水环境治理、清洁能源使用等领域合作机制。六要着力构建现代化交通网络系统，把交通一体化作为先行领域，加快构建快速、便捷、高效、安全、大容量、低成本的互联互通综合交通网络。七要着力加快推进市场一体化进程，下决心破除限制资本、技术、产权、人才、劳动力等生产要素自由流动和优化配置的各种体制机制障碍，推动各种要素按照市场规律在区域内自由流动和优化配置。

中央成立了京津冀协同发展领导小组和专家咨询委员会，正在编制《京津冀协同发展规划纲要》，以及相关领域专项规划，深入研究体制机制改革、强化创新驱动、开展试点示范等重大问题，优先启动一批有共识、看得准、能见效的非首都核心功能疏解项目，加快推动交通一体化、生态环保、产业转移三个重点领域率先突破，着力推动网络化布局、智能化管理、一体化服务，构建安全可靠、便捷高效、经济实用、绿色环保的综合交通运输体系；着力推进绿色循环低碳发展，发挥重点治理工程带动作用，形成区域良好生态格局；着力实施创新驱动发展战略，促进产业有序转移承接，推动产业结构调整优化升级。

五、加快建设长江经济带

依托长江黄金水道，建设长江经济带，是我国区域发展的一个大战略。长江是我国第一、世界第三长河，全长 6300 公里，流域面积 180 万平方公里，约占全国总面积的 1/5，航运里程超过密西西比河、莱茵河和伏尔加河的总和。长江经济带覆盖上海、江苏、浙江、安徽、江西、湖北、湖南、重庆、四川、云南、贵州等 11 省市，面积约 205 万平方公里，人口和生产总值均超过全国的 40%。长江经济带是继中国沿海经济带之后最有活力的经济带，横跨我国东中西三大区域，有望成为"中国经济的脊梁"。有人形容，中国的沿海像一把弓，广袤且资源富集的西部像一根弦，长江就是搭在弦上的一支箭，上海是箭首，重庆是箭羽，现在弓已拉满，是发力放箭的时候了。中国经济发展将似离弦之箭射向海洋，走向世界。还有人比喻，长江是一条龙，长三角是龙头，上海是龙珠，武汉等中游地区是龙身，重庆四川是龙尾。三者协调联动，摇头摆尾舞动龙身，就能够让长江经济带这条巨龙腾飞。

2014年9月，国务院制定了《关于依托黄金水道推动长江经济带发展的指导意见》，提出要高起点高水平建设综合交通运输体系，推动上中下游地区协调发展、沿海沿江沿边全面开放，构建横贯东西、辐射南北、通江达海、经济高效、生态良好的长江经济带。明确了长江经济带的战略定位：具有全球影响力的内河经济带，东中西互动合作的协调发展带，沿海沿江沿边全面推进的对内对外开放带，生态文明建设的先行示范带。建设长江经济带，依托长三角城市群、长江中游城市群、成渝城市群，做大上海、武汉、重庆三大航运中心，连接贯通我国东中西"三大板块"，推进长江中上游腹地开发，扩大内陆及沿边对外开放，实现"长江龙起"，形成我国东中西贯通的经济大动脉，拓展经济发展新空间，打造中国经济新支撑带。

建设长江经济带的重点任务：

（一）提升长江黄金水道功能。充分发挥长江运能大、成本低、能耗少等优势，加快推进长江干线航道系统治理，整治浚深下游航道，有效缓解中上游瓶颈，扩大三峡枢纽通过能力，改善支流通航条件，优化港口功能布局，加强集疏运体系建设，发展江海联运和干支直达运输，打造畅通、高效、平安、绿色的黄金水道。

（二）建设综合立体交通走廊。依托长江黄金水道，统筹铁路、公路、航空、管道建设，建设沪成、沪昆高速铁路，形成快速大能力铁路通道，加强各种运输方式的衔接和综合交通枢纽建设，加快多式联运发展，建成安全便捷、绿色低碳的综合立体交通走廊。

（三）创新驱动促进产业转型升级。顺应全球新一轮科技革命和产业变革趋势，推动沿江产业由要素驱动向创新驱动转变，大力发展战略性新兴产业，加快改造提升传统产业，大幅提高服务业比重，引导产业合理布局和有序转移，培育形成具有国际水平的产业集群，增强长江经济带产业竞争力。

（四）全面推进新型城镇化。按照沿江集聚、组团发展、互动协作、因地制宜的思路，推进以人为核心的新型城镇化，优化城镇化布局和形态，增强城市可持续发展能力，创新城镇化发展体制机制，推进创新城市、绿色城市、智慧城市、人文城市建设。

（五）**培育全方位对外开放新优势**。发挥长江三角洲地区对外开放引领作用，建设向西开放的国际大通道，加强与东南亚、南亚、中亚等国家的经济合作，构建长江大通关体制，形成与国际投资、贸易通行规则相衔接的制度体系，全面提升长江经济带开放型经济水平。

（六）**建设绿色生态廊道**。统筹考虑长江防洪、生态、供水、航运和发电等需求，加强长江流域综合治理，切实保护和利用好长江水资源，严格控制和治理水污染，加大重点生态功能区保护力度，加强流域生态系统修复和环境综合治理，显著改善长江生态环境。

（七）**创新区域协调发展体制机制**。建立推动长江经济带发展部际联席会议制度，形成区域互动合作机制。打破行政区划界限和壁垒，形成市场体系统一开放、基础设施共建共享、生态环境联防联治、流域管理统筹协调的区域协调发展新机制。

2015 年要有序开工黄金水道治理、沿江码头口岸等重大项目，构筑综合立体大交通，推动新型城镇化发展，建设产业转移示范区，引导沿江产业有序转移和优化升级，为长江经济带建设打下坚实的基础。

（2015 年 3 月）

我国区域发展战略与区域经济新格局

我国是一个发展中大国，地域辽阔，人口众多。张维为在《中国震撼》一书中说，中国是一个超级国家，其人口规模超过整个欧洲，相当于欧洲加上美国、俄罗斯、日本、加拿大、澳大利亚的总和，有些省都相当于一个欧洲国家。区域之间差异大、发展很不平衡，是我国的基本国情。如何制定和实施区域发展总体战略，促进区域协调发展，形成区域经济发展新格局，是我国现代化建设面临的一个重大任务，不仅具有重大的经济意义，而且具有重大的政治意义。

一、我国区域发展总体战略与区域政策

（一）区域发展总体战略。改革开放以来，我国区域发展实施的是差异化梯度发展战略，从非均衡发展逐步过渡到均衡发展。邓小平说，我们的政策是让一部分人、一部分地区先富起来，以带动和帮助落后地区，这是一个大政策，一个能够影响和带动整个国民经济的政策。1988年，邓小平提出了"两个大局"的重要战略思想："沿海地区要加快对外开放，使这个拥有两亿人口的广大地带较快地发展起来，从而带动内地更好地发展，这是一个事关大局的问题。内地要顾全这个大局。反过来，发展到一定的时候，又要求沿海拿出更多力量来帮助内地发展，这也是个大局。那时沿海也要服从这个大局。"

我国对外开放从东部沿海地区开始，先是设立4个经济特区，后扩大为14个沿海开放城市，到1990年上海浦东开发开放，带动了整个东部地

区率先发展起来。经过 20 多年改革开放后，在东部沿海地区获得快速发展的情况下，进入世纪之交的 1999 年，中央作出实施西部大开发的战略决策，加快中西部地区发展步伐。2002 年党的十六大提出了促进区域经济协调发展的问题，分别对西部大开发、中部地区崛起、东部地区发展、东北老工业基地振兴等提出了明确要求。十六大以后的 2003 年，中央把振兴东北地区等老工业基地作为一个重大战略，作出了全面部署。2005 年，开始实施促进中部地区崛起战略，加快中部地区发展。我国对外开放也从沿海开放到沿江开放，又到沿边开放，从东部逐步发展到中部和西部，形成全方位对外开放的格局。

（二）区域发展的政策措施。近些年来，我国区域发展不断深入，区域政策体系进一步完善。党中央、国务院制定了一系列支持区域发展的政策措施，概括起来，主要有五种类型：一是进一步支持中西部地区发展的政策措施。制定了深入实施西部大开发战略、促进中部地区崛起的意见，进一步实施东北地区等老工业基地振兴战略、中西部地区承接产业转移的意见。二是支持五个民族自治区发展的政策。中央先后制定了促进西藏、新疆实现跨越式发展和长治久安的重要文件，出台了对口支援新疆、西藏和青海等四省藏区的政策措施，制定了促进宁夏、广西、内蒙古经济社会发展的意见。三是支持其他省区市改革发展的政策。主要是制定了推进重庆市统筹城乡改革发展、支持云南省加快建设面向西南开放重要桥头堡的意见，支持甘肃、贵州等省经济社会发展的意见，推进海南国际旅游岛建设的意见。四是支持跨区域发展的政策。主要是支持建设海峡西岸经济区、建设中原经济区的政策，进一步推进长江三角洲地区改革开放和经济社会发展的意见。五是支持重点区域发展的政策。主要是制定了天津滨海新区开发开放，上海加快发展现代服务业和先进制造业、建设国际金融中心和国际航运中心的意见，支持新疆喀什、霍尔果斯经济开发区建设的意见，批准设立重庆两江新区、广州南沙新区、舟山群岛新区、连云港建立国家东中西区域合作示范区等，制定了支持深圳前海、珠海横琴、福建平潭岛开发建设的有关政策。此外，国家及有关部门还批准了关中—天水经济区、河北沿海地区、山东半岛蓝色海洋经济示范区、辽宁沿海经济带等区域发展规划。

（三）**区域发展战略和区域政策的特点**。经过这么多年的发展，区域发展政策不断丰富和完善，基本形成了区域发展政策体系。我国区域发展战略和区域政策有以下几个显著特点：

第一，实施区域发展总体战略，形成了区域发展总体布局。在科学发展观指导下，按照统筹区域协调发展的要求，中央明确提出了我国区域发展总体战略布局，这就是实施西部大开发战略，振兴东北地区等老工业基地，促进中部地区崛起，鼓励东部地区率先发展，形成东中西互动、优势互补、相互促进、共同发展的新格局。

第二，区域发展总体战略与主体功能区规划相结合，确定了不同类型的开发区域。国家主体功能规划按照不同区域的资源环境承载能力、现有开发强度和发展潜力，把国土空间划分为四种类型：优化开发区、重点开发区、限制开发区、禁止开发区。着力构建"两横三纵"为主体的城市化战略格局，即以陇海兰新欧亚大陆桥通道、沿长江通道为两条横轴，以沿海、京哈京广、包昆通道为三条纵轴，布局国家优化和重点开发区域。推进环渤海、长三角、珠三角地区优化开发，形成三个特大城市群。推进哈长、江淮、海峡西岸、中原、长江中游、北部湾、成渝、关中—天水等地区的重点开发，形成若干新的大城市群和区域性的城市群。在限制开发区域，主要是发展现代农业，建设农产品主产区，保障国家粮食安全。在禁止开发区，主要是加强环境保护，维护国家生态安全。

第三，加大对边疆地区、民族地区、贫困地区、革命老区的支持力度。中央通过不断加大财政转移支付力度、安排布局重大建设项目、开展对口支援、实施扶贫攻坚计划等措施，重点支持这些地区加强基础设施建设、保障和改善民生、发展特色优势产业、保护生态环境，提高其自我发展能力，加快脱贫致富步伐，逐步实现公共服务均等化。

第四，区域政策体系不断完善，呈现出深化、细化、差别化的特征。除了实施四大区域战略之外，更加注重许多中小区域的发展，支持各个地区发挥自身优势，形成新的区域经济增长点。如加快发展成渝经济区、中原经济区、海峡西岸经济区、北部湾经济区，还有如武汉城市圈、长株潭城市群、太原城市群、辽中南地区、冀中南地区、哈大齐工业走廊、长吉图经济区、呼包鄂榆地区、黔中地区、滇中地区、藏中南地区、兰州—西宁地区、天山北坡地区等。

（四）制定区域发展战略的好处。这些年，从中央到地方，对区域发展越来越重视。在地方发展规划、政府工作报告中，区域布局越来越占有重要位置。我国区域政策的制定和实施显现出几大好处：一是从国家区域战略的高度，明确赋予地方发展在国家全局中的定位和发展思路，体现了权威性，使地方各得其所，有利于避免全国各地同质化无序竞争和重复建设。二是坚持区别对待，因地制宜，不搞一刀切。从各地特色和优势出发，实行一地一策，体现了差别化的政策取向。三是有利于保持地方政策的连续性和稳定性，有效避免地方领导一换、政策一变，新官不理旧事，较好地保证了政策的前后连贯和继承，坚持下去持之以恒加以推进。总体上看，我国的区域政策有利于调动中央和地方两个积极性，上下配合齐心协力推动我国区域经济又好又快发展。

二、我国区域经济发展新格局

我国区域发展战略和区域政策的实施取得了良好效果，区域发展的协调性不断增强，东中西呈现出相互促进、竞相发展的新格局。

（一）中西部地区经济发展全面提速，我国区域发展差距扩大的趋势开始得到遏制。这几年，受国际金融危机的影响，东部地区的发展速度出现减缓，而中西部地区发展速度加快，多项经济指标增速高于全国平均水平。从 2007 年开始，西部地区经济增速首次超过东部地区。2008 年以来，西部、中部、东北地区连续四年超过东部地区。2011 年，位于西部地区相对落后的省份：贵州经济总量达到 5700 亿元，增长 15%；重庆经济增长达到 16.4%，位居全国第一；四川、内蒙古经济增长都达到 15%，陕西增长 13.9%，湖北增长 13.8%，青海、安徽增长 13.5%，云南、山西、广西增长都达到 13%。中部地区 6 省全部跻身"万亿元俱乐部"，人口大省河南经济总量达到 2.7 万亿元，位居全国第五、中部第一。中西部地区投资增速快于东部，2011 年东部地区投资增长 21.3%，中部地区增长 28.8%，西部地区增长 29.2%。中西部地区工业增加值增速也快于东部，东部地区工业增加值比上年增长 11.7%，中部地区增长 18.2%，西部地区增长 16.8%。中西部地区对外贸易发展动力增强，出口增速明显高于全国平均水平。2011 年重庆外贸进出口增长 140%，位列全国第一；河南、贵州和江西出口分别比上年增长 82.7%、55.5% 和 63.1%；四川对外贸易增长 46.1%。中西部地区城乡居民收入也保持了较快增长，贵州省 2011 年城镇居民人均可支配收入比上年实际增长 12%，农村居民人均纯收入实际增长 15%，增速创 26 年来新高。正所谓"东方不亮西方亮"，中西部的快速发展，使得我国在应对国际金融危机中有了更大的回旋余地。这一趋势有望继续保持下去，我国区域发展开始呈现出地区发展差距相对缩小的良好态势。

（二）区域发展正在形成一些新的经济增长极，呈现出区域发展的新面貌。我国产业转移由东部到中西部不断推进。如在西部地区，成渝地区、关中地区、北部湾地区发展提速。世界 500 强企业中许多企业先后到重庆、成都投资创业，加快形成了西部地区新的增长极。东北地区沈阳经济区、哈大齐区域实力明显增强。中部中原城市群正在崛起，湖北、湖南、江西三省提出建设"中三角"即武汉城市圈、长株潭城市群、环鄱阳湖生态经济区，培育中国经济"第四极"。各地可以说"八仙过海，各显神通"，呈现出千帆竞发、百舸争流的新局面。

（三）区域经济实力明显增强，形成你追我赶的新态势。随着我国经济快速发展，一些地区的经济总量已相当可观。如果我们把一个省市作为一个单独经济体，那么广东、江苏、山东 GDP 总量可以进入世界前 20 位，分别排在第 14、15 和第 17 位。我们许多省区市的经济总量也超过不少国家。2011 年，我国人均 GDP 达到 5400 多美元，东部地区北京、上海、天津人均 GDP 已超过 1 万美元，达到 1.2 万美元，开始进入高收入国家水平；江苏、浙江人均接近 1 万美元，广东达到 8000 美元，进入中等偏上收入国家水平。长江三角洲地区上海、江苏、浙江提出，到 2020 年率先基本实现现代化，其中苏州、无锡提出到 2015 年率先基本实现现代化。这些区域的快速发展，正在引领和带动其他区域加快发展。

（四）区域合作范围不断扩大，合作水平明显提高。国内区域合作方面，泛珠三角合作领域不断拓展，包括云南、贵州都加入这一区域合作。安徽提出融入长三角，江西提出借力珠三角和长三角。加大力度对口支援西藏、新疆和四省藏区，以及其他民族地区。国际区域合作方面，西南地区抓住中国与东盟建立自由贸易区的机遇，扩大与东盟国家合作；新疆向西开放，加强与中亚国家合作；东北地区开展东北亚经济合作。随着我国区域经济蓬勃发展，区域合作和对外开放进入一个新阶段。

三、中西部地区如何实现后发赶超和转型发展

我国区域经济要协调发展，最大的问题就是中西部地区要加快发展，逐步缩小与东部地区的发展差距。因此，中西部地区必需实现后发赶超的跨越式发展，在转型发展中加快调整经济结构和转变经济发展方式。重点实施"四大战略"：

（一）**实施工业化、城镇化战略，推进"四化"同步发展。**中西部地区的落后，从根本上说是工业化和城镇化的落后。我国总体上处于工业化中后期阶段，而西部一些地区还处在工业化初期阶段。工业化、城镇化是发展的最大动力所在。没有工业的发展，农业和服务业也不能够很好地发展起来。同时，没有城镇化的支撑，工业化也缺乏持久发展的动力。要加快工业化、城镇化发展步伐，促进工业化、信息化、城镇化、农业现代化同步发展。

（二）**实施强基固本战略，从根本上改变发展的软硬件环境。**首先是硬件，主要是加快基础设施建设，包括交通、水利、能源、通信等，创造发展的基础条件。其次是软件，主要是人才、技术、思想、观念、也包括体制机制等。一个地区要发展，必须引入外来新的发展要素，打破过去旧的结构状态，发挥外力的"引爆"作用，创造发展的新环境和新局面。

（三）**实施比较优势发展战略，加快提升发展实力。**中西部特别是西部有比较丰富的能源矿产资源和劳动力资源优势。要把能源资源优势转化为经济优势，必须提高能源资源开发和深加工能力。重点发展特色优势产业，发展特色工业和制造业，发展特色农业和食品加工业，发展具有鲜明地方特色的旅游业。同时，有选择地发展新能源、新材料、新一代信息技术、装备制造、节能环保、生物产业等战略性新兴产业。

（四）实施富民为本战略，加快改善民生步伐。强省是为了富民。要把保障和改善民生作为发展的根本目的，不断提高人民物质文化生活水平。大力实施扶贫攻坚计划，加快贫困地区脱贫致富。进一步加快转移农村富余劳动力，提高就业技能，这是增加农民收入的一条重要途径。还要大力发展教育、医疗等社会事业，加快完善社会保障体系，真正让人民群众享受到经济发展带来的好处。

（2012 年 8 月）

促进区域协调发展和积极稳妥推进城镇化

近年来我国区域协调发展呈现新气象。深入实施区域发展总体战略和全国主体功能区规划，东部地区创新发展能力增强，中西部地区和东北等老工业基地发展潜力有序释放，区域发展协调性进一步增强，城镇化快速推进。促进区域经济协调发展，积极稳妥推进城镇化，是推进经济结构战略性调整、加快转变经济发展方式的重要任务，也是扩大内需的重大举措。

一、我国区域发展协调性进一步增强

近年来，我国区域发展总体战略深入推进，一系列重大区域规划和区域性政策文件制定出台，区域政策体系不断完善，我国区域发展呈现出生动活泼的良好局面。主要表现在：中西部地区发展整体加速，地区发展差距扩大势头得到有效遏制；区域经济增长极不断涌现，区域发展战略格局新的版图逐步形成；国家对民族地区、边疆地区、革命老区、贫困地区扶持力度加大，欠发达地区自我发展能力显著增强；区域合作广度深度不断拓展，区域开发开放水平进一步提高。总体上，我国区域发展正朝着协调性不断增强的方向迈进。

（一）**实施区域发展总体战略，区域政策体系进一步完善**。2006年党的十六届五中全会明确提出了我国区域发展总体战略布局，这就是实施西部大开发战略，振兴东北地区等老工业基地，促进中部地区崛起，鼓励东部地区率先发展，形成东中西互动、优势互补、相互促进、共同发展的新格局。近年来，在区域发展总体战略指导下，国家相继批准实施了一系列重大区域规划和区域性政策文件，设立了若干特色鲜明的重点功能区，我国区域政策体系不断完善，日益呈现出细化、实化、差别化的特征。中央先后制定了促进西藏、新疆实现跨越式发展和长治久安的重要文件，出台了对口支援新疆、西藏和青海等四省藏区的政策措施，制定了深入实施西部大开发战略、促进中部地区崛起的意见。国务院先后制定了促进宁夏、广西等民族地区经济社会发展的意见，制定了推进重庆市统筹城乡改革发展、支持甘肃经济社会发展的意见，制定了天津滨海新区开发开放、上海加快发展现代服务业和先进制造业建设国际金融中心和国际航运中心、支持福建省加快建设海峡西岸经济区、推进海南国际旅游岛建设发展的意见，制定了进一步推进长江三角洲地区改革开放和经济社会发展、进一步实施东北地区等老工业基地振兴战略、中西部地区承接产业转移的意见，制定了全国主体功能区规划。

2011年，国务院相继出台了关于支持云南省加快建设面向西南开放重要桥头堡的意见、关于进一步促进内蒙古经济社会又好又快发展的若干意见、关于支持河南省加快建设中原经济区的指导意见、关于支持喀什霍尔果斯经济开发区建设的若干意见，2012年初又出台了关于进一步促进贵州经济社会又好又快发展的若干意见。与此同时，制定了促进西藏、新疆等地区跨越式发展的一系列优惠政策，实施新10年农村扶贫开发纲要和兴边富民行动规划；编制了《成渝经济区区域规划》《河北沿海地区发展规划》《海峡西岸经济区发展规划》，研究设立了舟山群岛新区，批准连云港建立国家东中西区域合作示范区，制定了支持深圳前海、珠海横琴开发建设的有关政策。

这些政策措施的实施，增强了我国区域政策的针对性，有效解决了政策空间过大和"一刀切"的问题，进一步明确了各区域的战略定位和发展思路，一定程度上解决了无序过度竞争和低水平重复建设的问题，有利于统筹考虑国家战略需要和地方实际，更好地调动中央和地方两个积极性。

（二）区域发展协调性进一步增强，东中西呈现出竞相发展的新局面。
2011年，全国国内生产总值超过47万亿元，比上年增长9.2%。地区生产总值超过万亿元的省区市达到23个，已有2/3以上迈过了地区生产总值万亿元的门槛。其中广东超过5万亿元，江苏和山东超过4万亿元，浙江首次迈入3万亿元，河南、河北、辽宁、四川和湖南超过2万亿元。东部地区继续率先发展，转型升级步伐加快，经济发展的质量和效益不断提高。北京、上海、天津人均地区生产总值都超过 1.2 万美元，达到中上等富裕国家水平。江苏、浙江人均地区生产总值超过 9000 美元，广东人均地区生产总值达到 7800 美元，均跨入中上等收入国家水平。

中西部地区经济发展全面提速，多项经济指标增速高于全国平均水平。在经济增长方面，中西部地区都超过全国平均水平，而且位居全国增长的前列。2011 年重庆经济总量首次突破 1 万亿元，增长 16.4%，位居全国第一。四川、内蒙古、贵州经济增长达到 15%，陕西增长 13.9%，湖北增长 13.8%，安徽、青海增长 13.5%，云南、山西、广西增长都达到 13%。中部地区 6 省全部跻身"万亿元俱乐部"，人口大省河南经济总量达到 2.7 万亿元，位居全国第五、中部第一。中西部地区投资增速快于东部，东部地区投资比上年增长 21.3%，中部地区增长 28.8%，西部地区增长 29.2%。中西部地区工业增加值增速也快于东部，东部地区工业增加值比上年增长 11.7%，中部地区增长 18.2%，西部地区增长 16.8%。中西部地区对外贸易发展动力增强，出口增速明显高于全国同期总体出口增速。重庆市外贸进出口总值达 292.2 亿美元，同比增长 140%，增长幅度位列全国第一。河南、贵州和江西出口分别比上年增长 82.7%、55.5% 和 63.1%。四川对外贸易首次突破 500 亿美元，同比增长 46.1%，总额稳居中西部第一位。全国对外贸易大省广东省进出口总值跨越 8000 亿美元直接登上 9000 亿美元的新台阶，占全国进出口总值的 25.1%，比上年增长 16.4%。江苏省外贸进出口首次突破 5000 亿美元大关，达 5397.6 亿美元，比上年增长 15.9%。2011 年中西部地区城乡居民收入保持了较快增长，贵州省城镇居民人均可支配收入比上年实际增长 12%，农村居民人均纯收入比上年实际增长 15%，增速创 26 年来新高。

国家实施区域发展总体战略，加快了中西部地区的发展步伐。2007 年西部地区经济增速首次超过东部地区。2008 年以来，西部、中部、东北地区连续 4 年全面超过东部地区，这一趋势有条件继续保持下去，我国区域发展开始呈现出地区发展差距相对缩小的良好态势。

二、促进区域经济协调发展

新的一年，要继续实施好区域发展总体战略和主体功能区规划，充分发挥各地特色和优势，突出重点，进一步提高区域发展的协调性和基本公共服务均等化水平，构筑区域经济优势互补、主体功能定位清晰、国土空间高效利用、人与自然和谐相处的区域发展格局。

（一）认真落实西部大开发新10年的政策措施。坚持把西部大开发放在区域发展总体战略中的优先地位，扎实推进新一轮西部大开发战略。加快交通、水利、能源、通信等基础设施建设，大力发展特色优势产业，加强生态建设和环境保护，加快以改善民生为重点的社会事业发展，推进基本公共服务均等化。认真落实新疆、西藏以及青海等四省藏区的特殊支持政策，积极推动内蒙古、广西、宁夏等民族地区加快发展。注重优化区域布局，形成西部大开发战略新高地，辐射和带动周边地区发展。推进成渝、关中—天水和广西北部湾等经济区发展，建成具有全国影响的经济增长极。支持呼（和浩特）包（头）银（川）、新疆天山北坡、兰（州）西（宁）格（尔木）、陕甘宁等经济区发展，形成西部地区新的经济增长带。培育滇中、黔中、西江上游、宁夏沿黄、西藏"一江三河"等经济区，形成省域经济增长点。

（二）加大实施中部地区崛起战略的力度。全面落实《促进中部地区崛起规划》，加快推进"三个基地、一个枢纽"建设，即建设全国重要的粮食生产基地、能源原材料基地、现代装备制造及高技术产业基地和综合交通运输枢纽。充分发挥比较优势，走新型工业化道路，巩固提高粮食、能源原材料、制造业等优势产业，稳步推进城市群发展，增强对全国发展的支撑能力。构建"两横两纵"经济带，即沿长江、沿陇海、沿京广和沿京九经济带，重点推进太原城市群、皖江城市带、鄱阳湖生态经济区、中原经济区、武汉城市圈、环长株潭城市群等区域发展。

（三）加快推进东北地区等老工业基地振兴。发挥东北地区产业和科技基础较强的优势，完善现代产业体系，推动装备制造、原材料、汽车、农产品深加工等优势产业升级，大力发展金融、物流、旅游以及软件和服务外包等服务业。深化国有企业改革，加快厂办大集体改革和"债转股"资产处置，大力发展非公有制经济和中小企业。加快转变农业发展方式，建设稳固的国家粮食战略基地。着力保护好黑土地、湿地、森林和草原，推进大小兴安岭和长白山林区生态保护和经济转型。促进资源枯竭地区转型发展，增强资源型城市可持续发展能力。统筹推进全国老工业基地调整改造。重点推进辽宁沿海经济带、沈阳经济区、哈大齐工业走廊、长吉图经济区等区域加快发展。

（四）**积极支持东部地区转型发展。**发挥东部地区对全国经济发展的重要引领和支撑作用，在更高层次参与国际合作和竞争，在改革开放中先行先试，在转变经济发展方式、调整经济结构和自主创新中走在全国前列。更好地发挥经济特区、上海浦东新区、天津滨海新区在改革开放中先行先试的重要作用。着力提高科技创新能力，加快国家创新型城市和区域创新平台建设。着力培育产业竞争新优势，加快发展战略性新兴产业、现代服务业和先进制造业。着力推进体制机制创新，率先完善社会主义市场经济体制。着力增强可持续发展能力，进一步提高能源、土地、海域等资源利用效率，加大环境污染治理力度，化解资源环境瓶颈制约。推进京津冀、长江三角洲、珠江三角洲地区区域经济一体化发展，打造首都经济圈，重点推进河北沿海地区、江苏沿海地区、浙江舟山群岛新区、海峡西岸经济区、山东半岛蓝色经济区等区域发展，建设海南国际旅游岛。

（五）**加快发展海洋经济。**近年来我国海洋经济快速发展，目前海洋经济总量已接近全国 GDP 的 10%，是国民经济新的重要增长点。要把海洋经济发展放在国家区域发展总体战略更加突出的位置，制定和实施海洋发展战略，进一步优化海洋经济空间布局，提高海洋开发、控制和综合管理能力。合理开发利用海洋资源，积极发展海洋油气、海洋运输、海洋渔业、滨海旅游等产业，培育壮大海洋生物医药、海水综合利用、海洋工程装备制造等新兴产业。深化港口岸线资源整合和优化港口布局。制定实施海洋主体功能区规划，推进山东、浙江、广东、福建、天津等海洋经济发展试点。

（六）**加大对革命老区、民族地区、边疆地区和贫困地区的扶持力度。**加强这些地区的基础设施建设，强化生态保护和修复，提高公共服务水平，切实改善老少边穷地区生产生活条件。继续实施扶持革命老区发展的政策措施，贯彻落实扶持民族地区发展的政策，深入推进兴边富民行动，扶持人口较少民族发展。在南疆地区、青藏高原东缘地区、武陵山区、乌蒙山区、滇西边境山区、秦巴山—六盘山区以及中西部其他集中连片特殊困难地区，实施扶贫开发攻坚工程，加大以工代赈和易地扶贫搬迁力度。实行地区互助政策，开展多种形式对口支援。

（七）加强和完善跨区域合作机制。紧紧抓住国际国内产业分工调整的重大机遇，以市场为导向，以自愿合作为前提，深化区域合作，消除市场壁垒，促进要素流动，引导产业有序转移，实现东中西部地区良性互动，逐步形成分工合理、特色鲜明、优势互补的现代产业体系，不断增强中西部地区自我发展能力，推动区域经济协调发展。

三、积极稳妥推进城镇化

城镇化是经济社会发展的必然趋势，是现代化的重要标志。我国正处在工业化、城镇化快速发展的过程中，城镇化水平不断提高。2011年底，在我国总人口134735万人中，城镇人口达到69079万人，超过农村人口65656万人，城镇化率达到51.27%。这是中国社会结构的一个历史性变化，标志着我国已经进入一个最低限度的城镇化国家。

同时应该看到，我国城镇化发展还面临着突出的矛盾和问题。一是城镇化水平与工业化水平相比还明显滞后。我国城镇化水平不仅远低于发达国家，也低于与我国发展水平相近的国家。发达国家城镇化率一般达到80%以上，马来西亚、菲律宾等人均收入与我国相近的国家城镇化率也在60%以上。二是城镇化中还存在着"二元结构"问题。名义城镇化与实际城镇化还存在着很大差距，突出表现为大量进城务工的农民工问题。据统计，我国目前农民工总数已达2.4亿人，其中进城务工农民工达到1.5亿人以上。人数众多的进城农民工及其家属，作为个体可能还会回到农村，作为一个整体已经变成了城镇人口的一部分，但目前他们很大程度上还处在城镇的边缘化状态，面临着户籍、居住、医疗、社会保障、子女入学等一系列问题。三是粗放式的城镇发展问题突出。在快速城镇化过程中，城镇范围不断扩大，形成了"摊大饼"的圈地现象，土地粗放利用，建起了大马路、大广场，而城镇交通、产业、居住、生活、市政基础设施等跟不上，最突出地表现为交通拥挤，环境污染严重，城镇管理水平亟待提高。四是城镇化发展很不平衡。与我国区域发展不平衡相联系，城镇人口呈现出更多地向东部地区和大城市集中的现象。东部地区城镇化发展快，但城市承载能力与城镇化发展速度不相适应。中西部地区城镇化水平明显偏低，关键是缺乏产业支撑。大中小城市布局不合理，中小城市人口密度较低，聚集规模效益还没有得到充分发挥；小城镇发展缺乏科学规划，造成土地资源浪费，产业聚集度不高，公共设施利用率低。这些都制约了我国城镇化健康发展。

积极稳妥推进城镇化，有利于扩大内需，提供我国经济社会发展的强大动力；有利于统筹城乡发展，从根本上解决好"三农"问题；有利于推动区域经济协调发展，培育我国经济发展新的增长极。要坚持走中国特色城镇化道路，遵循城市发展规律，优化城市化布局和形态，加强城镇化管理，不断提升城镇化的质量和水平，促进城镇化健康发展。

（一）促进大中小城市和小城镇协调发展。根据资源环境和人口承载能力，优化全国生产力布局，形成合理的城镇体系和与国土规模、资源分布、发展潜力相适应的人口布局。按照统筹城乡、布局合理、节约土地、功能完善、以大带小的原则，促进大中小城市和小城镇协调发展。以增强综合承载能力为重点，以特大城市为依托，形成辐射作用大的城市群，培育新的经济增长极。构建以陆桥通道、沿长江通道为两条横轴，以沿海、京哈京广、包昆通道为三条纵轴，以轴线上若干城市群为依托、其他城市化地区和城市为重要组成部分的城市化战略格局，促进经济增长和市场空间由东向西、由南向北拓展。在东部地区逐步打造更具国际竞争力的城市群，在中西部有条件的地区培育壮大若干城市群。科学规划城市群内各城市功能定位和产业布局，缓解特大城市中心城区压力，强化中小城市产业功能，增强小城镇公共服务和居住功能，推进大中小城市基础设施一体化建设和网络化发展。积极挖掘现有中小城市发展潜力，优先发展区位优势明显、资源环境承载能力较强的中小城市。有重点地发展小城镇，把有条件的东部地区中心镇、中西部地区县城和重要边境口岸逐步发展成为中小城市。

（二）**加强和改进城市管理服务**。科学编制城市规划，合理确定城市开发边界，规范新城新区建设，提高建成区人口密度，防止特大城市面积过度扩张，预防和治理"城市病"。完善基础设施，改善人居环境。全面提升交通、通信、供电、供热、供气、供排水、污水垃圾处理等基础设施水平，扩大城市绿化面积和公共活动空间，加快面向大众的城镇公共文化、体育设施建设。推进"城中村"和城乡结合部改造。加强城市综合管理，推动数字城市建设，提高信息化和精细化管理服务水平。

（三）**稳步推进农民工城镇化**。要把符合落户条件的农业转移人口逐步转为城镇居民作为推进城镇化的重要任务。坚持因地制宜、分步推进，把有稳定劳动关系并在城镇居住一定年限的农民工及其家属逐步转为城镇居民。特大城市要合理控制人口规模，大中城市要加强和改进人口管理，继续发挥吸纳外来人口的重要作用，中小城市和小城镇要根据实际放宽落户条件，让更多农村富余劳动力就近转移就业。鼓励各地探索相关政策和办法，合理确定农业转移人口转为城镇居民的规模。合理引导人口流向，着力解决农民工在就业服务、子女上学、住房租购等方面的实际问题，逐步将城镇社会保障、医疗卫生等基本公共服务覆盖到农民工，注重从制度上促进基本公共服务全覆盖和均等化。

（四）**在城镇化过程中统筹解决农民利益问题**。充分考虑农村转移人口的当前利益和长远生计，充分尊重农民在进城或留乡问题上的自主选择权，切实保护农民承包地、宅基地等合法权益。推进征地制度改革，切实维护农民的土地权益，提高农民在土地增值收益中的分配比例，使被征地农民生活水平有提高、长远生计有保障。在积极稳妥推进城镇化的同时，加快新农村建设，让农民无论进城还是留乡，都能安居乐业、幸福生活。

（2012 年 10 月）

加快培育新的区域经济支撑带

区域发展战略是我国现代化发展战略的重要组成部分。我国实施区域发展总体战略，拓展了国民经济发展空间，为我国经济发展创造了更大的回旋余地，也有利于逐步缩小区域发展差距，促进区域经济协调发展。十二届全国人大二次会议《政府工作报告》提出，把培育新的区域经济带作为推动发展的战略支撑，深入实施区域发展总体战略，谋划区域发展新棋局，形成新的区域经济增长极。这为我国区域发展指明了方向，提出了明确要求。

一、我国区域发展总体战略不断丰富和完善

近年来，我国区域发展总体战略深入推进，一系列重大区域规划和区域性政策文件制定出台，区域政策体系不断完善，我国区域经济呈现新的良好发展局面。

（一）实施区域发展总体战略，形成了区域发展总体布局。在科学发展观指导下，按照统筹区域协调发展的要求，中央明确提出了我国区域发展总体战略布局，这就是实施西部大开发战略，振兴东北地区等老工业基地，促进中部地区崛起，鼓励东部地区率先发展，形成东中西互动、优势互补、相互促进、共同发展的新格局。2010 年在实施西部大开发战略 10 周年之际，中共中央国务院制定了深入实施西部大开发战略第二个 10 年的重要意见，把西部大开发放在我国区域协调发展总体战略中的优先地位，提出了基础设施建设、生态环境保护、经济结构调整、社会事业发展、优化区域

布局、扩大对内对外开放等重大任务。2009 年国务院制定了关于进一步实施东北地区等老工业基地振兴战略的若干意见，提出了经济结构调整、企业技术创新、发展现代农业、基础设施建设、资源型城市转型、生态环境保护、解决民生问题、深化改革开放等方面的重要任务。继 2006 年中共中央国务院制定关于促进中部地区崛起的意见之后，2012 年国务院出台关于大力实施促进中部地区崛起战略的若干意见，提出进一步提升"三基地、一枢纽"地位，巩固粮食生产基础地位、提高能源原材料基地发展水平、壮大现代装备制造及高技术产业基地实力、加快发展服务业、强化综合交通运输枢纽地位，以及推进城市化和重点地区发展、保障和改善民生、加强资源节约和环境保护、发展内陆开放型经济等重大任务。

（二）**区域发展总体战略与主体功能区规划相结合，确定了不同类型的开发区域。** 2010 年 12 月，国务院发布全国主体功能区规划，按照不同区域的资源环境承载能力、现有开发强度和发展潜力，把国土空间划分为四种类型：优化开发区、重点开发区、限制开发区、禁止开发区。着力构建"两横三纵"为主体的城市化战略格局，即以陇海兰新欧亚大陆桥通道、沿长江通道为两条横轴，以沿海、京哈京广、包昆通道为三条纵轴，布局国家优化和重点开发区域。推进环渤海、长三角、珠三角地区优化开发，形成三个特大城市群。推进哈长、江淮、海峡西岸、中原、长江中游、北部湾、成渝、关中—天水等地区的重点开发，形成若干新的大城市群和区域性的城市群。在限制开发区域，主要是发展现代农业，建设农产品主产区，保障国家粮食安全。在禁止开发区，主要是加强环境保护，维护国家生态安全。

（三）**加大对边疆地区、民族地区、贫困地区、革命老区的支持力度，加快这些地区发展步伐。** 中央先后制定了促进西藏、新疆实现跨越式发展和长治久安的重要文件，出台了对口支援新疆、西藏和青海等四省藏区的政策措施，制定了促进宁夏、广西、内蒙古经济社会发展的意见。还制定了支持甘肃、贵州经济社会发展，支持云南加快建设面向西南开放重要桥头堡的意见。实施新 10 年农村扶贫开发纲要和兴边富民行动规划。2013 年 6 月，国务院出台了支持赣南等原中央苏区振兴发展的意见。中央通过不断加大财政转移支付力度、安排布局重大建设项目、开展对口支援、实施扶贫攻坚计划等措施，重点支持这些地区加强基础设施建设、保障和改善民生、发展特色优势产业、保护生态环境，提高自我发展能力，加快脱贫致富步伐，逐步实现公共服务均等化。

（四）制定实施区域和跨区域政策，不断完善区域政策体系。近年来，更加重视一些重点地区的经济社会发展，支持各个地区发挥自身优势，形成新的区域经济增长点。如国务院出台了进一步推进长江三角洲地区改革开放和经济社会发展的意见，制定了推进重庆市统筹城乡改革发展的意见，关于支持河南省加快建设中原经济区的指导意见，还制定了天津滨海新区开发开放、上海加快发展现代服务业和先进制造业建设国际金融中心和国际航运中心、支持福建省加快建设海峡西岸经济区、推进海南国际旅游岛建设发展的意见，出台了关于支持喀什、霍尔果斯经济开发区建设的若干意见。批准设立了重庆两江新区、广州南沙新区、西咸新区、兰州新区、贵阳新区、舟山群岛新区、连云港建立国家东中西区域合作示范区等，制定了支持深圳前海、珠海横琴、福建平潭岛开发建设的有关政策。此外，国家及有关部门还批准了关中—天水经济区、河北沿海地区、山东半岛蓝色海洋经济示范区、辽宁沿海经济带等区域发展规划。2013年还制定了加快沿边地区开发开放的意见，批准设立了中国上海自由贸易区。

这些年，从中央到地方，对区域发展越来越重视。在地方发展规划、政府工作报告中，区域布局越来越占有重要位置。我国区域政策的制定和实施呈现几大明显特点：一是从国家区域发展总体战略的高度，明确赋予地方发展在国家全局中的定位和发展思路，体现了权威性，使地方各得其所，有利于避免全国各地同质化无序竞争和重复建设。二是坚持区别对待，因地制宜，不搞一刀切。从各地特色和优势出发，实行一地一策，体现了差别化的政策取向。三是有利于保持地方政策的连续性和稳定性，有效避免地方领导一换、政策一变，新官不理旧事，较好地保证了政策的前后连贯和继承，坚持下去持之以恒加以推进。总体上看，我国的区域政策有利于调动中央和地方两个积极性，上下配合齐心协力推动我国区域经济又好又快发展。

二、我国区域经济发展呈现新格局

我国区域发展战略和区域政策的实施取得了良好效果，区域发展的协调性不断增强，东中西呈现出相互促进、竞相发展的新格局。

（一）中西部地区经济发展全面提速，我国区域发展差距扩大的趋势开始得到遏制。国家实施区域发展总体战略，加快了中西部地区的发展步伐。近年来，受国际金融危机的影响，东部地区的发展速度出现减缓，而中西部地区发展速度加快，多项经济指标增速高于全国平均水平。从2007年开始，西部地区经济增速首次超过东部地区。2008年以来，西部、中部、东北地区连续五年超过东部地区，这是我国区域发展进程中一个重大的历史性变化。2013年，位于西部地区相对落后的省份贵州经济总量达到8000亿元，增长12.7%，居全国第一。西部地区省份的经济增长都保持在高位，如西藏增长12.5%，重庆增长12.3%，云南、甘肃增长12.1%，新疆增长11.1%，青海、陕西增长11%，广西增长10.3%，宁夏增长10%，都高于全国经济平均增长水平。中部地区也保持经济较快发展的态势，安徽增长10.5%，湖北、湖南、江西增长10.1%，山西、河南增长9%。中西部地区投资增速快于东部，2013年东部地区投资增长17.9%，东北地区增长18.4%，中部地区增长22.2%，西部地区增长22.8%。中西部地区工业呈加快发展之势，2013年东部地区规模以上工业增加值占全国59%，比上年回落0.3个百分点；中部地区占24.5%，比上年提高0.2个百分点；西部地区占16.5%，提高0.1个百分点。正所谓"东方不亮西方亮"，中西部的快速发展，使得我国经济发展有了更大的回旋余地。这一趋势有望继续保持下去，我国区域发展开始呈现出地区发展差距相对缩小的良好态势。

（二）区域发展正在形成一些新的经济增长极，呈现出区域发展的新局面。我国产业转移由东部到中西部不断推进。如在西部地区，成渝地区、关中地区、北部湾地区发展提速。世界500强企业中许多企业先后到重庆、成都投资创业，加快形成了西部地区新的增长极。东北地区沈阳经济区、哈大齐区域实力明显增强。中部中原城市群正在崛起，湖北、湖南、江西、安徽提出建设长江中游经济带，包括武汉城市圈、长株潭城市群、环鄱阳湖生态经济区、皖江城市带，正在培育发展中国经济"第四极"。各地可以说"八仙过海，各显神通"，呈现出千帆竞发、百舸争流的新局面。特别是中西部地区一批新的经济增长极加快形成，成为引领中国经济持续快速发展的重要支撑。

（三）区域经济实力明显增强，形成你追我赶的新态势。随着我国经济快速发展，一些地区的经济总量已相当可观。如果我们把一个省份作为一个单独经济体，那么我国许多省区市的经济总量就超过不少国家。2013年，我国广东省经济总量达到6.23万亿元，率先超过1万亿美元，接近韩国的经济总量。在全国排名第二的江苏省经济总量达到5.9万亿元，排名第三的山东经济总量达到5.5万亿元，排名第四的浙江经济总量达到3.75万亿元，排名第五的河南经济总量达到3.15万亿元。全国有12个省份经济总量超过2万亿元，有24个省份经济总量达到1万亿元。2013年我国人均国内生产总值41805元，相当于6800美元。天津、北京人均国内生产总值达到1.5万美元以上，上海人均接近1.5万美元，江苏、内蒙古、浙江、辽宁人均都超过1万美元，广东人均接近1万美元，福建、山东人均超过9000美元。长江三角洲地区上海、江苏、浙江提出，到2020年率先基本实现现代化，其中苏州、无锡提出到2015年率先基本实现现代化。这些区域的快速发展，正在引领和带动其他区域加快发展。

（四）区域合作范围不断扩大，全方位对外开放的格局正在形成。国内区域合作方面，泛珠三角地区合作领域不断拓展，包括云南、贵州都加入这一区域合作范围。安徽提出融入长三角，江西提出借力珠三角和长三角。进一步加大力度对口支援西藏、新疆和四省藏区，以及其他民族地区。对外开放和国际区域合作方面，国家除了继续推进沿海开放外，沿边开放、向西开放、内陆开放步伐大大加快。近年来，国家先后设立了新疆喀什和霍尔果斯经济开发区，以及内蒙古满洲里、云南瑞丽、广西东兴等沿边重点开发开放试验区，支持建设宁夏内陆开放型经济试验区，启动了丝绸之路经济带、21世纪海上丝绸之路战略规划工作。西南地区抓住中国与东盟建立自由贸易区的机遇，扩大与东盟国家合作；新疆向西开放，加强与中亚国家合作；东北地区开展东北亚经济合作。随着我国区域经济蓬勃发展，区域合作和对外开放进入一个新阶段。

我国区域发展虽然取得了积极进展，但还要清醒地看到，我国区域发展不平衡的问题仍然相当突出。总体上看，区域差距扩大趋势还没有从根本上得到缓解，区域经济发展不平衡、不协调的状况还没有得到根本性改变。如2013年，东部地区人均国内生产总值相当于全国平均的133.9%，中部地区人均国内生产总值仅相当于全国平均的75.8%，西部地区人均国内生产总值相当于全国平均的74%。东部地区城镇化率达到62.8%，而中部地区只有48.5%，西部地区只有46%。中西部地区虽然近年来投资规模、经济增长速度等项指标高于全国平均水平，但在经济增长的质量和效益、社会发展水平、生态环境等方面，还存在着很大差距。我国各地区之间由于在自然禀赋、地理区位、资源条件、生产要素等各个方面存在着很大差异，区域发展差距问题将长期存在。缩小区域发展差距、推进区域协调发展任重道远，需要付出长期坚持不懈的努力。

三、打造新的区域经济支撑带

我国一些区域政策已经到期，面临新一轮政策调整。要继续深入实施区域发展总体战略，同时根据我国发展阶段变化和改革开放新形势，完善并创新区域政策。要把培育新的区域经济带作为推动发展的战略支撑，谋划区域发展新棋局。缩小政策单元，重视跨区域、次区域规划，提高区域政策精准性。实施和完善差别化政策，推动产业转移，发展跨区域大交通、大流通，形成新的区域经济增长极。

（一）深入实施区域发展总体战略。进一步统筹规划布局"四大板块"发展。始终把西部大开发放在区域发展的优先位置，继续采取特殊支持政策，努力增强西部地区自我发展能力。加快落实振兴东北地区等老工业基地政策，以更大的力度淘汰落后产能，推动产业结构优化升级。大力促进中部地区崛起，推动重点地区加快发展，有序承接产业转移。积极支持东部地区经济率先发展，在转型升级方面走在全国前列。特别是要坚定不移实施主体功能区制度，划定生态保护红线，建立资源环境承载能力预警机制，根据自然条件和经济规律，引导生产力在国土空间上合理布局，使自然条件不同区域按照主体功能区定位科学发展。

（二）谋划区域发展新棋局。我国广大内陆腹地是经济发展的最大回旋余地，应重点考虑由东向西、由沿海向内地，沿大江大河和陆路交通干线，推进梯度发展，形成几个新的经济增长带。一是依托长江黄金水道，建设长江经济带。在以上海为龙头的长江三角洲地区经济发展带动下，加快发展长江中游城市群，包括武汉城市圈、长株潭城市群、皖江城市带、环鄱阳湖经济区等，在长江上游重点建设成渝经济区，推动"长江龙起"，形成我国东中西贯通的经济大动脉。二是加快西南中南地区发展。泛珠三角区域合作涉及东部、中部、西部多个省份和港澳地区，纵深广阔，影响深远，要进一步做实做强。充分利用北部湾这个出海口，打造西南中南地区开放发展新的战略支点和经济支撑带，搞好区域辐射、连接和带动。三是促进东北内蒙古地区发展。充分发挥环渤海经济圈的辐射带动作用，利用好大东北地区的工业、农业、技术和人才优势，重点发展辽中南地区、哈大齐工业走廊、长吉图经济区、呼包鄂榆地区，建设区域经济支撑带。四是支持西北地区经济发展。西北地区沿陇海线经济发展有良好的基础条件，要重点发展以西安为中心的关中地区、兰州—西宁地区、天山北坡地区，充分利用向西开放新优势，打造新的经济增长极。

（三）推动三大经济圈转型发展。长三角地区、珠三角地区和环渤海地区，都是我国东部经济发达地区，承载着全国很大的经济总量，在国家发展中具有重要的战略地位，发挥着重要的引领和先导作用。要加快推进长江三角洲地区经济一体化，深化泛珠三角区域经济合作，加强环渤海地区经济联合与协作。环渤海地区是我国经济最具发展潜力的地区之一，是新时期国家推进经济转型升级的重点地区。要以推进京津冀一体化为主线，着力推进环渤海地区协调发展，提升整体竞争力。京津冀面积21.6万平方公里，占全国的2%以上，总人口10861万人，占全国的8%，而GDP总量占全国的10.9%，进出口总额占全国的14.7%。实现京津冀协同发展，是一个重大国家战略。要以京津冀城市群建设为载体、以优化区域分工和产业布局为重点、以资源要素空间统筹规划利用为主线、以构建长效体制机制为抓手，从广度和深度上加快发展。抓紧编制首都经济圈一体化发展的相关规划，明确三地功能定位、产业分工、城市布局、设施配套、综合交通体系等重大问题，并从财政政策、投资政策、项目安排等方面形成具体措施。充分发挥环渤海地区经济合作发展协调机制的作用，加快推进产业对接协作，理顺三地产业发展链条，形成区域间产业合理分布和上下游联动机制。着力调整优化城市布局和空间结构，促进城市分工协作，提高城市群一体化水平。加强生态环境保护合作，在已经启动大气污染防治协作机制的基础上，完善防护林建设、水资源保护、水环境治理、清洁能源使用等领域合作机制。构建现代化交通网络系统，把交通一体化作为先行领域，加快构建快速、便捷、高效、安全、大容量、低成本的互联互通综合交通网络。加快推进市场一体化进程，下决心破除限制资本、技术、产权、人才、劳动力等生产要素自由流动和优化配置的各种体制机制障碍，推动各种要素按照市场规律在区域内自由流动和优化配置。

（四）加大对革命老区、民族地区、边疆地区、贫困地区支持力度。中央和地方都要继续加大对这些地区发展的支持力度。贯彻落实中央关于促进西藏和四省藏区经济社会发展的战略部署，推进对口支援新疆工作，统筹做好其他地区对口支援工作。现有的贫困地区，大多是自然条件比较差的深山区、高寒缺氧区地区。扶贫工作要科学规划、因地制宜、抓住重点，不断提高精准性、有效性、持续性。搞好集中连片特困地区扶贫攻坚，创新扶贫开发机制，着力解决道路畅通、饮水安全、电力保障等突出问题，切实增强"造血"功能。发展生产要实事求是，结合当地实际发展特色经济，注重提高基本公共服务水平。扎扎实实打好扶贫攻坚战，尽快使全国扶贫对象实现脱贫，让贫困地区群众生活不断好起来。特别要抓好贫困地区教育工作，增强下一代人脱贫致富能力，不让贫困地区年轻人输在起跑线上。

（五）全面实施海洋战略，发展海洋经济。海洋是我们宝贵的蓝色国土。我国海域辽阔，海洋资源丰富，开发潜力巨大。我国"十一五"时期海洋经济年均增长达到13.5%，现在海洋生产总值超过4万亿元，占国内生产总值的比重达到10%以上，涉及海洋的就业人员达到3350万人，海洋经济已成为拉动国民经济发展的有力引擎。全面实施海洋战略，要加快发展海洋经济，优化海洋经济总体布局，充分发挥环渤海、长江三角洲、珠江三角洲三个经济区的引领作用，推进形成我国北部、东部、南部三个海洋经济圈，着力培育一批重要的海洋经济增长极。加快改造提升海洋传统产业，发展海洋渔业、海洋船舶工业、海洋油气业、海洋盐业和盐化工业。培育壮大海洋新兴产业，发展海洋工程装备制造业、海水利用业、海洋药物和生物药品业、海洋可再生能源业等。积极发展海洋服务业，包括海洋交通运输业、海洋旅游业、海洋文化产业和海洋公共服务业等。科学开发利用海洋资源，加强海洋生态环境保护，推进海洋绿色经济发展。要维护国家海洋权益，努力建设海洋强国。

（2014 年 3 月）

长江经济带建设的战略地位和重大举措

依托长江黄金水道，建设长江经济带，是我国区域发展的一个大战略。2014年9月，国务院制定并发布了《关于依托黄金水道推动长江经济带发展的指导意见》，提出要高起点高水平建设综合交通运输体系，推动上中下游地区协调发展、沿海沿江沿边全面开放，构建横贯东西、辐射南北、通江达海、经济高效、生态良好的长江经济带。长江经济带的战略定位是：具有全球影响力的内河经济带，东中西互动合作的协调发展带，沿海沿江沿边全面推进的对内对外开放带，生态文明建设的先行示范带。

长江经济带在我国经济发展全局中具有重要的战略地位。长江全长6300公里，是我国第一大河、世界第三大河，货运量位居全球内河第一，约为美国密西西比河的4倍、欧洲莱茵河的10倍。长江干线航道长2838公里，整个流域拥有内河航道近9万公里。长江经济带覆盖上海、江苏、浙江、安徽、江西、湖北、湖南、重庆、四川、云南、贵州11个省市，面积205万平方公里，超过全国的1/5；人口6亿人，占全国的40%，经济总量也占全国的40%。在国家总体发展战略中具有举足轻重的地位。

从我国区域发展总体布局来看，长江经济带起到了贯通东中西的战略作用。我国区域发展总体布局有"四大板块"，这就是"四大战略"——东部率先发展，西部大开发，中部地区崛起，东北地区老工业基地振兴。这"四大板块"是东、中、西、东北"切块式"的区域划分。而长江经济带则是一条贯通东中西的横向经济带，有利于统筹东中西部地区协调发展。

从我国城镇化发展总体布局来看，长江经济带起到一条横向轴心作用。国家提出"两横三纵"的城镇化战略布局。"两横"——一横是长江经济带，另一横是陇海兰新线"陆路大通道"。"三纵"——一纵是东部沿海一线，一纵是京广、京哈线，还有一纵是包昆线，包头经过西安、重庆（成都）、贵阳到昆明。这其中长江经济带是一条横向大通道，在这一框架中起着重要的支撑作用。

从我国区域经济增长极来看，长江经济带起到了连接上中下游三大城市群的作用。环渤海，主要以北京、天津两个直辖市为中心，向周边辐射到河北、山东、辽宁、山西、内蒙古等地。现在提出推进京津冀一体化，这恰如一个"双黄蛋"，河北包着两个直辖市——北京和天津。长三角，主要是上海、江苏、浙江三省市。建设长江经济带，把长三角与上游的成渝城市群连接起来，中间还有一个长江中游城市群。这样一头一尾两个直辖市：头是上海，尾是重庆。长江经济带沿线城市群，是我们最有实力的城市群，在世界城市群中也占有重要地位。推动长江经济带发展，必将进一步培育和发展起一条具有强大经济影响力的城市带和新的城市群。

从我国提出的"一带一路"倡议来看，长江经济带起到了连接纽带和桥梁的作用。从国内看，丝绸之路经济带，沿陇海兰新线——我国横贯东中西的陆路大通道，从东到西直接涉及以江苏、山东、安徽、河南、陕西、甘肃、青海、宁夏、新疆9个省区，广泛辐射到更大区域。21世纪海上丝绸之路，涉及我国整个沿海一线，带动内陆广大地区。从国外看，"一带一路"分别从陆上、海上两个方向，通往亚、欧、非各大洲。国外评价，这就像对外开放的"两翼"，为中国开放型经济发展插上两只腾飞的翅膀。而长江经济带，可以起到连接"一带一路"的重要作用，向东通江达海，向西通过渝新欧直达欧洲，向西南可以连接东南亚、南亚，贯通孟中印缅经济走廊。

通过上面的分析，可以说，长江经济带在我国经济全局中有着重要的战略地位，是继中国沿海经济带之后最有活力的经济带，横跨我国东中西三大区域，有望成为"中国经济的脊梁"。有人形容，中国的沿海像一把弓，广袤且资源富集的西部像一根弦，长江就是搭在弦上的一支箭，上海是箭首，重庆是箭羽，现在弓已拉满，是发力放箭的时候了。中国经济发展将似离弦之箭射向海洋，走向世界。还有人比喻，长江是一条龙，长三角是龙头，上海是龙珠，武汉等中游地区是龙身，重庆四川是龙尾。三者协调联动，摇头摆尾舞动龙身，就能够让长江经济带这条巨龙腾飞，带动整个中国经济的更大发展。

建设长江经济带，依托长三角城市群、长江中游城市群、成渝城市群，做大上海、武汉、重庆三大航运中心，连接贯通我国东中西"三大板块"，推进长江中上游腹地开发，扩大内陆及沿边对外开放，实现"长江龙起"，形成我国东中西贯通的经济大动脉，拓展经济发展新空间，打造中国经济更强有力的新支撑带。

建设长江经济带是一项宏图伟业，是一项国家工程，需要上下配合、多方协调、区域联动。重点是实施五大举措：

第一，构建现代化综合交通运输体系。长江是一条黄金水道，同时长江上游西部地区山川阻隔、交通不便。建设长江经济带，最重要的基础性工程就是建设现代化综合交通运输体系。总的任务是，建设以长江为依托、以长江干线航道和快速铁路为主体、以综合运输枢纽为核心、以区域骨干公路网络为支撑的大能力、快速化、广覆盖的综合性运输大通道。首先是建设长江黄金水道。充分发挥长江运能大、成本低、能耗少等优势，加快推进长江干线航道系统治理，整治浚深下游航道，有效缓解中上游瓶颈，提高长江的航运能力。同时，还要疏通长江的支流金沙江、岷江、嘉陵江、乌江、汉江、湘江、沅水、赣江、信江等支流航道，连接洞庭湖、鄱阳湖、巢湖、太湖、淮河水系航道，以及连通京杭大运河航道，形成四通八达、高效便利的水运网络。改扩建港口、码头，加强集疏运体系建设，实现江河联运、江海联运、通江达海。这其中一个"卡脖子"瓶颈，就是三峡大坝的通航能力，如何提高过坝能力，是一个关键性工程。除了长江黄金水道之外，还有铁路、公路，如沿江高铁、沪昆高铁，高速公路网等，还有航空运输、机场建设等，都需要统筹布局。建设综合交通运输体系的一个关键点，就是建设综合交通枢纽和物流中心。建设上海、武汉、重庆三大航运物流中心，同时建设杭州、南京、合肥、南昌、成都、昆明、贵阳等区域综合性交通枢纽和物流中心。总之，要围绕长江黄金水道，建设一条贯通东西的快捷高效的综合性立体交通运输体系。

第二，建设现代综合产业体系。长江经济带是我国重要的产业聚集带，形成全国的农业主产区和工业大走廊。这里粮食产量、农业增加值、工业增加值都占到全国的40%，初步形成了以上海为龙头，苏州、南京、合肥、武汉、成都、重庆等中心城市为主要载体的世界级电子信息产业带，上海、湖北、重庆三大汽车生产基地，以高端装备制造、新能源新材料等为代表的战略性新兴产业集群，以金融、物流、旅游等为代表的现代服务业。长江经济带拥有雄厚的产业基础，完全可以建设发展成为现代化的发达产业带。要顺应全球新一轮科技革命和产业变革趋势，推动沿江产业由要素驱动向创新驱动转变，大力发展战略性新兴产业，加快改造提升传统产业，大幅提高服务业比重，引导产业合理布局和有序转移，培育形成具有国际水平的产业集群，增强长江经济带产业竞争力。长江经济带产业发展可以走在全国前列，特别是在新型工业化、农业现代化与信息化融合发展方面，发挥示范和引导作用。国家提出一个很高的标准，就是要打造世界级产业集群。这需要各地方发挥比较优势，错位发展，集中力量实现重点突破，发展具有国际竞争力的优势产业。比如，重庆这些年建起了新的电子信息产业，生产的笔记本电脑、平板电脑已占到全世界的近1/3，通过渝新欧铁路出口到欧洲等地。杭州正在倾力打造世界互联网产业基地，武汉光谷也有良好的发展基础。除了现代制造业、高技术产业之外，还有物流、金融等现代服务业。长江经济带一个重要的产业是物流，应该加快建设现代化的物流体系。重庆提出建设西部金融中心。还有旅游业的发展，长江流域风景名胜众多，文化底蕴深厚，完全可以打造成互联互通的世界级旅游线路，让人们从东到西饱览这里的无限风光。

第三，建设新型城镇化体系。长江经济带城镇密布，不仅具有上中下游三大城市群，还有江淮、黔中和滇中三个区域性城市群，更有星罗棋布的大批小城镇。特别是东部江苏、浙江的城镇化率都达到65%左右，城市实力在全国名列前茅。要按照沿江集聚、组团发展、互动协作、因地制宜的思路，推进以人为核心的新型城镇化，优化城镇化布局和形态，增强城市可持续发展能力，创新城镇化发展体制机制，推进创新城市、绿色城市、智慧城市、人文城市建设。长江经济带要有一个科学完善的城镇体系的发展规划。首先是城市带和城市群。国家提出要培育具有国际竞争力的城市群。长江经济带本身就是一条城市带，在这个带上，要突出建设好三大城市群：以上海为中心的长三角城市群，以武汉为中心的长江中游城市群，西部成渝城市群，更大程度地发挥城市群的集聚力、辐射力和带动力。长江经济带共有125个地级以上城市，都具备发展成为区域性中心城市的基础。要以三大城市群为依托、以区域性中心城市为支撑、加快构建大中小城市和小城镇形成的城镇网络体系，带动整个区域经济发展。

第四，建设改革开放的新高地。长江经济带东部沿海地区始终走在我国改革开放前列，发挥了示范和带动作用。长江经济带对外贸易占到全国的40%以上，利用外资占到近50%，拥有东西海陆双向开放优势，已成为我国开放型经济最高的地区之一。长江经济带建设本身就是一个重大改革举措，需要通过进一步深化改革，更大程度激发市场活力和社会创造力。长江经济带从东到西，正在掀起新一轮改革大潮。上海正在进行自贸区改革试点，探索"准入前国民待遇＋负面清单"的管理模式。武汉和长株潭设立建设"两型社会"试验区。重庆和成都开展统筹城乡改革发展综合试验。重庆在推进新型城镇化方面，作了许多改革探索，如提出农民工城镇化"双转换"模式——承包地换社保，宅基地换住房；还有城市保障房建设模式，实行"两不限政策"：不限户口、不限收入，只要有就业、没房住，就可以申请保障房。这些改革经验都值得总结推广。在对外开放方面，要按照构建开放型经济新体制的要求，加快建沿海陆并进、东西双向、内外辐射的沿海沿江沿边内陆全方位开放大格局，打造内陆对外开放新高地。东部以上海为龙头，发挥长江三角洲地区对外开放引领作用，与21世纪海上丝绸之路相衔接，带动长江流域内陆腹地对外开放。西部以云南为桥头堡，以重庆为长江上游的战略枢纽，扩大向西南开放，加快与东南亚、南亚互联互通步伐，推进区域经济一体化。中部以武汉为中心，发挥长江中游承上启下、贯通东西的连接作用，推进长江全流域对外开放。构建长江大通关体制，建设对外开放口岸，形成与国际投资、贸易通行规则相衔接的制度体系，全面提升长江经济带开放型经济水平。

第五，建设生态环保的示范带。长江流域水资源丰富，矿产资源占到全国的一半左右，生物物种多样，自然生态环境相对较好。随着经济建设发展，长江流域出现了生态功能总体退化的趋势，上游水土流失，中下游水质污染，城镇空气质量下降，环境问题突出。建设长江经济带，必须切实保护好长江流域的生态环境。国家提出，要把长江经济带建设成为绿色生态走廊。这涉及长江沿岸和上游以及整个流域的生态建设、水资源保护、污染治理，需要探索建立全流域上中下游的生态环境补偿机制，加强生态环保的综合治理。统筹考虑长江防洪、生态、供水、航运和发电等需求，切实保护和利用好长江水资源，严格控制和治理水污染，加大重点生态功能区保护力度，加强流域生态系统修复和环境综合治理，显著改善长江生态环境。总之，要保护好长江——中华民族的母亲河，让"一江春水向东流"，为子孙后代留下青山绿水、碧海蓝天。

长江经济带建设已经有了一个良好的开端，制定出台了一系列政策措施，从中央到地方都表现出了很高的积极性，社会各界也都有很高的期待。下一步，要按照到2020年全面建成小康社会的目标，与制定实施"十三五"规划相衔接，尽快出台《长江经济带发展规划纲要》，并建立长江经济带联动和一体化协调机制，进一步丰富和完善政策体系，推进重点任务和项目的落实，稳步推动长江经济带建设向前发展。

（2014年12月）

浙江"率先基本实现现代化"的国内外比较

今天，在这里召开浙江率先基本实现现代化研讨会，很有意义。很高兴能够参加这次研讨会，对会议的召开表示祝贺！利用这个机会，我想主要从国内外比较的角度，谈一下浙江率先基本实现现代化取得的成就和面临的差距，以及下一步努力的方向。

一、东部地区率先基本实现现代化的进展

这些年来，我国经济发展取得了巨大成就。2002 年我国国内生产总值是 12 万亿元，到 2011 年增加到 47.16 万亿元，到 2012 年将大大超过 48 万亿元，基本上是 10 年时间翻了两番，年均增长 10.5%。应该说，创造了世界经济发展的奇迹。10 年时间，我国从居世界第 6 位，依次超过法国、英国、德国和日本，成为世界第二大经济体。2011 年我国人均 GDP 达到 5400 美元，提前实现到 2020 年比 2000 年人均翻两番的目标。我国一些地方如北京、上海、天津人均 GDP 已超过 1 万美元，达到 1.2 万美元，江苏、浙江接近 1 万美元，广东达到 8000 美元左右。我国一些经济大省的经济总量已超过部分发达国家，如广东、江苏、山东 GDP 总量可以进入世界前 20 位，分别排在第 14、15 和第 17 位。

在我国经济快速发展过程中，提出了东部地区率先基本实现现代化的目标。2002 年 11 月，党的十六大进一步明确了我国发展的战略目标，提出到 2020 年全面建设小康社会，到 21 世纪中叶基本实现现代化。近年来，东部地区省份先后提出"两个率先"的目标，并在实践上进行了新的探索。

（一）**长三角规划提出的目标。**2010 年 6 月，国务院批准实施《长江三角洲区域规划》，提出到 2015 年，率先实现全面建设小康社会目标，人均地区生产总值达到 8.2 万元，按当年汇率折合 1.2 万美元，核心区（主要是上海）达到人均 10 万元（折合 1.47 万美元），城镇化率达到 67%；到 2020 年力争率先基本实现现代化，人均地区生产总值达到 11 万元，折合 1.6 万美元，核心区达到 13 万元（折合 1.9 万美元），城镇化率达到 72%。这里提出了比较明确的规划目标。

（二）**江苏省提出的目标。**2011 年江苏省第十二次党代会提出，江苏要到 2020 年基本实现现代化，达到中等发达国家水平，并且制定了《江苏基本实现现代化指标体系》，共分四大类 30 个指标。评估认为，江苏全省 2010 年总体上已达到小康社会水平，率先基本实现现代化的时机已经成熟。江苏苏南地区也研究提出了当地率先基本实现现代化的目标任务。如无锡市提出到 2015 年在全市率先基本实现现代化，总体上达到中等发达国家水平，为到 2020 年全面实现现代化打下坚实的基础。苏州市也提出了类似的目标。

（三）**广东省提出的目标。**广东省委托中国社科院课题组进行研究，提出广东将在 2015 年整体跨越中等收入陷阱，人均 GDP 达到 14139 美元；到 2020 年，人均 GDP 将超过 2 万美元，加上物价上涨和汇率调整，人均名义 GDP 将达到 27507 万美元，将迈入高收入阶段，城市化率达到 76%，在全国率先基本实现社会主义现代化。

北京、上海、天津也不同程度地提出了率先基本实现现代化的目标。

浙江位于东部沿海发达地区，发展水平与江苏、广东处在同一位次，有必要全面深入研究率先基本实现现代化的发展目标和任务。

二、浙江经济发展的国内外比较

浙江省这些年来经济发展取得了巨大成就。概括起来说，就是在全国经济总量第四、人均第五，已经进入中上等收入水平，即将进入高收入水平行列。

从经济总量来看，2011 年，地区生产总值达到 3.2 万亿元，按当年汇率折算为 5000 多亿美元。全国排序在广东（52674 亿元）、江苏（48604 亿元）、山东（4.5 万亿元）之后，居第 4 位。浙江省的经济总量与我国台湾相当，超过阿根廷（3570 亿美元）、伊朗（3570 亿美元）、泰国（3200 亿美元）、马来西亚（2380 亿美元），接近波兰（5300 亿美元）、比利时（5300 亿美元）、沙特（5600 亿美元）。

从人均水平来看，2011 年浙江人均 GDP 达到 58665 元，超过 9000 美元，全国排在第 5 位，仅次于上海、北京、天津（它们都超过人均 1.2 万美元）、江苏（人均 9500 美元）。除了 3 个直辖市外，只有江苏超过浙江。广东是人均接近 8000 美元。浙江杭州市人均达到 1.2 万美元。

按照世界银行标准，人均 GDP 在 4000 美元至 1.2 万美元，属于中等偏上收入国家；人均 GDP 在 1.2 万美元以上，属于高收入国家，即富裕国家。浙江人均 GDP 达到 9000 美元以上，已经进入中上等收入水平，即将进入高收入水平行列。

从总体上看，我国东部发达地区（包括浙江）已经接近于世界上中等发达国家的经济发展水平。包括经济总量、人均收入，还有我们的基础设施、城乡面貌，这方面与国外中等发达国家相比已经差距不大，有些甚至已经超过。但与此同时，在生态环境、社会结构、文明程度等方面，却还存在着相当大的差距。

三、率先基本实现现代化的重要任务

现代化是一个国家或地区综合性的发展水平，标志着一个国家或地区经济社会发展达到了现代发达的程度。世界上研究现代化的专家提出了许多不同的现代化特征和指标体系。其中比较有代表性的指标包括：人均国内生产总值，达到 1 万美元以上；农业产值占 GDP 比重，10% 以下；第三产业占 GDP 比重，50% 以上；非农业劳动力占总劳动力比重，70% 以上；城市人口占总人口比重，60% 以上；适龄青年受高等教育人数，占 20% 以上；社会保障覆盖率，95% 以上；恩格尔系数，40% 以下；基尼系数，0.30 以下；环境质量综合指数，80% 以上；人均预期寿命，75 岁以上；等等。

总体上说，这些指标是重要的，表明了一个国家或地区经济社会发展的程度，但是仍然涵盖不全，甚至没有显示一些现代化的本质特征，同时这些指标也是在发展变化的。

实际上，一个国家或地区的现代化水平，不仅包括了经济实力、发展水平、富裕程度、生活质量，而且包括了经济和社会结构方面的变化，包括了生态环境状况，更重要的是包括了整个社会的文明程度，涉及经济、政治、文化、社会、生态等各个方面的发展进步程度。

对比于一些发达国家（中等发达国家）的发展水平，寻找我国及地区发展方面存在的差距，能够更进一步认清我国基本实现现代化的努力方向。

（一）**经济发展程度**。包括经济总量和人均 GDP 水平，这一方面我们完全能够达到。我国经济发展的最大成就是经济实力的增强，经济规模的不断扩大，国际地位和影响力的提升。按照目前的发展速度，浙江到 2020 年人均 GDP 达到 1.6 万美元甚至 2 万美元以上也是能够做到的。但同时，我们还要看到，经济增长的质量和效益却存在着不少问题，经济增长方式还没有得到根本性的改变，突出表现为高投入、高消耗、高污染、低效益。在经济快速发展过程中，能源资源和原材料消耗大量增加。以煤炭为例，2000 年我国产量 13.8 亿吨，2011 年达到 35.2 亿吨，增长了 1.5 倍。钢材从 1.32 亿吨增加到 8.83 亿吨，增长了 570%。煤炭消费量占全世界的 47%，钢材消费量占到 1/3 以上。从 2006 年起，中国已占到全球煤炭消耗增长量的 75% 和石油消耗增长量的 60%。而我国经济总量仅占到全世界的 10.5%，我们的经济增长是在消耗这么多能源资源的情况下实现的。日本的能源使用效率相当于我国的 15 倍之多。从根本上转变经济发展方式，成为我国发展的当务之急。因此，率先基本实现现代化，要在强省富民的同时，下大力气提高经济增长的质量和效益，提高劳动生产力水平。

（二）**创新和制造能力**。我国现在已经成为"世界工厂"，有许多产品的产量都占世界第一位，中国生产的产品出口到世界各地。浙江在这方面创造出了"温州模式""义乌模式"。但同时，我们生产的大多是低附加值的低端产品，是依靠廉价劳动力生产的劳动密集型产品，缺乏自主知识产权，缺乏核心技术，缺乏知名品牌，从根本上说是缺乏自主创新能力。没有高端制造和创新能力，不可能成为一个现代化的制造强国。一些中东石油国家人均收入很高，富得流油，但却缺乏工业制造能力，并不是一个真正意义上的经济强国。现在，经历世界经济危机后，美国和欧洲都提出了"再工业化"的问题，关键是提高工业制造能力。我们到日本去访问，看到日本在高端制造和技术创新方面的巨大优势，其企业家精神体现为骨子里追求自己制造产品的完美品质，为达到在同行和客户眼里的称誉，不惜把99.99%的精力用在0.01%的产品质量提升上，真正做到精益求精。中国制造还缺乏这种精神。率先基本实现现代化，应该在提高制造能力和技术创新方面走在全国的前列，培育具有国际竞争力和知名品牌的世界级企业。

（三）**经济社会结构**。一个国家经济发展，必然伴随着经济社会结构方面的变化，包括产业结构、城乡结构、地区结构等。在产业结构方面，浙江第三产业比重达到43.8%，略高于全国平均水平43.1%。加快发展第三产业特别是现代服务业，是面临的一项重要任务。城镇化是现代化的一个重要标志。浙江的城镇化率达到60%左右，已经达到了现代化的基本标准。但是，我们的城镇化在很大程度上还是名义的城镇化，而不是实际的城镇化，在存在着城乡二元结构的同时，又出现了城市内部的二元结构，突出表现为一个庞大的农民工群体。要消化、吸收和转化这数量众多的农民工，真正实现他们的城镇化，还需要一个长期的过程，甚至需要两三代人的时间。这是我们与其他现代化国家的一个重要差距。因此，必须加快推进农民工的城镇化，实现城乡之间的相对均衡，这是我国现代化所面临的一个历史性任务。

（四）**居民生活水平**。除了人均收入之外，还包括教育、医疗、就业、社会保障，以及社会安全、文化生活、政治参与、社会满意度等与幸福指数密切相关的广泛内容。除了要消除城乡之间在这些方面的差距、实现基本公共服务均等化之外，一个重要的问题就是收入差距的不断扩大，还有老百姓对腐败问题的不满。一个现代化国家或地区，必然是收入分配比较公平、差距相对较小、廉洁指数较高，是一个均富的社会。这些方面还需要作出坚持不懈的努力。

（五）**生态环境质量**。这是我们与发达国家相比所面临的一个突出差距。一些发达国家的森林覆盖率高，如日本达到64%，绿化非常好，人们具有强烈的节约和环保意识，到处都很干净整洁。访问日本真正地感受到什么是整洁干净。无论是城市还是乡村，给人的第一感觉就是干净，这大概是我们中国人到日本的强烈感受。据介绍，日本是世界上垃圾分类管理最严格的国家，家家户户自觉对垃圾进行分类，按时定点收集，甚至街道上的垃圾桶也不多，人们出门都自觉地带着塑料袋，把准备扔的垃圾保存起来，放在有收垃圾的地方。我们天安门广场一过"五一""十一"，要清理掉成吨成吨的垃圾。我国已经成为世界上二氧化碳排放量最多的国家，生态环境恶化的趋势还没有得到根本扭转，空气污染、水污染都很严重，节能减排面临着严峻的形势，各方面的浪费现象惊人。推进现代化建设，必须下大力气加强生态建设和环境保护，建设一个绿化的社会、环保的社会、节约的社会。

（六）社会文明程度。现代化的差距最终表现在社会文明程度的差距。现代化社会是一个高度成熟稳定文明的社会，最基本的是讲诚信和守规矩。对比于发达国家，我们还存在很大差距。假冒伪劣不绝，坑蒙拐骗常有，假烟、假酒、假食品、假药品，毒胶囊都做得出来。到处可以看到卖假发票、假证件；不守规矩，尤其是不遵守交通规则，乱扔垃圾，损人利己等等，这些都严重影响和败坏了社会风气，损害了我国的国民形象。人们感叹中国在经济发展中道德滑坡、精神失落。要建设一个现代化社会，必须下决心提高公民素质和社会文明水平，从最基础的讲诚信和守规矩做起，建立符合现代化要求的社会运行规则和秩序。

（2012 年 5 月）

促进中部地区崛起的基本思路

中央提出我国地区协调发展的总体战略部署，促进中部地区崛起是这一战略部署的重要组成部分。国务院决定，今年要抓紧研究制定促进中部地区崛起的规划和措施。促进中部地区崛起，需要研究中部发展的基本思路问题。

什么是中部崛起？按照我的理解，中部崛起有三个重要标志：一是中部地区的发展速度要超过全国平均发展速度；二是中部地区的发展水平要超过全国的平均水平；三是中部地区与东部发达地区的发展差距相对缩小。中部崛起既是一个发展过程，也是一个发展结果。

如何确定中部地区崛起的发展思路？这需要从中部地区的实际情况出发，深入分析中部地区发展面临的突出矛盾和问题，明确自身优势和定位，在这个基础上提出有针对性的发展思路。

一、中部地区崛起面临的突出矛盾和问题

中部地区崛起有明显的区位优势和许多有利条件，同时也面对一些突出的矛盾和问题。

（一）**人口大省和农业大省，农业人口比重大。**中部 6 省人口 3.63 亿，占全国人口的 28.1%，而 GDP 只占全国的 20% 左右。其中河南人口近 9700 万，占全国的 7.5%，GDP 只占全国的 6%。中部 6 省粮食产量占全国的 29.2%，其中河南粮食产量 3570 万吨，居全国第一，占全国的 8.3%。中部地区农业产值比重远高于全国平均水平，而工业产值比重低。

（二）**城乡结构不合理，城市化水平低**。中部地区只有湖北高于全国平均水平，其他都低于全国平均水平。河南、安徽、江西、湖南城市化水平都在30%左右，低于全国平均的40%的水平。还有城市实力弱，辐射和带动能力差。全国有30多个城市GDP超过千亿元，中部只有武汉和郑州；东北三省就有5个：沈阳、长春、哈尔滨、大连、大庆。

（三）**产业结构落后，传统工业比重高**。中部地区有一些老工业基地，如洛阳、株洲、襄樊、蚌埠等地，历史包袱沉重。中部地区是我国重要的能源、原材料基地，煤炭产量占全国的31%，其中山西占全国的17.7%。还有铜、铝、铅、锌等有色金属，矿产资源丰富。但高新技术产业和现代服务业相对落后。

（四）**市场发育程度低，开放水平低**。中部地区农村人口多，市场购买力低。对外贸易和利用外资都比较少。2003年6省进出口总额299亿美元，少于天津的300亿美元，只和辽宁省相当。实际利用外商直接投资53亿美元，远少于山东的60亿美元，少于上海的55亿美元。

二、关于中部崛起的基本思路问题

针对中部地区发展中面临的突出矛盾和问题，吸收各方面的意见，中部崛起的基本思路是否可以概括为四句话：加强三农，推进四化，夯实三大基础，抓住三个环节。这就是加强农业、农村和农民工作；推进农业产业化、工业化、城镇化和市场化；加快基础设施、社会事业和体制环境建设；抓住大中城市、县域经济和民营经济发展。具体来说，有以下几个方面：

（一）**进一步加强三农工作**。三农问题，是解决中部地区问题的关键所在。一是进一步加强农业。要进一步巩固中部地区农业特别是粮食主产区的重要地位，这是中部地区发展的基础。要做好农业这篇大文章，特别要发展现代农业，提高农业综合生产能力。保证国家粮食安全，最重要的是保护好耕地，这是最稀缺的资源。二是加快农村改革和发展。特别是推进农村税费改革和粮食流通体制改革。这都是前所未有的变革。农村税费改革，全部取消农业税，这是一场涉及农村生产力和生产关系的巨大变革，必将给农村经济社会带来多方面的重要变化。三是加快农民增收和农村劳动力转移。富裕农民就要大力发展非农产业，最根本的是减少农民。中部地区尤其要做好农村劳动力转移工作。中部地区省份提出了一些建议，希望国家加大对粮食主产区的支持力度，主要是支持发展现代农业和重要商品粮基地建设，加大对农业基础设施特别是农田水利建设的投入，增加粮食主产区的粮食风险基金和按保护价收购粮食的补贴资金。

（二）推进农业产业化、工业化、城镇化和市场化。

一是推进农业产业化。大力发展粮食产业，加快农业产业化发展。发展农业龙头企业，采取"公司＋农户"的形式，引导农民发展多种经营，实现与市场的对接。农业也要创名牌，提高科技含量，实现增值增效。

二是推进新型工业化，调整和优化产业结构。工业化水平低，大而强的骨干企业不多，是影响经济实力的重要因素。中部地区要充分发挥各自的产业优势，形成自己的特色产业。一方面，继续发展传统优势产业，特别是加强能源和重要原材料基地建设，发展煤炭、电力、冶金、有色、建材、化工等产业。另一方面，大力发展现代新兴产业，特别是高新技术产业和现代服务业。在工业化过程中，必须十分注意节约能源资源，保护生态环境，走可持续发展的道路。中部地区提出，希望国家参照东北地区等老工业基地的政策，支持中部地区老工业基地加快调整、改造和振兴步伐。

三是积极稳妥地推进城市化，统筹城乡协调发展。城市化滞后，中心城市辐射力不强，是中部发展缓慢的一个重要原因。中部地区正处在城市化快速发展时期，农村人口向城市转移是一个基本趋势。要达到全国现在平均42%的城市化水平，中部地区的城市化就要提高10个百分点，像河南省就要再增加1000万左右的城市人口。这种前所未有的城市化发展，必须积极稳妥地进行。城市化不只包括城市人口的增加、城市规模的扩大，还有城市的规划布局、建设和管理水平，特别是提高城市人口的素质，不能只是农民城市，要把农民变成市民，提高他们的综合素质和文明程度，这代表着一个城市、一个地方的形象。在城市化过程中，一方面，不能削弱农业的基础地位，影响到我国的粮食安全，这就必须十分注意保护土地。另一方面，不能造成城市失业大军和贫民窟，城市化进程必须与提供就业的能力和社会保障能力相适应，十分注意维护社会稳定。

四是发展中部地区的大市场和大流通。中部地区的落后在很大程度上是市场发展程度的落后。浙江温州发展的经验，就是市场先行，以市场带动各行各业的发展。发挥中部地区的区位优势，连接东西，纵贯南北，建设形成全国的商品集散地和物流中心，加快市场化发展，形成比较完善的市场体系，以市场化为导向带动经济发展。发展市场经济，还要澄清一种模糊认识。市场经济既是一种激烈竞争的经济，同时也是一种合作的经济、互惠互利的经济。要充分发挥市场经济的"集群效应"，从小商品做出大文章，形成一个比较完善的产品配套和市场服务体系。

（三）加快三大基础建设。

一是加快基础设施建设。中部地区人口密度高，基础设施建设投入产业效益好。要加快形成综合快捷的交通运输体系，特别是建设高速公路网和高等级公路网。同时，针对中部地区没有出海口的情况，要开辟快速出海通道。如从陇海线到连云港的出海通道建设。中部地区拥有三河三湖，长江、黄河横跨中部，中间还有淮河，境内有洞庭湖、鄱阳湖、巢湖。水旱灾害较多。水利建设是中部地区的生命线。必须坚持不懈地加强水利建设。中部地区也希望国家在交通、水利等基础设施建设方面给予更大支持。

二是加快社会事业发展。特别是发展教育、科技、卫生等事业。这是中部地区落后的重要方面。教育是基础，人才是根本。中部地区人口多，具有劳动力资源的优势，但劳动力素质低，是全国农民工劳务输出大省。必须大力发展教育，把劳动力资源优势转化为人才资源优势。要大力发展科技事业，特别是推动科技创新，拥有更多的自主知识产权，培育和发展更多的知名品牌，这是一个地区经济实力和竞争力的显著标志。还要大力发展卫生事业，特别是加大防治艾滋病、血吸虫病和地方病的工作力度。

三是加快体制机制创新。要进一步推进改革开放，创造良好的体制环境。中部地区崛起，必须贯彻落实科学发展观，用新思路、新体制和新机制，走出一条发展的新路子。这就需要加快改革开放步伐，在一些方面取得突破性进展，如政府职能转变，建设法制环境，建设高效廉洁的服务型政府等方面，取得更大的进步。形成大开放格局，对内对外，东引西进，更多地融入全国大市场和国际大市场。

（四）抓好大中城市、县域经济和民营经济三个环节。

一是大中城市带动。城市是人、财、物高度聚集的产物。一个地区的经济实力，关键在大中城市。要加快培育中心城市经济实力，形成以省会城市为中心的经济增长极和城市经济圈。有重点地规划和发展城市群和城市带，如中原城市群、武汉城市圈、长株潭城市群、昌九工业走廊、长江经济带等。

二是抓好县域经济发展。中部地区县域经济隐含着巨大的潜力。目前全国经济百强县中，中部地区还很少，这也是经济实力不强的重要表现。因此必须做好县域经济发展这篇大文章，发展一批经济强县。

三是抓好民营经济发展。改革开放以来，我国经济发达地区都是民营经济活跃地区，激发了创造财富的无穷无尽的冲动和潜能。要使一切创造社会财富的源泉充分涌流，就必须大力发展民营经济，包括发展现代股份制公司、乡镇企业、家庭经济等，关键是要创造促进民营经济发展的环境条件，消除阻碍发展的一切制约因素。

实现中部地区崛起是一个艰巨的历史任务，需要长期艰苦奋斗。必须研究制定好发展战略和总体规划，脚踏实地、一步一个脚印地去真抓实干。必须按照科学发展观的要求，走全面、协调、可持续发展的道路。希望中部地区崛起有一个良好的开端。

（2005 年 5 月）

中部崛起要处理好加强"三农"
与推进工业化、城镇化的关系

  中央提出促进中部地区崛起以后，在全国特别是中部地区引起热烈反响。中部省份先后提出了自己的发展战略，举办中部崛起论坛，各有关部门、各方面专家学者发表了许多意见和建议。其中比较一致的认识，就是中部崛起必须加快推进工业化和城镇化，同时还要进一步加强"三农"工作。这就涉及一个比较大的战略问题，就是在中部崛起过程中如何处理好加强"三农"与推进工业化、城镇化的关系。这一问题处理得好坏，在很大程度上决定着中部发展的未来。

一、中部崛起面临着加强"三农"与推进工业化、城镇化的矛盾

  中部省份大多是人口大省和农业大省，是我国的粮食主产区和重要的商品粮基地。2004年，中部6省人口3.65亿，占全国总人口的28%；粮食总产量14468万吨，占全国的30.8%，其中河南粮食产量4260万吨，居全国第一，占全国的9.1%。中部6省棉花产量占全国的30%，肉类占全国的28.8%。中部地区农村人口多，农业比重大。6省农村人口2.75亿多人，占全部人口的75%以上。农业产值所占比重远超过全国平均15.2%的水平，江西、湖南都占20%以上，安徽占19.4%，河南占18.7%，湖北占16.2%；只有山西低一些，占8.3%。这说明，农业、农村、农民在中部地区占有相当重要的地位。中部崛起的重点在"三农"，难点也在"三农"。中央把解

决"三农"问题作为全部工作的重中之重。"三农"之重，重在中部。促进中部崛起，必须首先做好农业这篇大文章，巩固和加强农业基础地位，实现粮食增产和农民增收，加快推进农村小康社会建设的进程。

与此同时，中部崛起还必须积极推进工业化和城镇化。中部地区发展面临的主要问题是工业化水平低、城镇化水平低。工业产值所占比重远低于全国平均52.9%的水平，其中湖南只有39.5%，江西为45.6%，安徽为45.1%，湖北为47.5%，河南为51.2%；只有山西高一些，为59.5%。中部的城镇化也远低于全国平均42%的水平，河南、安徽、江西、湖南都只有30%左右。中部的城市实力相对较弱，辐射和带动能力差。全国有30多个城市GDP超过千亿元，中部只有武汉和郑州。中部崛起面临着加快推进工业化、城镇化的重要任务。中部省份充分认识到了这一点，提出要以工业化、城镇化为核心，促进中部地区崛起。

这几年，中部地区加快了工业化、城镇化步伐。一些省份制定了发展规划，特别是提出要大力发展大城市圈、城市带、城市群。如河南提出建设中原城市群，以郑州为中心，以洛阳、开封、新乡、焦作、许昌、平顶山、漯河、济源等9城市为节点构成紧密联系圈，这一区域土地面积5.88万平方公里，占全省的35.1%；人口3895万，占全省的40.3%；GDP占全省的55.2%。河南省60%的城市分布于此。湖北提出建设武汉城市圈，包括武汉、鄂州、黄石、黄冈、孝感、咸宁、天门、仙桃和潜江9城市，半径100公里，面积占湖北全省的33%，GDP和财政收入分别占全省的73%和74%。湖南提出建设长株潭城市群，包括长沙、株洲、湘潭，人口占湖南的13.3%，GDP占湖南的33.2%。江西提出建设昌九工业走廊，从南昌到九江形成工业—城市带。安徽提出建设合肥—芜湖城市带，包括合肥、巢湖、铜陵、芜湖、马鞍山等城市。

在中部地区大规模城市建设中，一些地方规划圈占了不少土地，开发建设大规模的城市新区。有的趁机扩大占地，修建宽马路、大广场、大片的绿地、高标准的标志性建筑。由于城市周围基本都是高质量的农田，随着城市建设规模的急剧扩大，大片的良田被占，造成不少失地农民。这就出现了一个非常突出的矛盾：一方面，工业化、城镇化必然要占用一定数量的土地，中部省份普遍感到土地不够用，希望国家能给增加用地指标；

另一方面，在快速工业化、城镇化的过程中，优良的耕地面积不断减少，粮食生产能力将受到削弱，国家粮食安全会受到影响。如何处理好这一突出矛盾，是中部崛起面临的一个重大问题。

二、中部崛起必须注意处理好加强"三农"与推进工业化、城镇化的关系

目前，中部地区正处在工业化初期阶段向中期阶段加速推进时期，处在城镇化快速发展的过程中。促进中部崛起，必须充分认识处理好加强"三农"与推进工业化、城镇化关系的极端重要性。没有"三农"的加强，就没有中部崛起；没有工业化、城镇化，也没有中部崛起。但工业化、城镇化必须建立在加强"三农"的基础之上，而不是以削弱"三农"为代价。如果工业化、城镇化削弱了"三农"，那将是本末倒置，得不偿失。处理好加强"三农"与推进工业化、城镇化的关系，需要特别注意以下几点：

（一）中部崛起必须以科学发展观为指导，坚持走新型工业化道路。中部崛起不能再走传统工业化的老路，搞遍地开花，大铺摊子，盲目进行数量扩张，浪费资源和污染环境。如果在中部崛起过程中，再重新复制并放大现有的经济增长模式，那就会使能源资源的瓶颈约束更加突出，煤电油运更加紧张，结果必然难以为继。促进中部崛起，必须从根本上转变经济发展方式，处理好经济增长速度与质量、效益的关系，处理好经济发展与资源、环境的关系，逐步把经济发展方式转变到依靠科技进步和提高劳动者素质的轨道上来，力争实现全面、协调和可持续发展。中部在加快推进工业化的过程中，要特别处理好工业和农业、城市与农村的矛盾。要按照统筹城乡协调发展的要求，实行工业反哺农业、城市支持农村的方针，进一步巩固和加强农业的基础地位，更多地支持农业和农村发展，把工业化建立在更加坚实的基础之上。

（二）积极稳妥地推进城镇化，全面提高城镇规划、建设和管理水平。中部地区在加快推进城镇化的过程中，特别是在建设大城市群、城市圈、城市带的过程中，必须十分注意搞好科学规划和布局，做到循序渐进，量

力而行，切忌一哄而上，拔苗助长，盲目发展。不能学有些地方动辄建比天安门广场还要大的广场，建比法国巴黎凯旋门还要高的门楼，一味追求"高、大、全"。城市建设要有自己的特色，不是什么都越大越好，关键是要以人为本，体现中国自然和谐的理念。要坚持大中小城市和小城镇协调发展，不断提高城镇规划、建设与管理水平。小城镇也要突出重点，首先是发展县城和有条件的建制镇。

（三）工业化、城镇化过程中一定要严格保护耕地，保护粮食生产能力。促进中部地区崛起，必须坚定不移地贯彻"十分珍惜、合理利用土地和严格保护耕地"的基本国策，实行最严格的土地管理制度。切实保护好基本农田，做到数量不减少、质量不下降。工业化、城镇化需要保证一定数量的合理用地，但必须从严从紧控制耕地占用的总量和速度，严格限制农业用地转为非农业用地，千万避免在土地问题上犯不可挽回的历史性错误。要从制度、体制和机制上保证实行节约用地和集约用地，珍惜用好每一寸土地，保护好当代人和子孙后代的"生命线"。

（四）千方百计保护农民的合法权益，合理有序地转移农村劳动力和人口，继续大力促进农村发展。工业化、城镇化都不能以损害农民利益为代价，而必须千方百计保护好农民利益，使广大农民能够享受到工业化、城镇化的成果。要完善征地补偿和安置制度，保证依法足额和及时支付农民的土地补偿费和安置补助费，妥善安置被征地农民，保证他们的生计和社会保障。工业化、城镇化涉及大量农村人口进城，大量农民转化成为市民。如河南省要达到目前全国平均42%的城市化水平，就需要提高城镇化10多个百分点，再增加1000多万的城镇人口。这种前所未有的城市化发展，必须积极稳妥地进行。要合理有序地转移农村劳动力，注意避免出现大量无地农民和失业农民，避免一些发展中国家城市化过程中出现的大量流浪人口和城市"贫民窟"的现象。同时要注意促进农村发展，搞好村镇规划，改善农民生产生活条件，全面建设农村小康社会。

（2005 年 7 月）

五

社会管理、生态环保与旅游问题研究

加快建立中国特色社会管理体制

一、我国社会管理体制的现状、面临的矛盾和问题

经过 30 多年的改革开放，我国经济体制改革取得了巨大进展，已经建立起比较完善的社会主义市场经济体制。适应社会主义市场经济体制的建立和完善，我国社会发展和社会体制改革也取得了重要成就。主要表现在：一是随着农村改革和城市改革的进展，逐步打破城乡分离的"二元社会结构"，朝着建立城乡统一的社会管理体制迈出了重要步伐。二是随着自由择业和社会流动的发展，产生了越来越多的自谋职业者和自由职业者，许多人已经从"单位人"转变成为"社会人"。三是随着工业化和城镇化的发展，许多农村人逐渐转变成为城市人，同时也形成了庞大的农民工群体。四是随着个体私营等非公有制经济发展，一些民营经济和民间组织逐步发展起来。五是随着人们工作性质和社会生活的发展变化，社会保障体系逐步建立和不断完善，由以前的单位保障和家庭保障逐步向社会保障转变。

与此同时，我国社会管理体制还面临着突出的矛盾和问题。总体上看，社会管理体制还相对滞后，与社会主义市场经济体制不相适应，还没有建立起适应现代社会流动、充分激发社会自身发展动力和活力、具有中国特色的现代化的社会管理体制。主要表现在：一是政府包揽的社会事务太多、干预太多，管了许多不该管、管不了、也管不好的事情，社会组织发育不足，社会自身发展还缺乏动力和活力。二是中国社会还处在大变动、大转型的过程之中，还没有形成比较稳定的成熟的社会结构，特别是收入差距过大，社会利益格局面临着不少矛盾，正处在社会矛盾的凸显期。三是工业化、城镇化快速发展造成大量的社会流动，突出表现为中国存在世界上

非常罕见的庞大的农民工群体，对于一个处在高度流动中的社会管理还缺乏经验。四是由传统的农业社会和农村社会急剧转变为工业社会和城市社会，还没有建立起一套社会普遍遵守的社会规则体系，表现为比较严重的社会失范和无序状态。

与国外发达国家相比较，我国还处在现代化的过程之中，处在一个快速发展和转型之中，还没有建立起一个高度发达和成熟的社会。与建立和完善社会主义市场经济体制相适应，必须加快建立中国特色社会管理体制。这是我国改革面临的一个重大历史性任务。

邓小平同志在 1992 年视察南方时的谈话中指出，再有 30 年的时间，我们才会在各方面形成一整套更加成熟、更加定型的制度。那么，大约到 2020 年，在我国全面建成小康社会之时，我们应该基本建立起一个适应现代化要求的中国特色社会管理体制。

二、中国社会体制改革的目标和思路

我国经济体制改革的成功举世瞩目，其中一条重要经验就是"放开搞活"，即放开体制外的发展，实行农村家庭经营，发展个体、私营、外资等非公有制经济，反过来推动体制内的改革和发展，形成一种平等竞争关系，带来整个经济的发展繁荣。

社会体制改革也可以借鉴经济体制改革的成功经验，选择一条循序渐进的路径：放开体制外的发展，反过来推动体制内的改革发展，最终建立起一个充满动力和活力的社会体制和运行机制。

经济体制改革所要解决的基本问题是政府与市场的关系，主要表现为政府与企业的关系，采取的措施是政府不断减少、直至最终不再干预企业的自主经营活动，致力于创造公平竞争的市场环境，加强政府的经济调节和市场监管职能，建立起政府加强宏观调控与充分发挥市场机制作用相结合的良性运行机制。社会体制改革所要解决的基本问题是政府与社会的关系，主要表现为政府与组织的关系，采取的措施应该是为各类社会组织的发展创造良好的社会环境，政府不断减少直至最终不再干预社会组织的活动，致力于建立依法管理、自主发展、自我约束的社会机制。就像经济体制改革当初允许个体私营经济发展之时，社会上存在着很大争议，甚至担心"姓资""姓社"的问题；现在社会体制改革允许发展社会组织，也会存在不同的看法，担心会出现"失控"和"混乱"的现象。但只要我们积极引导、依法管理，就能够解决出现的问题。

我国社会体制改革的目标，应该是建立与社会主义市场经济体制相适应、适应现代化要求的中国特色社会主义社会管理体制。为此，必须从中国国情出发，借鉴世界各国现代化的有益经验，坚持中国特色社会主义道路，进一步转变政府职能，切实履行好政府社会管理和公共服务职能，建立起"小政府、大社会"的管理格局，构建政府管理与社会自治相结合、政府主导与社会参与相结合的社会管理体制，形成政府提供社会管理和公共服务、社会组织自主发展和自我约束相结合的良性运行机制。

三、建立中国特色社会管理体制的主要任务

建立中国特色社会管理体制是一项宏大的历史性任务，涉及社会管理体制多方面的改革，要通盘考虑，周密部署，循序渐进地向前推进。

（一）政府切实履行好社会管理和公共服务职能。在社会主义市场经济条件下，政府承担着四大职能，即经济调节、市场监管、社会管理和公共服务。正像政府的经济调节和市场监管，目的是充分发挥市场的活力，弥补市场的不足，纠正市场的缺失，创造更好的市场环境一样，政府的社会管理和公共服务，目的是更大程度地激发社会的活力和动力，保证社会的稳定和有序运行，提供良好的公共服务。在社会体制改革中，政府职能转变主要是改变以前的"大包大揽"、无所不管的状况，把一些社会能够自我管理的职能逐步转移给相应的社会组织来承担，并加强管理、引导和服务，培育社会组织的自我发展能力。政府在公共服务方面，要区分基本公共服务与非基本公共服务，政府主要是提供基本公共服务，而把非基本公共服务交给相应的社会组织或市场来承担。这更有利于在加强政府基本公共服务的同时，为国民提供更广泛的多样化的公共服务，满足其高水平的多层

次的需要。

（二）**规范发展各类社会组织**。现代社会具有广泛的参与性，社会成员和社会组织主动参与社会事务的管理。中国传统社会是一个"国家"，而不是一个"社会"，"国"管到"家"，"社会"发育不足，形不成有效的社会管理能力。为了加强现代社会管理能力，必须提高全社会的公民意识，提高其发育程度和自我管理能力。可以考虑，选择发展三类社会组织：一是社会事业类组织。鼓励民间资本进入教育、医疗、科技、文化等领域，发展体制外的民营社会事业，与现有的国有公立类社会事业形成平等竞争关系，形成一种外在压力和内生动力，推动我国社会事业进一步改革发展繁荣。二是公益类组织。鼓励、引导和支持公民和民间资本投入社会公益活动，如发展慈善组织、环保组织、社会志愿者组织等，提供更多的社会服务。三是自我管理类组织。人的社会性决定了人们在社会生活中需要社会交往，需要正常的沟通与联系。人们通过一定的组织自我管理、自我服务，有利于促进社会发展进步。近年来已经出现了一些人们自发形成的社会组织，如自驾车友会、"驴友（旅游爱好者）会"、书法爱好者协会、摄影爱好者协会、各种老年体育锻炼、文艺娱乐等协会，对广大群众参与社会生活发挥了积极作用。应该鼓励、引导和支持这些社会组织正常有序发展，并且依法进行规范管理。为此，要加快制定《社会组织法》，对各类社会组织的发展作出法律规范，做到依法管理、自主发展。

（三）**积极推进基层社区自治**。社区是社会的基础，是最基层的社会组织。一个社会要健康有序发展，必须建立和完善社区这个基础。社区应该成为一个基本的社会自治组织，发挥群众自我管理的积极性、主动性和创造性。我国城市居民委员会组织法和农村村民委员会组织法都规定，居民委员会和村民委员会是居民自我管理、自我教育、自我服务的基层群众性自治组织。社区自治是我国社会管理体制建设的基础，要进一步扩大社区自治的范围，丰富社区自治的内容，使社区成为我国社会管理的基本单元。

（四）**加快建立和形成现代化的稳定的社会结构**。现代社会稳定发展的基础，是建立起稳定的"中间大、两头小"的"橄榄型"社会结构，即社会中等收入者占绝大多数，超富群体和贫困群体都占极少数。社会收入差距相对较小，分配比较公平，人们通过个人能力、劳动获得相应的报酬，个人对社会的满意度较高，社会利益格局比较协调，建立起一个公平、均富的社会。针对我国在发展中收入差距扩大的趋势，需要下大力气改革收入分配制度，扩大中等收入者比重，提高低收入者收入水平，通过分配调整和税收调节等手段限制过高收入，从根本上解决分配不公的问题，走共同富裕的道路，建立起收入分配的良性运行机制。

（五）**加快建立符合现代化要求的社会规则**。我国正处在由传统人情社会向现代契约社会的转型过程之中。传统的伦理道德处理的是特殊的亲疏远近的人际关系，而现代的社会规范处理的是普遍的一视同仁的社会关系。符合现代文明要求的社会规则，是现代社会正常运转的基石。我们应该加快建立现代社会的基本规则，培养公民的诚信意识、规则意识。要从最基础的做起，首先是诚信，其次是守规矩，包括遵守基本的交通规则、现代文明生活守则等，提高我国的国民素质和社会文明水平。

（2012 年 6 月）

重建社会管理的基石——诚信与规则

加强社会建设，创新社会管理，必须首先做好基础性工作。现代社会管理最重要的基础，就是诚信和规则。中国在社会快速转型过程中，出现了诚信和规则缺失的问题，需要下大力气推进诚信和规则建设，奠定现代社会管理的坚实基础。

一、我国社会转型期面临诚信和规则缺失问题

随着我国工业化、城镇化快速发展，整个社会处在快速的转型和变动过程之中，从过去传统的农业社会向现代工业社会、从农村社会向城市社会、从封闭社会向开放社会转变。我国出现了一个人类历史上前所未有的波澜壮阔的社会流动的大潮，最突出的表现就是形成了一个人数越来越多的农民工群体。据统计，2012 年我国农民工总量达到 26261 万人，其中外出农民工 16336 万人。这成为最具中国特色的社会现象。

（一）诚信和规则缺失的突出表现。我国社会处在快速的社会转型期，同时也是矛盾凸显期。中国社会还处在大变动、大转型的过程之中，还没有形成比较稳定的成熟的社会结构，还没有建立起一套普遍遵守的社会规则体系。突出表现在两个方面：

一方面，社会秩序缺乏成熟稳固的道德基础，特别是诚信缺失。社会上诚信缺失的问题比较突出，表现为假冒伪劣不绝，坑蒙拐骗常有，诸如假烟、假酒、假食品、假药品、假学历、假证件……凡是能够造假的，都会有人造出来。自从出了三聚氰胺奶粉事件，人们再也不敢相信我们的奶

粉质量，纷纷从境外购买奶粉，结果把香港的奶粉买空，以致香港居民怨声载道。香港政府被迫作出规定，出港人士不得携带超过 1.8 公斤的奶粉，违例者最高处以 50 万元罚款，以及 2 年监禁。不仅香港，就连英国、德国、澳大利亚、新西兰等国家也纷纷推出限购令，以对付中国人抢购外国奶粉的狂潮。有人提出疑问："我们可以神舟上天、蛟龙潜海，可为什么连奶粉质量都保证不了？"说到底，奶粉质量问题，食品安全问题，其根源还在于社会诚信缺失的问题，以及由此而来的监管问题。问题的严重性在于，诚信缺失不仅造成产品质量问题，还造成社会的不信任，特别是各种社会欺诈现象如商业诈骗、信用诈骗、网上诈骗、电话诈骗等造成人与人之间严重的防范心理，以致人们"不要与陌生人说话"。社会诚信缺失，最终将冲击人们的道德底线。

另一方面，社会运行规则缺失，造成社会的失序失范。社会缺乏最基本的规则，人们往往也不太遵守规则，本来要按规则来解决的问题，却总是想方设法去逃避规则解决问题。最简单、最普遍的问题，就是不遵守交通规则，人们称为"中国式过马路"，凑够几个人就可以过马路，体现的是一种从众心理和法不责众心理。随着中国成为全世界最大的汽车生产和销售市场，中国也正在成为一个"汽车社会"，但由于规则意识缺失，违反交通规则的现象屡见不鲜，强行超车、夹塞并线，甚至占有应急车道、逆向行驶等多发，交通事故发生率和死亡率在世界上名列前茅，并呈增加之势。随着中国对外开放的不断扩大和人民生活水平的提高，出国旅游的人数越来越多，中国游客对拉动当地经济增长和促进文化交流发挥了重要作用，但同时中国游客的不良行为严重影响到国民形象。最突出的就是不守规矩的问题，诸如爱耍小聪明，钻空子，公共场合大声喧哗，旅游景区乱刻乱画，过马路时闯红灯，随地吐痰，不自觉排队，抢占座位，自助餐多取吃不了浪费食物等等，以致有的酒店拒绝接待中国游客。不守规则的坏毛病，在国内习以为常，在国外却让人汗颜。更为严重的是，不守规则，必然漠视法律，最终将冲击法律这一社会公平正义的最后一道底线。

（二）社会失信、失范、失序的原因。我们从许多方面，都可以看到社会的诚信缺失和规则缺失现象。分析社会失信、失范和失序的原因，主要在于：

一是社会变迁和社会环境方面的原因。中国社会在快速的转型过程中，旧的信任和规则体系遭到了破坏，新的信任和规则体系还没有建立起来。从社会学理论上来分析，传统农村社会是一种特殊性的社会关系，费孝通先生把它叫作"差序格局"，就是说是一种亲疏远近的社会关系，对不同的人以不同的对待。最典型的就是一个人在农村生活，一天到头见到的都是熟人，几乎见不到一个自己不认识的人，在这些人中有一套信任和规则体系。而到了现代城市社会，则是一种普遍性的社会关系，人们一天到晚见到的几乎都是自己不认识的人，这种环境下社会信任和规则体系是不一样的，它需要一种普遍化的契约性的社会诚信和规则体系，就是说对所有的人一视同仁，大家遵守普遍性的社会规则。而这种适应现代社会要求的普遍化的社会诚信和规则体系，在我国还没有很好地建立起来。这表现在社会各个方面，人情大于规则、大于法律，熟人好办事，对不同的人以不同的对待，按照亲疏远近来处理问题，找熟人托关系，不信规则信人情等等，传统的规则与现代的规则交织在一起，带来了很大的社会矛盾。

二是社会建设和社会管理方面的原因。市场经济既是法治经济，也是信用经济。诚信和规则是市场经济的基石，也是现代社会的基石。我国在市场经济发展过程中，社会诚信和规则建设相对滞后，缺少具体可行而又严格执行的操作规范。我们还不太重视现代社会诚信和规则体系的制定，特别是宣传性的东西多，具体可操作的东西少，真正能够实实在在落实的更少，其结果往往是大而化之，高高在上，最终成了摆设，很少有实际价值。我们还没有建立起一套普遍的现代社会的诚信和规则体系，社会管理还不适应现代流动社会的要求，没有形成现代社会管理和运行体制。

二、加强和创新社会管理必须从最基础的诚信和规则做起

社会管理的基础性建设非常重要。基础不牢，地动山摇。没有牢固坚实的基础，社会管理将可能是"空中楼阁"，难于建立起社会管理的宏伟大厦。

社会管理最重要的基础是诚信和规则，这是现代社会管理的基石。社会管理源于人们的认识和行动，首先是思想上解决问题，其次是行动上解

决问题。而认识和行动最重要的，一个是道德，一个是法治。诚信是道德的基础，规则是法治的基础。一个人没有诚信，一切道德无从谈起；一个人不守规矩，法律也就成了一纸空文。一个社会如果没有诚信基础，很难想象社会运转会是什么样子，只能是人们互不信任，对欺骗防不胜防，其结果必然是假冒伪劣盛行，坑蒙拐骗不绝，人们为此会付出很大精力来应付诚信问题，社会运转也将付出巨大的成本和代价。一个社会如果没有规则，或人们不遵守规则，那将表现出极大的混乱，混乱的交通、混乱的市场、混乱的社会秩序，甚至混乱的法治环境。李克强总理在国务院机构职能转变会议上指出："我国市场经济秩序还很不规范，经营不讲诚信，假冒伪劣屡禁不绝，侵犯知识产权时有发生，寻租行为不少。这些现象得不到有效制止，对于诚实守信的经营者就是不公平，就会产生'劣币驱除良币'的扭曲现象，从而伤害整个经济健康发展。"

从一些发达国家来看，已经实现了由传统社会到现代社会的转型，建立起一个高度发达、文明和成熟的现代社会，有一个稳定的社会结构，有一个运转良好的社会诚信和规则体系。我们许多人出国访问，都会在这方面留下深刻的感受。第一印象就是人们诚实守信和遵守规则的良好的社会秩序。诚信是人们特别看重的道德要求，没有诚信就等于没有道德的同义语。当年美国总统尼克松由于"水门事件"而最终下台，就是因为共和党为了赢得选举胜利，而在民主党的竞选总部水门饭店安装了窃听器，美国人最终质疑的是尼克松的诚信问题，一涉及诚信人们就看得很重，是不会原谅的。也因此，美国的民意调查中，一直把尼克松看作是一个不好的总统。在发达国家，几乎很少会遇到假冒伪劣产品，商品质量一般都是有保证的，这也是中国人相信洋奶粉的重要原因。一个人、一个企业，失信是最大的问题，如果留下了失信的不良记录，那以后在社会上将寸步难行。整个社会已经建立起比较完备的社会诚信体系，遵守规则是最基本的社会行为要求。比如，日本社会给人的第一感觉就是有序。交通人流都在无形中听从一个指挥，就是都遵守规则。在大城市的街道上很少能看到警察，各个路口只有红绿灯在指挥交通，绿灯亮时发出一种"嘀嘟，嘀嘟"的声音，提醒盲人可以过马路。汽车和行人都严格遵守交通规则，无论是市内还是市外的车流，看不到如中国常见的违反交通规则的情况。因此，日本发生交通事故的概率很低，在世界上也是交通事故率最低的国家之一。在人们共同遵守规则的基础之上，建立起现代社会良好的社会秩序。

从我国历史传统来看，诚信和规则对社会稳定和发展起到了至关重要的作用。我国古代建立起超稳定的封建社会结构，有一套相应的诚信和规则体系，只是这些诚信和规则非常适合传统农业社会的要求，而在很大程度上已经不再适合现代社会的要求。孔子讲："人而无信，不知其可也。""民无信不立。""言必信，行必果。"我国古代的社会运行和管理也是建立在诚信和规则的基础之上的，而且非常具体，直接融入人们的日常生活、行为和习惯之中。如中国过去的启蒙读物《三字经》《千字文》《弟子规》《女儿经》等，都有非常详细的具体规定，如何走路、如何说话、如何对待父母、兄弟、朋友，渗透到生活行为的方方面面。我们现在的道德教育、法治教育、社会建设和社会管理，还缺乏一些最基础、最具体、最切实可行的措施。

加强和创新社会管理，需要从最基础的做起。学习借鉴国外的先进经验，继承我国传统的优秀成果，切实加强诚信和规则建设，从一件一件小事做起，先把社会建设和社会管理的基础打牢，然后再建设宏伟的社会主义和谐社会的大厦。

三、采取有力措施加强诚信和规则建设

党的十八大指出："要围绕构建中国特色社会主义社会管理体系，加快形成党委领导、政府负责、社会协同、公众参与、法治保障的社会管理体制。"社会管理从最基础的诚信和规则做起，重点在以下几个方面。

（一）加快制定符合现代社会要求的诚信制度和社会规则，奠定社会建设和管理的基石。要从细处入手，从最具体的做起。运用底线思维，开展底线教育，划定做人的最基本道德底线。重新进行一些最基本的道德普及性工作，比如如何与人礼貌地打招呼，如何走路开车，如何礼貌地与人交往相处，如何讲实话不讲假话，如何工作学习生活等，更具体的如乘扶手电梯要靠右边站，公众场合要自觉排队，不能大声喧哗，开车要礼让行人，

吃自助餐要少拿吃完不剩余等等。一个人的道德观念和社会行为往往是从儿童开始形成的，因此要从儿童抓起，像《三字经》《千字文》一样，把基本的做人规则教育放在识字课本中，从幼儿教育一开始就进行做人规则的教育，真正做到细水长流，润物无声，潜移默化到人们的观念和行为之中。同时，把现代文明的规则普及到全社会，一步一步地改变中国传统的亲疏远近的人情社会，建设现代文明的普遍性的社会行为规则，这是中国现代化的必由之路。

（二）**建立社会监督约束机制，以重典治乱促使社会管理走上正常运转的轨道。**有了规则，就要遵守。有了制度，就要落实。纠正人们长期形成的观念和行为是非常困难的，非下大力气不可。万事开头难，治乱必用重典。新加坡和中国香港的经验值得我们很好借鉴，就是通过严格的监督管理来使规则得到有效落实，甚至不惜使用重罚，新加坡至今还保留鞭刑，以起到惩戒的作用。即使在发达国家，对违反规则也是要给予重罚的，甚至一次违规，终生要付出代价。现在，首先要重拳出击，依法严厉打击各种制假贩假、坑蒙拐骗行为，对违法犯罪者给以严惩。同时，对于各种违规行为给以重罚，对失信者记入诚信档案。建立诚信和规则秩序，不妨从遵守交通规则抓起，对违反交通规则行为给予严罚重罚，以矫枉过正之法促使人们的行为走上正轨，逐步引导社会迈上诚信和规则的道路，从而把我国的社会建设和社会管理提高到一个符合现代社会要求的新水平。

（三）**充分发挥社会协同和公众参与的作用，形成促进诚信和规则建设的强大正能量。**除了发挥党和政府的主导作用之外，还要广泛动员和发挥社会的力量和作用。光有号召和引导还不行，还要有广大社会公众的自觉参与。社会组织在这方面可以起到重要作用，特别是家庭、学校、村庄、社区、企业、单位都承担着重要职能，能够把诚信和规则落实到具体工作和生活中去。学校可以制定学生守则，村庄可以制定村规民约，社区可以制定居民公约，企业和单位都可以制定具体的行为规则。同时，还要发挥民间组织和社会志愿者的作用，开展各种类型的宣传教育活动，做深入细致的普及性工作。

（四）**全面提高我国的国民素质，广泛深入开展宣传教育工作。**现代化的差距最终表现在社会文明程度的差距。随着中国经济快速发展和综合国力的增强，中国的国际地位和影响力不断扩大，同时中国的国民素质也越来越引起国内外的广泛关注，对中国的国家形象造成影响。全面提高我国的国民素质，已经成为我国社会建设的重大任务。建设一个现代化社会，必须下决心提高公民素质和社会文明水平。要制定实施全面提高国民素质行动计划，进行广泛的宣传教育和普及工作，从最基础的讲诚信和守规矩做起，使现代社会文明理念深入人心，变成每一个社会成员的自觉行动。

（2013 年 6 月）

建设生态文明的总体思路和重点举措

一、我国生态文明建设面临的形势

生态文明是人类文明发展到一定阶段的产物，是超越工业文明的一种新型文明形态，它是指人与自然和谐发展所创造的物质文明和精神文明的总和。工业革命以来，人类在改造自然、征服自然的过程中，创造了巨大的社会财富，同时也对自然生态造成了破坏。正如恩格斯在《自然辩证法》中所说："我们不要过分陶醉于人类对自然界的胜利。对于每一次这样的胜利，自然界都对我们进行了报复。"马克思也指出："不以伟大的自然规律为依据的人类计划，只会带来灾难。"人类在深刻反思工业文明带来经济繁荣的同时，针对无限制增长所造成的资源紧缺、生态退化、环境污染、气候变化的严峻现实，越来越认识到，必须走一条生态文明的发展道路。1972年，联合国在斯德哥尔摩召开了有史以来第一次"人类与环境会议"，通过了著名的《人类环境宣言》。1992年联合国环境与发展大会通过《21世纪议程》和《气候变化框架公约》，提出了共同解决人类面临的环境问题，走可持续发展的道路。2002年联合国在南非约翰内斯堡召开可持续发展世界首脑会议，通过了《可持续发展世界首脑会议执行计划》。2012年联合国在巴西里约热内卢召开可持续发展大会，通过了《我们憧憬的未来》的成果文件。可以说，全世界对生态环境保护越来越重视，在探索人类生态文明发展道路上留下了闪光的足迹。

中国自古以来就有"天人合一""道法自然"的理念，主张人与自然和谐相处，中国文化的标志"太极八卦图"就隐含了这一伟大思想。我国在探索社会主义建设道路的实践中，取得了经济社会发展的辉煌成就，也积累了生态环境建设的经验和教训。我们越来越认识到生态文明建设的极端重要性。1992年联合国环境与发展大会后，我国在世界上率先制定了《中国21世纪议程》，把实施可持续发展确立为国家战略。2007年，党的十七大明确提出建设生态文明，成为生态环境良好的国家。2012年党的十八大进一步明确提出生态文明建设的历史性任务，这是人类历史上第一次把生态文明建设作为一个国家现代化发展的目标。

多年来，经过实践探索，我国在生态文明建设方面形成了一整套的发展理念和战略思路。概括起来，就是"一个指导思想，一个发展战略，一个基本国策，一个两型社会"。一个指导思想，就是树立和落实科学发展观；一个发展战略，就是实施可持续发展战略；一个基本国策，就是实行节约资源和保护环境的基本国策；一个两型社会，就是建设资源节约型和环境友好型社会。这些都是我们借鉴世界各国发展经验、总结我国发展实践，对生态文明建设认识不断深化的重要成果。

（一）我国生态建设和环境保护取得的成就。在这些发展理念和战略思路的指导下，这些年来我国生态建设和环境保护采取了一系列重要措施，取得了积极进展。主要表现在以下几个方面。

一是基本形成了生态建设和环境保护的制度框架。国家先后颁布实施了包括森林、草原、水土保持、防沙治沙、环境保护、污染防治、节约能源、循环经济等一系列法律，形成了比较完备的法律体系。与此同时，国家行政法规、部门和地方的规章制度也不断健全和完善。近年来，更是制定了主体功能区、环境保护、节能减排、应对气候变化等规划、行动计划和工作方案，出台了各方面的相关经济政策，初步建立了生态环境保护目标责任制和激励约束机制。

二是加大了财政投入和工作力度。这些年来，各级政府对生态建设和环境保护的投入不断增加。过去五年全国财政节能环保投入累计1.14万亿元，从2007年的995.82亿元，增加到2012年的2932.04亿元，年均增长21.4%。国家实施重大生态建设工程以来，已累计投入8000多亿元，其中中央财政投入退耕还林工程2991亿元。2006—2012年，中央财政通过基建投资和财政专项资金累计安排1300多亿元，支持重点行业和领域开展节能降耗；安排 2450 多亿元，支持污染物减排和环境治理。2008—2012 年，中央财政对国家重点生态功能区转移支付 1101 亿元。我国生态建设和环境保护的基础设施得到加强，能力不断提高。各地积极开展生态省市县、森林城市、环保模范城市、园林城市等生态示范创建活动，53 个全国生态文明建设试点也相继启动。

三是节能减排取得了积极成效。以节能减排为重要抓手推进生态环境建设，建立起目标责任制，制定了约束性指标，并把任务指标明确分解落实到各地区、各有关部门和各主要行业。过去五年，实施十大节能重点工程，投运脱硫机组 4.5 亿千瓦，全国单位 GDP 能耗下降 17.2%，二氧化硫排放量减少 17.5%，化学需氧量（COD）排放量减少 15.7%。

四是生态环境建设不断得到加强。这些年来，国家先后启动实施了退耕还林、退牧还草、天然林保护、京津风沙源治理、防沙治沙、长江黄河上中游水土保持综合治理等重大生态工程。我国的森林覆盖率由 2005 年的 18.21% 提升到 2012 年的 20.36%，自然保护区占国土面积比例达到 14.88%，超过国际平均水平。全国沙化土地面积出现了减少趋势，年均缩减 1717 平方公里，实现了由"沙进人退"到"人进沙退"的重大转变，我国的治沙成效受到国际社会的高度评价。

五是积极参与国际合作应对气候变化。我国积极承担国际责任和义务，参与并推动国际气候谈判进程。在发展中国家率先颁布实施了应对气候变化国家方案，制定了《"十二五"控制温室气体排放工作方案》，建立起应对气候变化领导和工作机制，广泛开展低碳发展试点示范。尤其在发展风能、太阳能等新能源方面，我国已走在世界前列，赢得国际社会的高度赞誉。2006—2012 年，我国单位国内生产总值能耗下降 23.6%，相当于少排放二氧化碳约 18 亿吨，为全世界应对气候变化作出积极贡献。

（二）我国生态环境面临的严峻形势。在充分肯定成绩的同时，我们也清醒地看到，我国经济社会发展与资源环境之间的矛盾越来越突出，生态环境保护仍然面临着严峻的形势，生态环境总体恶化的趋势还没有得到根本性扭转。

一是环境污染相当严重。特别是大气污染、水污染、土壤污染等问题，已经成为影响人们健康、制约经济社会可持续发展的突出问题。目前全国有 2/3 的城市空气质量达不到国家二级标准，重点区域城市二氧化硫、可吸入颗粒物年均浓度为欧美发达国家的 2 倍至 4 倍，二氧化氮平均浓度比美国高 30%—50%。2013 年以来我国北方大部分地区出现严重雾霾天气，影响面积达 130 万平方公里，影响人口达 6 亿。一些农村水污染也很严重，饮用水安全受到威胁，城市垃圾污染问题严重，"垃圾围城"现象比较普遍。土壤与重金属污染问题突出，不但影响到食品安全，甚至直接危害到群众身体健康。

二是能源资源消耗大幅增加。我国是一个有 13.5 亿人口的发展中大国，人均资源占有量低，自然禀赋不足。我国人口占世界人口的 22%，而耕地资源只有世界的 7%，人均耕地只有 1.4 亩，仅为世界平均水平的 40%，666 个县人均耕地面积低于国际公认的 0.79 亩警戒线，463 个县低于 0.5 亩危险线。人均水资源量仅为世界平均水平的 28%。石油、天然气、铁矿石人均占有量分别仅为世界平均水平的 7%、7%、17%。然而，在经济快速发展中，能源资源消耗大量增加。以煤炭和钢材为例，2000 年我国煤炭产量 13.8 亿吨，2012 年达到 36.5 亿吨，增长了 1.65 倍；钢材从 1.32 亿吨增加到 9.53 亿吨，增长了 622%。现在我国石油、铁矿石的对外依存度已经达到 57%。能源资源利用效率低，经济增长付出的代价大。我国单位国内生产总值的能耗水平，约为日本的 4.5 倍、美国的 2.9 倍、世界平均水平的 2.5 倍；单位水耗的国内生产总值仅为世界平均水平的 1/3；我国的资源产出率仅是日本的 1/8、英国的 1/5、韩国的 1/2。矿产资源总回收率和共伴生矿产资源综合利用率分别仅为 30% 和 35% 左右，比国外先进水平低 20 个百分点。人均占有量低，再加上消耗大量增加，利用效率低，浪费现象严重，更加剧了能源资源的紧张状况。

三是生态退化问题突出。我国的自然环境差异极大，地理地貌复杂多样，生态问题更显突出。我国人均森林面积只有世界平均水平的 23%。全国沙漠化土地 173 万平方公里，占国土面积的 18.1%；石漠化土地面积达 12 万平方公里。我国是世界上水土流失最严重的国家之一，水土流失面积达 294 万平方公里，占国土面积近 30%，土壤侵蚀量占全球的 20%。全国有 400 万平方公里的草地，90% 以上的草地出现退化，每年还以 200 万公顷的速度增加。自然湿地萎缩，河湖生态功能退化，海洋生态形势严峻。我国是世界上 12 个生物多样性特别丰富的国家之一，世界四大遗传资源起源中心，但生物多样性一直处于高危状态，呈现持续下降趋势，受到严重威胁的高等植物占比达到 15%—20%，有 233 种脊椎动物处于濒危状态。

四是应对气候变化面临着新的挑战。我国温室气体排放总量大、增速快，日益成为国际社会关注的热点。我国已经成为世界上二氧化碳排放量最大的国家，人均排放量也超过了世界平均水平。从我国的发展情况看，我国的二氧化碳排放总量还在增加，要到 2030 年左右才可能达到峰值。

（三）我国生态环境面临突出矛盾和问题的原因分析。我国生态环境面临的这些突出矛盾和问题，是长期积累的结果，既有历史的原因，也有现实的原因；既有客观条件的因素，也有人为的主观因素。概括起来，主要有：

一是与我国的国情和发展阶段密切相关。我国作为世界上最大的发展中国家，正处于工业化中后期和城镇化快速发展阶段。发达国家用一百多年时间走完的工业化、城镇化道路，我们却要用几十年时间完成，这就造成他们长时间逐步出现的生态环境问题在我国却集中显现，呈现明显的压缩型、复合型特点，生态环境突发事件进入高发期，解决起来难度大、任务艰巨。

二是根源在于我国长期形成的粗放式经济增长方式。我国的经济增长仍然是一种数量扩张型的粗放式增长，表现为"三高一低"：高投入、高消耗、高污染、低效益。2012 年，我国 GDP 约占世界总量的 11.6%，而消耗的能源占到全世界的 21.3%，煤炭消费量占到 50%，相当于世界其他国家的总和，钢、铜、水泥的消耗量占到全世界的 45%、43%、54%。我国的经济增长是在消耗这么多能源资源的情况下实现的。能源资源环境已经成为我国发展最大的瓶颈约束，这种经济增长方式不可能再长期持续下去。

三是认识和工作上还存在缺陷。人们对生态环境保护的认识还不完全到位，社会公众的生态环保意识还不强，各地在发展中还存在着唯 GDP 论的倾向。生态文明建设的体制机制还不完善，激励约束等政策措施没有完全落实。资源节约与环境保护的相关法律、法规体系仍不健全，管理监督工作薄弱，守法成本高，违法成本低，有法不依、执法不严、违法不究的情况仍然存在。所有这些，都需要我们下大力气加以解决。

（四）**建设生态文明刻不容缓**。我国已进入全面建成小康社会的新阶段，进入发展的关键期和改革的攻坚期。在新的形势下，大力推进生态文明建设，具有重大的战略意义。

从现实来看，加强生态文明建设是解决我国资源环境问题的迫切需要。面对资源约束趋紧，环境污染严重、生态系统退化的严峻现实，必须狠抓节能减排，走绿色、低碳、循环发展之路。只有建设生态文明，以资源节约和环境保护优化经济增长，才能有效破除资源环境瓶颈约束，实现经济持续健康发展。

从长远来看，加强生态文明建设是实现中华民族伟大复兴和永续发展的必然选择。生态文明建设，不仅关系我们当代人的生存发展，也关系到我们子孙后代的生存发展。预计到 2020 年，我国人口总量将达到 14 亿，城镇化率达到 60% 以上，如果我们还是按现在的人均消耗增加，届时资源环境将无法承受，我们也将无法生存，更谈不上再发展。我们不能"吃祖宗饭，断子孙路"，必须从根本上转变经济发展方式，建设社会主义生态文明。

从人们的期望来看，加强生态文明建设是实现人民幸福的基本要求。随着人民生活水平的提高，人们对生态环境质量的要求越来越高，人民群众希望喝上干净的水，呼吸上新鲜的空气，吃上安全放心的食品，有一个宜居的环境。良好的生态环境，是一种基本公共产品，是政府必须提供的基本公共服务。建设生态文明，就要切实解决损害群众健康的突出环境问题，维护人民群众的环境权益，建设一个安居乐业的优良环境。

从国际环境来看，加强生态文明建设也是应对全球气候变化的必由之路。现在，生态安全已成为全球面临的重大挑战，应对气候变化成为人类的共同责任。中国已深度融入经济全球化的进程之中，参与国际经济竞争与合作，都要求我们必须积极应对全球气候变化，承担自己应尽的责任和义务。建设生态文明，将更加积极地彰显中国负责任大国的形象，增强我国发展的吸引力和影响力。

二、我国生态文明建设的总体要求和基本思路

党的十八大把生态文明建设放在突出地位，纳入我国现代化建设"五位一体"总体布局，提出了明确要求。必须树立尊重自然、顺应自然、保护自然的生态文明理念，把生态文明建设放在突出地位，融入经济建设、政治建设、文化建设、社会建设各方面和全过程，努力建设美丽中国，实现中华民族永续发展。

（一）生态文明建设的总体要求。突出体现在以下几个方面：

1. 把生态文明建设放在更加突出的战略地位。与经济建设、政治建设、文化建设、社会建设并列，作为我国现代化建设"五位一体"总体布局的重要组成部分。

2. 把尊重自然、顺应自然、保护自然作为生态文明建设的基本理念。在人与自然的关系上，是尊重、顺应和保护，对自然怀有感恩之情和敬畏之心，遵循自然规律，做到人与自然和谐相处。

3. 把生态文明建设融入经济建设、政治建设、文化建设、社会建设各方面和全过程。生态文明建设要与四大建设紧密结合，体现在发展生产力、治国理政、文化价值观、改善民生等各个方面，建设一个新的生态文明。

4. 把建设美丽中国、实现中华民族永续发展作为生态文明建设的根本目标。我们要通过生态文明建设，实行节约资源和保护环境的基本国策，促进可持续发展，建设一个山清水秀、天蓝地绿的美丽中国，实现中华民族伟大复兴。

（二）生态文明建设的基本思路。就是要以科学发展观为指导，按照中共十八大的要求，着力推进绿色发展、循环发展、低碳发展，形成节约资源和保护环境的空间格局、产业结构、生产方式和生活方式。其实质就是要建设以资源环境承载力为基础、以自然规律为准则、以可持续发展为目标的资源节约型、环境友好型社会。

1. 坚持在发展中保护，在保护中发展，把经济社会发展与生态环境保护更好地结合起来。发展始终是第一要务，是解决我国所有问题的关键。而没有保护的发展，则会带来破坏，不可能实现可持续发展。如果说离开发展谈保护是"缘木求鱼"，那么离开保护抓发展则是"竭泽而渔"。习近

平总书记明确指出，"保护生态环境就是保护生产力，改善生态环境就是发展生产力。"李克强总理也指出，"良好的生态环境是买不来、借不到的财富。山清水秀但贫穷落后不行，殷实小康但环境退化也不行。"我们既要坚持发展是硬道理的战略思想，又要坚持保护也是发展生产力的新理念，既要金山银山，也要绿水青山。坚持在发展中保护、在保护中发展，以发展促保护、以保护促发展，达到经济社会发展与生态环境保护的平衡协调，实现又好又快发展。

2.坚持节约优先、保护优先、自然恢复为主的方针，保护好自然资源和生态环境。过去的经验表明，在资源相对低廉的时候，往往不加珍惜，结果会走上低成本、高消耗的发展路径。现在就是要加大资源成本，用经济杠杆引导资源节约，把节约放在优先位置，养成节约资源的习惯，形成节约资源的生产方式和生活方式。生态环境一旦遭到破坏，再保护和恢复起来就非常困难，甚至根本无法恢复，花费的成本和代价更大。与其走先破坏、后恢复的老路，不如走先保护、再发展的新路。优先保护自然环境，保护好人类赖以生存的自然界，包括森林、草原、湿地、荒漠、海洋、大气层等生态系统。自然生态环境，追求的就是一个"自然"，人为的改变和破坏就失去了自然的原貌，因此要坚持自然恢复为主，让大自然自我修复，让尽可能多的自然界休养生息。

3.坚持从源头上治理，预防为主，防治结合，标本兼治。解决我国的生态环境问题，重在治本治源。防病重于治病。不要等环境破坏了、污染了，再去治理，那样将得不偿失。从源头上治理，最重要的就是调整和优化产业结构，转变经济发展方式，不再走高投入、高消耗、高污染、低效益的粗放式增长老路，不再走"先污染、后治理"的老路，要走一条低投入、低消耗、少排放、高产出、能循环、可持续的新型工业化和新型城镇化道路，走一条节能环保之路。要处理好预防与治理、新账与旧账的关系，既通过构建节约资源、保护环境的国民经济体系，努力不欠新账；又加快环境保护和污染治理，尽量多还旧账，不断取得生态文明建设的新成效。

4.坚持突出重点，以节能减排为抓手推进生态文明建设。生态文明建设是一个复杂的系统工程，涉及方方面面，从哪里抓起比较好？我们这些年的经验，就是从节能减排抓起，这是生态文明建设的"牛鼻子"。能源是现代经济和社会发展的动力，能源问题已经成为全世界重大的战略问题，世界经济、政治、军事、外交在很大程度上都与能源有关，谁掌握了能源，谁就控制了经济命脉。我们在实施能源多元化战略的同时，一个很重要的方面就是狠抓节能，减少能源消耗和浪费，大幅提高能源使用效率。节能与减排密切相关，燃煤燃油都直接造成二氧化碳的排放，此外还有其他污染物的排放。环境污染主要是由于污染物的排放造成的，减排的目的就是为了从根本上治理环境污染。我们必须采取强有力的措施，狠抓节能减排，出实招、见成效，以此来推动生态文明建设和发展。

5.坚持以改善民生为目的，切实解决影响群众健康的突出环境问题。我们建设生态文明的根本目的，就是为了不断提升人民生活质量，增进人民福祉。人民要求有一个良好的生态环境，对环境破坏和污染现象反映强烈。特别是空气污染、水污染、土壤污染、重金属污染，以及由此造成的食品安全问题，与人们生活密切相关，已经影响到公众的身体健康，是最重要的民生问题之一。建设生态文明，必须首先从人民群众最关心、最直接的利益问题抓起，切实解决影响群众健康的突出环境问题，让人民群众看到身边环境质量的改善，看到生态文明建设实实在在的成果。

6.坚持改革创新和制度建设，建立健全生态文明的体制机制。建设生态文明，重在制度。从根本上破解资源环境难题，必须从改革上找出路。通过改革创新，建立健全有利于生态文明的体制机制，形成规范完善的制度体系。国内外在这方面都积累了丰富的经验。比如，我国林权制度改革就是一个好例子，一着到位，全盘皆活，实现了"山定权、树定根、人定心"，充分调动了人民群众植树造林的积极性。建立生态补偿机制，有利于那些生态环境保护地区获得利益补偿，从而为国家生态安全大局作出贡献。国外的一些做法如排污权交易、碳排放权交易，都是利用市场机制所进行的制度设计。我们要充分借鉴国外在生态环境保护方面的成功做法，总结我国实践中积累的经验，不断推进生态文明制度建设，促使我国生态文明建设进入良性运转的轨道。

三、我国生态文明建设的目标和主要任务

党的十八大提出了到 2020 年全面建成小康社会在生态文明建设方面的目标，这就是资源节约型、环境友好型社会建设取得重大进展。主体功能区布局基本形成，资源循环利用体系初步建立，单位国内生产总值能源消耗和二氧化碳排放大幅下降，主要污染物排放总量显著减少。森林覆盖率提高，生态系统稳定性增强，人居环境明显改善。这就从一些主要方面勾画出我国生态文明建设的未来蓝图。

（一）狠抓节能减排。节能减排是生态文明建设的重点所在，是解决我国资源环境瓶颈约束的重要途径。要大幅降低能源消耗强度，合理控制能源消费总量，显著减少主要污染物排放总量。节能减排要突出抓住几个重点：

1.开展万家企业节能低碳行动。我国年耗能 1 万吨标准煤以上的企业有 1.6 万多家，占我国能源消费总量的 50% 左右，抓住这 1 万多家，就抓住了节能减排的大头。要推动这些企业实施节能改造，建立能源管理体系，开展能效对标达标活动，并进行节能审计，完成节能目标任务。

2.实施节能减排重点工程。继续实施节能改造、脱硫脱硝、节能产品惠民、重点领域水污染防治、城镇污水处理设施及配套管网建设等节能减排重点工程。

3.抓好工业、建筑、交通等重点领域节能。工业能耗占全社会能耗的 70% 左右，工业是节能潜力最大、见效最快的领域。要抓住电力、煤炭、钢铁、有色金属、石油石化、化工、建材等工业用能大户，实施工业能效提升计划，落实节能责任。建筑节能具有长效性，一座节能建筑建起来，可以起到长期节能的作用。国家有关部门已经制定《绿色建筑行动方案》，从规划、法规、技术、标准、设计等方面全面推进建筑节能，提高建筑能效水平。对既有建筑，要大力实施节能改造；对新建筑，鼓励和支持执行绿色建筑标准。交通运输是耗油大户，要大力推进交通节能，优先发展公共交通，加快构建铁路、公路、水路、航空、城市交通等综合交通体系。探索调控城市机动车保有量，加快发展节能和新能源汽车，倡导绿色出行。还要抓好公共机构节能，开展节约型公共机构示范单位创建活动，各级政

府要作节能减排的表率。

4.加强重点行业污染物减排。以钢铁、水泥、化肥、造纸、印染等行业为重点，大力推行清洁生产。以纺织、食品加工、农副产品加工、化工、石化等行业为重点，加快污水处理设施建设，提高工业废水处理能力。

（二）加大污染治理力度。加强生态文明建设，必须大力推进环境保护，尤其是加大污染治理力度。下大力气重点解决空气污染、水污染、土壤污染等损害群众健康的突出环境问题，使环境质量有明显改善。

1.加大空气污染治理力度。现在，老百姓感受最直接、最强烈的是空气污染问题。如果空气质量不好，老百姓就会对环境保护产生怀疑。据有关部门组织专家分析，2013年以来我国北方大部分地区发生的严重雾霾天气，是异常天气形势造成大气稳定、污染排放、浮尘和水汽相互影响的结果，是一次人为因素和自然因素共同作用的事件，其中污染物排放是内因、"主谋"，气象条件是外因、"帮凶"。如北京地区，机动车尾气排放成为城市空气污染的最大来源，约占1/4；其次为燃煤和外来输送污染，各占1/5。人们越来越重视空气污染中细颗粒污染物（$PM_{2.5}$）问题，这会对健康造成危害。国务院正在组织有关部门研究制定大气污染防治行动计划，有针对性地采取综合治理措施，建立健全雾霾监测、预警和应急机制，制订分级应急预案；建立区域联防联控机制，实施区域污染物排放总量控制，推动区域联合执法；加大机动车尾气治理力度，加快淘汰"黄标车"，提高汽车燃油品质和排放标准。在京津冀、长三角、珠三角等重点区域，实施煤炭消费总量控制试点，推进清洁能源利用和煤炭清洁利用，有效减少空气污染源。

2.积极治理水污染。实施一批水污染综合治理项目，优先解决流经城镇的水污染问题。推进城市生活污水、垃圾治理。抓住重点流域和区域水污染防治，全面推进江河湖海环境保护。加强城镇饮用水水源地的综合治理，继续大力推进"三河三湖"、松花江、三峡库区及上游、丹江口库区及上游、黄河中上游等重点流域综合治理，加大长江中下游和珠江流域水污染防治力度，加强湖泊生态环境保护，推进渤海等重点海域综合治理。

3.推进农村土壤和面源污染治理。积极开展土壤污染防治和修复，把好土壤这一食品安全的第一道防线。切实加强工矿企业监管，解决镉、铅、锌等重金属污染问题。加强农村环境综合整治和农业面源污染治理，因地制宜建设农村生活污水处理设施，推行农业清洁生产，推进畜禽清洁养殖，改善农村环境面貌。

（三）**调整优化产业结构**。我国产业结构不合理，工业特别是重工业比重高，这是造成资源消耗和环境污染的重要原因。产业结构不改变，发展下去资源承受不住，环境容纳不下，可持续将无法实现。必须加快调整产业结构，转变经济发展方式，关键是脚踏实地一步一步往前推进。

1.加快淘汰落后产能。坚决遏制高耗能、高污染行业过快增长，提高"两高"项目准入门槛，鼓励各地执行更加严格的能耗、排放标准，严控新上"两高"项目。制定淘汰落后产能计划，分解目标任务，完善退出机制，落实奖惩措施。

2.大力发展节能环保产业和生态产业。发展节能环保产业，可以起到一举多得的作用，既有利于调整产业结构，又有利于保护生态环境。加强节能环保基础设施建设，加快节能环保产业发展步伐。加快发展林产业、花卉产业、草产业、沙产业、生态旅游等产业。还要大力发展有利于节能环保的服务业，生物、新材料、新一代信息技术等战略性新兴产业，以及文化创意产业等。

3.积极发展新能源产业。加强节能环保，还需要大力调整能源结构。我国能源消耗多、环境污染重的一个重要原因，就是我国的能源结构不合理，煤炭占一次能源消费总量的60%以上。要逐步改变以煤为主的能源结构，大力发展水电、风能、太阳能、核能、以及生物质能、地热能等非化石能源，还要增加天然气的使用。美国正在发生一场"页岩气革命"，已经超过俄罗斯成为世界第一大天然气生产国，这将改变世界能源格局。我国已经制定页岩气发展规划，要加快页岩气开发步伐，促进形成新的能源结构。

（四）**加强生态保护和建设**。生态文明要求有一个良好的生态系统。生态保护是生态文明的重要基础，生态建设是生态文明建设最大的正能量。从源头上扭转生态环境恶化趋势，就要加大生态保护和建设力度。

1.实施严格的自然生态系统保护措施。牢固树立保护第一的思想，划定并坚决守住森林、草原、湿地、沙区植被、水资源和野生动植物种群数量等生态安全红线，保护最珍贵的自然遗产，遏制自然生态系统继续退化。

2.构建国家生态安全屏障。加强重点生态功能区保护和管理，构建以青藏高原生态屏障、黄土高原—川滇生态屏障、东北森林带、北方防沙带和南方丘陵山地带以及大江大河重要水系为骨架，以其他国家重点生态功能区为重要支撑，以点状分布的国家禁止开发区域为重要组成的生态安全战略格局。加强自然保护区、风景名胜区保护管理，实施生物多样性保护国家战略，特别是保护好我国特有的大熊猫、金丝猴、东北虎、中华鲟、白鳍豚、丹顶鹤、银杉、珙桐等珍稀野生动植物。

3.加快实施重大生态修复工程。继续实施天然林资源保护工程，巩固和扩大退耕还林还草、退牧还草成果，推进荒漠化、石漠化和水土流失综合治理，保护好林草植被和河湖、湿地。推进海洋生态整治修复，保护好海洋生态和海洋自然岸线。加强防灾减灾体系建设，提高气象、地质、山洪等灾害防御能力。

（五）大力推进资源节约和循环利用。资源是生态文明建设的物质载体，土地是一切财富之母。随着我国经济社会发展，对资源的需求越来越大，资源不足的矛盾愈显突出。必须大力开展资源节约，发展循环经济，提高资源利用效率。

1.严格保护耕地和节约用地。我国作为世界第一人口大国，民以食为天，耕地就是我们的生命线。要实行最严格的耕地保护制度，从严控制各类建设用地，确保耕地保有量不减少，坚决守住18亿亩耕地红线。加强土地利用总体规划和年度计划管控，健全节约用地标准，加强用地节地责任考核，推动节约集约用地，最大限度地提高土地利用效率。

2.加快建设节水型社会。我国面临着水资源短缺的突出矛盾，必须实行最严格的水资源管理制度，促进节约用水。实行水资源有偿使用，严格水资源费的征收和管理。加强用水总量控制与定额管理，加快制订江河流域水量分配方案。实施工业、农业和各行各业节水管理，加快节水技术改造，实行再生水和水循环利用，提高水资源利用效率。

3.推进矿产资源节约利用。实施找矿突破战略行动，加大重要矿产资源勘查、开发、保护和综合利用。加强低品位、难选冶、共伴生矿产资源的综合开发利用，提高开采回采率、选矿回收率、综合利用率。鼓励矿山固体废弃物和尾矿资源利用，提高废弃物的资源化水平。坚持"谁开发、谁保护；谁破坏，谁治理"的原则，全面加强矿山环境治理、恢复和保护，推进绿色矿业示范区建设。

4. 大力发展循环经济。资源有限而需求无限，只有发展循环经济才是唯一出路。国外在这方面积累了许多宝贵经验，发达国家在资源循环利用方面走在了世界前列。发展循环经济，就是要对资源"吃干榨尽"。按照减量化、再利用、资源化的原则，以提高资源产出效率为目标，推进生产、流通、消费各环节循环经济发展，加快构建覆盖全社会的资源循环利用体系。

（六）优化国土空间开发格局。国土是我们赖以生存和发展的家园，国土开发空间格局决定着我国整体生态环境水平。国家已经制定《全国主体功能区规划》，按照不同区域的资源环境承载能力、现有开发强度和发展潜力，把国土空间划分为四种类型：优化开发区、重点开发区、限制开发区和禁止开发区。在优化开发区，主要是推进产业结构转型升级，提高参与国际分工和全球竞争力；在重点开发区，主要是加快推进工业化，不断增强经济实力和人口聚集能力；对于限制开发区，主要是发展现代农业，建设农产品主产区，保障国家粮食安全；对于禁止开发区，包括各类自然保护区、重点生态功能区，主要是加强环境保护，维护国家生态安全。现在，各地正在抓紧制定本地区主体功能区规划，国家还将综合调整完善。各地区要严格按照主体功能定位发展，逐步形成与人口、经济、资源、环境相协调的国土空间开发格局。城镇化是我国发展面临的一个战略性大问题。我国正处在城镇化快速发展阶段，城镇化是最大的内需所在。国家正在研究制定我国城镇化发展规划。积极稳妥地推进城镇化，必须走一条集约、智能、绿色、低碳的新型城镇化道路。要把生态文明建设的理念融入城镇化的各方面和全过程，科学规划城镇化布局，加强生态建设和环境保护，建设绿色生态城市。

（七）积极应对气候变化。这已经成为我国生态文明建设所面临的一个重大问题。应对气候变化，最重要的是减少碳排放强度，建设低碳经济和低碳社会，实现低碳发展。国家制定了《关于加强应对气候变化工作的决定》和《国家应对气候变化规划（2013—2020 年）》。我国积极参与应对气候变化国际谈判，坚持共同但有区别的责任原则、公平原则、各自能力原则，推动建立公平合理的应对气候变化国际制度，承担与我国发展阶段、应尽义务和实际能力相称的国际责任。同时，我国也将自主开展减排行动，建立碳排放总量控制制度。我们已向世界承诺，到 2020 年单位国内生产总值二氧化碳排放比 2005 年下降 40%—45%，非化石能源占一次能源消费总量的比重达到 15% 左右，森林面积比 2005 年增加 4000 万公顷，森林蓄积量比 2005 年增加 13 亿立方米。这等于我们立下了"军令状"，言必信，行必果，必须兑现这一承诺。我们要全面开展低碳发展试点，推进低碳省区和低碳城市试点。进一步提高应对气候变化能力，减轻气候变化对经济社会发展和人民生活的不利影响。

四、我国生态文明建设的保障措施

建设生态文明，是一场涉及生产方式、生活方式和价值观念的革命性变革，是经济社会发展的根本性创新，必须通过深化改革和制度建设来保证。这就要落实目标责任，建立制度体系，制定和完善相应的政策措施，真正把生态文明建设落到实处。

（一）**严格落实目标责任制**。近些年来，全国上下深入贯彻落实科学发展观，发展理念和政绩标准有了很大的变化，更加看重发展的质量和效益，看重人民生活水平的提高，看重生态环境的改善。但毋庸讳言，GDP 这个"指挥棒"的作用还是太大，各地方注重速度、强调规模的意识还是很强，生态环境的约束仍然较弱。推进生态文明建设，首先要树立一个明确的"指挥棒"。树立科学的发展观和正确的政绩观，完善政绩考核制度，淡化GDP 的概念，在发展目标上增加生态环境的权重。深化干部人事制度改革，建立和完善政绩评价标准、考核制度和奖惩制度，形成正确的政绩导向。其次是建立"问责制"。现在已经有了一套节能减排的目标责任制，还需要制定生态文明建设指标体系，纳入地方各级政府政绩考核，考核结果作为领导班子和领导干部综合考核评价的重要内容，作为干部选拔任用、管理监督的重要依据，实行生态环境保护一票否决制。以此形成严格的激励和约束机制，有奖有罚，奖罚分明，增强执行力和约束力。还要开展"生态文明先行示范区"创建活动。组织一批重点区域、地区，特别是生态脆弱、能源资源富集等地区开展生态文明建设先行先试，探索符合我国国情的生态文明建设模式。

（二）加强生态文明法治建设。这是建设法治国家、法治政府的重要内容。我们要根据生态文明建设的新要求，进一步推进法治建设，做到有法可依、有法必依、执法必严、违法必究。研究制定有利于生态文明建设的法律法规，加强生态环境、土地、矿产、森林、草原等方面保护和管理的法律制度，开展节能、节水、应对气候变化、生态补偿、湿地保护等立法工作，清理法律法规中与生态文明建设相冲突或不利于生态文明建设的内容。法律法规要细化，制定具体的实施细则，增强法律法规的可操作性。更重要的是强化执法监督，加大违法行为查处力度，真正使法律法规成为不可逾越的红线，违法就要受到追究和惩罚。

（三）建立健全生态文明管理制度。制度具有权威性、稳定性、可靠性，能够管日常、管全面、管长远。首先要建立和完善生态文明建设的标准体系。生态文明建设涉及经济社会发展的各个方面、各行各业，必须有明确的标准，使人们有所依归。比如，提高产业准入的能耗、水耗、物耗、环境标准，加快制订或修订高耗能产品能耗限额标准、终端用能产品能效标准等。其次要建立严格的生态文明管理制度。如严格落实环境影响评价制度，所有新建和扩建项目都必须符合国家环境标准，并将环境的影响限制在最小限度。建立严格的节能制度，将节能评估审查作为控制地区化石能源消费增量和总量的重要措施，全面加强用能管理。实行矿产资源有偿使用制度，健全生态补偿制度。推动建立开发与保护地区之间、上下游地区之间、生态受益与生态保护地区之间的生态补偿机制。要做到让制度来管人、管事，让制度成为"硬约束"。

（四）加大政府对生态文明建设的投入。财政投入是生态文明建设的基本保障。国家财政要进一步加大对生态文明建设的支持力度，做到"四个更加"，即更加注重对生态建设和环境保护的投入，更加注重对节能减排和发展新能源的投入，更加注重对发展绿色低碳循环经济的投入，更加注重对解决损害群众利益的突出环境问题的投入，使生态环境建设的财政投入不断增长。同时，以政府财政投入带动社会资本投资，形成生态文明建设的多元化投融资体制。

（五）进一步完善相关经济政策。这些年，国家出台了一系列促进节能减排的经济政策，发挥了积极作用。推进生态文明建设，还要进一步制定和完善有关经济政策，并把政策落实到位。在产业政策方面，主要是加快制定完善鼓励、限制和禁止类产业目录与政策措施，支持鼓励类产业加快发展，控制限制类产业生产能力，促进产业结构优化和节能环保。在价格政策方面，深化资源性产品价格改革，理顺煤、电、油、气、水、矿产等资源类产品价格关系，建立反映市场供求、资源稀缺程度和环境损害成本的价格形成机制。完善水电、核电及可再生能源电价定价机制，理顺煤电价格关系；推进居民用电、用水阶梯价格；实行差别电价、惩罚性价格政策；全面推行燃煤发电机组脱硫脱硝电价政策。在财税政策方面，建立和完善中央与省级财政对农产品主产区、重点生态功能区的转移支付制度。开展以城市为平台的节能减排财政政策综合示范。稳步推进资源税改革，调整煤炭、原油、天然气的资源税税额标准。积极推进开征环境保护税，研究开征碳税。完善资源综合利用所得税、增值税优惠政策，实施节能环保的鼓励类税收政策。在金融政策方面，推广实施绿色信贷、环境污染责任保险等政策，推动节能减排、循环经济等项目通过资本市场进行融资，进一步提高高耗能、高排放项目信贷门槛。

（六）充分发挥市场机制作用。加强生态文明建设，需要处理好政府与市场的关系，在充分发挥政府在生态文明建设中的主导作用的同时，充分发挥市场在资源配置中的基础性作用，特别是调动企业参与生态文明建设的积极性和主动性。近年来，我国在水权交易、排污权交易、碳排放权交易等方面开展试点实践，取得了积极进展。下一步的重点是建立和完善配套政策和制度。如建立适应我国国情、与国际接轨的节能认证和能效标识制度。建立碳排放权交易和第三方核查制度，逐步形成全国碳排放权交易体系。加快水权交易试点，制定完善用水总量控制及水权交易管理办法。加快推进排污权交易，扩大排污权使用和交易试点范围。开展节能交易试点，建立节能交易市场。加快推进合同能源管理，扶持壮大节能服务产业。推动城镇污水、垃圾处理以及企业污染治理等环保设施社会化、专业化运营。还要实行"领跑者"制度，制定生态文明建设先进水平标准，鼓励一些先进企业走在前面，起到引领和示范作用。

（七）**动员全社会参与生态文明建设**。生态文明建设，人人有责。全世界的实践证明，生态文明建设，需要政府、企业、公众"三位一体"共同参与。一个社会生态文明建设的好坏，与全社会的生态文明意识和行动密切相关。要加强生态文明宣传教育，增强全民节约意识、环保意识、生态意识，营造爱护生态环境的良好风气。要让生态文明理念深入人心，落实到每一个单位、企业、学校和家庭，变成每个社会成员的自觉行动。深入开展"节能减排全民行动"，使每一个社会成员都能够践行"低碳生活"，形成有利于生态文明的消费模式和生活方式。建立和完善社会公众参与生态文明建设的制度，推进政府有关生态环境保护的信息公开，保障社会公众的知情权、监督权，完善公众监督举报制度、听证制度、舆论监督制度。积极鼓励和引导生态文明建设各类社会组织发展，充分发挥民间组织和社会志愿者参与生态文明建设的积极作用，形成生态文明建设的强大正能量。

（2013 年 8 月）

创新社会管理促进环境保护研究报告

环境问题，既是一个自然问题，也是一个经济问题，还是一个民生问题和社会问题。加强环境保护，不仅关系经济发展全局，也关系民生健康福祉，关系社会和谐稳定。

本研究报告主要把环境问题作为一个社会问题来加以研究，立足于通过创新社会管理来加强环境保护，深入分析我国在环境保护的社会管理方面存在的突出问题，提出创新社会管理加强环境保护的总体思路、主要做法和政策措施，包括积极支持和引导社会公众参与环境保护，充分发挥社会组织在环境保护中的重要作用，创新环境保护的社会管理体制机制，制定有利于环境保护的社会政策等，试图在有关社会管理与环境保护的理论研究上取得新的进展，对中国政府创新社会管理促进环境保护提出决策建议，起到咨询和参谋的作用。

一、创新社会管理对于加强环境保护具有重要意义

随着中国经济快速发展，中国社会发生了巨大变化。总体上中国正处在快速的工业化、城镇化过程中，处在社会大发展、大变动、大转型时期，整个社会快速地从过去传统的农业社会、农村社会向现代工业社会、城市社会转变。一个突出的标志就是，出现从农村到城市的大规模的社会流动，个体私营等非公有制经济和民间组织发展起来，产生了越来越多的自谋职业者和自由职业者，特别是形成了一个世界上非常罕见的庞大的农民工群体。城镇人口超过农村人口，实现了中国社会结构的一个历史性变化。

（一）中国在社会发展、社会管理和环境保护方面取得了历史性的成就。

1. 社会发展成就辉煌。主要表现在几个方面：一是社会事业快速发展。这些年，更加重视民生和发展教育、卫生、文化、体育等社会事业。教育方面，在城乡普遍实行免费义务教育，高等教育进入大众化阶段，大学毛入学率达到 25%。职业教育规模不断扩大，培养了一大批高技能实用人才。卫生方面，大规模推进医药卫生体制改革，职工医保、城镇居民医保、新农合参保人数超过 13 亿人，覆盖率达到 95% 以上，基本建立起覆盖城乡的全民医保网。文化方面，致力于保护文化遗产，加快发展文化事业和文化产业。体育方面，在伦敦奥运会上取得了突出成绩，全民健身运动蓬勃发展。二是人民生活水平迅速提高。2012 年，全国人均 GDP 达到 6000 美元以上，进入中等收入国家行列。我国一些地方如北京、上海、天津人均 GDP 已超过 1 万美元，达到 1.3 万美元以上，开始进入高收入国家水平。随着收入的增加，消费水平上升到新的阶段。明显的标志是，汽车、住房、旅游三大消费热点快速发展。三是公共服务水平不断提升。社会就业规模不断扩大，每年城镇新增就业都在 1000 万人以上。在建起全民医保的同时，建起了以社会保险为主、包括社会救助、社会福利、慈善事业在内的社会保障体系，初步形成了覆盖全民的社会保障安全网。

2. 社会管理得到加强。经过 30 多年的改革开放，我国经济体制改革取得了巨大进展，已经建立起比较完善的社会主义市场经济体制。适应社会主义市场经济体制的建立和完善，我国社会管理体制改革也取得了重要成就。主要表现在：一是随着农村改革和城市改革的进展，逐步打破城乡分离的"二元社会结构"，朝着建立城乡统一的社会管理体制迈出了重要步伐。二是随着自由择业和社会流动的发展，产生了越来越多的自谋职业者和自由职业者，许多人已经从"单位人"转变成为"社会人"，政府对于社会流动的管理积累了新的经验。三是随着工业化和城镇化的发展，许多农村人逐渐转变成为城市人，同时也形成了庞大的农民工群体，对农民工的公共服务不断取得进展。四是随着人们工作性质和社会生活的发展变化，社会保障体系逐步建立和不断完善，由以前的单位保障和家庭保障逐步向社会保障转变，人们工作生活的社会化程度不断提高。五是随着个体私营等非公有制经济发展，一些民营经济和民间组织逐步发展起来，与此同时，一些公益性社会组织包括环保组织从无到有，逐步发挥其应有的作用。

3. 环境保护不断进步。这些年来，中国高度重视生态建设和环境保护，大力推进节能减排，积极应对气候变化，参与国际合作交流。应该说，在环境保护方面取得了重要进展。在经济结构调整中，淘汰了一大批落后产能，包括钢铁、有色、水泥、纺织、造纸等行业，技术改造提高到了一个新水平。在生态建设方面，实施天然林保护、植树造林、退耕还林、退牧还草、防沙治沙等工程，治理水土流失。在污染防治方面，治理江河湖海水污染、城市空气污染、农村面源污染和重金属污染等。

（二）中国在社会发展、社会管理和环境保护方面取得积极成就的同时，也面临着突出的问题。

1. 社会发展相对落后。我国发展面临的一个突出问题，就是经济社会发展不协调，经济与社会发展"一条腿长，一条腿短"的问题突出。相对于经济快速发展来说，社会发展滞后，就业、社会保障、教育、医疗、文化等方面的发展满足不了人们不断增长的需要，尤其是在广大农村地区和中西部地区更加突出。作为拥有13亿多人口的发展中大国，吃饭和就业问题始终是我们面临的头等大事，社会就业压力很大。中国社会保障体系还不健全，保障程度低，标准不统一，覆盖范围有限，随着老龄化的快速发展，养老问题也成为一个突出的社会问题。城乡差距、地区差距、收入分配差距还呈扩大之势，一些低收入群众生活还比较困难。中国处在快速的社会转型期，社会利益格局调整，进入社会矛盾凸显期。在快速工业化、城镇化过程中，出现了征地拆迁、住房紧张、食品安全、环境污染等人民群众反映比较多的问题。

2. 社会管理比较滞后。社会管理还赶不上经济社会快速发展的需要，面临着突出的矛盾和问题。总体上看，社会管理体制还相对滞后，与社会主义市场经济体制不相适应，还没有建立起适应现代社会流动、充分激发社会自身发展动力和活力、具有中国特色的现代化的社会管理体制。中国社会还处在大变动、大转型的过程之中，还没有形成比较稳定的成熟的社会结构。工业化、城镇化快速发展造成大量的社会流动，突出表现为中国存在世界上非常罕见的庞大的农民工群体，对于一个处在高度流动中的社会管理还缺乏经验。由传统的农业社会和农村社会急剧转变为工业社会和城市社会，还没有建立起一套社会普遍遵守的社会规则体系，表现为比较突出的社会失范和无序状态。在社会管理方面，政府包揽的社会事务太多、干预太多，管了许多不该管、管不了、也管不好的事情，社会组织发育不足，社会自身发展还缺乏动力和活力。

3. 环境保护问题突出。总体上看，环境恶化的趋势还没有得到根本改变。中国人均资源占有量低，环境承载能力弱，这是中国的基本国情。随着经济社会快速发展，人口、资源、环境的矛盾越来越突出，资源环境问题成为制约中国发展的最大瓶颈。我国已经成为世界上二氧化碳排放量最多的国家。能源资源消耗多，环境污染严重，尤其是空气污染、水污染的问题突出。2013 年以来，北京等中国北方地区多次出现大面积的严重雾霾天气。我们在发展中越来越深刻地认识到，节约能源资源、加强环境保护，已经成为中国面临的一个重大战略性任务。必须从根本上转变经济发展方式，下大力气加强生态建设和环境保护，建设生态文明，建立一个绿色的社会、环保的社会、节约的社会。

（三）**充分发挥政府、市场、社会三方面保护环境的作用**。环境保护是一项综合性的重大系统工程，不仅取决于一个国家的经济发展程度，也取决于一个国家的社会发展程度，需要政府、市场、社会三个方面共同努力。在一个经济社会高度发达的国家，环境保护做得好，必然是这三个方面共同努力的结果。相反，一个处在经济社会发展中的国家，环境保护搞得不好，肯定是这三个方面其中出了问题。

如果从经济、社会发展的角度，从政府、市场、社会三个方面来分析，我国在发展过程中的环境保护走过了曲折的道路，既有失败的教训，也有成功的经验。从刚开始致力于经济发展，不重视环境保护，环境方面出现了问题，到在经济发展的同时重视环境保护，但也只是重视政府的管理作用；随着市场经济的发展，越来越认识到，除了发挥政府的主导和调控作用之外，还要发挥市场配置资源的决定性作用，政府可以制定相应的经济政策来促进环境保护；再后来，随着经济发展起来以后，更加重视社会发展，注重保障和改善民生，注重解决人民群众关心的环境问题，但在环境保护中社会的作用发挥得还不够，还没有很好地通过制定社会政策来促进环境保护。现在，中国的发展已经到了一个新的阶段，就是通过环境保护优化经济社会发展、建设生态文明的阶段。我们在实践中越来越认识到，需要从经济社会发展的综合性的角度，来统筹考虑进一步加强和促进环境保护，这就是充分发挥政府、市场、社会三方面的作用，在不断加强政府、市场作用的同时，更加重视发挥社会的作用，将环境保护建立在更加广泛、更加坚实的基础之上，这是中国加强环境保护的必然选择。

从根本上说，创新社会管理，充分发挥全社会的作用，对于加强环境保护，建设生态文明，具有重大的战略意义。

1. 加强环境保护，建设生态文明，必须充分发挥社会公众参与的积极性、主动性和创造性。环境保护是亿万人民的共同事业，涉及到社会生活中的每一个成员、每一个公民、每一个家庭。它不只是政府和企业的事，不只是通过市场规则和利益机制就可以完全解决的问题。环境保护在很大程度上涉及社会价值观念、生活习惯和行为方式，这些往往比经济利益更难以改变。环境保护，需要每一个社会成员树立环保的理念和生态文明的价值观，需要改变每个人不文明、不环保的生活习惯和行为方式，并且把环境保护变成每个人的自觉行动。这就需要长期的引导、宣传、教育，并辅之以必要的奖励和惩罚措施，以激励正确行为，限制错误行为，最终内化到人们的生活习惯和行为方式之中。这对于一个国家、一个社会的环境保护和生态文明建设，具有极为重要的意义。

2. 加强环境保护，建设生态文明，必须充分发挥社会组织特别是各类环保组织的重要作用。随着经济社会发展和生活水平的提高，人们的环保意识不断增强，许多有志于从事环保工作的志愿者积极行动起来，加入到环保队伍中来，他们建立起各种类型的环保组织，对环境保护起到了重要的促进作用。参加环保组织的人员，都是社会中的环保积极分子，一般具有强烈的环保意识和环保责任感，同时又具有一定的环保知识和技能，对于引领一个社会的环境保护，带动全社会的环保事业，能够发挥不可替代的影响力。对于政府来说，加强环境保护，必须充分发挥环保类社会组织的重要作用，为他们创造必要的环境条件，以形成"人人关心环保、参与环保"的有效保证。

3. 加强环境保护，建设生态文明，必须最大限度地发挥城乡社区的基础性作用。环境保护要得到有效落实，必须深深地扎根于基层。一个国家、一个社会的大环境是建立在千千万万的一个一个小环境的基础之上的。没有一个一个社区的好的小环境，不可能有整个社会良好的大环境。因此，加强环境保护，必须从最基层做起，发挥好城乡社区在保护环境中的重要作用，尤其是每一个家庭都应该投身到环境保护中来，建立一个一个良好的社区环境。这是整个社会环境保护成功的可靠保证和最有力支撑。

4.加强环境保护，建设生态文明，必须形成完善的社会体制机制，制定切实有效的社会政策。一个社会要正常运转，规则非常重要。一个社会要搞好环境保护，非有具体可行的规则不可。这就需要制定有利于促进环境保护的具体的社会规则，并且监督这些规则的落实。比如，不能随地吐痰，不能随手乱扔垃圾，要通过规则的制定和落实变成人们的自觉行动，违反规则就要受到处罚，受到社会舆论的谴责，形成一种公众监督制约的保护环境的社会氛围。在社会政策方面，比如可以鼓励人们少开汽车，减少一个人开一辆车，国外就有这方面的规定，多人车可以走快车道，一人车只能走边上的慢车道。总之，制定相应的社会政策，建立完善的社会体制机制，对加强和促进环境保护，建设生态文明，具有至关重要的意义。

二、创新社会管理加强环境保护的总体思路

我国经过多年的探索发展，在环境保护方面已经形成了一整套的理念、发展战略和政策措施。概括起来，就是"一个指导思想，一个发展战略，一个基本国策，一个生态文明，一个'两型社会'"。

一个指导思想，就是树立和落实科学发展观。统筹人与自然和谐发展，处理好经济、社会发展与人口、资源、环境的关系。坚持以科学发展为主题，以加快转变经济发展方式为主线，加快调整经济结构，加强能源资源节约和生态环境保护。再也不能走过去那种粗放型增长的老路，不能以大量消耗资源、污染环境为代价来换取经济增长，必须走一条节能环保的发展道路。

一个发展战略，就是实施可持续发展战略。把可持续发展上升到国家

战略的高度，使得中国经济社会发展的良好势头能够长期保持下去，不仅能够福泽当代，而且能够惠及子孙，给子孙后代留下天蓝、地绿、水净的美好家园，实现中华民族永续发展。

一个基本国策，就是实行节约资源和保护环境的基本国策。把节约资源和保护环境上升到基本国策的高度，就是要作为一项国家长期稳定的重大政策，始终坚持、毫不动摇地贯彻落实下去，建设美丽中国。

一个生态文明，就是建设社会主义生态文明。把生态文明建设放在更加突出重要的位置，融入经济建设、政治建设、文化建设、社会建设各方面和全过程，做到环境保护与经济社会发展同步并重，促进环境保护与经济社会协调发展。

一个"两型社会"，就是建设资源节约型和环境友好型社会。形成节约资源和保护环境的产业结构、增长方式、消费模式，发展循环经济，促进生产、流通、消费过程的减量化、再利用、资源化，把节约资源和保护环境落实到全社会每个企业、每个单位、每个家庭。

党的十八大对创新社会管理加强环境保护提出了明确要求，指出必须加快推进社会体制改革，围绕构建中国特色社会主义社会管理体系，加快形成党委领导、政府负责、社会协同、公众参与、法治保障的社会管理体制，加快形成政社分开、权责明确、依法自治的现代社会组织体制，加快形成源头治理、动态管理、应急处置相结合的社会管理机制。加强和创新社会管理，提高社会管理科学化水平，必须加强社会管理法律、体制机制、能力、人才队伍和信息化建设。加强基层社会管理和服务体系建设，增强城乡社区服务功能，强化企事业单位、人民团体在社会管理和服务中的职责，引导社会组织健康有序发展，充分发挥群众参与社会管理的基础作用。建设生态文明，必须树立尊重自然、顺应自然、保护自然的生态文明理念，全面促进资源节约，推动资源利用方式根本转变。坚持预防为主、综合治理，以解决损害群众健康的突出环境问题为重点，强化水、大气、土壤等污染防治。加强生态文明宣传教育，增强全民节约意识、环保意识、生态意识，形成合理消费的社会风尚，营造爱护生态环境的良好风气。

转变政府职能，必须处理好政府与市场、政府与社会的关系，深化行政审批制度改革，减少微观事务管理，该取消的取消、该下放的下放、该整合的整合，以充分发挥市场在资源配置中的决定性作用、更好发挥社会力量在管理社会事务中的作用。改革社会组织管理制度，加快形成政社分开、权责明确、依法自治的现代社会组织体制。重点培育、优先发展行业协会商会类、科技类、公益慈善类、城乡社区服务类社会组织。成立这些社会组织，直接向民政部门依法申请登记，不再需要业务主管单位审查同意。坚持积极引导发展、严格依法管理的原则，促进社会组织健康有序发展。完善相关法律法规，建立健全统一登记、各司其职、协调配合、分级负责、依法监管的社会组织管理体制，健全社会组织管理制度，推动社会组织完善内部治理结构。

创新社会管理促进环境保护的总体思路是：处理好政府、市场、社会三者之间的关系，在充分发挥政府的主导作用和市场配置资源的利益导向作用的同时，更加重视发挥社会力量在环境保护中的重要作用。加强和创新社会管理，构建中国特色环境保护的社会管理体系，充分发挥社会公众参与环境保护的积极性、主动性和创造性，充分发挥社会组织特别是各类环保组织的重要作用，充分发挥城乡社区在环境保护中的基础性作用，形成全社会共同参与环境保护的比较完善的社会体制机制和社会政策体系。

三、引导支持社会公众积极参与环境保护

保护环境既是政府的责任，也是社会公众的责任。一个社会的环境保护如何，首先与其公民的环保意识和环保行动密切相关。公民参与是现代社会的基本特征，也是环境保护能够做好的根本保证。现代社会的环境保护实践证明，政府、企业与公众共同参与环境保护，构成了"三位一体"的环境保护可持续发展模式。对于环境保护来说，这三者缺一不可，而社会公众在环境保护中发挥着最广泛、最基础的作用。

社会公众参与环境保护的程度，直接体现着一个国家环境意识、生态文明的发育程度，也体现着一个国家重视和保护公民权利的程度。引导支持社会公众积极参与环境保护，是贯彻落实环境保护这一基本国策，增强公众环境保护意识，形成覆盖城乡的环境保护网络的重要举措。社会公众

参与的原则，就是依靠群众的原则，依靠群众一直是我国环境保护的基本方针。实践证明，仅仅依靠环保部门推动，环境很难取得彻底改善，广泛推动公众参与才是解决环境问题的根本途径。

（一）国外社会公众参与环境保护的做法和经验。一些国外发达国家在经济社会发展的基础上，环境保护也做得比较好，一个重要的因素就是公众参与环境保护，每个人都自觉地保护生态环境，形成了规范化、制度化的环境保护参与模式。

1.建立公众参与环境保护的体制机制。法国非常重视环境保护，并且建立起环境保护方面的公众参与的体制机制。法国实行环境保护方面的大部门制，将原来的环境、可持续发展与领土整治部更名为环境、能源、可持续发展与领土整治部，其职能范围扩展到资源、领土与居民、能源与气候、可持续发展、风险预防与交通等更广泛的领域。法国的公众参与环境保护的主体主要包括环境保护协会、专家机构和专业性办公室（局）等。法国公众参与环境保护的实施程序包括：（1）公众调查程序。环境保护领域的公众调查的目的是告知公众，收集他们的喜好、建议以及反对意见，然后将其作为影响评价的公众意见。（2）公众辩论程序。法国依法成立有全国公众辩论与听政委员会，该委员会由20余人组成，其中1/3是中央和地方的政界人士，1/3是不同行业的资深专家，1/3是各类社会团体和非政府组织成员代表。围绕环境保护方面的议题进行公开的辩论。（3）地方公民投票。经过公众调查和公众辩论程序以后，接下来就是进行地方公民投票。1/5注册的选民代表能够向市政委员会对相关决策进行投票，投票结果直接影响到决策。总体上看，法国的公众参与环境保护主要包括几种形式：知情、咨询、商讨、最后是共同决策，形成了一套完整的制度保障公众参与的决策机制。

2.开展广泛的环保宣传教育，普及环保知识和技能。日本学校教育重视培养学生的节约观念。当一批孩子毕业时，学校还会呼吁学生及其家长将能够继续穿用的校服捐赠给学校，供新生使用。一些学校还邀请垃圾处理公司的员工开着垃圾车为学生实际演示清理垃圾的操作，并指导学生进行垃圾分类比赛。

欧洲一些国家先后推出了宣传绿色消费理念的学校教育计划。如法国中小学通过让学生清扫校园、以甜菜汁为原料制作有机燃料、管理学校垃圾等，提高学生的环保意识；奥地利许多中小学开设了环保课，定期聘请环保专家讲授环保和垃圾回收知识，如介绍何种购物方式能够有利于垃圾减量以及如何正确进行垃圾分类等。

3. 重视保障公众参与环境保护的知情权和监督权。德国 2005 年出台的《环境信息法》要求，联邦管理部门和相关社会机构有义务公布环境信息。该法规定，对公众有关环境信息的咨询必须在一个月内作出答复；有关机构应免费开放环境信息资料，供公众查阅；联邦管理部门应充分利用互联网，广泛发布环境信息。环境部的负责人表示，只有人们了解环境信息，才能参与公共决策并实行有效监督。

韩国邀请民间人士参与对大江大河的环境检查，在制定和修改环境政策时同相关企业、专家和环境团体协商。为了消除居民对水质的不信任，成立了由民间团体和有关专家共同参与的"自来水市民会议"，对水质进行实时监控。韩国"绿色环保联合会"有几万名会员，形成一个强大的监督网，对有损环保的事例在新闻媒体上曝光。各地方政府还由地区居民和民间团体为主导组成了 231 个"民间环境监视团"。一些污染环境的大型工程，因为当地民众和团体的反对而被叫停。

4. 社会公众参与环境保护成为一种自觉行动。日本虽然是一个地域狭小、自然灾害频发和多山的国家，但生态环保却做得非常好。穿行在日本的城市之间，高速公路许多时候是在山洞和桥梁之间通过，所见山峦到处都是森林覆盖，一片郁郁葱葱。日本的森林覆盖率达到 64%，是世界上森林覆盖率最高的国家之一。日本非常重视绿化，即使在繁华的东京，高大的树木、整齐的草坪、大片大片的绿色也尽收眼底，似乎有土地的地方就被绿色的植物所覆盖。访问日本真正地感受到什么是整洁干净。无论是城市还是乡村，给人的第一感觉就是干净。据介绍，日本是世界上垃圾分类管理最严格的国家，家家户户自觉对垃圾进行分类，按时定点收集，甚至街道上的垃圾桶也不多，人们出门都自觉地带着塑料袋，把准备扔的垃圾保存起来，放在有收垃圾的地方。在任何地方，都看不到乱扔垃圾和随地吐痰的问题，也没有如美国纽约地铁乱写乱画的现象。

日本更是十分强调节约的国家，全民具有强烈的节约意识。日本的饭菜都是分量较少，刚好够一个人吃即可，即使是大家一起聚餐，所点食物也是够吃就好，不会出现吃不完浪费的现象。日本人认为，他们的资源和食物有限，虽然现在已经非常富裕，但视浪费为犯罪，良心上感到不安。交通节能也是日本节能的一大领域，政府大力发展公共交通，国民自觉不开汽车，现在骑自行车在日本又流行起来，既节能，又减少污染，还可以锻炼身体，受到人们的普遍欢迎。日本应该说是世界上节能减排做得最好的国家，其能源使用效率相当于中国的 15 倍之多。

（二）中国公众参与环境保护取得的进展和存在的问题。近年来，随着我国公众环境意识的不断增强，公众参与环境保护的积极性日益提高，对于环境保护的重要性、必要性、责任感和紧迫感均有显著提升。社会公众关注环境问题，特别是对一些突出环境问题提出了不少批评意见，引起了政府决策部门的重视，有些问题得到了及时解决，有些意见成为政策决策的重要参考依据。应该说，社会公众的积极参与对加强环境保护，起到了重要的促进作用。

与此同时，社会公众参与环境保护还面临不少问题，总体上公众环保意识和行动还处在较低的水平。中国环境文化促进会组织编制，被誉为中国公众环保意识与行为"晴雨表"的国内首个环保指数《中国公众环保民生指数》中列出了两组数据：一方面，86% 的公众认为环境污染对现代人的健康造成了很大影响；另一方面，公众的环保意识总体得分为 57.05 分，环保行为得分为 55.17 分，没过及格线。数据显示，环境问题与医疗、教育问题成为公众关注的三大热点问题，关注人数超过了 40% 以上；63% 的公众认为现阶段我国环境问题非常严重和比较严重，只有 8% 的人认为不太严重和不严重；只有 24% 的公众对我国总体环境表示满意和比较满意，32%的被访者对总体环境质量表示不太满意或不满意。公众参与环保活动最直接的方式是节电、节水和节约用煤等，主动参与公益环保活动的很少；有 80% 的公众对环保只停留在关注层面，只有 6.3% 的公众在最近 3 个月参加过环保活动；知道"12369"环境问题免费举报电话的只有 16%。由此看出，我国公众环保关注度很高，但认知度较低，参与能力不强，评价能力较弱。

调查分析结果表明，当前市民环保公众参与存在许多不足之处，既有社会公众层面的问题，也有政府作用层面的问题。从社会公众来看，主要问题有：一是环保意识增强与主动性不够的矛盾。市民对环境污染的认识程度比较高，绝大多数市民认为当前环境污染对社会、经济、生态构成了巨大威胁，肯定了公众参与在环境保护中的重要性，但在付诸环境保护的实际行动中却做得不够。面对环境保护和污染治理，部分市民认为是政府的事，持观望态度，社会责任感不够强。二是公众参与的组织性较差。现实中大多数市民环境保护的参与行动普遍是自发的与分散的，主要表现为盲目性大，随意性强，人数有限，参与的频度不够，参与不彻底。三是公众参与的经济基础相对薄弱。普通市民的经济收入水平相对偏低，每天为生计忙碌，加之都市生活节奏加快，无多余时间和精力投身环保公益活动，这也是导致公众参与主动性不强的直接原因，同时也反映了经济状况决定公众参与的水平。

从政府作用层面来看，主要问题有：一是环保宣传教育力度不够。大多数30岁以上的市民，没有接受过良好的系统环境教育。长期以来环保宣传教育深度不够力度不足，市民整体环境意识的养成和环境素质的提高任重道远。二是公众参与环境保护方面的信息比较缺乏。公众希望了解更多环境保护方面的信息，但信息的公开透明还显不足，尤其是涉及环境污染负面的信息常常难以得到，这限制了公众的知情权。三是公众参与环境保护的监督权难以保证。公众参与的监督权虽然在法律层面上得到了规定，但在参与的条件、形式、要求等方面缺乏明确细致的法律规定，一旦遇到具体的环境问题，公众无从知道该用何种方式参与，更难以把握采取什么样的参与方式最合理、最合法。四是环境利益协调机制还未建立起来。公众参与环境保护过程中，往往会遇到一些环境利益纠纷，如果缺乏有效的协调机制，很可能导致各方以自身利益最大化为出发点，引发群体性事件。

（三）推动社会公众参与环境保护的政策建议。总结国内外在公众参与环境保护方面的经验教训，我们深刻地感受到，随着我国经济社会发展和人民生活水平的提高，环境问题日益凸现，群众的环保诉求日益强烈。我国需要在社会公众参与环境保护方面进一步采取积极行动，大力培养和增强全社会的环保意识和生态文明理念，广泛开展环保宣传教育，使环保观念深入人心，形成人人理解环保、关心环保、参与环保的良好社会氛围。

充分调动社会成员参与环保的积极性、主动性和创造性，广泛深入开展全民环保行动，使环保成为每一个社会成员的自觉行为。

1.广泛开展对公众参与环境保护相关知识和技能的宣传普及工作。采取各种形式，通过电视、网络、报刊、广播等传媒，组织举办报告会、展览、征文、知识竞赛等活动，广泛宣传节约资源、保护环境的知识，提高全社会的环保意识。让广大公众认识到，保护好生态环境，既是政府的责任，也是社会的责任，是每一个公民应尽的责任和义务。公众关注环保，既要维护个人权益，更要树立"责任公民"意识。通过每一个单位、企业、学校和整个社会的广泛的宣传教育，使环境保护观念深入人心，不断增强公众的环境保护意识，引导公众树立生态文明的理念，提高环境保护的知识和技能，使社会公众广泛参与到环境保护中来，为建设美丽中国贡献出每一个人的智慧和力量。尤其要在基础教育阶段增加环保知识内容，突出操作性、趣味性，促使青少年从小养成环保意识和习惯。

2.进一步加大对公众参与环境保护的信息公开程度。环境信息公开是环境知情权的重要内容，而知情权是公众参与环境保护的重要前提。信息不畅通不仅让公众无法实际参与环境保护，更不利于其参与环境保护的积极性。公众只有在了解环境信息的基础上，才能实际有效地参与环境保护工作。环境信息应以公开为原则，不公开为例外。政府要加强环境信息的发布，逐步把城市环境质量、大气污染、城市噪声、城乡饮用水水源水质等环境信息以及污染事故信息，通过电视、广播、报纸等大众新闻媒体及时向公众公开，以维护公众的环境知情权。这样，不仅可以对污染者产生强大的警示和约束作用，而且有利于公众自觉遵守环境保护法规，有利于形成保护环境的公众舆论和公众监督。政府要逐步扩大环境信息的公开性和透明度，并要建立公共环境事件信息披露制度，对谎报、瞒报者要追究责任。特别是在突发环境事件发生后，要尽快把事实告知公众，使公众在第一时间拥有知情权，让公众知道污染源在哪里，污染是怎么产生的，它将给社会公众的生产和生活带来什么影响和危害，应该如何防护和治理。

3.加大对公众参与环境保护的法律保障力度。近年来，虽然在《环境保护法》《清洁生产促进法》《环境影响评价法》等各项法律中，对公众参与环境保护的知情权、参与权、检举权、监督权都作了一些规定，但是，目前公众参与环境保护的权利在参与的具体条件、方式、程序上还缺少明确细致的法律规定，公众一旦遇到具体的环境问题，不知道应该用何种方式参与。要加快公众参与环境保护法律法规的建设，尤其在公众参与的程序、方式等方面应有明确、具体和细致的规定。还要保护公众的环境权益，对于环境权益受到损害的群体，要依法补偿。对涉及公众环境权益的立法，要充分听取公众的意见。

4.建立健全社会公众参与环境保护的体制机制。各级政府都要重视来自公众的声音，多层次地搭建政府与公众座谈、对话的平台，对涉及公众环境权益的政策、规划与建设项目，要采取多种形式充分听取公众的意见，建立公众参与环境保护的相关制度。要使公众通过各种途径和形式，参与环境保护法律法规、规划、政策和标准的制定，使公众能够对政府有关部门实施规划、政策、措施以及对企业行为是否符合环境保护标准进行有效监督。凡是涉及公共利益的项目，均应建立公众参与机制，完善和积极落实投诉处理制度，明确公众的环境权益。建立环境保护问卷调查、群众信访和听证会等制度，使公众拥有合法、有效、便捷的渠道来表达切身利益，参与环境决策与管理。建立公众环境保护问责制度，即对政府一切涉及环境的行为及后果都能够追究的制度，实现广大公众对环境保护有效监督。建立公众意见回应制度，对反馈信息给予及时处理，既能增强公众参与的积极性，也使得公众参与不流于形式，起到真正有效的政府与公众互动的效果。

5.培养社会公众参与环境保护的良好习惯和行为准则。环境保护不仅要靠法律、制度等外在的规范约束来进行，也要靠生态道德、生态文明意识等内在的自觉自律来开展。通过有效引导，让生态文明意识成为大众文化意识，让绿色消费、适度消费成为全体公民的自觉行动。引导公众养成保护环境的生活方式，养成符合生态文明和可持续发展要求的良好的道德准则和行为习惯。在各行各业大力普及有关资源能源节约的窍门和方法，引导公众从我做起、从身边小事做起。制定并实行鼓励公众参与环境保护的激励措施，调动公众参与环境保护的积极性，从而形成人人关心环境、人人保护环境的良好社会风尚。

四、充分发挥社会组织在环境保护中的重要作用

社会组织在环境保护中承担着重要的职能，在提升公众环境意识、促进公众环保参与、改善公众环保行为、开展环境维权与法律援助、参与环保政策的制定与实施、监督企业的环境行为、促进环保国际交流与合作等方面，都发挥着越来越重要的作用。在全世界应对气候变化谈判会议中，往往可以见到环保组织的身影，他们积极参与应对气候变化政策的制定，批评一些消极行为的国家所采取的政策措施，形成一种广泛的社会舆论压力，起到了重要监督和促进作用。

（一）我国环保民间组织在环境保护方面发挥的作用。这些年来，中国环保民间组织从无到有，不断获得发展，在环境保护工作中发挥了积极作用，已经成为推动中国和世界环境事业发展不可缺少、不可替代和不可忽视的重要力量。它起到了政府职能所不易做、不便做的拾遗补缺的补充作用，起到了政府与社会之间的沟通、交流和融合作用，起到了监督政府、保护百姓环境权益的作用，起到了宣传群众、引导群众、组织群众参与各种环境活动以及咨询和服务等方面的作用。

1.宣传与倡导环境保护，提高全社会的环境意识。开展环境宣传教育、倡导公众参与环保，是我国环保民间组织开展最普遍的工作。环保民间组织和环保志愿者走进工厂、社区、学校、乡村，通过发放宣传品、举办讲座、组织培训、出版环保书籍、在各种媒体上开设环境宣传窗口，以及开展环保公益活动等，采用多渠道、多方式向社会和公众宣传、传播环保理念，提高公众保护环境的责任意识，增强保护环境的自觉性。如50%以上的环保民间组织都建立了自己的网站，目的是向社会和公众传播环境知识、宣传环境主张、提高全社会的环境意识；北京"地球村"在中央电视台开设了专栏《环保时刻》；中国环境文化促进会每年组织万人参与环境文化节，宣传人与自然和谐的环境文化。

2.开展环境问题调查研究，为环境保护建言献策。民间环保组织围绕节能减排、保护江河水源、保护野生动植物、开展低碳生活、应对气候变化等广泛的内容，开展调查研究工作，为政府相关部门提出政策建议。怒江梯级水电开发在社会上存在很大争议，"绿色流域""绿家园"和"自然

之友"等多家环保民间组织围绕怒江水电开发，组织邀请各方面的专家和当地群众进行数次研讨，提出保护自然生态、实行合理有序开发的建议，并通过云南省政协提出了"保护怒江、慎重开发"的提案，环保民间组织代表也联名向中央有关部委呈送了公开信，最终各方达成了怒江开发要充分论证的共识。

3. 开展环境问题监督，维护公众环境权益。环保组织的另一重要作用就是监督政府实行环境主张，落实环保举措，促进环境问题的解决。环保民间组织在维护社会和公众环境权益方面发挥了积极作用，有力地推动了政府把环境知情权、参与权、监督权和享用权真正赋还给公众，把公众对"四权"的真实意见反馈给政府。

4. 保护珍稀濒危野生动物，保护生物多样性，建设人与自然和谐相处的绿色家园。我国是世界上生物多样性最丰富的国家之一，由于多种原因，生物多样性遭受破坏的现象惊人，一些珍稀动植物濒临灭绝。我国环保民间组织不遗余力地加以保护，作出了卓越贡献。如"自然之友"发起了对滇金丝猴的保护行动；"绿色江河"在西藏可可西里建立了我国第一个民间自然保护站——"索南达杰"自然保护站。"自然之友"会长梁从诚先生专门致信英国首相布莱尔，敦促英国政府制止伦敦藏羚羊绒的黑市交易。南京学生环保社团"绿石"组织志愿者守护国家二级保护动物——中华虎凤蝶，直至幼蝶顺利孵化。

（二）我国环保民间组织发展面临的问题。中国环保民间组织在推动环境事业发展中发挥了重要作用，作出了积极贡献，但也面临很多问题，制约了环保民间组织的健康有序发展。

1. 对环保民间组织的认识不到位，缺乏支持政策措施。一些政府部门对环保民间组织的积极作用缺乏正确认识，存在"怕添乱、惹麻烦"以及重管理轻发展、重限制轻扶持的思想，缺乏积极主动促进环保民间组织发展的热情；一些企业尤其是污染企业担心环保民间组织的发展壮大，对其监督的力量加大，怕增加成本，影响发展；公众对环保民间组织了解的还不够深，环保志愿服务的意识还很淡薄。因此，导致了对我国环保民间组织作用的认识不到位，政策支持力度不够，影响其生存和发展，给环保组织开展活动、吸引人才、筹集资金、招募志愿者带来了困难和阻力。

2.登记注册难，环保组织设立和运转受到很大限制。现行的《社会团体登记管理条例》规定，任何一个民间组织注册必须先找一个政府部门做业务主管单位，然后才能到民政部门登记注册。据统计，全国只有20%的民间组织按照规定在民政部门登记注册。中华环保联合会曾对2768家环保NGO组织身份进行调查，结果显示，2768家环保NGO组织中，在各级民政部门注册登记率仅为23.3%。据清华大学专门从事中国NGO研究的邓国胜教授调查，52%的环保NGO提出，他们最大的愿望是希望降低登记注册门槛。北京市已迈出改革的一步，规定社会组织注册无须再找主管单位，可以到民政部门直接登记。

3.环保组织经费缺乏，工作条件困难。虽然有良好的环保愿望和行动，但缺乏必要的经济条件。环保民间组织资金最普遍的来源是会费，其次是组织成员和企业捐赠、政府及主管单位拨款。76.1%的环保民间组织没有固定的经费来源。我国环保民间组织的工作条件总体上比较差，办公场所欠缺。60%以上没有自有的办公室。政府部门发起成立的环保组织60%以上由主管部门提供办公室；学生社团办公场所多设在校团委，没有专门的办公室；民间自发组织的办公场所，主要依靠租赁和借用；国际环保民间组织驻大陆机构，一半拥有自己的办公场所。为了加强与社会的沟通与交流，53.2%和47.5%的环保民间组织拥有自己的网站和内部刊物，80%以上的组织拥有计算机，学生环保社团拥有率只有27.1%。

4.参与政策制定有限，社会监督渠道不畅。一些政府部门和企业对环保民间组织实施环境监督心存戒备和疑虑，持消极态度，导致环保民间组织不能正常参与环境的一些政策研究、法规建设、污染防治、公众参与等重要活动。再加上环境听证制度、公开制度、公众参与制度不健全，不能实行及时和有效的监督。

5.社会公众参与环保组织困难，国际交流受到很大限制。社会公众对环保组织了解有限，对于参与环保组织的权利、责任和义务还缺乏认知，致使公众参与环保组织的活动还不普遍。近些年来，国际民间环境交流非常活跃，得到了世界各国的广泛关注。我国环保民间组织的数量虽然不断增加，但获得国际认证资格的极少，再加上专业能力和国际交往水平有待提高，尚不能充分利用国际民间环境交流合作的平台，宣传中国政府的环境主张，维护中国的环境形象，争取更多的环境权益。

（三）培育引导环保社会组织健康有序发展。

1. 积极引导和规范发展各类公益性环保组织。政府有关部门要实行监督管理与引导服务并举，为各类环保组织发展创造条件。特别是帮助他们解决面临的注册难、经费难、社会参与难的问题。国家新政策规定，重点培育、优先发展行业协会商会类、科技类、公益慈善类、城乡社区服务类社会组织。成立这些社会组织，直接向民政部门依法申请登记，不再需要业务主管单位审查同意。要按照这些要求，积极为各类环保组织登记注册、依规设立创造条件。学习借鉴国外环保组织管理的经验，政府有关部门可以为环保组织开展活动提供必要的服务，包括实施专业培训，提供适当补助，推出合作项目，进行宣传鼓励等，充分发挥他们的积极作用。

2. 发挥行业协会在环境保护中的职能作用。我国各行各业有许多行业协会，而且机构设置和运作都比较正规完善，联系着行业内的众多企业，具有熟悉行业情况、了解国家政策、参与行业管理的优势。在促进企业环保方面，行业具有特殊重要而不可替代的作用。如组织企业开展环保培训，推广节能环保技术，进行环保交流合作，对企业环保进行监督管理和服务，推动企业环保健康发展等。

3. 积极鼓励和引导城乡社区参与环境保护。社区是社会的基本单位，家庭又是社会的细胞。一个社会环境保护的状况，与社区生活密切相关。要通过城乡社区，包括城市住宅小区、农村村庄，以及每一个家庭，发挥他们在环境保护中的基础作用。如城市社区承担垃圾分类、废品回收、园林绿化等作用，还能够宣传动员每一户家庭开展节电、节水、节气等广泛具体的节约活动。农村社区在环境保护和治理中担负着重要作用。如苏州在建设社会主义新农村活动中，开展"六清六建"（清理垃圾，建立垃圾管理制度；清理粪便，建立人畜粪便管理制度；清理秸秆，建立秸秆综合利用制度；清理河道，建立水面管护制度；清理工业污染源，建立稳定达标制度；清理乱搭乱建，建立村容村貌管理制度），取得了良好的效果，对于发动公众参与环保，建设社会主义新农村发挥了重要作用。

4. 广泛开展环保组织的国际合作交流。环保无国界，环境问题已经成为一个全球性问题。环保需要国际合作，共同加以应对解决。除了政府之间的环保合作交流之外，民间环保组织交流可以发挥重要的国际合作作用。如国际生物多样性保护，海洋生态保护，应对气候变化等，都需要开展广泛的国际合作。民间环保组织在这些方面，都可以发挥不可替代的重要作用。政府要积极鼓励和支持民间环保组织参与国际交流合作，同时给以必要的引导和管理，更好地发挥民间环保组织促进中国环境保护、建设人类共同家园的积极作用。

五、创新环境保护的社会管理体制机制

加强环境保护，必须充分调动社会公众广泛参与环保的积极性，引导环保组织健康有序发展，更好发挥全社会力量促进环保的重要作用，这些都需要创新社会管理体制机制，创造有利于环境保护的良好的社会环境。

（一）**建立和完善社会管理与服务制度**。现代社会管理是依法管理，要把对环境保护的管理建立在法治的基础之上。环保组织是依法设立、依法自治，政府是依法监督、依法管理。

1.建立依法监管为核心的政府管理制度。对使用公共资源、提供公共服务的非政府组织，进行必要的行政监管和社会监督是国际惯例。有的国家如英国，实行登记和监管相统一的监管体制；有的国家如德国、日本，实行的是登记和监管相分离的监管体制。鉴于我国现行法规仍然实行双重管理，建议在环保部和民政部充分协商一致的基础上，对现行双重管理体制进行部分改正，将登记职能集中在民政部门，而将监管职能统一到环保部门。各级环保部门建立环保公益组织监管中心，统一行使对环境保护领域各类非政府组织特别是环保公益服务组织的监管职能。要在培育发展的基础上，逐步实行包括备案、登记、认定的三级准入和分类分级管理制度。对于组织化程度低、规模小、人员少的社区环保等组织，应实行备案制度；对于规模大、人员多、活动广、组织化程度高的组织，实行法人登记制度；对于影响大、公益性强的组织，则实行公益认定制度。改善和加强以"年检"为核心的信息报告制度。采取公益举报制度，广泛动员公众参与环保公益组织的监管，并建立全国联网的公益举报受理机制。实行公益托管制

度，加强政府在监管上的权威和刚性约束。

2.探索建立以政府采购为基础的环保公共服务新体制。政府采购公共服务是建设公共服务型政府的基本方向之一。在环境保护领域，可参照扶贫、养老、社区综合服务等其他领域的成功经验，由环保部委托成立专项基金，通过公开招投标的方式对环境保护领域的一系列公共服务进行基于市场机制的政府采购。也可参照英国的模式，选择比较成熟的环保公益组织进行政府委托。

（二）制定有利于环境保护的社会政策措施。加强环境保护，除了要制定相应的经济政策，如财政、税收、金融、产业等方面的政策之外，还需要制定相应的社会政策。社会政策更加广泛，涉及社会生活的各个方面。比如，家庭垃圾的分类回收管理，建筑垃圾的处理，家用轿车的使用和城市汽车交通管理，宾馆的空调使用管理，洗衣机的节水管理等，在各个方面都需要制定详细的包括引导、鼓励、奖励和处罚等手段的政策措施。甚至小到随手对垃圾的处理，也需要作出规定。日本在2011年地震海啸和核事故之后，出现电力普遍紧张，为鼓励全社会节电，就具体地提出号召每一个政府机关、每一间办公室、每一户居民家庭都开一半灯，虽然并没有强制规定，但人们都非常自觉地普遍实行。新加坡在早期治理随地吐痰和乱扔垃圾时，是处以重罚，以此纠正人们的不良行为，达到自觉遵守形成习惯。我国在夏季高温时间，"地球村"等环保组织积极倡导"26度空调节能行动"，受到政府的采纳，通过宣传变成人们在办公室里的自觉行动，收到良好的效果。因此，要有针对性地制定社会各方面的节能减排和环境保护的政策措施，以引导和奖励保护环境的行为，限制和惩罚破坏环境的行为，达到全社会人人参与环境保护的目的。

（三）培育和形成有利于环境保护的社会行为规则。环境保护要从改变人们的社会行为习惯做起，从一点一滴的小事做起，逐渐形成社会公众行为。比如，形成节约的意识和习惯。中国人口众多，能源资源有限，环境承载力弱，应该成为一个十分注重节约而不再是一个浪费的国家，使节约成为深入人心的观念和国民的自觉行动。尤其是中国人大吃大喝的浪费，讲排场比阔气的浪费，贪大求洋不计成本的浪费，都需要痛下决心加以治理。现在一些社会志愿者开展的"光盘行动"，提倡到饭店吃饭点菜够吃就好，吃完盘子里的饭菜，不要造成浪费，引起公众的响应，取得了较好的效果。可见，一些不良的消费习惯是可以改变的。要在社会公众中广泛宣传和倡导节约资源和保护环境的行为规则，以引导社会大众的行为方式和生活习惯，变成全社会的自觉行动。这方面具有"滴水穿石"的力量，只要持之以恒坚持下去，就可汇聚成全社会环境保护的"汪洋大海"，真正建成资源节约型和环境友好型社会。

（四）**妥善处理公共环境突发事件**。随着公众环境意识的提高，对环境问题越来越重视。一些公共环境事件往往成为群体性行为，并引起社会的广泛关注。这就需要做好事发前的沟通、事发中的管控、事发后的处理，可以利用环保组织和社区做好中间的协调工作，化解公众与企业、与政府之间的矛盾，形成最大化的利益汇合点。比如2013年以来北京等北方大部分地区发生的严重雾霾问题，引起了公众的高度关注，人们希望了解事情的真相，知晓严重雾霾对人体健康的影响，以及基本的防护措施，更进一步知道严重雾霾的成因，以及治理污染的具体措施。还有2013年3月上海黄浦江发生的上万头死猪漂流事件，也引起媒体和公众的很大关注。有关方面及时调查事件真相并向社会公布，及时采取措施解决这一问题。在处理突发公共环境事件中，一方面尊重公众的知情权和监督权，及时告知公众并作出解释，采取坚决果断的应对措施；另一方面，可以发挥环保组织作为第三方中立地位的作用，包括参与调查、告知公众、履行监督、作出评价，提高处理突发公共环境事件的公信力和权威性，以赢得社会公众的理解和信任。

（五）**建立环境保护的社会评价标准和监督机制**。加强环境保护，需要建立起社会评价标准。一方面，是社会公众对环境的评价，通俗地说，就是社会公众是如何看待环境状况的，有什么样的标准。比如，城市的空气质量、水环境有没有改善，改善的程度如何，一些专业性的标准如$PM_{2.5}$、化学需氧量、二氧化硫、二氧化碳含量等，如何变成公众的感受，如何与公众的感受相一致，等等。另一方面，是对社会每一个单位、企业、家庭、个人的评价，是否符合保护环境的标准，做得好坏，就像建立个人生活的"低碳标准"一样，有一个衡量的尺度。有了标准，才好监督制约。在建立相应的环境保护评价标准的基础上，进一步建立起监督制约机制。比如，一个人上班开一辆车是不环保的，而不开车乘坐公共汽车或骑自行车是环保的，人们会逐步倾向于更环保的生活。现在，在一些发达国家，不开汽车而骑自行车的人越来越多，既环保又锻炼身体，受到人们的欢迎。人们的评价和监督，可以发挥重要的导向作用。同时，也要充分发挥新闻媒体和社会舆论在加强环境保护中的重要监督作用。所谓"众口铄金"，众志成城，依靠千百万群众的力量，就能够使环境保护成为全民参与的伟大事业，共同建设全人类的美好家园。

（2013 年 10 月）

法国生态环境保护的做法和启示

近期参加由中组部组织的赴法国生态环境保护专题研究班，由我国环境保护部承办，法国国立行政学院安排，期间听取了专家讲课，到生态、可持续发展和能源部等有关政府部门进行访问交流，并进行实地考察，比较深入地了解了法国生态环境保护方面的情况、做法和经验，对我国生态环境保护工作提供了有益的借鉴与启示。

总的感受是，法国政府高度重视生态环境保护，体现在经济社会发展的各个方面，法国的生态环境良好并不断向好的方面发展。对比我国，目前还处在爬坡过坎的关键阶段，生态环境保护任重道远，必须下更大决心破解能源资源环境的瓶颈制约，坚定不移地走生态环保和可持续发展的道路。

一、建立大环保的统筹协调机制和强有力的工作格局

我们在法国的3周时间里，切实感受到法国良好的自然生态环境。法国面积55万平方公里，人口6600万，平原占国土面积的2/3，气候适宜，夏天不热，冬天不冷，自然条件得天独厚。我们看到的是蓝天白云，空气清新，绿地成茵，河流清澈。这些都是中国无法相比的。我们问，法国环境保护的现状和趋势如何？他们告诉总的环境质量在变好，已经过了经济与环境发展的转折点，污染物排放不断减少，环境状况会变得越来越好。

法国从立法到行政都把环保放在重要地位。国家制定了严格的环保法律和标准，实施环境税收政策。政府每年9月召开国家环境会议，总统和

各部部长参加，并举行 5 个圆桌会议，包括循环经济、能源转换、水资源保护利用、海洋环境、环保教育等。法国政府实行的是大部制，分管环境保护的部门是生态、可持续发展和能源部，与环境保护相关的生态建设、能源利用、经济可持续发展等都由一个部门来管理，这样有利于从更广泛的角度加强环境保护、解决环境问题。

我国总体上还处在工业化的中后期，能源消费总量还没有达到峰值，二氧化碳等一些污染物的排放总量还在增加，环境恶化的趋势还没有得到根本性扭转。如何在经济发展和现代化建设的同时，破解能源、资源和环境的瓶颈制约，是我们面临的一个巨大挑战。必须痛下决心，采取坚决有力的举措，切实推进节能减排，特别是大幅降低单位 GDP 能耗，尽早达到能源消耗和污染物排放的峰值时间，实现生态环境保护与经济社会的协调发展。

我国的环境保护中存在着部门多、各自为政、职能交叉重复等问题，涉及环保、林业、农业、国土资源、能源、海洋、城乡建设、气候变化等方面，如何建立一个大环保的体制机制，形成一个大环保的工作格局，是亟待研究解决的问题。建议在目前情况下，设立一个大环保的高层协调机构，如生态环境保护领导小组，形成强有力的领导，统筹部署环境保护的各方面工作。待以后条件成熟时，如下一次国务院机构改革时，可考虑按照大部制的要求，整合环境保护的相关职能，成立大环保部。同时，进一步加强环保立法和执法工作，把环境保护纳入法治化的轨道。加快出台生态环境税，以经济手段加强环境保护。

二、切实把生态环境保护与城乡规划、建设、管理更好地结合起来

法国有严格的城市规划的历史传统。巴黎老城区建于 1800 年以前，体现了古典的建筑风格和很高的艺术品位，街道和楼房都经过精心规划设计，楼房风格一致，基本上都是六层高，由石料建筑而成，至今仍然焕发出超凡的艺术魅力。从高处俯瞰巴黎的街道，都呈现星字形放射状布局，而不是如我国的十字街道，这使得巴黎的交通如蛛网密布，虽然过去所建的街

道较窄，现在大多规定为单行线，但由于"毛细血管"发达，汽车开起来仍然顺畅，这是与中国城市规划的一个重要区别。

法国政府在城乡规划、建设和管理中，始终考虑到生态环境保护的需要，并很好地结合起来。一是重视环境规划建设。城市规划一般由规划师和景观师共同完成，包括绿色空间和绿道规划建设。他们提出建设城市两带——"绿带"和"蓝带"，"绿带"就是道路绿化景观带，"蓝带"就是蓝色水系带。巴黎市东西两边有两片大森林，塞纳河穿城而过，水系保护得非常好。我们还专门参观了新建的生态社区，设计有水面景观，道路采用的是渗水方式，垃圾分类处理，房屋建筑体现节能要求，并各具特色。二是建筑节能改造。在法国，住宅是最耗能的项目之一。巴黎建筑耗能占到全部能耗的 33%，而工业耗能仅占 4% 左右。据介绍，巴黎城区现有 10% 左右正在进行更新改造，其目的之一就是注重节能和生态环境保护。法国政府提出每年要改造 50 万套住房，主要是节能改造。三是城市垃圾处理。巴黎每年产生 110 万吨的垃圾，其中生活垃圾 90 万吨，15% 经过分类可以回收利用；70% 经过焚烧后热量可以利用；15% 通过填埋处理。我们参观了一个位于城郊的现代化垃圾处理厂，以与周围隔离的方式建在四五层楼高的地下，主要是垃圾焚烧，自动化程度很高，基本看不到工人，我们下到最底层，感到在里面也没有明显的气味。四是污水处理和下水管网建设。巴黎的城市规划体现在方方面面，不仅是地上，地下也是如此，特别是下水道的设计和建设独具匠心。我们专门参观了巴黎的下水道博物馆，下到地下深层，看到下面河网密布，感叹这真是一项宏大工程和人间奇迹。巴黎城市的供水和排水系统建于 150 年前，其下水道全长 2500 公里，其中有 1500 公里人可以行走。他们的雨水和污水是分开的，污水要送到处理厂进行净化处理。

借鉴法国的经验，我们要把城乡规划、建设、管理与生态环境保护更好地结合起来，落实到各个方面。从生态环境规划包括森林植被、绿地、景观、绿道、水系等，到道路交通、工业布局、建筑住宅、城市地下管网、垃圾和污水处理等方面，都要体现环境保护的理念、方式和措施。特别是下更大力气做好城乡绿化工作，建设森林城市和绿色家园。学习法国"两带"建设——"绿带"和"蓝带"建设的做法，开展我国的"绿带"和"蓝带"建设，建设城乡"绿道"，建设美丽中国。还要加快推进城乡建筑节能和交通节能工作，更多使用节能环保材料，推广使用太阳能。针对我国城市排水不畅的问题，加强城市地下管网建设，大幅度提高排泄水能力。加快建设城市垃圾和污水处理设施，提高管理能力和水平。

三、从源头上治理环境必须下决心调整能源结构

法国的能源结构总体上看有利于环境保护。在能源消费中，核能占42%，石油占30%，天然气占12%，可再生能源占9%（其中一半是木材），煤炭仅占4%。法国的能源对外依存度是50%，石油储备量够90天使用。尽管如此，法国仍然高度重视调整和优化能源结构，他们提出能源转换战略，主要是减少使用化石能源，增加可再生能源，实现能源利用的多样化。通过增加风能、潮汐能等，到2030年化石能源消费比例降低到30%。为应对气候变化，落实欧盟提出的低碳经济路线图，法国提出"三个20%"：到2020年，与1990年相比，二氧化碳排放量减少20%；可再生能源比例占到20%；能源使用效率提高20%。目前，正在研究长期能源与气候一揽子目标：如到2030年，二氧化碳排放量减少40%，新能源和可再生能源占到27%。特别值得提到的是，法国提出要大幅度降低核能的比重，把核电占电力的比重由目前的75%降低到2025年的50%。他们介绍说，法国正处于核电的"更年期"，原来建设的许多核电项目即将达到使用期限，需要昂贵的维护费用，要借机减少核电。还有一个特别之处，就是他们向我们推荐的可再生能源利用中，木材作为燃料的使用。专门带我们参观了一个木材燃料锅炉，主要是用碎木作燃料集中供暖和发电。这主要是法国森林资源丰富，可以在这方面废物利用作为能源。

我国已成为世界第一能源消费大国，目前的能源结构对环境保护非常不利。我国的煤炭消费已达到36.4亿吨，占到全世界的一半以上，占我国能源消费的2/3。煤炭的高占比带来了高排放，这是造成环境污染的重要原因。必须下大力气改变我国的能源结构，这是加强环境保护的治本之策。要全面实施能源多元化战略，调整和优化能源结构。加快减少煤炭的使用

和消耗，提高煤炭的清洁化利用水平和效率。走出去开展能源合作，不断扩大石油和天然气进口，并增加战略储备。结合国家宏观调控中的"定向调控"措施，上马一批重大能源项目，包括海洋石油、天然气（岩页气、煤层气）项目，也包括煤炭清洁高效利用项目，特别是新能源和可再生能源项目。我们有条件也有必要开工建设一批高效清洁火电、水电、核电、风电、太阳能发电等重大项目，这既有利于稳定经济增长，对改善能源结构、推进环境保护也具有重要的作用。

四、突出治理大气污染提高空气质量

虽然我们感觉法国的空气质量总体很好，但他们并不满足，仍然下很大气力治理空气污染。巴黎大区空气质量监测局是专门负责大气污染的监管机构，他们对空气质量进行监测分析，每天适时通过媒体、手机、微博、街道显示牌等发布空气质量信息，预报空气质量走势，并提出改进措施建议。

法国把治理空气污染的重点放在了治理交通污染特别是汽车尾气上。据介绍，在OECD国家中，道路交通对空气污染占到50%，而工业污染的比重大幅降低。为此，他们采取了一系列的综合性措施：一是优先发展公共交通。巴黎有全世界最发达的地铁系统，乘用非常方便。地铁长度1376公里，建有800多个车站。外环线修建了有轨电车；公共汽车有352条线路运行。二是大幅减少汽车使用。他们在城市道路设计上压缩机动车的空间，市区内汽车速度限行30公里/小时。在巴黎，有50%的家庭没有买汽车，在街上看到的大多是小排量的两箱车，而大排量的三箱车很少见，SUV型车基本没有。三是重点实施自行车优先政策。在法国的城市交通中，对自行车给予许多特殊照顾。在压缩机动车交通空间的同时，建设自行车专用道路，并允许自行车逆向行驶。特别是从2007年开始建立了完善的自行车自助服务系统，巴黎现有1.8万辆自助自行车，街上建有许多方便的换车点，实行优惠的年卡制，对每次骑行不超过45分钟的免费，对低收入人群免费。现在，自行车已经成为可以替代汽车的一种方便快捷的出行方式，骑自行车的人越来越多，这不仅改变了交通状况，减少了环境污染，还有利于健身锻炼，可谓一举多得。目前他们正在研究推行电动自行车的方案和措施。

我国为治理大气污染，采取了一揽子的政策措施。要把治理交通污染放在更加重要的位置，特别是治理汽车尾气污染。我国还处在家庭汽车大发展时期，人们存在着购车的渴望，甚至存在着炫耀性消费心理。现在北京的汽车拥有量已经达到540万辆，每百户私人汽车拥有量达到60辆以上，超过法国巴黎的家庭汽车拥有量。汽车消费成为我国居民消费的一大热点，但同时如果不加以有效调控，"汽车泛滥"将会带来"汽车灾难"：交通拥堵，环境污染，举目望去到处都是汽车，到处都成了停车场。中国每年汽车销售超过2000万辆，成为世界第一大汽车消费市场。面对来势汹汹的汽车浪潮，我们必须保持清醒的认识，防止更大的"汽车灾难"的发生。这就需要我们在交通规划和管理中，采取切实有效措施减少汽车的使用，尤其是限制大排量汽车，鼓励不买车、不开车或少开车。中国曾经是一个自行车王国，但今天已逐渐被汽车所取代。这一好的传统不能丢，我们还要鼓励自行车出行，采取一系列优惠措施予以支持，包括加强宣传舆论引导，规划修建自行车专用道，建立自行车自助服务系统。在汽车进入家庭的同时，真正把我们过去自行车出行的优势进一步发扬光大，形成低碳环保的交通方式和生活方式。

（2014年7月）

实施旅游发展国家战略

　　旅游业已成为当今世界最具发展活力和潜力的国民经济大产业。世界一些国家纷纷提出实施旅游发展国家战略，引领和带动经济发展。在我国经济社会发展的新阶段，有必要进一步提高对旅游业在国民经济全局中重要地位的认识，制定和实施旅游发展国家战略，加快把旅游业发展成为国民经济的战略性支柱产业，建设世界旅游强国，推动经济社会又好又快发展。

一、旅游业正在成为最具活力的综合性大产业

　　当今世界旅游业迅猛发展，20世纪90年代初就超过石油工业和汽车工业，成为世界第一大产业。据世界旅游组织统计，旅游业经济总量已占到全球GDP的10%以上，就业人数占全球就业总数的8%以上。现在已进入大众化和全球化旅游时代，旅游日益成为国民经济的重要支柱产业，成为国民的基本生活方式，成为现代经济和社会发展的重要标志。

　　世界各国越来越重视旅游业发展，美国、法国、西班牙等发达国家都把大力发展旅游业作为重要战略，日本更是响亮提出了"观光立国"战略，韩国也提出"全体国民观光职业化，全部国土观光资源化，观光设施国际标准化"的口号。随着我国出境旅游人数的快速增加，我国港澳台地区及世界许多国家都把争取我旅游客源作为拉动经济发展的重要手段，采取了许多吸引措施。在应对国际金融危机中，不少国家也把发展振兴旅游业作为拉动经济增长的重要举措，制订了相应的发展计划。美国制定旅游促进法，设立旅游促进基金，以带动经济增长。西班牙政府通过旅游促进计划，

决定每年投入15亿欧元用于促进旅游业发展。韩国提出建设旅游先进国家的目标。

随着我国经济快速发展、城乡居民收入不断提高和闲暇时间大量增加，旅游消费进入一个快速发展的新阶段。我国已经成为世界上继美国、西班牙、法国之后第四大入境旅游接待国、亚洲最大的出境旅游客源国，正在形成世界上最大的国内旅游市场。全国许多地方都把旅游业作为经济发展的重要支柱产业或优势产业，提出建设"旅游大省""旅游强省"的目标。

旅游业作为快速发展的现代服务业，产业关联度高，就业带动力强，覆盖范围广，消费潜力大，在国民经济中占有越来越重要的地位，旅游业已经成为我国新的经济增长点。加快发展旅游业，对扩大内需、培育新的消费热点，对拉动经济增长、扩大社会就业，对调整经济结构、转变发展方式、提高我国的综合国力和国际竞争力，都具有非常重要的意义。

二、加快我国旅游业发展的战略定位

我国旅游业已经进入一个加快发展和优化升级的新阶段。要进一步明确我国旅游业发展的战略定位，推动我国旅游业大发展、大繁荣。国务院发布《关于加快发展旅游业的意见》，明确提出旅游业发展总的战略定位是：把旅游业培育成为国民经济的战略性支柱产业和人民群众更加满意的现代服务业。具体来说，我国旅游业的战略定位，可以从几个方面来考虑：

——把旅游业发展成为国民经济的重要支柱产业。所谓支柱产业，就是对国民经济发展起重要支撑作用的产业。从旅游业在国民经济中所占比重、产业关联度和产业带动力等方面看，它应该成为国民经济的支柱产业。要像发展工业一样来发展旅游业，进一步提高旅游业在国民经济中所占比重。

——把旅游业发展成为第三产业的重点引领产业。旅游业作为快速发展的现代服务业，由于其产业的综合性、交叉性和广泛渗透性，影响到许多相关产业发展，具有明显的引导和带动作用。旅游业在现代服务业中占据着突出重要的地位，特别是成为扩大消费的重要引擎。要高度重视旅游业在现代服务业中的引领和带动作用，通过加快发展旅游业，引领和带动其他相关服务业发展。要高度重视旅游消费在整个消费中的重要地位和作用，要像重视住房消费和汽车消费一样，把促进旅游消费作为扩大内需促进经济增长的重要举措，大力发展旅游消费，带动整个社会消费发展。

——把旅游业发展成为资源消耗低、带动系数大、就业机会多、综合效益好的战略性产业。 旅游业是一个"朝阳产业""无烟产业"和"绿色产业"。要通过大力发展旅游业，推动节能减排，加强生态环境建设，带动一大批相关产业发展，促进经济结构调整和发展方式转变，实现经济社会全面协调可持续发展。

旅游业不仅作为国民经济的综合性大产业发挥着重要的经济功能，而且具有多方面综合性的重要社会功能、文化功能、民生功能和外交功能。概括起来说，旅游是现代社会文明进步的重要表现，是民生的重要内容，是人民生活水平和生活质量的重要标志，是开展民间外交、弘扬中华文化、增强我国文化软实力和国际影响力的重要手段。

——把旅游作为社会文明进步的重要表现，作为建设社会精神文明的重要载体，充实和丰富旅游的文化之魄，建设社会主义精神文明。 要在不断满足人们旅游消费需要的同时，进一步提高旅游消费的层次和品位，把旅游注入文化之魄，深入发掘和创新旅游的文化内涵，提高旅游产品的文化附加值，满足人们更高层次的精神文化需要。

——把旅游作为提高人民生活水平和生活质量的重要标志，作为全面建设小康社会的重要内容，实施旅游民生工程，发展国民旅游，建设现代文明生活方式。 把旅游作为民生的重要内容，积极创造条件引导、鼓励和支持国民旅游，实施国民旅游休闲计划，使旅游成为国民生活品质的重要体现。

——把旅游作为我国对外开放战略的重要组成部分，定位为我国民间外交的重要内容，加快发展国际旅游，进一步弘扬中华文化，增强我国文化软实力和国际影响力。 积极发展入境旅游，鼓励发展出境旅游，通过旅游交流增进中国与世界各国人民之间的相互了解和友谊，学习和借鉴世界一切文明成果，建设一个更加开放的现代化国家。

三、实施旅游业发展国家战略的基本思路

从以上旅游业发展的战略定位出发，我国旅游业发展的总体思路应该是：大旅游、大产业、大战略。树立大旅游的发展理念，把旅游业发展成为国民经济的战略性支柱产业和综合性大产业，实施旅游业发展国家战略，建设世界旅游强国。

（一）**树立大旅游的发展理念**。现代旅游业的发展已经极大地突破了传统旅游业的范围，广泛涉及并交叉渗透到许多相关行业和产业。据统计，与旅游相关的行业超过 110 个，包括民航、铁路、公路、餐饮、住宿、商业、通信、会展、博览、娱乐、文化、体育等，随着众多新的旅游形态的出现，旅游又广泛扩展到工业、农业、教育、医疗、科技、生态、环境、建筑、海洋等领域。旅游业涉及几乎所有行业和领域，具有无穷无尽的发展空间，比如像航天领域，也开始有太空旅游的出现。从一定意义上说，旅游业是创造出来的，旅游消费是创造出来的。正像美国创造出的迪士尼乐园一样，创造了一个旅游的大市场，创造出无数的消费商机。所谓大旅游，就是要把旅游业作为关系国民经济发展全局的一个综合性大产业，作为与各个行业和产业密切相关的一个产业集群来看待。以新的思路研究制定发展大旅游的规划，建立健全发展大旅游的体制机制，形成我国大旅游的发展格局。

（二）**加快旅游产业化发展**。适应旅游产业化、市场化、国际化的发展趋势，不断扩大旅游产业规模，加快完善旅游自身产业体系，发展旅游相关产业和交叉产业，延长旅游产业链，打造旅游产业集群，进一步培育和壮大旅游产业实力，把旅游业发展成为我国新的经济增长点和消费增长点。适应旅游大众化、个性化、多样化的发展趋势，努力构建具有中国特色的全方位、多层次的旅游发展格局，促进国内旅游、入境旅游和出境旅游协调发展。

（三）**实施旅游发展国家战略**。要从全局的和战略的高度来认识旅游业，进一步转变发展观念，改革创新发展模式，把旅游业发展纳入国家战略体系，研究制定和实施我国旅游发展国家战略，动员各地区、各部门和全社会的力量，共同推动中国旅游业加快发展。

（四）**建设世界旅游强国**。我国现在是一个旅游大国，还不是旅游强国。中国地域辽阔，人口众多，历史悠久，自然风光丰富多彩，民族文化灿烂辉煌，经济实力已经跃居世界前列，我们具有集中力量办大事的制度优势，完全有条件、有能力在旅游发展方面走在世界前列，建设世界旅游强国。据世界旅游组织预测，到2015年，中国将成为世界上第一大入境旅游接待国和世界上最大的国内旅游市场。

四、实施旅游发展国家战略的重要举措

实施旅游发展国家战略，建设世界旅游强国，要从国家战略的高度统筹加以考虑和谋划，采取一系列重大举措，制定相应的政策措施。

（一）**研究制定旅游发展国家战略**。广泛研究和借鉴国外旅游大国把旅游业作为国家战略的主要思路和做法，深入总结我国各地发展旅游业的成功经验，研究制定一个具有战略性、前瞻性、纲领性的旅游发展规划纲要，指导今后一个时期我国旅游业全面发展。

（二）**建立健全大旅游发展格局**。作为国民经济战略性支柱产业的大旅游发展，不仅仅是旅游部门一家的事，它广泛涉及许多相关部门，包括发展改革、财政、商务、国土资源、交通、文化，甚至工业、农业、林业、医疗、体育等众多部门，需要这些相关部门共同参与和密切配合。因此，要改革创新旅游体制机制，建立一个高层次的领导协调机构。建议设立"国家旅游工作领导小组"，由国务院主管旅游工作的领导同志担任组长，国家发改委、财政部、商务部、国土资源部、文化部、国家旅游局等部门负责人担任副组长。领导小组下设办公室，作为日常工作机构，设在国家旅游局。进一步整合全部旅游资源，加强统筹规划和管理，形成各种旅游资源分工合作、密切配合、共同促进旅游业发展繁荣的新格局。

（三）**加快旅游重大基础设施建设**。在当前扩大内需、增加投资的情况下，要把旅游基础设施建设作为投资的重要方面。加大对旅游基础设施、公共服务设施的投入力度，加快旅游线路、旅游景区以及相关交通、餐饮、住宿、购物等设施建设。在全国建设一批旅游重点景区、大型旅游项目，

以及旅游综合服务设施。

（四）**积极开发适合大众化消费需求的旅游产品**。针对城市居民双休日的特点，着力开发建设城市周边旅游，形成乡村旅游发展带。适应城乡居民消费的多样化需求，加快发展休闲度假旅游、观光购物旅游、生态旅游、文化旅游、健康旅游等多种旅游形态。针对不同群体的需求特点，发展老年旅游、青年旅游、学生旅游、农民旅游等旅游类型。适应旅游发展的新趋势，加快发展自助游、汽车自驾游、参与式深度游等旅游新形态。要通过创造旅游需求刺激和拉动旅游消费发展。

（五）**加快发展旅游产业体系**。适应旅游便利化、舒适化的要求，紧紧围绕旅游"吃、住、行、游、购、娱"六要素，大力发展丰富多彩、各具特色的餐饮、住宿、交通、游览、购物、娱乐等旅游产业，针对城乡、国内外不同旅游消费者，满足不同层次的多样化需求。按照发展大旅游的理念，加快发展旅游相关产业，积极探索发展旅游业与其他产业相结合的交叉产业。要在各行各业与旅游的结合上做文章，有多少个行业和产业，就可以发展出多少个旅游产业，如工业旅游、农业旅游、建筑旅游、教育旅游、科技旅游、海洋旅游等等。当前尤其要高度重视发展文化创意产业、体育休闲产业、娱乐业和会展业，促进旅游业与这些产业的融合发展。

（六）**广泛开展国民旅游休闲行动**。我国1995年实行双休日制度，促进了旅游消费的发展。2000年实行"五一""十一"长假制度，带来了"旅游黄金周"现象。现在，实行扩大内需的方针，要进一步启动旅游消费，抓紧研究制定《国民旅游休闲计划》。严格落实带薪休假制度，所有国家机关、企事业单位等都要根据国家规定，落实带薪休假制度，合理安排职工休假时间。实行弹性休假制度，职工的年假可以在一年内灵活安排，错开集中休假时间，发展常年性旅游消费。高度重视"旅游黄金周"的作用，建议恢复"五一"长假，做好一年中几个黄金周的旅游工作，这对扩大消费效果明显，老百姓和社会各方面都有热切期盼。

（七）**实施旅游宣传推广计划**。为实施旅游发展国家战略，鼓励国民旅游消费，吸引国外游客来中国观光，要加大旅游宣传推广力度，制订和实施"国家旅游宣传推广方案"。可以考虑做几件事：一是设立中国旅游日。每年9月27日为世界旅游日，可以选择一个适合的日期为中国旅游日。二是举办"中国旅游节"。通过举办高水平、有全球影响的"中国旅游节"，提高中国旅游的国际影响力。三是在中央电视台设立旅游频道，向国内外广泛深入地推介中国旅游。四是实施"网上中国旅游工程"，办好中国旅游网，推进旅游信息化建设，宣传介绍和服务中外游客。五是在国内外举办丰富多彩的旅游宣传推广营销活动，广泛吸引国内外游客。

（八）全面提高旅游对外开放水平。进一步扩大旅游对外开放步伐，促进出境游和入境游双向交流、共同发展。加快发展国际旅游，与更多国家签订双向旅游协议，相互提供旅游便利。积极开发国外游客市场，针对国外客人需求和特点，开发和创造更多有吸引力的旅游产品，吸引国（境）外游客到国内旅游。同时，积极开展我国居民出国游活动，发展旅游配套服务产业，鼓励有条件的旅游企业走出去开拓国际旅游市场。加快培养国际化旅游人才，引进吸收国外的旅游模式和管理经验，提高我国旅游业的国际竞争力。

（九）进一步完善旅游公共政策和服务体系。制定鼓励旅游业发展的优惠政策措施，对旅游企业、旅行社实行税收优惠和信贷支持，扶持中小型旅游企业发展。鼓励社会投资建设旅游休闲度假设施和开发旅游产品，支持乡村旅游发展。为吸引城乡居民旅游消费，有必要采取更多的鼓励消费政策，如降低旅游景区门票价格，减免博物馆、纪念馆、公园等门票。按照便利、舒适、诚信、安全的要求，加快旅游公共服务体系建设。完善旅游公共服务设施，如旅游服务中心、游客集散中心等建设。加强旅游公共信息服务平台建设，发展旅游服务网络，完善旅游服务热线，方便居民旅游消费。整顿和规范旅游市场秩序，打击和消除欺诈行为，加强质量监督管理，全面提高旅游诚信和服务水平。

（十）实施中国旅游形象工程。旅游在很大程度上代表着一个国家和国民的形象。旅游是一个国家的"黄金名片"。中国游客代表着中国的国家形象，提高其文明素质至关重要。中国游客以其广泛的客源和不断增长的消费能力，受到了世界各国的普遍欢迎，但其不文明的行为也为国（境）外所诟病。要通过广泛宣传教育，改变不文明的行为，培养现代文明习惯，提高国民文明素质。

（2015年8月）

把旅游业发展成为国民经济综合性大产业

一、我国旅游已进入一个大发展大繁荣时期

当前，我国经济下行压力加大，而旅游却出现逆势上扬，并呈现出强劲增长之势。有人形容旅游业发展出现"爆炸式增长""井喷式增长"。2014 年，我国公民境内旅游超过 36 亿人次，增长 11%；出境旅游超过 1 亿人次，增长 20% 以上。10 年来，我国居民境外消费年均增长 25.2%，2014 年达到 1649 亿美元，增长 28.2%，已连续三年居全世界首位。我国国内旅游消费突破 3 万亿元，超过信息消费规模，同比增长 15.4%。

现在出国旅游的人越来越多，中国人的购买力引起了全世界的注目。许多国家都把吸引中国游客作为拉动经济增长的重要举措。2015 年春节一个全家到泰国普吉岛旅游的游客说，整个岛上除了泰国的建筑、服务人员之外，其他看到的都是中国人。2015 年春节、清明节，到日本去旅游购物的中国人大幅增长，东京甚至出现了一房难求的现象。

为什么中国出现了旅游的热潮？一个根本的原因就是，随着中国经济快速发展，国家经济实力大幅提升，人民收入和生活水平不断提高，有能力更多地进行旅游消费了。

现在中国是世界第二大经济体，经济总量达到 10.4 万亿美元，占全世界的比重 13% 左右。从人均 GDP 来看，我国人均 GDP 为 7600 美元，已经有天津、北京、上海、江苏、浙江、辽宁、内蒙古、福建、广东 9 个省区市人均 GDP 超过 1 万美元大关，达到中等发达国家水平，这些地区总人口超过 4 亿人。上海、北京、天津人均 GDP 都超过 1.5 万美元。正是由于经济大发展，推动旅游进入一个大发展阶段。

中国旅游发展还有一个重要条件，就是交通等基础设施的极大改善。高铁就是一个典型代表。2008年8月1日，我国第一条高铁京津城际铁路建成通车。不到10年时间，就建成了四通八达的高铁网，贯通28个省份，高铁成为中国的一张亮丽名片。这引起了美国总统奥巴马的羡慕，也要学习中国建高铁。印度也提出要建高铁，提高印度铁路的运行速度。

现在，许多国外朋友到中国来，都感叹中国基础设施建设取得的非凡成就。我们到国外去，进行比较，也感觉我们的基础设施进步巨大。我们看到的是，城乡基础设施建设的极大改善，城市面貌的极大变化，高楼大厦、市政交通、绿化环境等都焕然一新。上海与纽约、伦敦、巴黎等比，毫不逊色，甚至一些方面还超过他们。

随着经济发展和收入增长，人们的消费能力也快速提升。现在中国人有钱了，到境外购物出手阔绰。世界各国也越来越重视中国人的消费能力，中国人到法国去，专买名牌化妆品、名牌包，排队像抢购白菜一样，人家还不让你进，要一拨一拨放进去。到日本去买电饭煲、买马桶盖、买丝袜，买得他们断货。现在形容中国人到境外购物，有一个词叫"扫货"，整个把你货架上的东西买光，你说吓人不吓人。香港为了防止内地人抢购奶粉，规定买两罐以上，要逮住罚款，还要拘留，就像对付犯罪一样，闹得大陆人意见很大。德国为了防止中国人抢购奶粉，干脆把奶粉柜台上锁，像卖黄金珠宝一样。国外评论，中国正在形成一个规模越来越大的中等收入群体，其购买力形成的大市场表现出巨大的能量。

总体上看，我国旅游业进入一个大发展、大繁荣时期，呈现出几个新的特征：一是旅游出现一个加快发展的趋势。我们已进入中等收入阶段，正在向高收入阶段过渡，进入一个"大众旅游时代"。旅游在国民经济和社会发展中的地位和作用越来越重要，影响到经济社会的各个方面。二是旅游进入一种"大众化消费"阶段。随着国民的富裕，旅游成为一种基本的生活方式，成为生活品质的重要标志，这就出现了"国民旅游""休闲度假"等新概念，由此带来一场新的消费革命。三是旅游呈现出个性化、多样化的特点。与此相适应，旅游产品和服务必须满足多层次、多元化的消费需求，更加有特色、便利化。如个人自助游的形式会越来越多。四是旅游出现一种综合化发展趋势。旅游越来越广泛地渗透到各个方面，与许多行业和产业相结合，如工业旅游、农业观光旅游、教育旅游、医疗旅游、生态旅游等等，发展出越来越多的旅游新形态。可以毫不夸张地说，凡是能想到的领域和方面，都会有旅游的参与和发展，比如像航天领域，也开始有太空旅游的出现。可以说，旅游业具有无穷无尽的发展空间，这必然会开辟出旅游的广阔市场。

旅游业能够拉动三大需求，成为促进经济增长的重要引擎。旅游业产业链条长，具有"一业兴百业旺"的特点。在消费方面，旅游可以促进交通、住宿、餐饮、购物、文化、体育等许多相关行业的发展。现在有三大消费热点：汽车、住房、旅游。而旅游又与汽车、住房消费密切相关，如自驾车旅游、房车旅游，度假住房、养老住房等等。在投资方面，旅游投资的带动作用强，国际上公认，旅游直接投资与间接投资的带动系数高达1：5，可以产生乘数效应。在出口方面，入境旅游是重要的服务贸易，出境旅游对带动对外投资和出口有着强劲作用。2014年旅游业拉动出口占当年出口的7%以上。

旅游业产业关联度高，就业带动力强，是发展前景广阔的朝阳产业。旅游业还被誉为无烟产业和绿色产业，能源资源消耗低，投入产出高，文化内涵丰富，有利于促进我国经济可持续发展。

世界各国都把发展旅游业作为拉动经济增长的重大战略举措。旅游业已经超过汽车工业和石油工业，成为最具发展活力和潜力的世界第一大产业。世界各国越来越重视旅游业发展，美国、法国、西班牙等都把大力发展旅游业作为国家战略，日本更是响亮提出"观光立国"战略。在应对国际金融危机中，不少国家都把发展振兴旅游业作为拉动经济增长的重要举措，制订了相应的发展计划。

我国已成为世界旅游大国，正在形成世界上最大的国内旅游市场。党中央、国务院高度重视旅游业发展。这几年接连出台了几个加快旅游业发展的文件。2009年出台了国发41号文件，发布了《国务院关于加快发展旅游业的意见》，提出要把旅游业培育成为国民经济的战略性支柱产业和人民群众更加满意的现代服务业。2013年，制定了《国民旅游休闲纲要》，提出要落实职工带薪休假制度。2014年，出台了国发31号文件，发布了《国务院关于促进旅游业改革发展的若干意见》。2015年8月，国办发布了《关于进一步促进旅游投资和消费的若干意见》，提出实施 4 个旅游计划（旅游基础设施提升计划，旅游投资促进计划，旅游消费促进计划，乡村旅游提升计划）。可以说，对旅游的重视前所未有。现在，全国许多地方都把旅游业作为经济发展的重要支柱产业或优势产业，提出建设"旅游大省""旅游强省"的目标。许多省区市召开了旅游产业发展大会，制定了指导性文件。我国旅游业正呈现方兴未艾的发展之势，发展潜力巨大、前景广阔。

二、我国旅游业发展面临的瓶颈制约

我国旅游业发展潜力远没有得到充分发挥，功效没有得到有效释放，主要是面临一些比较突出的瓶颈制约。

（一）**旅游产品供给能力明显不足，不能满足快速增长的旅游需要。**我国旅游供需矛盾突出，总体上呈现供不应求的状况。每逢节假日，尤其是"黄金周"，到处人满为患，看景变成看人，有的景区游客上不来、下不去，甚至出现大面长时间拥堵状况，极大地影响了人们的出游热情。随着旅游的"井喷式"发展，旅游产品供给缺口很大，远远不能满足消费需求。与此同时，存在着旺季和淡季不均的矛盾，平时游客减少，造成资源闲置。这成为困扰我国旅游业正常发展的大问题，主要是节假日的设置不合理，人为地造成了过于"扎堆"的现象。

（二）**旅游基础设施建设相对滞后，投资明显不足。**突出表现为：老的景区容量有限，新的景区开发不够，使得游人过于集中于一些著名景区，难于满足群众越来越多样化的旅游需求。旅游公共服务设施短缺，特别是公共厕所、停车场、汽车营地、游船码头、游客服务中心等，都跟不上旅游发展需要。未来 3 年，我国旅游业直接投资将超过 3 万亿元，带动 15 万亿元以上的综合投资。

（三）**节假日制度不合理，导致旅游供需时空错配。**旅游一要有钱，二要有愿，三要有闲。现在人们有了钱，旅游愿望强烈，但恰恰是没有时间。有限的节假日大家都集中在一起，使旅游变成了"拥堵"。这是造成旅游乱象的根源，也是制约旅游发展的最大瓶颈。

（四）**旅游产品开发不够、创意不足。**旅游作为一项创意产业，许多旅游需求和产品都是创造出来的。我国老年旅游、青少年旅游市场很大，但产品不多。乡村旅游、生态旅游、文化旅游、健康旅游等等，都处于快速增长期，但相应的旅游设施缺乏，配套能力弱，制约了消费市场的扩大。

（五）**旅游服务水平低，制约了人们旅游消费的积极性。**主要是旅游门票价格高，服务质量差，市场秩序不规范，其性价比还不如到有些周边国家旅游，抑制了国内旅游消费，甚至产生挤出效应。

加快旅游业发展，必须坚持问题导向，采取坚决有力的措施，解决这些突出问题。

三、促进旅游业发展的总体思路

我国旅游业发展的总体思路应该是：大旅游、大产业、大战略。

（一）**树立大旅游的发展理念。**加快发展我国的旅游业，需要纠正一些对旅游业的模糊认识，澄清一些错误观念，消除一些认识上的误区。传统意义上认识的旅游业，是一种比较狭隘的观念，把旅游等同于"游玩"，好像就是"吃喝玩乐"，往往给人一种"游手好闲"的感觉，甚至倾向于负面评价。中国历史上虽然也有"读万卷书，行万里路"的说法，出现了旅游家徐霞客，但旅游毕竟是极少数文人墨客的雅兴，与社会大众无缘。随着经济社会发展和旅游业的发展，我们对旅游业的认识不断提高，提出了"吃、住、行、游、购、娱"旅游六要素的认识，把旅游业看作服务业中的一个重要产业。随着我国经济社会发展进入一个新阶段，这些对旅游的认识已经远远不够了。现代旅游业的发展，已经极大地突破了过去"游玩"的范围，广泛涉及并交叉渗透到许多相关行业和产业。要树立一种大旅游的概念——"旅游+"的概念，从战略的高度来认识旅游业，以思想的大解放、观念的大转变来推动旅游的大发展。

（二）**加快发展旅游大产业。**把旅游业作为关系国民经济发展全局的一个综合性大产业，作为与各个行业和产业密切相关的一个产业集群来看待，发展旅游相关产业和配套产业，延长和扩大旅游产业链，形成旅游综合产业体系，促进旅游与其他产业融合发展。推进旅游产业化、市场化、国际化步伐，把旅游业发展成为我国新的经济增长点和消费增长点。

（三）实施旅游发展国家战略。把旅游业发展纳入国家发展战略规划，看作是强国富民的大产业，集中各方面的力量来推动。在这方面，中国具有集中力量办大事的制度优势，应该能够比其他国家做得更好。

（四）建设世界旅游强国。我国现在已经是世界旅游大国，但还不是旅游强国。从入境游人数来说，我国居美国、西班牙、法国之后。我国地域辽阔，历史悠久，文化灿烂，自然风光的多样性、民族文化的丰富性在世界上可能无与伦比，有条件、有能力在旅游方面走在世界前列。

四、加快旅游业发展的重大举措

（一）改革创新旅游体制机制，建立健全大旅游发展格局。把旅游业作为一个大旅游、大产业、大战略，不仅涉及观念的变革和创新，更重要的是体制机制的改革创新。作为国民经济战略性支柱产业的大旅游发展，不是旅游部门一家可以办到的，它涉及许多相关部门，包括发展改革、财政、商务、国土资源、交通、文化，甚至工业、农业、林业、医疗、体育等众多部门，需要这些相关部门共同参与和密切配合。因此，有必要建立一个综合性的领导协调机制，如有的地方设立旅游委。除了旅游局之外，像发改委、财政、商务、国土资源、文化、体育等部门都需要共同参与发展旅游。

还要整合全部旅游资源。凡是能够成为旅游项目的，包括旅游景点、风景名胜区、历史文物古迹、城市公园、博物馆、展览馆、纪念馆、生态保护区、国家森林公园、地质公园等，都应整合到国家旅游资源中来。加强统筹规划和管理，形成各种旅游资源分工合作、密切配合、共同促进旅游业发展繁荣的新格局。

（二）研究制定旅游发展战略规划，实施旅游发展重大工程。要把旅游业发展上升到国家战略的高度，研究制定一个具有战略性、前瞻性、纲领性的旅游发展规划。这个规划应该是国家层面的，具有大旅游、大产业、大战略性质的，而不仅是部门或行业的旅游规划纲要。

实施旅游发展重大工程。包括旅游基础设施、旅游区域布局、旅游资源开发、重点旅游景区、旅游产业发展、旅游营销策划等项工程建设。政府主导、企业参与，政府搞规划、出政策，投资旅游公共基础设施，市场化运作，企业发展产业，"两只手"携手合作。

（三）丰富和创新旅游产品，加快完善旅游产业体系。 随着旅游大众化、个性化、多样化的发展，旅游产品越来越丰富，新的旅游形态不断出现。可以说，旅游是最富创新的领域，人们旅游的动机就来源于求新求异的好奇心。旅游的本质是对于异质文化的向往。农村人想到城市看看，城市人想到农村走走，农村人想了解城市的现代生活，城市人想体验"农家乐"，中国人想到国外开开眼界，外国人想来中国了解神奇的东方文明。人们求新求异的欲望是无限的，因此旅游资源开发也是无限的。

这些年发展起来许多旅游新形态，红色旅游、乡村旅游、生态旅游、文化旅游、体育旅游、博览旅游等。如乡村旅游，一下子全国各地城市周边出现了许多"农家乐"，北京奥运会带来了奥运旅游，上海世博会带来了世博旅游。近年来，在参加旅行社有组织安排旅游的同时，个人自助游也发展起来，满足了个性化旅游的需要。随着汽车的发展，自驾游也越来越多，兴起了汽车旅馆、各种车友会。国外发达国家还出现了不少房车、个人游艇，探险游也越来越受欢迎。

旅游产品是创造出来的，旅游市场也是创造出来的。比如，美国迪士尼乐园就是人们凭着丰富的想象创造出来的旅游项目，现在已经流行到世界各地。实际上，类似的题材，中国的西游记更胜一筹。但我们的西游记还没有开发出类似迪士尼这样的旅游项目。到美国洛杉矶旅游，最要看的一个是迪士尼乐园，一个是环球影城。

这些年各地开发出许多新的旅游产品。如海南冬季游、东北冰雪游、西部风光游、云南少数民族风情游，都很有特色。吉林延边也开发出了许多新项目，如朝鲜族民俗游、中朝边境游、中俄边境游，还有健身游、航空游、打靶游等等，都很有特色。旅游就需要品牌特色。要实施旅游精品战略。如美国拉斯维加斯就是以博彩业而闻名，变成了一个旅游胜地。国内也有比较成功的旅游形象品牌，如河南嵩山少林寺，因为一部电影《少林寺》而闻名，发展起来少林武术，形成了旅游品牌。还有张家界，20世纪 70 年代以前，很少为外界所知，现在特别成为韩国游客的旅游热点。

加快发展旅游产业体系。一方面，大力发展旅游自身产业。围绕旅游"吃、住、行、游、购、娱"六要素，大力发展丰富多彩、各具特色的餐饮、住宿、交通、游览、购物、娱乐等旅游产业，满足不同层次的多样化需求。这些方面，都要适应旅游便利化、舒适化的要求，继续向深度和广度发展。比如，发展旅游特色食品，发展汽车自驾游、汽车旅馆，发展自助游住宿，开发丰富多彩的旅游纪念品。发展深度游活动，家庭式住宿，参与式旅游等等。外国人很喜欢北京的胡同游，到中国家庭式宾馆住宿，参与中国人的日常生活活动。还有旅游购物，北京的秀水街就很有名，许多外国人喜欢到这里购物。中国作为生产小商品最丰富多彩和最有竞争力的国家，像浙江义乌等地就是旅游购物的好地方。

另一方面，加快发展旅游相关产业。要在各行各业与旅游的结合上做文章，有多少个行业和产业，就可以发展出多少个旅游产业。如工业旅游、农业旅游、建筑旅游、教育旅游、科技旅游、海洋旅游等等。北京的大学对外开放以后，不少旅游者专门到北大、清华旅游。中国台湾推广医疗旅游，韩国推广美容旅游。工业旅游就可以开发出许多产品，我们有时随领导人到企业参观，实际上这些工厂企业流水线也可以有条件地向一般群众开放，作为游览参观项目。特别是一些手工业工艺，比如刺绣，就可以让游客现场参观。还有景德镇的陶瓷，现在有陶吧，大人带着小孩去现场学制作。还有农业旅游，现在城市里的孩子根本不知道农作物是如何生长的，粮食是如何来的，分不清大豆、小豆、黄豆、豌豆等，分不清大麦、荞麦、莜麦、燕麦等，还以为花生是长在树上的，韭菜麦苗分不清，过去知识青年上山下乡，现在则可以通过农业旅游来增加知识。

加快发展旅游综合产业，积极探索发展旅游业与其他产业相结合的交叉产业，如旅游商品加工业，文化创意产业，体育休闲产业，娱乐业与会展业等，不断扩大和延长旅游产业链，促进旅游综合性大产业的发展。

（四）加快落实国民旅游休闲纲要，调整优化休假制度。鼓励和发展国民旅游，关键是落实和健全休假制度。我国法定节假日应该说已经不少，每年加起来共有 118 天，还有职工每年 1 周至 3 周不等的年休假。存在的问题，一是如何真正落实带薪休假制度，二是国民休假如何均衡分布。国家要严格落实带薪休假制度，把这作为保障和改善民生的一件大事来办。对于不少人来说，休假甚至某种程度上比长工资更重要。休假制度改革对于激发旅游消费作用立竿见影。

我国1995年实行双休日制度，2000年实行"五一""十一""春节"三个黄金周，这些突破性的举措推动了旅游大发展。现在需要采取新的突破性举措，主要是加快落实职工带薪休假制度，实行更具弹性的休假安排。同时，可考虑全国不再统一安排年休假，而由各地方根据自身实际情况，将带薪休假与国家法定节假日、地方性节日、少数民族传统节日相结合，弹性安排本地休假，鼓励居民错峰休假，缓解假日旅游市场矛盾。2014年APEC会议期间，北京市安排休假对促进旅游消费起到了很好的示范作用。不少人建议恢复"五一"黄金周，推动旅游更加均衡发展。

（五）扩大旅游对外开放，实施旅游宣传推广计划。这些年加快了旅游对外开放步伐，与国外的旅游合作越来越多。中国公民出境旅游目的地国家和地区已扩大到140多个。问题是国外争取中国客源的多，我国争取国外客源的还较少。我们应该进一步扩大旅游对外开放步伐，促进出境游和入境游双向交流、共同发展。争取与更多国家签订双向旅游协议，相互提供旅游便利。海南国际旅游岛建设是一个重要实践，实行落地签证甚至免签证。要积极开发国外游客市场，针对国外客人需求和特点，开发和创造更多有吸引力的旅游产品，吸引国（境）外游客到国内旅游。同时，积极开展我国居民出国游活动，发展旅游配套服务产业，鼓励有条件的旅游企业走出去开拓国际旅游市场。

要加大旅游宣传推广力度，制订和实施"国家旅游宣传推广方案"。可以考虑做几件事：一是在设立中国旅游日之后，还可以考虑举办"中国旅游节"。像国外举办国际服装节和国际电影节那样，来举办高水平的、有全球影响的"中国旅游节"，广邀国内外各界嘉宾，形成规模和影响。二是在中央电视台专门设立旅游频道，向国内外广泛深入地推介中国旅游。海南有一个旅游卫视，但好像旅游特色不明显。三是实施"网上中国旅游工程"，办好中国旅游网，推进旅游信息化建设，收集整理发布各方面的旅游信息，宣传介绍和服务中外游客。四是在国内外举办丰富多彩的旅游宣传推广营销活动，广泛吸引国内外游客。现在，到中国来的国外游客主要是三个城市——北京、西安、上海"三点一线"——政治、经济、文化，现代、古代，到其他地方去的相对较少。中国有许多好地方，需要很好地对外宣传。五是出版一批高质量的旅游图书。现在，到书店去，最热销的书就是旅游类图书，包括国内外旅游地介绍，还有地图册等。但权威的、质量高的还不多，大量是快餐式的图书。

（六）完善旅游公共服务，努力建设旅游文明。 居民旅游出行最担心的问题：一是信息不灵，不知道怎么办；二是办事不方便，太麻烦；三是担心欺诈行为，吃亏上当受骗。"一次被蛇咬，十年怕井绳"，旅游一次出问题，心里就打退堂鼓。完善公共服务体系，就要有针对性地解决这些问题，做到便利、舒适、诚信、安全。

完善旅游公共服务设施体系，如旅游服务中心、游客集散中心等。加强旅游公共信息服务平台建设，发展旅游服务网络，完善旅游服务热线，方便居民旅游消费。整顿和规范旅游市场秩序，打击和消除欺诈行为，全面提高旅游诚信和服务水平。

实施中国旅游形象工程。旅游在很大程度上代表着一个国家的形象。外国人到中国来旅游，会看到中国的形象；中国人到国外去旅游，人家也会看到中国人的形象。旅游就像一个国家的"黄金名片"，人们通过这个名片来认识一个国家和他的国民。

中国游客代表着中国的国家形象，提高其文明素质至关重要。中国游客以其广泛的客源和不断增长的消费能力，受到了世界各国的普遍欢迎。但其不文明的行为也为国（境）外所诟病。比较普遍的反映是：中国游客不太守规矩，比较乱，在各个景点争先恐后照相；受耍小聪明，钻空子，占小便宜；太噪，在公众场合大声喧哗；不注意公共卫生，乱扔东西；还有不分场合抽烟，随地吐痰等。中国还处在工业化、城市化的过程中，在很大程度上还是一个农村人口多的国家，其国民素质有待提高。要通过广泛的宣传教育，改变不良的行为习惯，培养现代国民的文明素质。

总之，中国旅游业正处在一个大发展阶段，面临前所未有的发展机遇。我们要加快旅游业发展步伐，发展旅游大产业，创造经济新繁荣。

（2015 年 8 月）

调查研究与文稿起草问题

关于调查研究问题

今天来国家行政学院，讲一下关于调查研究问题。大家来自各部委机关，平时也经常进行调查研究，写作调研报告，都有一定的基础，有自己的经验和体会。国务院研究室主要是为国务院领导同志服务，从事政策研究和决策咨询工作，调查研究是其中的一项重要内容。这里，我结合自己的调研工作感受和体会，谈一些看法，与大家一起交流。

第一个问题：调查研究是行政工作的基本功

调查研究是一项基本的工作方法。行政部门制定政策、布置工作、检查落实任务等，都涉及调查研究问题。习近平同志指出："调查研究是谋事之基、成事之道。""调查研究不仅是一种工作方法，而且是关系党和人民事业得失成败的大问题。重视调查研究，是我们党在革命、建设、改革各个历史时期做好领导工作的重要传家宝。调查研究的过程，是领导干部提高认识能力、判断能力和工作能力的过程。领导干部不论阅历多么丰富，不论从事哪一方面工作，都应始终坚持和不断加强调查研究。学习和掌握正确方法，努力提高调查研究水平和成效。"

毛泽东同志有句名言："没有调查就没有发言权。"他说："你要知道梨子的滋味，你必须亲口尝一尝。"《毛泽东选集》第一卷开头两篇，一篇是《中国社会各阶级的分析》，一篇是《湖南农民运动考察报告》，都是调查研究的经典之作，回答了中国革命的根本问题，即革命的领导力量、团结对象和同盟军问题。没有这些思想理论认识，就不可能有农村包围城市的中国革命道路。

调查研究具有普遍适用性。人们一般在生活中也经常进行调查研究，这实际上也是了解情况、分析比较、作出判断、最后决策的过程。比如，我们到商场买鞋子，你要问清品牌、型号、质量、价格等，要跑好几个商店、好多个柜台才会决定买，这样你才会买到最合适的鞋子。买一套房子更是这样，你要跑很多地方去看，考虑距离远近、周围环境、房间大小、结构、质量，更重要的是价格，还有付款方式、办理手续、交付时间等等，都要搞清楚才会出手。一个人找对象，要进行选择、比较、深入考察，广泛征求意见，最后作出决定。这些工作做不好的话，可能会影响一辈子。甚至炒股票，不但要调查，更重要的是研究，哪只股票好，上涨的空间有多大，拥有哪个行业的股票，股票结构如何配置，确定什么时机出手，等等，都要考虑和决定。这些真正调查研究透了不容易，因为受到影响的因素很多，变量太多，相互交织在一起，还有信息的不对称性。有一位老同志说，打麻将也是调查研究，我觉得有道理，13张牌的排列组合，你要随时掌握出牌的情况，判断上家、下家、对门的情况，研究如何以最优的方式赢牌，还要防止其他人赢牌，所谓"知己知彼，百战不殆。"

许多工作也都与调查研究密切相关。比如，公安刑侦破案，需要周密的调查研究，特别是寻找证据和推理判断。纪检干部办案，需要调查研究，作出分析判断。医生看病诊断，实际上也是调查研究的过程，特别是疑难杂症，要详细地了解病情状况，具备丰富的医学知识和经验，进行科学的研究，才能得出正确的结论。

对于政府部门的工作更是如此。各个部门都需要经常进行调查研究，了解分析各方面的情况，及时提出政策建议，发现问题和解决问题，推动工作进展和政策落实。比如，我们出一个调研题目：北京市大气污染今年与去年相比有什么变化？是变好了还是变坏了？有多大变化？分析为什么？找到解决问题的办法。还有，如何治理北京的交通堵塞问题？这些都是具体的问题。还有比较大的问题，如中国下一步改革的突破口在哪里？如何推进土地管理制度改革？如何推进金融体制改革？等等。如果是这样的调研题目，如何进行调研才能取得预期成果。

这里我们要提出一个调查研究本身的问题：人们在日常生活和工作中

都涉及调查研究，那么是不是每个人只要具有生活常识和工作经验，就可以搞好调查研究了呢？也不是的。一般性调查研究不同于科学的调查研究，这就涉及到了常识与科学的区别。国外社会学专业有一门课专门讲社会调查研究方法，有一个教授刚上课时他就进行了一次考试，题目很简单，是关于自杀问题的。因为社会学史上有一本经典著作，就是法国著名社会学家迪尔凯姆的《自杀论》，是专门研究自杀问题的。这个教授考试的题目是：你认为男人自杀的多还是女人自杀的多？年轻人自杀的多还是老年人自杀的多？农村人自杀的多还是城市人自杀的多？生活富裕的人自杀的多还是生活贫穷的人自杀的多？等等，一共20多个判断题。结果大大出乎人们的意外，人们平时以为正确的东西反而不少是错误的。比如，大量的调查研究证明，生活富裕的人和生活贫穷的人在自杀上没有显著区别，而在调查中发现了一个有意思的现象，就是在各种社会群体中有一个群体的自杀率是最低的，人们一般想到的是宗教群体，结果是什么？是乞丐，真正的一无所有的乞丐，不是骗吃骗喝的乞丐骗子。这个教授进行这个考试，就是为了说明，虽然人们都在社会中生活，如果没有进行系统科学的调查研究，仅仅凭借常识和经验作出判断，有时候可能是正确的，但并不往往都是正确的，涉及到复杂的问题甚至可能还是错误的。

一部科学发展史，就是一部发现真理、纠正谬误的历史。在很大程度上，也是彻底改变人们日常生活常识和经验的历史。最突出的例子，就是哥白尼发现的"太阳中心说"。人们几千年来都是亲眼见到太阳从东边出来，到西边落下去，太阳是绕着地球转的。但哥白尼通过大量精确观测和科学研究，提出了一个真正颠覆性的完全相反的见解，地球是绕着太阳转的，这在当时是够惊世骇俗的了。罗马天主教廷认为这违反了《圣经》，对他进行迫害。后来，布鲁诺宣扬哥白尼学说，被教会活活烧死。可见，为了获得真理需要冲破多么大的阻力，付出多么大的代价。

科学不同于常识，科学的调查研究也不同于一般的调查研究。其区别主要表现在：一是常识往往看到的只是事物的表面现象，而没有达到对事物的本质认识，而本质的东西有时候可能被表面的现象所掩盖。二是常识往往容易认识简单现象，而不大容易认识复杂现象，对于非常复杂的现象则必须进行科学系统的观察和研究。三是常识往往看到的只是偶然现象，经验再多也总是有限的，难于穷尽无限的可能性，科学则达到了对事物的普遍性认识，不会被偶然现象所左右，从而达到了认识规律性的高度。

因此，我们讲调查研究，就不能局限于一般性的调查研究，而要达到科学的调查研究的水平，把它作为一种科学研究的方法。从这个意义上说，调查研究与科学研究是相通的，遵循的是科学研究的一般性规律和方法。建议大家多看一些有关科学研究方法的书，还有调查研究方法、统计分析方法，甚至概率论与数理统计等方面的书。这些都有助于我们加深对科学的调查研究方法的理解。

从事行政工作，虽然经常都在进行调查研究，但真正做好调查研究并不容易，受到主客观各种因素的影响和制约。从个人主观条件来说，需要具备一些基本素质，要有比较扎实的基本功。概括起来，主要有以下几个方面：

一是工作经验。社会阅历丰富，见多识广。古人说："读万卷书，行万里路"，讲的就是知识储备和个人经验。曹雪芹在《红楼梦》中有两句诗说得好："世事洞明皆学问，人情练达即文章"，就是说要有人生阅历、社会经验，经历多了，看人看事就会更全面、更不一样。从事调查研究，还要有对实际情况的熟悉和了解。比如研究农村问题，要有对农村的情况的深入了解。最近看王蒙写的自传《蹉跎半生》，讲他在"文革"时被下放到新疆农村的感受，接触了大量最底层民众，使他对社会实际有了深刻的了解和体悟，成为他一生的重要积累。

二是较高的政策水平。在行政机关搞调查研究，涉及各方面的政策、文件规定等等，需要熟悉和了解政策的来龙去脉、形成和变化过程，政策执行中遇到的问题，懂得政策的利弊得失。现在从事行政工作，专业化要求越来越高。行政部门工作的同志，都应该成为一个专家型的干部，成为某一方面、某一领域政策研究的专家。

三是知识面比较宽。我们已进入"互联网时代"，新的科技和工业革命带来新知识呈现"爆炸式增长"，没有广泛的学习能力就会落后于形势。特别是从事政策研究的同志，更要有广泛的知识面，必须懂经济、懂法律，还要有政治、哲学、科技、文史等多方面的知识，并且能够融会贯通，活学活用。更要善于学习和掌握新知识，比如人工智能、互联网、物联网、大数据、云计算、虚拟现实、3D 打印等等，了解电子商务、移动支付、数字经济、分享经济等最新的发展。

四是有思想，特别是分析判断能力。从事政策研究的人，需要思想比较开阔，善于思考问题，能够出谋划策。"敏于观察，勤于思考。"当然，更高的要求是要有较好的思想理论素养，有对重大问题宏观把握和分析判断的能力。你要把情况和问题搞明白，首先自己必须是一个明白人，看问题比较准，把握问题比较全面，实际上这是与领导能力密切相关的。

五是文字表达能力比较强。要有比较扎实的文字功底和表达能力，文字水平比较高，尤其是遣词造句，懂语法、文法，没有基本的病句错字问题。国务院研究室的老主任王梦奎同志专门编了一本书《怎样写文章》，再版了几次，很受读者的欢迎。这本书的主要内容是一些大家谈如何写文章、修改文章，也包括党政部门基本的公文格式和要求。我们国务院研究室的同志人手一册，成为一本必备的工具书。

第二个问题：调查研究的基本理论和方法

调查研究的目的，是为了了解实际情况，发现问题和解决问题。

调查研究的方法主要有：全面调查，抽样调查，典型调查，开座谈会等。除了直接调查的方法，还有间接调查的方法，比如运用网络搜集资料进行再研究。这种方法现在比较常见，尤其是青年人，遇到一个什么问题，首先想到的是上网查资料，在这个基础上研究问题。

行政部门工作，一般比较常用的调查方法，是召开座谈会和进行实地调查。这比较简便易行，可以在较短时间内了解到较多的情况和问题。但也有局限性，主要是座谈会的发言都是有选择性的，有时候不能了解到真实的情况；实地调查只是了解到一个方面的情况，不容易了解到全面的情况。

一般来说，全面调查不大容易，受到很多限制，甚至根本做不到。除了像全国人口普查、经济普查等，常用的大多是抽样调查和典型调查的方法。抽样调查在日常生活中也经常用到，比如你要知道海水咸不咸，你不用也不需要进行全面调查，不可能把所有的海水都尝个遍，只需要尝一点海水就可以了，因为海水内部的分布是非常均匀的，抽取任何一个样本都有足够的代表性。还有我们经常品尝西瓜甜不甜，尝一尝做的汤咸不咸等，运用的都是抽样调查的方法。你要运用全面调查的方法，既没有必要，事实上也做不到。

抽样调查是一种比较好的调查方法，它介于全面调查和典型调查之间，最大的好处是可以抽取有限的样本，却能够从样本推论到总体情况。其科学推论的理论基础，就是数字上的概率论和数理统计分析。比如，现在比较流行的问卷调查，设计一个比较科学的问卷，运用科学的抽样方法，一般选取几千人的样本，就可以了解到总体的基本情况。典型的如各国选举期间所作的民意测验，美国总统选举一般只抽取几千份选民样本，就可以作出比较准确的选举预测了，其误差可以控制在允许的范围内，除非出现非常特殊的情况，就像特朗普在与希拉里竞选中胜出一样，其实从选民来看支持希拉里的人多过特朗普，只是特朗普赢得了更多州的选举人票。

这里，我们主要结合抽样调查，介绍一些有关调查研究的基本知识。

第一，社会现象的复杂性。我们常说，社会现象比自然现象复杂，复杂在什么地方？主要是社会现象受到的影响制约因素更多，也更为复杂，除了客观因素，还有主观因素。社会现象表现为大量的各种各样的人的活动，而人是有主观能动性的，他受个人情感、意志、思想和观念的支配，其自我选择都是变量因素。我们在调查研究中，往往会遇到这样的问题：调查对象愿不愿意说实话，说到什么程度，说实话对他有什么好处或有什么坏处，这都是他要考虑的问题。就是说，对于同一件事情，由于人们的立场、价值观念、利益取向等不一样，往往会有不同的看法和说法，对于同一个人也会有不同的评价。这取决于他的个人倾向性，最终涉及他的利益关系。我们经常说立场、观点和方法，站在什么立场，就有什么观点。比如，你调查房地产市场问题，房地产商的观点和普通购房者的观点肯定是不一样的，甚至可能是截然相反的。你调查医疗卫生制度改革，部门领导、医院负责人、医生与患者的想法、看法也往往不会是都一样的。那么，客观地选取各方面的调查对象，调查了解到真实的有代表性的情况，就是至关重要的了。

第二，社会现象的随机性。所谓随机性，就是往往表现为大量的偶然现象，也就是偶然性。调查研究就是要在大量的偶然现象中发现规律性，这种规律性不一定是必然性，而是最大限度的可能性，也就是统计规律性。我们经常说人的命运，有时觉得命运好像就是受许多偶然因素支配的，比如遭遇什么变故，与谁结婚，碰到一个什么人相助等，其实命运说到底就是由大量偶然现象所组成的必然性。这里所说的必然性，不一定就是100%的必然，也可能是80%、90%、99%的必然，是一种最大程度的可能性。这就要运用到数学上的概率论所讲的正态分布和大数定理。比如，最简单的一个例子，有名的"掷钱币试验"。一枚硬币，正反两面，从空中掷到地上，会是正面还是背面？应该说，各有50%的概率。那么你掷10次会是什么结果？有可能5次正面5次背面，也有可能4次正面6次背面，也有可能3次正面7次背面……总之，是带有不确定性的。随着你投掷次数的不断增多，比如100次、1000次……它就越来越显示出一个规律性的东西。据说，世界上有人曾经投掷过10000次，结果是有4990多次是正面，有五千零几次是背面，无限接近于50%的概率。实际上，这也表现为自然规律，比如生男生女的现象。过去家庭生孩子多的时候，我们经常见到，一个家庭里夫妻两个可能生了5个孩子，3男2女，也可能4男1女，甚至极端的可能全部是男孩，或全部是女孩。它有什么规律呢？如果这个样本足够大，比如从一个村庄到一个乡镇，再到一个市县，最后到一个地区、一个国家，那么最终呈现出的就是男女比例各占50%的自然规律，当然这中间还会受到自然选择和人为因素的影响。但统计结果表明，人类的男女比例一般是一百零几比一百，保持在一个大体平衡的状态。许多社会现象在统计上都呈现正态分布，或偏正态分布，也就是说中间大、两头小，大量的是比较接近普遍性的现象，越往两头的个别现象越少。比如，人们的收入、住房状况、预期寿命、智力高低等等，都服从于正态分布，都呈现出统计规律性。

第三，社会现象的模糊性。调查研究，既有定性研究，也有定量研究，现在更多的是把这两种研究有机结合起来，既有对社会现象的数量分析，也有对社会现象的定性判断。这是由事物的特征所决定的，其本身包含有性质和数量两个方面，因此一味强调定性研究或定量研究都是不可取的。

在调查研究中，涉及到精确性与模糊性的问题，是不是越精确越好？不一定。有时候，可能越精确越不能说明本质问题，而变成了数字游戏。甚至现代数学的发展，也产生了一个重要分支，这就是模糊数学，用数学来研究大量的模糊现象。社会现象带有更多的模糊性，尤其是涉及人们的情感、心理、思想、观点和看法，涉及对人、对社会、对事物的看法和评价，更是这样。我们说一个人判断力很强，往往是来自于大量经验积累基础上的直觉判断，而直觉判断有时是很准确的，能够一下子抓住事物的本质特征。对大量模糊的社会现象的认识，定性分析至关重要，更能够抓住事物的本质特征。举一个简单的例子，比如让你到会场去找一个人，对这个人描述得很精确，身高 1.74 米，体重 98 公斤，头发 3500 根，可能你找了半天也找不出来，因为你要量一量、数一数。如果说，这个人中等个子、大胖子、秃顶，你马上就可以找出来。为什么？因为在这里定性判断比定量分析更准确地抓住了本质特征。分析研究社会现象，虽然我们说常识并不可靠，有时可能还是错误的，但常识和经验往往很重要，它是我们分析研究问题的基础和出发点。孔子说过："道不远人，人之为道而远人，不可谓之道。"孔子所讲的"道"，在这里是指为人处事的道理，它是距离人们很近的，它不可能是用人们完全听不懂的方式讲出来的。在社会调查研究中，如果得出的结论距离人们的常识经验太远，或与人们的常识经验不相符合，一般就要考虑是不是有什么问题，需要进行认真检验。调查研究需要从纷繁复杂的社会现象中，不受各种枝节和表面因素的干扰，善于抓住事物的本质特征，抓住主要矛盾和要害所在。这是一个调查研究者不可多得的重要本领。

第四，社会现象的差异性。社会现象往往表现出较大的内部差异，不能仅仅用一般情况来代表。在调查研究中，如果仅仅用平均数来代表总体情况，往往会掩盖不同的内部差异，甚至出现"被平均"的问题。我们以收入为例，2016 年我国居民人均可支配收入 23821 元，但各地区差别很大，最高的上海居民人均可支配收入达到 54032 元，最低的西藏居民人均可支配收入只有 13639 元。城乡之间也存在很大差距，全国城镇居民人均可支配收入 33616 元，农村居民人均可支配收入 12363 元。不同地区差别更大，最高的上海城镇居民人均可支配收入 57692 元，农村居民人均可支配收入

25520 元；最低的甘肃城镇居民人均可支配收入 25694 元，农村居民人均可支配收入 7457 元。如果我们再往下划分，从省到市、县、乡、村，随着范围的缩小，差距则会越来越大。因此，在调查研究中，就要做到统筹兼顾：一方面，在抽取样本时要照顾到各种不同的情况，如选择分层抽样和分类抽样的办法，尽量选取能够代表不同情况的样本，如高收入、中等收入、低收入人群。国家统计局是采用"五等份分组"的办法，在中等收入上下，又分出了中等偏上收入和中等偏下收入。另一方面，要在用平均数代表一般情况的同时，选取一些代表差异性的指标，如高收入占比、低收入占比、中等收入比重、贫困人口数量和贫困发生率等。这样两方面结合起来，考虑和照顾到一般情况和内部差异情况，以便能够更好地代表和推论到总体的状况。

第五，社会现象的相关关系。社会现象的复杂性，决定了我们要在纷繁复杂的相互关联中找出重要的相关关系，有时比较困难。在调查研究中，要注意区别几种不同的相关关系。首先是真相关与假相关。有些现象表面上看有相关关系，而实质上没有相关关系，这就是假相关关系。在调查研究中，首先要排除假相关关系，不为表面现象所迷惑，找到真相关关系。例如，生活中有不少迷信的东西，风水（坟地）与命运，生辰八字与命运，星座与命运，碰到猫头鹰叫与一个人的运气等，有时候表面上看好像有一种相关关系，甚至有的算命先生把它说得头头是道，其实只是一种假相关而已。当然，还是有人相信这之间是有相关关系的，人在遇到一些不可解释、又不可抗拒的事件时，特别是人生命运突变时，总是要找一些原因、一些自我心理安慰的理由，这样才能心安理得，解脱自我压力。其次是正相关与负相关。两者现象之间是正向的相关关系，还是负向的相关关系。但有时也是难以弄清的，可能既有正相关，也有负相关，也就是说利弊得失关系都有，只是多一点少一点而已，那我们就要分析正负相关的多少和程度。还有高相关与低相关。在许多影响因素中，每一个因素有多大的相关关系，而最主要的相关关系是什么，这往往是分析研究问题时最难以把握的。比如，世界上有许多人研究治疗癌症，到底癌症的原因是什么？什么因素在其中起决定性作用？有人发现，人们患食道癌与一个地方的水土环境是有关系的，但仔细分析起来却并不容易，需要排除许多可能无法排除的因素。大家都知道，肺癌与抽烟是有关系的，但到底有多大关系？为什么不抽烟的人得肺癌的也不少？其他因素又有多大影响？等等，这些还并没有真正研究清楚。社会调查研究中，往往需要深入的分析，才能找到事物之间的内在联系，抓住主要矛盾和矛盾的主要方面，从而提出关键性的对策和举措，使矛盾迎刃而解，起到事半功倍的效果。

第三个问题：调查研究的基本要求

一般来说，从事一项调查研究，有几个基本的步骤：一是进行预研究。收集有关方面的调研资料，了解调研问题的基本情况。一般情况下一个问题的调研，可能都不是第一次，要掌握以前的研究进展，站在已有研究的基础上，再向前发展。二是制订调研方案。对调研作出安排和规划，包括调研的目的、方式、范围、对象，以及时间安排、参加人员、几个阶段等。特别是调研的重点任务，需要解决的主要问题。还要对调研方案进行讨论和论证。三是进行实际调研。选择采取召开座谈会、典型调查、抽样调查、实际考察等方式。广泛地收集占有资料，真正把各方面情况摸准吃透，并且了解问题的是非曲直和来龙去脉。在调研中根据了解掌握的情况，还会对调研方案作出调整，增加或减少项目。四是分析研究问题。对调查得到的资料进行研究，进一步发现问题和分析问题，形成基本的判断，得出基本的结论，提出解决问题的思路和办法。五是撰写调研报告。在深入分析研究的基础上形成调研报告，并对报告进行讨论和修改。六是论证评估。一项比较大型的重要的调查研究，还要召开评审会，邀请有关部门和专家进行评审，提出修改完善的意见。

总结自己的调研工作，有以下几点感受和体会：

第一，吃透"两头"，即吃透上头和下头。我们所进行的调查研究，一般是围绕党和国家的政策就某一方面问题所作的调研，可以叫作政策性问题调研，它是为了解决某一方面问题而提出政策性建议。搞好调研工作，吃透"两头"非常重要。

一方面是吃透上头。有的调研题目是领导确定的，那就要了解领导的意图，这个问题在全局工作中的定位，调研是为了解决什么问题。有的调研是自己选择的，那就要有善于发现问题的眼光，能够抓住敏感性问题。对于政策性调查研究来说，掌握和吃透政策很重要，调查前要先了解这方面政策的来龙去脉和变化过程。比如，调查研究养老保障问题，就要了解职工养老保险的缴费比例，职工的工龄、缴费年限与退休后领取养老金的计算方法，养老保险基金的统筹和管理办法，职工退休和提前退休的有关政策规定等等。我们在调研中也发现，下边不少从事某一方面实际工作的同志平时忙于日常事务，对政策研究得不够，对有些政策一知半解，这是许多政策不能很好得到贯彻执行的一个重要原因。

另一方面是吃透下头。调查研究的过程就是吃透下头的过程，通过调查真正把下头的问题弄清楚。在调研之前，要先熟悉全面的情况，要有对面上情况的基本了解，由此再确定需要深入调研的问题及重点。在调研过程中，就是要找到问题的症结所在，形成解决问题的思路和办法。例如，中小微企业贷款难、贷款贵问题，是一个长期反映的问题，虽然自上而下采取多方面的措施，问题得到一定程度缓解，但并没有根本解决。如何找到解决问题的新思路、新办法？就需要在吃透上头的基础上，再深入实际调查研究，吃透下头各方面的情况，找到解决问题的新办法。

第二，要在调查的深度和广度上下功夫。我们从事的调研一般有两种：一种是专题性调研，一种是综合性调研。专题性调研更多地要求在深度上下功夫，综合性调研更多地要求在广度上下功夫。这只是相对划分的，对于任何一项调查研究来说，能够做到既有广度又有深度是最好的，当然对不同的调查研究可以有不同的侧重。

在专题性调研方面，就是要深入进去，发现别人没有发现的情况和问题，提出有新意的有价值的政策建议。比如，关于"营改增"的调研。营业税改征增值税，是我国一次重大税制改革，从此营业税成为历史，所有行业特别是服务业都统一征收增值税。我记得 2012 年 8 月我们进行了一次专题调研，当时"营改增"在上海试点半年多，效果初步显现，各方面也有一些不同的反映。为什么要搞"营改增"？试点达到效果了吗？进展如何？出现了什么问题？下一步如何推进？这些都是需要弄清楚的问题。改革的初衷，主要是为了统一税制，从制度上消除重复征税的问题，减轻企业税负，支持第三产业、中小微企业的发展。从试点情况看，应该说基本是成功的，但也遇到了一些新问题，比如交通运输业一些企业反映税收有所增加。这项改革是大胆决策、稳步推进，遇到什么问题就解决什么问题。从2016年5月1日开始，全面实施"营改增"，将试点中剩余的四个行业——建筑业、房地产业、金融业和生活服务业全部纳入"营改增"。改革中反映出的问题主要表现在：一是部分行业和企业税负有所增加，主要是进项抵扣少，企业财务对新的税收办法还不熟悉和适应。二是地方税收下降，因为营业税原来属于地方税，而增值税属于中央与地方共享税，"营改增"以后，自然就出现了地方税收减少的问题。针对这两个突出问题，国务院采取了有效的政策措施，实际上是实行了"两个确保"：一是确保所有行业税负只减不增，对个别行业如建筑业、金融业等采取一些特殊政策，进一步健全抵扣链条，调整税率结构等，做到使所有的行业都能够享受到减税的好处。二是确保所有地方的税收只增不减，主要通过提高增值税中地方分享比例，中央与地方分成由75∶25调整为五五分成，同时核定税改前地方营业税收入基数，中央全部返还并还给予适当增加。通过这些措施，有效解决了"营改增"中出现的矛盾和问题，把一场牵一发而动全身的复杂税制改革，变成了各方受益、皆大欢喜的顺利改革，取得了良好的效果。国际上也给予高度评价，认为中国从试点开始，逐步扩大，直到全面推开，完成了一项复杂而又艰巨的税制改革，能够做到这一点是非常不容易的。

在综合性调研方面，就是要有广阔的视野，广泛地了解各方面的情况，通过综合分析研究得出概括性的结论。例如，2011年我们组团到日本考察，主要是围绕"转变发展方式"问题，到日本内阁府、经济产业省、地方政府部门、企业、大学、研究机构进行访问交流。回来以后写了一篇考察报告——《深刻认识中国与日本发展的显著差距》，从经济实力、现代化水平、生态环保、社会发展、国民素质等方面，比较分析了中国与日本的差距，同时也分析了日本发展中面临的深层问题，主要是泡沫经济破裂的后遗症、内需空间有限、人口老龄化和少子化等，提出了针对中国经济社会发展的政策建议。总的看法是，日本虽然经历了"失去的20年"，但总体上已进入高度发达的阶段，特别是日本强大的高端工业制造能力、金融实力和技术优势，这是日本维持世界经济霸权的三大支柱。中国虽然超过日本成为世界第二大经济体，但在现代化道路上还有很长的路要走，"跨越中等收入陷阱"面临着严峻的挑战。我们必须清醒地认识中国发展的定位和差距，抓住机遇加快发展自己，高度重视日本泡沫经济破裂的深刻教训，更加重视生态环保和社会发展，全面提高我国的国民素质，加快步伐实现中国的现代化。

我个人的体会是，调查研究必须深入到点，照顾到面，既有一定的深度，又有一定的广度，既"解剖一只麻雀"，又"看到一群麻雀"，做到胸中有全局、心里有底数。苏东坡有一首写庐山的诗："横看成岭侧成峰，远近高低各不同。不识庐山真面目，只缘身在此山中。"其隐含的哲理是，看山不能只在山中，要能够跳出山外。更进一步来说，只有山里山外都看到了，才能真正算得上"识得庐山真面目"。

第三，特别要注重调查的信度和效度。 信度和效度是调查研究的两个基本要求。信度就是调查的可信度、真实性；效度就是调查的有效性、代表性。一项好的调查研究，应该是既有信度又有效度，既可信又有效。比较重要的大型调查，一般还要进行信度和效度检验。比如，一些标准化的抽样调查，要用样本推论总体，达到很精确的程度，误差要在允许的范围之内，信度和效度检验是至关重要的。

我们在调查中经常会碰到真实性的问题。了解情况难，了解真实情况更难。这一方面是因为弄虚作假现象的存在，让你不敢相信；另一方面即使没有弄虚作假，调查本身也有一个去伪存真的问题。我们平常说，耳听为虚，眼见为实。是否亲眼所见就都是真实的？这也不一定。最典型的例子就是魔术，眼前的情景看着像真的一样，其实是假的，是在道具上做了手脚。还有一些所谓的气功大师表演，现场发功，众人欢声雷动，看起来像真的一样，其实另有玄机和奥秘。即使事情的本身是真实的，由于观察者的角度、反应、注意力和兴奋点等不同，其看法和结论也会不一样。国外心理学教授曾经做过一个有趣的实验，一个教室里正在上课，突然一个人追赶另一个人闯进教室转了一圈，开了一枪，又跑了出去，教授让教室里的每个学生来描述这一事件的全过程，结果发现全班学生的描述各不相同，有的还有很大出入甚至相互矛盾。在刑事案件调查中也经常遇到一个问题，事发现场的人描述得并不一致，甚至彼此矛盾。科学家还做过盲点的实验，人们在看东西的时候会有盲点的存在。极端的现象就是还有色盲的存在，有的人是分不清红绿灯的。在这种不同情况下，那个是真实的？这就需要分析鉴别，做出综合判断。

一般在调查中，被调查者总是想让你看好的、对他有利的情况。特别是我们的不少调查，事前基本上都是下边安排好的，开什么样的座谈会，请哪些人参加，看什么地方，如何汇报发言等等，都由下面提前安排。在这种情况下，如何变被动为主动，了解到我们想要了解的东西，的确需要有一点方法。一是善于召开座谈会并善于提出问题。开座谈会是一种最常用的调研方式，但要主持好座谈会需要一定的水平和技巧，需要有驾驭场面的能力，掌握座谈会的主动权。要在发言的人愿意讲的东西之外，善于提出问题进行引导，了解到我们想要了解的情况。二是善于进行一些随机调查。在调查中不能什么都是下面安排好的，要主动寻找自己感兴趣的调查点和调查项目，这可以摸到不少真实情况。李克强总理喜欢进行一些随机调查，比如2016年底他到云南考察，在与一位农民的交谈中，了解到外出打工工资被拖欠，当即要求有关部门帮助他讨薪，回来后在春节前召开国务院常务会议，专门研究解决拖欠农民工工资问题，并把这些要求写进2017年的《政府工作报告》之中。三是善于进行掩饰性调查。有的调查可能比较敏感，被调查者有顾虑，不大容易配合。因此，需要采用一些掩饰性问题。例如，调查大量职工提前退休问题，不好问你们这里搞了多少提前退休？如何弄虚作假？他不会如实地告诉你。所以，我们以调查"两个确保"——"确保下岗职工得到妥善安置、确保离退休人员养老金按时足额发放"的名义，调查养老保险中存在的问题，特别是调查养老保险基金入不敷出，他很愿意告诉你这些情况，他要反映养老经费不够用，希望中央财政更多地转移支付。在这中间很随意地引入提前退休的问题，得到你想了解的情况。

效度的问题，就是调查的有效性，也就是调查对象的代表性。一些典型调查，好的先进的典型，可能都是真实的、可信的，但问题是它有多大的代表性？我们经常说，实事求是，一切从实际出发。但你是从1%的实际出发，还是从99%的实际出发？实事求是，必须从最有代表性的事实出发。列宁说过，任何一个观点，哪怕是再荒谬的观点，也能找到它的事实根据。

调查研究中，最重要的是要调查了解一般的情况、最大多数的情况、最有代表性的情况，而不是极端的情况、个别的情况。政策建议也要建立在最广泛的大多数情况的基础之上，这样制定的政策才会收到好的效果。如果仅从个别的极端的情况出发来制定政策，那必然造成极端的错误。这方面曾经留下过不少沉痛的教训。

第四，致力于分析问题和解决问题，制定切实可行的政策。这是调查的最终目的。就是说，要在真实有效调查的基础上，做好分析研究工作。分析问题要全面，要考虑到各种因素的影响，同时又要紧紧抓住主要矛盾，解决主要矛盾就会牵一发而动全身，起到事半功倍的效果。比如，大家看到，房价不断上涨，那么就要分析房价上涨的原因是什么，症结何在？不少经济学家、政府管理部门，当然也包括房地产商都持有一种观点：房价上涨是由供求关系造成的，因为住房少，需要房子的人多，自然就会不断上涨。这种观点有一定道理，但具体分析，住房上的供求关系是一种什么样的供求关系？买房的人都有实际的住房需求吗？卖出去的房子有多少是实际上没人住而只是来炒卖的？北京的房价已经高出美国许多大城市的房价，甚至华盛顿的房价也没有北京高。还有，有人说，房价上涨与货币供应量过多即流动性过剩有关，许多企业有钱、老百姓有钱，往哪里投资？投资股市不行，投资黄金、珠宝、古玩也有限，所以大量的钱投资住房。还有人说，土地价格不断攀升，地王频出，甚至面粉贵过面包，必然推动房价上涨。还有一种观点，房地产商故意炒作，抬高房价，制造房价不断上涨的氛围，形成购房者追涨房价的现象等等。我们就要分析，哪些是主要原因、根本性原因？我们要问：世界上发达国家许多都出现了房地产泡沫，甚至出现金融危机，而有一个国家德国房地产市场却始终保持平稳，几乎很少有人到德国炒房的，他们是如何调控房地产市场的？我们看到，国家现在还对一些主要民生商品实行价格调控，如水、电、燃气、汽油、基本药品、教育收费等，粮食实行国家收储和最低保护价，可住房比起这些东西重要得太多了，花的钱也多多了，为什么不能对住房这种最基本最重要的民生商品实行价格调控呢？德国就是这样调控的，对于不同地段、不同档次的房子规定了严格的调控价，卖房涨价甚至出租房涨价超过一定的限度，不但面临罚款甚至还有坐牢的风险。

解决问题主要是制定政策和实施政策。政策必须要有针对性，具有可操作性，能够真正解决问题，并且还有一个重要方面，就是不会带来副作用。调查研究就是要出主意、想办法、定政策，而且要出大主意、好主意、而不是出歪主意和馊主意，还要看政策执行的可行性和效果。任何时候都没有绝对好的政策，政策的制定和出台是权衡各方面利弊得失的结果，甚至是上下博弈的结果。只能是利大于弊，好处很多，而坏处很少。但也不排除在执行中变成了坏处很多，而好处很少，结果适得其反，这种情况也并不鲜见。一项看起来好的政策，并不总是能达到好的效果。有些政策出发点是好的，想得也比较完善，但政策执行和实施的结果并不理想，甚至出现偏差和副作用。大家知道历史上的王安石变法，王安石被列宁称为"中国十一世纪的改革家"，他可以说是一代奇才，诗文雄奇，才干超群，脾气倔强，敢做敢为，推行改革大刀阔斧，气势磅礴。改革之一是推行"青苗法"，针对当时农民种地在青黄不接时，无钱购买农具等物，遭受高利贷盘剥，王安石提出政府要扶持农民，实行青苗贷款，这有点类似农业银行。本来出发点很好，春耕时由政府贷款给农民，秋收后即可收回贷款。但这项政策全面实行以后，却弊政丛生，一到下边就变形走样了。问题出在哪里？原来各级官吏为了显示政绩，便要多贷款、多收款、完成贷款和利息指标，本来是农民自愿贷款，结果变成了强迫农民贷款，一些贫困农民贷不起、还不起，不贷也不行，不还也不行，最后是强行放贷和还贷，逼得民不聊生、怨声载道。好事变成了坏事，最后变法以失败而告终。

毛泽东说："政策和策略是党的生命，各级领导同志务必充分注意，万万不可粗心大意。"党和政府的各项政策，关系千百万人的生活、利益甚至命运，差之毫厘，失之千里，必须慎之又慎，这是我们调研工作者的责任。

第四个问题：调查研究报告的结构和类型

调研报告从结构上来说，一般分为五个部分：（一）标题。调研报告的标题，不像写论文那样最好使用客观中性的标题，而是要观点鲜明，让人一看就知道你要表达的核心观点是什么。标题要让人一目了然，特色突出，能吸引人，起到画龙点睛之效。如关于加强房产市场调控的调研报告，题目定为"必须迅速出重拳调控房地产市场"；关于推进财税体制改革的调研报告，题目定为"我国下一步改革的重点和关键是推进财税体制改革"；关于春节返乡见闻的调研报告，题目定为"真实感受家乡变化的喜与忧"等。（二）导语。说明调查的目的、意图，为什么要搞这次调研，一般也是说明调研问题的重要性、紧迫性，以及调研得出的主要看法和结论。导语要简明扼要而对通篇起到提纲挈领的作用。（三）调研发现的情况和问题。问题突出表现在哪些方面，带来的影响和后果。（四）对问题进行深入分析。寻找发生问题的原因，在众多原因中抓住主要原因，找到问题的症结所在。（五）提出解决问题的思路、办法和政策建议。应该是有针对性的政策建议，注重政策建议的操作性和可行性。

撰写综合性调研报告，需要处理好三个关系：

一是"点"与"面"的关系。点是指反映局部问题、个别事例、特殊情况的材料；面是指反映全局问题、整体概貌、一般情况的材料。正确处理好二者之间的关系，是撰写综合报告的关键所在。因为综合性调研报告用于反映全面工作或事件的情况，涉及的方面或问题很多，所以在筛选和组织材料时，除运用必要的"面"上的概括材料外，还要运用"点"上的典型材料，二者相辅相成，互为补充。如果有点无面，则必然使报告内容零碎、狭窄，给人以纷乱感；相反有面无点，则会使报告内容失之空泛，缺乏重点支撑。

二是"详"与"略"的关系。综合性调研报告的内容比较丰富，它涉及各个方面的情况，但又不可能将所有材料都写进去，这就有一个材料的取舍和组织的问题，因此要求做到重点突出，详略得当，主次分明。所谓重点，是指能够影响全局的工作或情况的材料，能够对当前或今后工作有重要指导作用的材料，能够充分反映工作成效、工作状况和工作水平的材料，能够代表和反映工作中存在的带有普遍性或倾向性问题的材料。撰写综合性调研报告，必须紧紧围绕这些重点内容展开，笔墨要凝练、集中。重点性材料要详细具体，用墨宜多，一般性材料则略写，惜墨如金。

三是"事"与"理"的关系。"事"即有关的工作或事件的情况，"理"

即对工作或事件情况进行的分析、议论。一篇优秀的综合报告，应是事与理的高度统一体。正确处理好二者之间的关系，是写好综合报告的重要环节。撰写时既要将有关的事实情况说清楚、讲明白，又要对其进行必要的分析，指出问题的实质，说明已做的工作和拟采取的解决办法。只有事实，没有精要的分析，所撰写的报告必然是现象的罗列，像"流水账"；相反只有分析说理而无必要的事实作为基础和论据，报告必然空洞、言之无物。一般夹叙夹议比较好，做到有叙述、有分析。

撰写专题性调研报告，则要着力把握好"三要"：

一是速度要快。专题报告应当就工作中发现的新情况、新问题及时向上报告，切莫贻误时机。否则时过境迁，就失去了报告的意义。要做到不失时机，恰到好处。如"公鸡打鸣"，叫早了"半夜鸡叫"不好，叫晚了天已经大亮"起个大早，赶个晚集"也不好。此种报告快捷灵便，见机而行，占得先机，可使领导及时了解和掌握有关问题或事件的情况，从而迅速作出决策。

二是内容要专。"花开数朵，只取一枝。"专题报告一般是一事一报，集中一点，不及其余。最忌讳的是说多说全，面面俱到。要做到内容明确专一，便于领导集中了解和掌握一方面的情况，从而有针对性地作出处理。孔子说过："可与言而不与之言，失人；不可与言而与之言，失言。知者不失人，亦不失言。"这句话用在提供给领导的调研报告中也是适用的，该说的话一定要说，不该说的话一定不要说，实际上这把握起来并不容易。

三是情况要实。要实实在在地反映情况，并把有关情况说清楚。既要使领导了解有关情况的来龙去脉，又能够起到解疑释惑的作用。切忌将问题复杂化，并引起更多的疑惑。也就是说，不能将应该说清楚的问题变得更说不清楚。

第五个问题：调查研究报告的写作要求

如何提高调查研究报告水平？这涉及一个人的写作能力，需要多读多写，多看别人的东西，自己多实践、多琢磨，自然就会有提高。郭沫若在谈到写文章时说："毛主席的文章，正如文如其人，非常平易近人。我们学习毛主席的文章，就要学习他的平易近人，学习他的深入浅出，学习他准确、鲜明、生动地表达艰深思想的能力，概念准确，形象鲜明，笔调生动。"

人们常说，文无定法。一百篇作文，有一百种写法。但文有常规，有其基本的规矩、基本的写作要求、写作技巧。学习借鉴别人的经验，结合自己调研工作的体会，我感到一篇好的调研报告，有以下一些基本要求：

第一，平实。调研报告不像写文学作品，不需要凭想象去构思创造，也不需要华丽的语言。重在贵在实实在在，实事求是，用事实和数据说话，讲实在的东西，不讲虚的东西，切忌讲空话、大话、套话。习近平同志说，实就是要讲符合实际的话不讲脱离实际的话，讲管用的话不讲虚话，讲有感而发的话不讲无病呻吟的话，讲反映自己判断的话不讲照本宣科的话，讲明白通俗的话不讲故作高深的话。这就要求我们写调研报告，力求反映事物的本来面目，分析问题要客观、全面，既要指出现象，更要弄清本质；阐述对策要具体、实在，要有针对性和可操作性。

我们写调研报告，有一个很深的体会，调研报告不只是写出来的，不是坐在房间里想当然地想出来的，特别是涉及一些重要政策措施的建议，是要在深入调查研究占有大量事实材料之后，经过多方面沟通、碰撞、磨合的过程，是在反复比较聚焦的基础上形成的。因此，调研报告的内容和思想性始终是第一位的，至于表达始终是第二位的。这不是说表达不重要，好的内容也需要好的表达方式，这就像灵魂和身体的关系一样，它们应该是合二为一的。

调研报告的表达方式，最基本的要求是平实。文风朴实，深入浅出，通俗易懂。调研报告尽量用通俗易懂的话，不能生造词汇，说些别人不懂的话。少用形容词、副词，表达要有分寸感、恰如其分。不要有夸张之词，不要渲染语言。不搞花里胡哨的东西，不哗众取宠，不说过头话。要尽量使用口语化的语言，大众的语言，而不是学者的语言。

第二，简洁精练。最重要的是要简明扼要，简洁明快，言简意赅。清代郑板桥有一首题画诗："四十年来画竹枝，日间挥写夜间思。冗繁削尽成清瘦，画到生时是熟时。"文章的最高境界是简约，"施朱则太赤，施粉则太白，增一分则显高，减一分则见低。"要真正达到简约的境界，需要永无止境的追求。郑板桥说："删繁就简三秋树，标新立异二月花。"要简练、简短，正像胡乔木说的："短些，再短些。"语言简短明快，不能啰唆，有话即长，无话则短。力求短而精，不多一句，不多一字。

习近平同志说，短就是要力求简短精练、直截了当，要言不烦、意尽言止，观点鲜明、重点突出。能够三言两语说清楚的事绝不拖泥带水，能够用短小篇幅阐明的道理绝不绕弯子。毛泽东同志为人民英雄纪念碑起草的碑文，只有114个字，却反映了一部中国近代史。1975年，邓小平同志负责起草周恩来总理在四届全国人大一次会议上的报告，只用了五千字。后来谈到这件事的时候，邓小平同志说："毛主席指定我负责起草，要求不得超过五千字，我完成了任务。五千字，不是也很管用吗？"鲁迅先生说过，文章写完至少看两遍，竭力将可有可无的字、句、段删去，毫不可惜。现在，不少地方和部门按照中央改进文风会风的要求，提出以"能少则少、能短则短、能精则精、能简则简"为原则，尽可能开短会、讲短话、发短文。这"三短"，就是我们应当大力倡导的风气。

如何达到简短精练？其中一个重要的办法，就是注重概括和提炼。要从一大堆材料中归纳提炼出最有价值的东西，包括最重要的观点、概括性的表述、核心要义，也就是说有一些让人记得住的好话和好的概括性表述。比如，把党的基本路线概括为"一个中心，两个基本点"；把检验改革开放、衡量一切工作的标准概括为"三个有利于"；把我们党所要坚持的最重要原则概括为"四项基本原则"等等。总的来说，一篇好的调研报告，要留下能够让人记得住的鲜明的东西。

第三，层次清楚，逻辑性强。一篇调研报告思路清不清，表现在其内在逻辑性，能够说清楚几层什么意思，既做到周延而没有漏洞，又内在一致而没有矛盾。有的调研报告，也下了很大功夫，但让人容易挑出逻辑性的毛病，不能自圆其说，那就是一个败笔了。撰写调研报告之前，首先自己要想清楚，这篇调研报告到底要告诉别人什么，如何说清楚？有哪几层意思？让人看了以后，清楚明白你要表达的意思。

要做到层次清楚，最好不要层次太多，如用大一二三套小（一）（二）

（三），再用阿拉伯数字 1、2、3，甚至还来个（1）（2）（3）……就像开杂货铺一样，让人眼花缭乱。要尽量简化层次，层次越少越好，一般有"两层楼"即可，最多"三层楼"。所要表述的意思最好有个一二三，一般人们口头发言，或简短的讲话，也爱讲个一二三，这是有道理的，简明而又清楚地表达思想是很重要的。

第四，有材料，有观点。撰写调研报告是在调查占有大量材料、并进行分析研究的基础上，用调研结论和观点把材料组织起来，做到观点与材料的内在统一。一篇好的调研报告，应该是有理有据，思路明确，材料丰富，观点要能够统领材料，材料要能够说明观点。占有材料是基础，我们平时说"巧妇难为无米之炊"，要尽可能多地占有材料，并且能够从纷繁的材料中抓住最主要的东西、最有用的东西、最有价值的东西。从大量材料中提炼概括形成自己的观点，反过来用最能够说明问题的材料来支撑提出的观点，组织运用好材料，增强观点的说服力。

一篇好的调研报告，最基本的要求是观点正确，能够站得住脚，更重要的是提出新的见解，经得起别人的反驳和证伪。比如，我们提出全球化是不可阻挡的历史潮流，总体上有利于各国经济发展。那么你就要有充分的论据证明这一观点，并且还要说明为什么有的国家在全球化过程中会出现利益受损，为什么会出现反全球化的问题。调研报告中最有说服力的材料就是事实和数据，要用最有代表性的事例和准确权威的数据说明观点，得出让人信服的结论。

第五，有思想性，有高度，有新意。这是一篇好的调研报告的最高要求。报告要体现出新思想，有新观点和新看法，有新的政策建议和新的举措。总体上体现改革创新的精神，力求思想深刻，富有新意，发现别人所没有发现的东西，提出别人所没有提出的见解。而要做到这一点，是很不容易的。你就要站在别人的肩上，把别人已有的东西弄清吃透，并创造出属于自己的东西。比如，现在有许多人在研究金融改革、国有企业改革、农村改革、社会管理体制改革等，在研究区域发展、城镇化、污染治理、房地产市场等问题，你要在某一方面有新的发展和新的突破，不仅要下别人所没有的功夫，而且要有高人一筹的独到之处，这些都最终体现在调研成果的水平上。

调研报告从内容到形式都要大胆创新。有思想性、有高度的内涵，也要通过好的语言文字表达出来。新也包括角度新、材料新、语言表述新，富有个性、特色鲜明、生动活泼。一篇好的调研报告，需要有让人耳目一新的话、让人记住的新话好话。

（2015 年 10 月）

关于讲话文稿起草问题

交通部政策研究室专门举办这个政策研究和文稿起草培训班，很有意义。研究室一般有两大职能：调查研究和文稿起草，而文稿起草始终是第一位的任务。在研究室工作，是掌握"笔杆子"的，这是一件"苦差事"，许多人不愿干，一般人干不了。大家从事这项工作，都有不少体会，有不少经验，尝到了不少"苦辣酸甜"。通过举办培训班，大家一起学习交流，切磋技艺，有利于提高工作水平。借此机会，我也谈一些自己的感受和体会。

一、讲话和写作是行政工作的基本功

从事行政工作，更重要的从事领导工作，讲话和写作都是必备的基本功，必须具备讲话与写作的本领。

然而，我们的学校教育，偏重于读。从读小学、读中学，到读大学，到读研究生，读硕士、读博士，说得比较少，写得也不多，这些方面的训练相对缺乏。其实，读也不多，小学还读，以后就不读了，主要是听和看，听老师讲课，看书学习。现在，学校相对比较重视说了，搞演讲比赛，还有辩论比赛，但中国学生上课，提问的不多，讨论交流辩论的不多，说的能力没有发展起来，在这方面比起印度学生就有差距。学英语，要求听、说、读、写四样功夫，但我们学的基本是看，看还可以，听、说、写都不行。在写的方面，小学、中学有作文，大学要写论文，但是也不太多，除非自己爱好写一些东西。在学校里写文章，主要是两类：一类是记叙文，记述一件事情；一类是议论文，说明一个道理。写讲话文稿就几乎没有了。

谈到说与写，首先要能够把事情说清楚和写清楚。能够把一件复杂的事情说清楚不容易，我们平常说一个人说不清楚，东拉西扯，说了半天不知所云。大家看过《红楼梦》没有，毛泽东说至少要看三遍。其中写到一个丫鬟叫小红，原是宝玉房中的丫鬟，最低一级的，后来有一次碰到王熙凤要传话取东西，回来把几件事情说得头头是道、清清楚楚，被王熙凤看上，调到身边，得到了提拔，成为"职场精英"。

写作更是一项基本功。基本功很重要，能够写出好东西来，那是很不容易的。同样是登泰山，经历一样，写出来的东西差别太大了，大家看到写泰山的名篇，从古到今留下来的也并不多。湖北有个黄鹤楼，唐代诗人崔颢题写了一首诗："昔人已乘黄鹤去，此地空余黄鹤楼。黄鹤一去不复返，白云千载空悠悠。晴川历历汉阳树，芳草萋萋鹦鹉洲。日暮乡关何处是，烟波江上使人愁。"据说，此诗一出，后人仰首，连李白登黄鹤楼，本要题诗，看见这首诗，叹道："眼前有景道不得，崔颢题诗在上头。"一首诗，一篇文，可以流传千古，使一个地方成名。如苏州的寒山寺，就是由于唐代张继的一首诗："月落乌啼霜满天，江枫渔火对愁眠。姑苏城外寒山寺，夜半钟声到客船。"这首诗流传到日本而非常有名，许多日本人就冲着这首诗也要到苏州寻访寒山寺。

人们常说，文无定法。一百篇优秀作文，有一百种写法，每一篇都不一样，各有特色、各有千秋。但无规矩不成方圆，文有常规，有其基本的写作规范、写作要求、写作技巧。

毛泽东说，语言写作不是随便可以学好的，非下苦功不可。梁衡在《人民日报》发表了一篇《文章大家毛泽东》，值得一读。毛泽东是写文章的高手，他对写文章非常重视，提出了许多要求。他在《工作方法六十条》中指出："现在许多文件的缺点是：第一，概念不明确；第二，判断不恰当；第三，使用概念和判断进行推理的时候又缺乏逻辑性；第四，不讲究词章。看这种文件是一场大灾难，耗费精力又少有所得。一定要改变这种不良的风气。""中央各部，省、专区、县三级，都要比培养'秀才'。""这些人要较多地懂得马克思主义，又有一定的文化水平、科学知识、词章修养。"

我们看到，许多领导干部讲话与写作水平都是很高的，文笔都是很好的。中国古代官员都是科举考试出来的文官，不少是进士出身，都是文化水平很高的官员，他们既是政府官员，是实干家，甚至是政治家；又是文化人，是文学家，甚至是思想家。中国历史上的诗文名篇，许多是他们留下来的，比如韩愈、柳宗元、白居易、刘禹锡、苏轼、王安石等，在中国文学史上都占有重要的地位。现在领导干部学历不断提高，不少人是硕士博士毕业，知识水平和综合素质很高。我们读退下来的老同志写的书，都很有收获。如李瑞环同志的《学哲学用哲学》，吴官正同志的《闲来笔潭》，回良玉同志的《七情集》等，都写得很好，既有思想，又有文采。这也说明，为他们起草讲话文稿，要达到他们的水平和要求，是非常不容易的。

现在，党中央非常重视文风问题，文内体现党风。习近平总书记专门讲到文风，他指出：在一些党政机关文件、一些领导干部讲话、一些理论文章中，文风上存在的问题仍然很突出，主要表现为长、空、假。长，就是有意无意地将文章、讲话添枝加叶，短话长说，看似面面俱到，实则离题万里。群众形容说，这样的讲话有数量无质量，有长度无力度；这样的讲话汇集的书，有价格无价值，有厚度无深度。空，就是空话、套话多。照抄照搬、移花接木，面孔大同小异，语言上下雷同，没有针对性，既不触及实际问题，也不回答群众关切，如同镜中之花，没味、没用。假，就是夸大其词，言不由衷，虚与委蛇，文过饰非。不顾客观情况，刻意掩盖存在的问题，夸大其词，歌功颂德。堆砌辞藻，词语生涩，让人听不懂、看不懂。大力纠正不良文风，积极倡导优良文风，已成为新形势下加强和改进党的作风建设的一项重要任务。习近平总书记提出，要讲短话，讲实话，讲新话。

二、讲话文稿的基本特点

世界上最难写的文章是什么文章？答案是：写别人的文章，尤其是写别人讲话的文章，更难的是写领导讲话的文章。

第一，讲话文稿是写别人的文章，特别是写领导的文章，评价的标准不是自己而是领导。写自己的文章，好不好，自己说了算。写别人的文章，尤其是写领导的讲话文稿，写得好不好不是你自己说了算，而是领导说了算。讲话文稿体现的是领导的意图、要求、水平、风格。一个领导与另一个领导的风格不一样，要求也各不相同。一般来说，一个作家有一个作家的风格，鲁迅有鲁迅的风格，郭沫若有郭沫若的风格，李白有李白的风格，杜甫有杜甫的风格……因而写领导的讲话文稿，不能只会一种风格，还要适应不同领导的不同风格。

毛泽东的文风，是大气磅礴，旁征博引，嬉笑怒骂，不拘一格，雅俗共赏，情理交融。大家读一读毛泽东的著作，会很有收获。尤其是学习毛泽东的讲话文稿，再了解当时的历史场景，就会有更多的感悟和体会。郭沫若在谈到文风问题时说：毛主席的文章，正如文如其人，非常平易近人。我们学习毛主席的文章，就要学习他的平易近人，学习他的深入浅出，学习他准确、鲜明、生动地表达艰深思想的能力，概念准确，形象鲜明，文笔生动。

邓小平的文风，是朴实无华，平易近人，深入浅出，通俗易懂。邓小平的许多名言，也是来自生活，来自群众。比如，"摸着石头过河""不管黑猫白猫，逮住老鼠就是好猫""发展才是硬道理""科学技术是第一生产力"等。他说出的话鲜明地体现出他特有的风格："不改革开放，只能是死路一条""基本路线要管一百年，变不得"。他给社会主义下定义也是通俗易懂："社会主义的本质，是解放生产力，发展生产力，消灭剥削，消除两极分化，最终达到共同富裕。"

第二，讲话文稿不同于一般的写文章，主要是用来听的而不是用来看的。首先它是领导用来讲的，对于听众来说是用来听的，而不是用来看、用来读的。这有什么差别呢？听与看是不一样的，听是语言的东西，看是文字的东西，一个是对听觉起作用，一个是对视觉起作用。看，你可以前后左右，联系上下文来看，看不明白可以再看。听，一遍就过去了，你只能记住要点。讲话文稿与一般文章的区别，最重要的就是口头语言与书面语言的区别。这两种语言差别可大了，甚至口头语言与书面语言的语法都不很一样。有时候一篇讲话讲得很好，很吸引人，很有水平，可你要是整理成书面文字，会感到到处都不通顺。比如，我们口语一般会说："太难办了，这件事。""真精彩，这本书。"北京话说"饭吃了吗，您哪？"书面语言是不会这样说的，它完全颠倒了。中国"五四运动"时期，开展新文化运动的一项重要内容，就是写文章从过去的"文言文"转变为现代的"白话文"，由古代流传下来的至简的书面语言转变为接近日常口语的书面语言。即使如此，现在的书面语言与口头语言也还是有很大差别。因此，我们研究写讲话文稿，就要结合讲话的特点，了解如何写好口头表达的讲话文章。

一篇很好的书面文章，不一定就是一篇好的讲话文稿。总的来说，讲话文稿更加口语化，语言简洁明快，令听者入耳，容易理解，便于记忆，听了以后能够记得住，并且印象深刻。讲话文稿的基本要求：一是不要过多地使用书面语言，特别是文件化语言，最好能够使用口语化的语言。二是层次非常清楚。书面报告可以用一二三再套几层一二三等来进行概括，划分出不同的段落；而口头讲话主要是内容的层次很清楚，听众并不知道你在哪里又分了一段。要尽可能简化层次，不要大一二三套许多小一二三，这样就把听众搞乱了。三是语言朗朗上口，易记易传。如习近平总书记讲话中让人印象深刻而十分难忘的话："撸起袖子加油干""打铁还须自身硬""钉钉子精神""踏石留印，抓铁有痕""壮士断腕，刮骨疗毒"等等。还有一些重要的归纳概括，也让人容易记住。如"一个中心，两个基本点""五大新发展理念""五位一体总体布局""四个全面战略布局"等等。

第三，讲话文稿一般不是下级向上级报告工作，而是上级向下级报告工作，一般的听众是下级，主要是工作报告。比如《政府工作报告》，主要目的是总结和安排部署工作，同时也接受人民监督。因此，会议工作报告在语气上就不同于一般向上级所写的报告。一是可以娓娓道来，放得更开一些，增加些生动活泼的事例。二是要与听众进行交流，口气和语言都要有现场感，带着感情讲，以增强感染力。三是以领导的口气讲话，对工作有强调，有指导，有要求，有明确的导向性。四是态度诚恳，要以情感人，以理服人，增强鼓动性和号召力。

第四，讲话文稿一般是集体创作成果，甚至不完全是写出来的，而是决策的过程，也是"磨"出来的。撰写领导的讲话文稿，一般是成立一个起草组，有一个负责人。起草的过程，是大家共同参与、集思广益的过程。作为起草组的成员之一，需要处理好"有我"与"无我"的关系。"有我"，就是说要充分发挥个人的积极性、主动性和创造性，提出自己的意见和建议，贡献自己的智慧和力量。"无我"，就是谁负责听谁的，谁是领导谁说了算，作为参与者不能够固执己见，不能总把自己的观点和看法放进去。这一点，说

343

起来容易，做起来并不容易。不少从科研单位和高校调到政策研究部门的同志，往往会经历一个较长时间的痛苦的转变过程，这就是如何放弃自我，适应领导的要求和风格。记得有一位从科研单位调到政策研究室的同志，他说过一句很有感触的话："以前是只知道你是谁，不知道你为了谁；现在是只知道你为了谁，不知道你是谁。"专家学者是代表自己的，需要提高知名度，成一家之言；而为领导起草讲话文稿，是幕后工作者，保持低调不张扬最重要，最好没有自己。所以说，把握好"有我"与"无我"的"度"是很重要的，总的来说就是"该有你时要有你，不该有你时别有你"。

有记者采访问我，参与这么多年《政府工作报告》起草有什么体会，我说最大的体会就是报告不是写出来的，他就问不是写出来的，是怎么出来的？我说，报告的起草过程首先是党中央、国务院决策的过程，同时也是各部门认真研究工作的过程，是起草组广泛深入调查研究、听取各方面意见和建议的过程。因此，报告的起草过程是一个广泛发扬民主、集中民智、最大程度凝聚共识的过程。就是说，起草报告不是坐在房间里闭门造车，仅仅妙笔生花就能够写出来的，最重要的它是领导决策的过程。一些重要政策措施，都是经过许多次反复讨论、协调、磨合，相关部门和地方提出意见，最后由领导拍板决策定下来的。对于起草组来说，报告也是"磨"出来的，是无数次反复修改、字斟句酌、精雕细刻、不断完善的过程，体现了精益求精的工匠精神。一是要建立在深入实际的调查研究的基础之上，熟悉和掌握各方面的情况，真正把情况摸准吃透。二是涉及到一些重大政策措施，是要经过领导部门研究决策确定下来的。提出的政策措施，必须切实可行，要管用，发挥实际效果。这是本质的东西，是第一位的，至于表达始终是第二位的。

三、讲话文稿的基本类型和要素

讲话文稿一般有四种类型：

第一种是工作类讲话。一般是作为主讲人总结工作和部署工作。这类讲话应该比较实，把工作讲清楚，具体干什么事？目标、政策和措施是什么？这类讲话平时最多，如经济工作会议、农村工作会议、金融工作会议、环保工作会议、水利工作会议、医改工作会议、住房保障工作会议等等。

第二种是致辞类讲话。一般是参加会议礼节性的、表态性的讲话。关键是强调一个重点，突出一个主题，要言不烦，而不是面面俱到。如在国庆招待会上的讲话、在春节团拜会上的讲话、在会议开幕式上的致辞等。

第三类是演讲类讲话。一般是参加重要的研讨会、论坛会上的讲话。这类讲话相对挥洒的空间大一些，更强调思想性，提出一些理念、思路、看法。如在中国发展高层论坛上的讲话、在亚洲博鳌论坛上的讲话、在达沃斯论坛上的讲话，还有如在哈佛大学的演讲，在国外议会上的演讲等。

第四类就是口径类讲话。包括接见、谈参、答记者问等。如在接见企业家代表时的讲话，在会见外国领导人时的讲话，还有答中外记者问等。这类讲话一般是提供谈话口径、参考要点、背景材料等，要求抓住关键，简明扼要，清楚明白。

讲话文稿一般有四个要素：领导布置起草一个讲话稿，首先要告诉你四件事（4W：What，When，Where，Who）：一是主题，稿子是干什么用的，突出什么主题。二是时间，什么时候讲的，是在经济工作会议之前，还是经济工作会议之后，要贯彻什么会议、讲话之类。三是场合，在什么场合，讲话前后的日程安排等。四是对象，哪些人参加，会议的范围。只有把这些弄清楚，才会对讲话有一个总体的把握。

首先，要站在领导的高度考虑问题，理解领导的意图，体现领导的思路和风格。写领导的讲话文稿，就要站在领导的角度考虑问题，把自己当作领导来思考。站位要高，"身为小兵，敢为帅谋"，要设身处地为领导着想，急领导之所急，想领导之所想，想领导之未想。我们平时说写得"到位""得体"，"分寸感"把握得比较好，就是说在领导所处的位置会不会说这样的话，应该不应该说这样的话，必须说什么样的话。这对讲话起草者来说，是很高的要求，要达到领导的思想水平、表达习惯、语言风格等，是不容易做到的。文稿的质量，关系到领导工作的水平和效果，关系到党和政府路线、方针、政策的贯彻落实，因此它不是简单的一家之言，而是涉及全局的政策性大问题。

其次，把握讲话的主旨，弄清楚所讲问题的来龙去脉。讲话的中心思想是什么？主要目的何在？所讲问题的前后变化、涉及到的方方面面的情况，以及如何解决问题。一般来说，一篇讲话要突出一个主题，主题鲜明。如在国庆招待会上的讲话，一般是突出发展成就和发展目标的主题。在春节团拜上的讲话，一般是突出喜庆和民生的主题。工作会议的讲话，就要对问题分析概括得准确、透彻，具有很强的现实针对性，部署工作要求清楚、明确，操作性强，能够解决现实存在的问题。

第三，了解听众的需要。讲话要有针对性，针对人们最关心、迫切想知道的东西来展开。比如，现在一些中国人参加的国际会议，国外听众都希望了解中国的看法和主张，中国在这些方面的发展情况和政策措施等。一般工作会议，听众希望了解工作取得了哪些进展，存在哪些突出问题，如何解决这些问题，下一步的主要目标任务是什么，采取哪些措施，如何把握政策界限等等。

第四，要有现场感。讲话要注意现场的反应，最好能够与现场听众进行一些互动交流，这样可以调动现场的气氛，引导听众的注意力和兴奋点，取得更好的现场效果。比如，朱镕基总理到美国访问，在对工商界演讲谈中美经贸关系时，麦克风突然没有声音了，他趁机幽默风趣地对大家说，美国的产品质量都很好，但是麦克风的质量却不高，我建议你们进口中国的麦克风。这引起现场一片笑声，既调节活跃了气氛，又意有所指地宣传了中国产品。记得台湾宋楚瑜先生来大陆访问，先后到北京、南京、西安、湖南，他在讲话中分别学说北京话、南京话、西安话、湖南话，用这种方式与大家交流，让人感到亲切温暖，拉近了距离感，取得了很好的效果。

四、讲话文稿的写作要求

提高讲话文稿起草水平，涉及到许多方面条件，体现了一个人的综合能力和水平，也是在实践中感悟和琢磨出来的，所谓"实践出真知""在游泳中学会游泳"。学习借鉴前人和别人的经验总结，结合自己参与文稿起草的认识体会，我感到应该注意以下几个方面：

第一，有高度，有新意，有思想性。文以质胜，起点要高，立意要深。

三国时曹丕说："盖文章，经国之大业，不朽之盛事。"一篇领导同志的重要讲话文稿，往往会成为历史文献。一篇好的讲话文稿，往往都是富有新意的，提出一些新理念、新思路、新举措。总的来说，起草讲话文稿，要体现改革创新的精神，从内容到形式都要有所创新。习近平同志说，新就是力求思想深刻、富有新意。如果一个文件、一篇讲话毫无新意，那么制定这样的文件、作这样的讲话还有多少意义呢？可以说，能不能讲出新意，反映一个领导干部的思想水平、理论水平、经验水平以及语言表达能力。这里所说的新意，既包括在探索规律、认识真理上有新发现、前人没有讲过的话，又包括把中央精神和上级要求与本地区本部门本单位实际结合起来，在解决问题上有新理念、新思路、新举措的话；既包括角度新、材料新、语言表达新的话，又包括富有个性、特色鲜明、生动活泼的话。

一篇演讲类讲话，往往要有新观点、新材料、新表述。如习近平主席在世界经济论坛 2017 年年会开幕式上的主旨演讲，是一篇经典的范例。这篇演讲，提出了中国关于经济全球化的主张，有论有据，有观点，有分析，以理服人。开头就很有新意："达沃斯虽然只是阿尔卑斯山上的一个小镇，却是一个观察世界经济的重要窗口。大家从四面八方会聚这里，各种思想碰撞出智慧的火花，以较少的投入获得了很高的产出。我看这个现象可以称作'施瓦布经济学'。"接着以新颖独特的方式提出问题："'这是最好的时代，也是最坏的时代'，英国文学家狄更斯曾这样描述工业革命发生后的世界。今天，我们也生活在一个矛盾的世界之中。一方面，物质财富不断积累，科技进步日新月异，人类文明发展到历史最高水平。另一方面，地区冲突频繁发生，恐怖主义、难民潮等全球性挑战此起彼伏，贫困、失业、收入差距拉大，世界面临的不确定性上升。对此，许多人感到困惑，世界到底怎么了？"接着分析问题："要解决这个困惑，首先要找准问题的根源。有一种观点把世界乱象归咎于经济全球化。经济全球化曾经被人们视为阿里巴巴的山洞，现在又被不少人看作潘多拉的盒子。国际社会围绕经济全球化问题展开了广泛讨论。今天，我想从经济全球化问题切入，谈谈我对世界经济的看法。"下面层层递进，在分析中提出自己的观点："我想说的是，困扰世界的很多问题，并不是经济全球化造成的。""历史地看，经济全球化是社会生产力发展的客观要求和科技进步的必然结果，不是哪

347

些人、哪些国家人为造出来的。经济全球化为世界经济增长提供了强劲动力，促进了商品和资本流动、科技和文明进步、各国人民交往。""当然，我们也要承认，经济全球化是一把'双刃剑'。""经济全球化确实带来了新问题，但我们不能就此把经济全球化一棍子打死，而是要适应和引导好经济全球化，消解经济全球化的负面影响，让它更好惠及每个国家、每个民族。""面对经济全球化带来的机遇和挑战，正确的选择是，充分利用一切机遇，合作应对一切挑战，引导好经济全球化走向。"通篇起承转合，一气呵成，鲜明的观点和充分的说理给全场听众留下了十分深刻的印象。

第二，内容实在，文风朴实。讲话文稿不像创作文学作品，不需要凭想象去构思创造，也不需要华丽的语言。讲话文稿的第一要求是平实，重在贵在实实在在，实事求是，用事实和数据说话，切忌讲空话、大话、套话。文以致用，言为心声。唐代诗人杜荀鹤在《秋日山中》说："言论关时务，篇章见国风。"习近平同志说，实就是要讲符合实际的话不讲脱离实际的话，讲管用的话不讲虚话，讲有感而发的话不讲无病呻吟的话，讲反映自己判断的话不讲照本宣科的话，讲明白通俗的话不讲故作高深的话。这就要求我们的讲话文稿，力求反映事物的本来面目，分析问题要客观全面，既要指出现象，更要弄清本质；阐述对策要具体实在，要有针对性和可操作性。

比如《政府工作报告》，人们首先是看实不实，有没有实实在在的内容。这就要做到工作扎扎实实，措施实实在在，有许多务实管用的政策措施。人们评价报告"含金量高"，有许多"真招、实招、硬招"，这就是最高的评价了。报告既是一个"动员令"，更是一份"施工图"，体现真抓实干的精神，说实话、出实招、办实事、求实效，让人们看到真正能管用，能取得实际效果。

讲话文稿在语言风格上，一般要求平易朴实，深入浅出，通俗易懂，简洁明快。讲话要少用书面语言，不用文件语言，切忌官话、套话。不能生造词汇，说些晦涩难懂的话。不要夸张之词，不要渲染语言，不搞花里胡哨的东西，不哗众取宠，不说过头话，甚至少用形容词、副词，表达要有分寸感、恰如其分。最好是贴近基层、贴近群众，口语化、接地气、有温度，让老百姓听得懂、记得住、能管用。尽量使用口语化的语言，人民群众喜闻乐见的语言，大众的语言，而不是学者的语言。语言要朗朗上口，易记易传。如《政府工作报告》提出："让人民群众喝上干净的水，呼吸上新鲜的空气，有病能就医，子女有学上。""财政收入增长虽放缓，但该给群众办的实事一件也不能少。""坚决打好蓝天保卫战，要让蓝天一年比一年多起来。"

第三，简短精练，重点突出。讲话文稿也不像写论文，洋洋洒洒，一个题目可以写几万字，甚至可以写一本书。最重要的是要简洁明快，简明扼要，做到精练、精准、精细、精益求精。清代郑板桥有一首诗："四十年来画竹枝，日间挥写夜间思。冗繁削尽成清瘦，画到生时是熟时。"文章的最高境界是简约，"施朱则太赤，施粉则太白，增一分则显高，减一分则见低。"要真正达到简约的境界，需要永无止境的追求。郑板桥说："删繁就简三秋树，标新立异二月花。"要简短，正像胡乔木说的："短些，再短些。"有话即长，无话则短，要言不烦，言简意赅。习近平同志说，短就是要力求简短精练、直截了当，要言不烦、意尽言止，观点鲜明、重点突出。能够三言两语说清楚的事绝不拖泥带水，能够用短小篇幅阐明的道理绝不绕弯子。毛泽东同志为人民英雄纪念碑起草的碑文，只有114个字，却反映了一部中国近代史。鲁迅先生说过，文章写完至少看两遍，竭力将可有可无的字、句、段删去，毫不可惜。现在，不少地方和部门按照中央改进文风会风的要求，提出以"能少则少、能短则短、能精则精、能简则简"为原则，尽可能开短会、讲短话、发短文。这"三短"，就是我们应当大力倡导的风气。

写长篇讲话不易，写短篇讲话更难。讲话的修改有时是不断压缩的过程，因为一般讲话时间和字数是限定的，那就必须把要讲的话装进有限的时间和文稿篇幅中。在无数次反复修改过程中，真正做到字斟句酌、精雕细刻，力求短，不多一句，不多一字。要达到精练的要求，必须十分注重提炼和概括，把许多要表达的话压缩到最少的语言中，留下让人印象深刻、记得住的观点思路、政策措施、名言警句。

讲话文稿一定要突出重点。虽然有时要照顾到面，考虑全面而力戒片面，但又不能面面俱到，平均用力。这就要处理好全面与重点的关系，做到有取有舍，详略得当，对于重点内容要像泼墨重彩画，而对于一般性内容则要像简洁的素描画。比较典型的如《政府工作报告》，需要照顾到方方面面的工作，该点的都要点到，该说的话都要说，但最重要的仍然是突出重点，重点讲关系经济社会发展全局的重大问题，讲关系人民群众切身利益的热点难点问题，要让人们在这些重点方面留下深刻印象，真正做到"记得住、能管用"，这就会是一个成功的报告。

第四，**层次清楚，逻辑性强**。讲话文稿应该条理非常清楚，要表达的内容让人听了以后清楚明白。这是一篇好的讲话的最基本要求。特别是一篇比较长的讲话，要让人听了以后，知道这篇讲话重点讲了什么，有哪几层意思，说清楚了什么问题，解决问题的政策措施是什么，等等。要做到层次清楚，最好不要层次太多，如用大一二三套小（一）（二）（三），再用阿拉伯数字1、2、3，甚至还来个（1）（2）（3）……就像开杂货铺一样，让人眼花缭乱。要尽量简化层次，层次越少越好，一般有"两层楼"即可，最多"三层楼"。所要表述的意思最好有个一二三，一般人们口头发言，或简短的讲话，也爱讲个一二三，这是有道理的，简明而又清楚地表达思想是很重要的。

说到讲话的逻辑性强，除了层次清楚之外，更重要的是其内在的逻辑性。这包括：一是概念要清楚。特别是涉及到政策性强的提法、表述，一定要把概念的内涵和外延界定清楚，这样才能让人准确把握，而不会出现偏差。比如低收入群众、困难群众、公租房、住房保障对象、下岗职工等等，只有准确界定，才会有针对性和可操作性。二是推理要周延。能够自圆其说，没有矛盾和漏洞，保持内在的一致性。比如，人们都知道"黑天鹅事件"，就是指很少见的极端的个别的甚至例外的事件。如果有人说"天鹅都是白的"，那么只要有人找出一只黑天鹅，就把你的结论给推翻了。三是判断要准确。这就涉及到观点清楚、明确，当然还要正确，能够站得住脚，而让人驳不倒你。讲话要做到有论有据，思路清楚，条理性强，有说服力。

第五，**准确性、鲜明性和生动性**。毛泽东说："文章和文件都应具有这三种性质：准确性、鲜明性、生动性。"一篇好的文稿，要有精彩之处，有神来之笔，有神韵气势在里边，语言生动而不呆板，多姿多彩却无华而不实之感。我们读毛泽东的文章，就会感到贯通在文章中的气势和神韵。邓小平的文稿，则有一种简朴平实的风格，少而精，短而明，很管用。

准确性。用语、表述、事例、数据，都要非常准确。分析判断、思路观点、政策提法等，也都必须准确。讲话文稿中经常要用到一些重要的数据、事例等，有时候往往为了一个数字、一个事例，要花费很多时间、很大功夫，去再三寻找、再三核对，不能出现任何差错。重要讲话文稿的引文也是这样，有时候查找起来很困难。比如，我们有一次起草有关打击走私的讲话文稿，其中引用了马克思《资本论》中的一段话，当时只是记得大意是说资本的本性是追逐利润，为了50%利润，它就会铤而走险；为了100%的利润，它就敢践踏一切人间法律；如果有300%的利润，它就敢犯任何罪行，甚至甘冒绞首的危险。但是这段话准确的原话是怎么说的？是在什么地方说的？为了搞准确，拿来《资本论》三卷查找，最后终于找到了。原来这段话是在马克思《资本论》第一卷第二十四章"所谓原始积累"谈到"资本来到世间，从头到脚，每个毛孔都滴着血和肮脏的东西"时，在下面一个注释中引用英国评论家邓宁格的一段话："一旦有适当的利润，资本就胆大起来。如果有百分之十的利润，它就保证到处被使用；有百分之二十的利润，它就活跃起来；有百分之五十的利润，它就铤而走险；为了百分之一百的利润，它就敢践踏一切人间法律；有百分之三百的利润，它就敢犯任何罪行，甚至冒着绞首的危险。如果动乱和纷争能带来利润，它就会鼓励动乱和纷争。走私和贩卖奴隶就是证明。"当时还没有网上搜索，只能拿来书一页一页翻找，现在上网搜索太方便了，什么都可以在网上查到，对搞不准确的东西应该上网查一下。准确性，更重要的是一些重大观点、重大政策提法的准确性。比如"实施积极的财政政策和稳健的货币政策"，什么是积极的财政政策？什么是稳健的货币政策？就要准确地表达清楚。

鲜明性。讲话文稿的观点要鲜明，表达方式也要鲜明，从内容到形式都要体现鲜明性。只有体现鲜明性，才能给人以强烈感受，留下深刻印象，才具有冲击力、震撼力。毛泽东在《中国社会各阶级的分析》中一开头就非常鲜明地提出问题："谁是我们的敌人，谁是我们的朋友，这是革命的首要问题。"记得曾经看到报纸上有一篇报道，题目是《美国人的惊天大发现》，非常具有冲击力，吸引你想要看一看到底美国人的惊天大发现是什么。文章中说，中国产品为什么具有强大的国际竞争力，原来美国有人认为，主要是因为中国依靠大量廉价劳动力，再加上政府补贴，企业仿造假冒，低价倾销；后来他们发现，事情并不是如此简单，其中一个重要的方面就是中国具有完备的产业链和产品配套体系，比如在广东东莞一个地方，就可以买到生产电脑所需要的任何配件，而且供货时间短，价格便宜，能够满足客户的任何需求。这是其他国家所不具备的一大综合优势。有一些流传下来的名人名言，之所以被大家牢牢记住，一个重要原因就是其鲜明性。比如，马克思形容法国农民的特点，就像一个麻袋里一个一个的马铃薯。拿破仑说，中国是一头沉睡的雄狮，一旦醒来就会震惊世界。

生动性。文章犹如看山不喜平。一篇讲话文稿也是这样，要有起伏，有波澜，就像一首交响乐一样，有序曲，有发展，有回旋，有高潮，有结束。过去写文章讲究起承转合，有它的道理在。好的讲话文稿，必定是波澜壮阔，活泼多姿，生动形象。如毛泽东的一篇文稿《星星之火，可以燎原》，这是 1930 年毛泽东写给林彪的一封信，回答关于红旗到底能打多久的疑问，其结尾的一段话就很有文采："中国革命的高潮就要到来，它是站在海岸遥望大海中已经看得见桅杆尖头的一只航船，它是立于高山之巅远看东方已见光芒四射喷薄欲出的一轮朝日，它是躁动在母腹中快要成熟了的一个婴儿。"大家可以想象，这一幅幅画面博大壮阔而又生动形象的感觉。

2017 年 5 月，习近平主席在"一带一路"国际合作高峰论坛开幕式上的演讲中，就用了许多鲜活的事例和语言，论述和说明"和平合作、开放包容、互学互鉴、互利共赢"的"丝路精神"。他讲到，"公元前 140 多年的中国汉代，一支从长安出发的和平使团，开始打通东方通往西方的道路，完成了'凿空之旅'，这就是著名的张骞出使西域。中国唐宋元时期，陆上和海上丝绸之路同步发展，中国、意大利、摩洛哥的旅行家杜环、马可·波罗、伊本·白图泰都在陆上和海上丝绸之路留下了历史印记。15 世纪初的明代，中国著名航海家郑和七次远洋航海，留下千古佳话。""酒泉、敦煌、吐鲁番、喀什、撒马尔罕、巴格达、君士坦丁堡等古城，宁波、泉州、广州、北海、科伦坡、吉达、亚历山大等地的古港，就是记载这段历史的'活化石'。""沿着古丝绸之路，中国将丝绸、瓷器、漆器、铁器传到西方，也为中国带来了胡椒、亚麻、香料、葡萄、石榴。沿着古丝绸之路，佛教、伊斯兰教及阿拉伯的天文、历法、医药传入中国，中国的四大发明、养蚕技术也由此传向世界。""阿拉木图、撒马尔罕、长安等重镇和苏尔港、广州等良港兴旺发达，罗马、安息、贵霜等古国欣欣向荣，中国汉唐迎来盛世。"这些都很生动形象，让人有具体的感受，增强了讲话的感染力。

第六，善于运用具体事例和比喻。讲话文稿要不沉闷、不呆板，运用鲜活的事例和比喻很重要。毛泽东在讲话文稿中，非常善于运用历史典故、寓言故事、比喻等说明问题，非常生动形象。比如，引用"霸王别姬"的例子、"愚公移山"的例子，说"美帝国主义是纸老虎"等。他在1939年陕北公学对即将上前线的师生讲话时，引用了《封神演义》中的故事："姜子牙下昆仑山，元始天尊赠了他杏黄旗、四不像、打神鞭三样法宝。现在你们出发上前线，我也赠给你们三样法宝，这就是：统一战线、武装斗争、党的建设。"1949年他在以新华社名义发表的新年献词《将革命进行到底》中，巧妙地引用了古希腊的伊索寓言"农夫与蛇"的故事，来说明不能对中外反动派发慈悲心，一定要将革命进行到底。

习近平总书记在演讲中非常善于讲故事，用得恰到好处，既活跃了气氛，又增强了吸引力。比如，在访问非洲的演讲中，特别举出在非洲热播的中国电视连续剧《媳妇的美好时代》，引起下边听众的共鸣，爆发出热烈的掌声。2014年6月5日，习近平出席中阿合作论坛第六届部长级会议开幕式，他在讲话中说，"同阿拉伯朋友见面，总有一见如故的感觉。这种亲近感缘于我们对待彼此的热情和真诚，也是缘于中阿两个民族的长期交往。"他特别提到一位约旦商人，"在阿拉伯商人云集的义乌市，一位名叫穆罕奈德的约旦商人开了一家地道的阿拉伯餐馆。他把原汁原味的阿拉伯饮食文化带到了义乌，也在义乌的繁荣兴旺中收获了事业成功，最终同中国姑娘喜结连理，把根扎在了中国。"《习近平讲故事》一书中，引用了许多这方面的例子。习近平总书记在演讲中也非常善于运用比喻。谈到各国应坚持走符合自身国情的发展道路，说"鞋子合不合脚只有自己知道"。在世界经济论坛2017年年会开幕式上的主旨演讲中，他用了几个非常好的比喻："当年，中国对经济全球化也有过疑虑，对加入世界贸易组织也有过忐忑。……在这个过程中，我们呛过水，遇到过漩涡，遇到过风浪，但我们在游泳中学会了游泳。""让世界经济的大海退回到一个一个的小湖泊、小河流，是不可能的，也是不符合历史潮流的。""搞保护主义如同把自己关进黑屋子，看似躲过了风吹雨打，但也隔绝了阳光和空气。"

李克强总理在达沃斯论坛演讲中，曾经用了两个非常好的比喻，在通篇演讲中起到了画龙点睛的作用。2015年1月，在瑞士冬季达沃斯论坛上，讲到"瑞士达沃斯是世界滑雪胜地。大家知道，滑雪有三要素：速度、平衡、勇气。"以此比喻中国经济发展，也有这三个特点。2017年6月，在大连夏季达沃斯论坛上，他在开头就讲到："昨天晚上，我会见施瓦布主席及部分与会嘉宾。我们站在平台上眺望远处，看到青山被薄雾笼罩，时隐时现。但这只是暂时的，薄雾终将散去，青山则长久屹立。我由此联想到，当前的世界经济何尝不是如此……如果把青山喻为世界经济稳定性，薄雾喻为不确定性，咬定青山不放松，就能用稳定性战胜不确定性。"他在讲到中国经济发展时，用中国人下围棋来比喻："我想起中国人发明的围棋，既要谋势，又要做活，做活有两只眼。形象地讲，稳增长和调结构就是两只眼，做活了就可以谋大势，当然这需要眼光、耐力和勇气。"

第七，恰如其分地运用名言警句。名言警句是千百年来留下来的真知灼见，言简意赅，精辟凝练，在讲话文稿中引用得好，能够起到增光添彩的作用，引起听众的共鸣，增强讲话的吸引力和感染力。毛泽东在这方面堪称典范，他熟读经史子集，博古通今，对于中国古代名人名言，他总是信手拈来，运用自如。如他在纪念张思德的《为人民服务》一篇演讲中，引用司马迁的话："人固有一死，或重于泰山，或轻于鸿毛。"在毛泽东的讲话文稿中，我们看到有"天下大势，合久必分，分久必合""不入虎穴，焉得虎子""兼听则明，偏信则暗""凡事预则立，不预则废""知彼知己，百战不殆""有则改之，无则加勉""即以其人之道，还治其人之身""民不畏死，奈何以死惧之""祸兮福所倚，福兮祸所伏"等，类似的成语典故还有很多。他也经常运用一些社会上各方面的名言警句，如他在批评一些同志身上存在的问题时，就引用了一幅对联："墙上芦苇，头重脚轻根底浅；山间竹笋，嘴尖皮厚腹中空。"讽刺那些自身浅薄和对人尖刻的人。

习近平善于在讲话中运用名言警句，非常贴切，恰到好处。2012年11月29日，习近平总书记在参观国家博物馆"复兴之路"展览时，讲到中国的过去、现在和未来，用了三句诗词来比喻：过去是"雄关漫道真如铁"；现在是"人间正道是沧桑"；未来是"长风破浪会有时"。他在全国宣传思想工作会议上的讲话中，引用了王国维在《人间词话》中提出的"三境界说"，提出领导干部读书、学习也要有这三种境界：首先，要有"望尽天涯路"那样志存高远的追求，要耐得住"昨夜西风凋碧树"的清冷和"独上高楼"的寂寞；其次，要勤奋努力，即使是"衣带渐宽"也终不后悔，"人憔悴"也心甘情愿；再次，要坚持独立思考，要在学习和实践中"众里寻他千百度"，最终"蓦然回首"，在"灯火阑珊处"领悟真谛。他在参加河南兰考县委常委班子专题民主生活会时的讲话中，引用了一副对联："得一官不荣，失一官不辱，勿道一官无用，地方全靠一官；穿百姓之衣，吃百姓之饭，莫以百姓可欺，自己也是百姓。"并引用了清代郑板桥的一首画诗："衙斋卧听萧萧竹，疑是民间疾苦声。些小吾曹州县吏，一枝一叶总关情。"以此来说明当官要始终心中装着群众，时时处处想着为老百姓办事。2017年5月14日，在"一带一路"国际合作高峰论坛开幕式上的演讲中，他引用了中国古语"不积跬步，无以至千里"；阿拉伯谚语"金字塔是一块块石头垒起来的"；欧洲也有句话"伟业非一日之功"。2017年9月3日，在金砖国家工商论坛开幕式上的讲话中，他引用闽南民众常说的话"爱拼才会赢"，还有"中国有句话叫良药苦口"，"万丈高楼平地起"，"一箭易断，十箭难折"等，都很有说服力。

李克强总理在《政府工作报告》中曾引用老子的话和网络流行语言："大道至简，有权不可任性。"在讲到简政放权时，他还引用了《后汉书·循吏传·刘宠》中的一句话"简除烦苛，禁察非法"。在讲到财政增收节支，政府要过紧日子，让老百姓过好日子时，引用了《荀子》中的一句话"足国之道，节用裕民"说："坚守节用裕民的正道"。2014年10月在第十届亚欧首脑会议上讲话时，他谈到中国坚持走和平发展道路，即使以后发展强大起来，也永远不称霸，引用了孔子的话"己所不欲，勿施于人"，说这是中国人的信条。在全国"两会"上答中外记者问时，谈到自己的人生格言，他说："在我个人的经历中，从读书、做事、文化熏陶当中，悟出一个道理，就是行大道、民为本、利天下。这九个字不是什么典籍的原话，是我的心得。我坚信，做人要正、办事要公，才能利国利民。"在讲到"大众创业、万众创新"时，他引用《坛经》上的一句话说："下下人有上上智，高手在民间。"

朱镕基同志喜欢引用一句话："民不畏我严而畏我廉，民不服我能而服我公。公生明，廉生威。"温家宝同志喜欢在讲话中引用一些名言警句。比如，在全国"两会"记者招待会上，谈到台湾问题，他引用了于右任的一首诗："葬我于高山之上兮，望我大陆。大陆不可见兮，只有痛哭。葬我于高山之上兮，望我故乡。故乡不可见兮，永不能忘。山苍苍，野茫茫，山之上，国有殇。"另外一次谈到台湾问题，他引用了丘逢甲的一首诗："春愁难遣强看山，往事惊心泪欲潸。四万万人同一哭，去年今日割台湾。"这些都恰到好处，增强了讲话的吸引力和感染力。

邓小平的文风：文如其人

今年是邓小平诞辰 110 周年，我们纪念他的丰功伟绩，学习他的思想风范，总是让我们想起他"这个人"，他的音容笑貌、言谈举止，他的为人处事、性格品质。我们读他的著作，看他的讲话，都会感受到他鲜明的文风。文如其人，他的文风正像他的为人一样，朴实无华，简洁有力，思想深刻，个性突出。正所谓大音希声，大象无形，邓小平的言论文章在平凡中隐含着伟大的力量。习近平总书记提出要大力改进文风，要求在短、实、新上下功夫，讲短话、讲实话、讲新话。邓小平正是这方面的杰出代表。我们学习邓小平的文风，对于克服不良文风、树立优良文风，具有特别重要的意义。

一、简短精练

邓小平的文风最突出的特点就是简短精练。他一贯主张"文章要短而精"，反对开长会、讲长话，提倡开短会、说短话、办实事。我们看他的文章，真可以说是言简意赅，短小精练，没有长篇大论。用最简短的话，把复杂的事情说得清楚明白，这是写文章的基本要求，也考验一个人的思想和表达功力。

《邓小平文选》第三卷，共收录 119 篇文稿，平均每篇 2300 字左右，其中 1000 字以下的文稿有 68 篇，占总数的一半以上。短文同样可以发挥大作用，他所创立的邓小平理论，他提出的改革开放思想，他阐述的社会主义市场经济观点，等等，都体现在他的这些文稿之中。浓缩的都是精华，邓小平的文章讲话正像浓缩的铀，能够释放出巨大的能量。

邓小平说："毛主席不开长会，文章短而精，讲话也很精练。周总理四届人大的报告，毛主席指定我负责起草，要求不得超过五千字，我完成了任务。五千字，不是也很管用吗？"正是在这篇历来最短的《政府工作报告》中，提出了四个现代化的历史性任务。邓小平还说："开会要开小会，开短会，不开无准备的会。会上讲短话，话不离题。议这个问题，你就对这个问题发表意见，赞成或反对，讲理由，扼要一点；没有话就把嘴巴一闭。不开空话连篇的会，不发离题万里的议论。"

毛泽东特别提倡写简短精练的文章。他在《反对党八股》的著名演讲中，所列的党八股的第一条罪状就是空话连篇，言之无物。"我们有些同志喜欢写长文章，但是没有什么内容，真是'懒婆娘的裹脚，又长又臭'。""我们应该研究一下文章怎样写得短些，写得精粹些。""我们应当禁绝一切空话。但是主要的和首先的任务，是把那些又长又臭的懒婆娘的裹脚，赶快扔到垃圾桶里去。"

文章以短为贵，以简为美。古今中外，都是如此。中国历史上许多传世名篇，往往都是言辞简洁而又含义隽永的佳作。如范仲淹的《岳阳楼记》只有449字，诸葛亮的前后《出师表》分别只有743字和755字，贾谊的《过秦论》只有1073字，却被千古传颂。毛泽东的"老三篇"都很短，《为人民服务》是在张思德追悼会上的演讲，只有770字；《纪念白求恩》只有995字；《愚公移山》是在党的七大上的闭幕词，只有1605字。

文章宜短，又要恰到好处。如行云流水，行所当行，止所当止。文章讲话，也不是一味都要为短而短，而是宜长则长，宜短则短，达到"增之一分则太长，减之一分则太短，著粉则太白，施朱则太赤"的境界。邓小平的文章也不都是短文，也有重要的长文。比如，他在1978年3月全国科学大会开幕式上的讲话，有9400多字，正是这次会议迎来了我国科学技术发展的春天。他在1980年1月中共中央干部会议上的讲话"目前的形势和任务"，长达21800多字，系统阐述了我们党在80年代的三件大事和面临的形势，实现四个现代化必须解决的四个问题，以及坚持和改善党的领导问题。1980年8月在中央政治局扩大会议上的讲话"党和国家领导制度的改革"，有近14000字，深刻分析了党和国家领导制度中存在的弊端，提出了改革的思路和措施。

二、质朴平实

如果说文章讲话的长短还只是形式，那么在内容上邓小平的文风则是质朴平实。这突出体现了邓小平的本色特征，他一生崇尚简朴，务实致用，反对烦琐哲学。

文以载道，言为心声，他的文风正是他的个性。与毛泽东相比较，我们既可以看到他们的相同点，都有平实、简练、大众化、通俗性的特点，也可以看到他们的很大不同。毛泽东的文章讲话是大气磅礴，汪洋恣肆，旁征博引，嬉笑怒骂，雅俗共赏，情理交融，充分体现了他强调的文章"三性"——准确性、鲜明性、生动性，他的文章讲话既注重逻辑，思想深邃，具有极强的说服力；又形象生动，幽默风趣，具有极强的感染力。他对语言的运用达到了出神入化的境界，文言白话交杂，古文、经典、俗语、谚语、歇后语信手拈来，夹叙夹议，收放自如，其文章也如其书法一样笔走龙蛇，神韵灵动，气势恢宏，浑然天成，展现出一个文章大家的才气横溢、文采风流。

邓小平的文章讲话则是朴实无华，平易近人，深入浅出，通俗易懂。他不刻意讲究文采，不去引经据典，不讲空洞的大道理，说的都是千千万万普通老百姓听得懂的真话、实话、大白话，却显示出直入人心、撬动历史的力量。邓小平的文章大多不是写出来的，而是讲出来的。《邓小平文选》三卷一共收录了222篇文章，其中讲话、谈话占到总数的80%左右，尤其第三卷主要以谈话为主。可以说，邓小平是述而不作，他以言达义，言之成文，是以语言而不是以文字表达思想的大家。这正像孔子的《论语》并不是孔子所写，而是他的学生所记，然而影响中国两千多年，塑造了中华民族的精神世界，向有"半部论语治天下"之称。邓小平以他的"论语"，成为中国改革开放和现代化建设的思想指南。

文风体现个性。邓小平朴实的文风，是与他朴实的性格完全一致的。陈云提出："不唯上，不唯书，只唯实。"邓小平很好地做到了这一点，他很少引用别人的东西，也不喜欢引用书本上的说法，谈的都是自己来自于实际而又深思熟虑后的感想。英籍著名华人作家韩素音评价邓小平说，他最伟大的品质是顽强和讲究实际。基辛格在《论中国》一书中说："在习惯了毛泽东的哲学宏论和形象比喻，以及周恩来儒雅庄重的职业精神之后，面对邓小平言语辛辣、单刀直入的作风，偶尔犀利反讽的插话，不喜欢空谈理论而喜欢着眼于极度实际问题时，我花了相当一段时间才把自己调整过来。"这些国外名人都注意到邓小平高度务实的个性。

文风承载思想。邓小平朴实的文风，是与他实事求是的思想路线一脉相承、一以贯之的。邓小平说："毛泽东同志倡导的作风，群众路线和实事求是两条最根本的东西。""实事求是是马克思主义的精髓，是毛泽东思想的精髓。""我读的书并不多，就是一条，相信毛主席讲的实事求是。过去我们打仗靠这个，现在搞建设、搞改革也靠这个。我们讲了一辈子马克思主义，其实马克思主义并不玄奥。马克思主义是很朴实的东西，很朴实的道理。"

邓小平为我们留下了许多人民群众喜闻乐见、耳熟能详的名言。"黄猫黑猫，只要捉住老鼠就是好猫。""摸着石头过河。""两手抓，两手都要硬。""贫穷不是社会主义。"等等。这些通俗易懂的话语，隐含着深刻的道理，打开了人们思想的广阔空间。

三、深刻透彻

邓小平的文风平中见奇，平凡中见伟大。所谓静水流深，海纳百川。他的讲话文章，说理简明扼要，分析入木三分，见解独到深刻，把宏大的思想和卓越的理念用平实的语言表达出来，往往起到了醍醐灌顶的作用，给人以豁然开朗之感。

邓小平深刻透彻的文风，也是他的个性使然。他善于抓大事、谋长远，举重若轻，不拘小节，具有深刻的洞察力和驾驭复杂局面的能力。你看他打桥牌，登黄山，爱散步，喜游泳，含饴弄孙，享受天伦之乐，在自然从容中决策国家大事，"运筹帷幄之中，决胜千里之外""谈笑间，樯橹灰飞烟灭"。这些都体现出他的大度大气、大智大勇，正所谓"智者不惑，仁者不忧，勇者不惧"。他处事高瞻远瞩，胸有成竹。"不畏浮云遮望眼，只缘身在最高层。"会当凌绝顶，一览众山小。"达到了人生的至高境界。

邓小平虽然很少有长篇大论，像毛泽东所写的《矛盾论》《实践论》《论持久战》《新民主主义论》等著作，但邓小平的讲话文章长于说理，善于分析。邓小平说："无论是开会发言，写文章，都要进行充分的说理和实事求是的科学分析。"正是通过说理和分析，增强了其思想和观点的说服力和影响力。

我们学习《邓小平文选》，看邓小平的讲话谈话，他往往是开门见山，单刀直入，一针见血，善于在纷繁复杂的事物中抓住要害，一语破的，起到"四两拨千斤"、一言九鼎的效果。他提出，"发展才是硬道理""改革是中国的第二次革命""科学技术是第一生产力""稳定压倒一切""中国要警惕右，但主要是防止'左'"等等。这些提法和观点，在我国改革开放的伟大实践中发挥了精神原子弹的强大威力。

伟大的理论在于它的深刻洞察力，它能够高屋建瓴，看到事物的极致，达到真理的境界。邓小平的思想观点之所以能够成为邓小平理论，也在于此。如邓小平对于社会主义的思考，他明确指出，"贫穷不是社会主义"，"社会主义阶段的最根本任务就是发展生产力，社会主义的优越性归根到底要体现在它的生产力比资本主义发展得更快一些、更高一些，并且在发展生产力的基础上不断改善人民的物质文化生活。""一个公有制占主体，一个共同富裕，这是我们所必须坚持的社会主义的根本原则。""社会主义的本质，就是解放生产力，发展生产力，消灭剥削，消除两极分化，最终达到共同富裕。"他提出"三个有利于"的判断标准，"是否有利于发展社会主义社会的生产力，是否有利于增强社会主义国家的综合国力，是否有利于提高人民的生活水平。""走自己的道路，建设有中国特色的社会主义。"这就从我国发展全局和战略的高度，系统地回答了什么是社会主义、如何建设社会主义这一根本性问题。

基辛格评价说："如今的中国——世界上第二大经济体，拥有最多的外汇储备，各个城市都盖起了高于帝国大厦的摩天大楼——这一切就是对邓小平高瞻远瞩、锲而不舍和实事求是的见证。"

四、鲜明创新

邓小平的文风，最根本的还在于创新。他言人所未言，言人所不能言，立一家之言，开一代新风。古人讲，立德、立功、立言。人生三不朽者，邓小平当之无愧，而且是大德、大功、大言。

邓小平的每一篇讲话文章都有新意，他立场坚定，观点鲜明，从不愿意说别人说过的话，说的都是自己的新话。"中国不改革开放，只能是死路一条。""改革开放政策不变，几十年不变，一直要讲到底。""要横下心来搞建设，一切围绕着这件事，不受任何干扰。""基本路线要管一百年，动摇不得。"这些新话都充分体现他的个性，极而言之，振聋发聩，一看就知道是邓小平的话语。

邓小平具有极强的个性。毛泽东评价他"政治思想强，人才难得""这个人比较顾全大局""比较厚道，处理问题比较公道""他比较有才干，比较能办事""思圆行方，既有原则性，又有高度的灵活性""论文论武，邓小平都是一把好手"，又说他"柔中寓刚，绵里藏针。外面和气一点，内部是钢铁公司"。他个性鲜明，性格坚强，宁折不弯，不屈不挠。毛泽东提议由他来主持搞一个评价"文化大革命"的决议，他婉言谢绝："由我主持写这个决议不适宜，我是桃花源中人，'不知有汉，无论魏晋'。"孟子说："得志，与民由之；不得志，独行其道。富贵不能淫，贫贱不能移，威武不能屈，此之谓大丈夫。"邓小平表现出来的正是这种大丈夫的"浩然正气"。

1992年初，邓小平视察南方谈话，提出了许多鼓舞人心的全新的见解，表现出坚毅果断的大无畏精神和非凡的胆略气魄。他指出："改革开放胆子要大一些，敢于试验，不能像小脚女人一样。看准了的，就大胆地试，大胆地闯。深圳的重要经验就是敢闯。没有一点闯的精神，没有一点'冒'的精神，没有一股气呀、劲呀，就走不出一条好路，走不出一条新路，就干不出新的事业。""要抓住机会，现在就是好机会。我就担心丧失机会，不抓呀，看到的机会就丢掉了，时间一晃就过去了。我国的经济发展，总要力争隔几年上一个台阶。"这些话听起来，真是让人精神振奋。谁能想象，说这些话的竟然是一位88岁的老人，在他的身上始终洋溢着创新的激情。

邓小平被称为我国改革开放和现代化建设的总设计师。他以鲜明的风格，对马克思主义理论作出了创造性贡献。他所创立的邓小平理论，以全新的面貌回答了一系列重大理论和实践问题。他第一次提出社会主义市场经济理论。他说："计划多一点还是市场多一点，不是社会主义与资本主义的本质区别。计划经济不等于社会主义，资本主义也有计划；市场经济不等于资本主义，社会主义也有市场。计划和市场都是经济手段。"社会主义与市场经济的结合，是人类历史上一项前所未有的伟大改革试验，其成功具有划时代的意义，它从根本上改写了政治经济学教科书，改变了人类对社会主义和市场经济的认识，进一步丰富和发展了马克思主义。

李光耀评价道："邓小平是一个伟人，他引领贫困的中国发展成今天的模样，成为世界最强大的经济体指日可待。如果没有邓小平，中国有可能重走苏联的老路。"中国的发展、历史和人民，已经对邓小平作出了最高的评价，他的文章写在了中国大地上。

我们研究和学习邓小平的文风，就是要像他那样，做到短、实、深、新，以质取胜，以用为贵，更好地发挥以文载道、经国济世的作用。

（本文在中央国家机关"纪念邓小平同志诞辰 110 周年学术研讨会"征文活动中荣获一等奖，被推荐参加纪念邓小平诞辰 110 周年学术研讨会。）

陆学艺先生的人品、学问和事业

——为庆祝陆学艺先生七十华诞而作

写在前面的话

惊悉陆学艺先生于 2013 年 5 月 13 日 9 时 8 分在北京逝世，接到电话的一刹那，是感到突然、惊愕和不相信。他虽然年近八十，但一向身体健康，精神矍铄，甚至连年轻人都很羡慕。今年春节前，由樊平兄召集师兄弟们举家到昌平凤山度假村，共同给陆老师拜年，陆老师谈学问、谈社会、谈见闻，询问学生们各自的情况，大家相见甚欢，商量着今年要为陆老师举办 80 大寿庆典。春节后我从老家返回，又去登门看望陆老师，一直聊了大半天，他谈研究计划，谈他准备出版的新著，直到天晚，临走时又送我了几本书。陆老师去世前两天 5 月 11 日，他还去参加吴敬琏文集首发式暨中国改革座谈会，并在会上发言，我从网上看到他很精神的照片和发言全文。怎么也没有想到，两天后就传来了噩耗。

陆老师离我们而去，让我们感到伤心和难过。他真可以说是"老骥伏枥，志在千里。烈士暮年，壮心不已"。他走得突然，去得潇洒，没有痛苦，无留片语，只是把深深的哀痛和思念留给了我们，这会伴随着我们直到永远。

为了表达对陆学艺先生的悼念之情，我找出了 2003 年 8 月 31 日为庆祝陆老师七十岁生日而写的一篇未公开的文章，本来准备有时间再续写新的内容，可时间一晃而过，现在已经物是人非，睹物思人，倍加伤感。而今在陆老师的灵前献上未曾让他看到的文章，以寄托不尽的哀思，愿他的在天之灵能够安息。

（2013 年 5 月 16 日）

今天是陆学艺先生七十华诞。我们作为学子门生，在这里为先生祝寿，祝先生健康长寿，青春不老！

孔子说："七十而从心所欲，不逾矩。"人到了七十岁，达到了随心所欲也不会超出规矩的境界，就像一个人的功夫到了出神入化的地步，这正是人生的黄金时期。一部《论语》，大都是孔子七十岁以后的言论。这里我们也希望先生学问精进，再创事业辉煌！

借此机会，我们在这里学习先生的为人处事，总结先生的治学成就，探讨先生的学术思想，光大先生的研究事业，是一件非常有意义的事情。

十多年前，我作为一个渴望新知的后生，有幸投奔到先生门下。在研究生院的三年时光，可以说是我人生最愉快的一段经历。那时候，已过而立之年，能够潜心向学，机会难得，我对此倍加珍惜。先生对我说："你们能够来这里学三年不容易，要好好利用这段时间，认认真真学些东西，为今后的发展打下基础。"第一次见面的情景还历历在目。先生给我的第一印象是：为人宽厚朴实，待人诚恳热情，脾气随和，处事周全。我们当时都为有这样一位德高望重的导师而自豪。

在后来的师从岁月里，先生从学习到生活、从研究到做人，都给我以许多教诲、指点。他敏锐的学术眼光，对现实社会问题鞭辟入里、言简意赅的透彻分析，勤奋的治学精神和宽厚朴实的人品，都使我受益良多、感怀至深。这里有我印象深刻的几件事。一是每与导师交谈，他总是随口说出我国经济社会发展各方面的准确数字，特别是对农村经济社会更是了如指掌，这使我惊讶他对研究问题的熟悉程度和良好的记忆力。他总是说："研究社会，心里始终要有一本账，要了解各方面的实际情况。"这真是经验之谈。我一直以此为训，在自己的专业之内掌握基本的数据，并熟悉和明了这些数据之间的关系，最好做到如数家珍。二是随导师一起到福建晋江调查，在经过一周多调查之后市委举行的座谈会上，他作了两个来小时的总结发言，这个发言高屋建瓴，对症下药，极有见地。我当时以为导师只是写了个发言提纲，因为调查天天连轴转，紧张劳累，我们年轻人晚上也懒于动笔。可后来我见到他写的讲话稿后才知道，整整二三十页的大稿纸，并经过再三斟酌和修改，而这都是在调查空闲的白天和晚上写出的。这使我感到惊讶，佩服导师这种认真、勤奋、严格的治学精神。三是在生活上对我们的关心。他知道我们都是只身一人在北京学习，每月只发助学金，生活俭朴，难得开荤解馋，所以逢年过节甚至在平时也邀请我们到家里去聚餐，当然我们是乐意前往，欣然成行。但因此也给导师和师母增添了许多麻烦，这使我们感到不安。后来毕业留在了北京工作，常常到先生家里去看望请教，他每次都盛情款待，谈论学问，话说见闻，关心我们的家庭、生活和工作，其对学生的厚爱溢于言表，这使我们倍感先生的盛情和温暖。

要总结先生的学术成就，殊感不易。一则我近些年在政府机关工作，对学术事业可望而不可即，常常有抱憾之感；二则先生的研究领域宽广，在很多方面有真知灼见。先生向被称为著名的"三农"问题专家，去年底出版了一本《三农论》，汇集了他在这些方面的研究成果。先生是一个著名社会学家，在社会学领域提出了许多重要观点。他还是一个社会活动家，兼任了许多社会职务，积极参政议政，提出了许多很有影响的重要见解。

这里以我的有限了解，就先生的学术研究归纳为以下几个方面：

第一，农村经济体制改革研究，特别是农村家庭承包责任制研究。粉碎"四人帮"以后，中国的社会科学迎来了一个春天。陆学艺先生的研究潜力一下子焕发出来，他从原先的哲学研究转到对现实农村问题的研究。当时中国农村正酝酿着一场变革，但长期形成的定势还难以改变。1978年党的十一届三中全会前夕，陆学艺先生发表了《关于加快农业发展的若干政策建议》，受到中央领导的重视和采纳。从此一发而不可收，走上了研究"三农"问题的道路。他是中国最早研究并高度评价农村包产到户的专家之一，这可以看出他的先见之明。当时包产到户还不被官方和多数人认可，还是一个禁区，这方面的研究还要冒很大的风险。他先后写了《部分调整农村所有制关系有利于农业发展》《包产到户问题应当重新研究》《包产到户的由来和发展》等重要文章，从理论和实践的结合上为中国农村改革提供了强有力的支持。这方面的研究集中在他出版的《农业发展的黄金时代》和《联产承包责任制研究》两本书中。他也因此成为中国研究包产到户进而研究农业问题的专家，受到政界和学界的普遍关注。

第二，农业发展问题研究。这可以说是陆学艺先生研究的看家宝。他从农业问题研究起步，写了许多有影响的重要文章。从1979年所写的《当前农村形势和农业调整的几个问题》，到20世纪80年代的《农业面临比较严峻的形势》《关于棉花政策的若干问题》等，便可以看出陆学艺先生对中国农业特别是粮食和棉花问题的深入分析和独到见解。1986年他提出要警惕农业出问题的意见，受到邓小平的重视。邓小平说："有位专家说，农田基本建设投资少，农业生产水平低，中国农业将要进入一个徘徊期。这是值得注意的。"20世纪90年代以来，他更写下了大量研究农业问题的文章，提出我国农业发展进入一个新阶段，要为形成新的粮食增长高峰准备条件，农业要警惕再走扭秧歌的老路。这些见解都发人深省。他多次参与中央有关农业政策文件的起草和专家咨询，对中国农业改革和发展提供了重要的政策建议。

第三，农民分化问题研究。陆学艺先生始终以深厚的感情，研究农民，关注着农民的命运。他常说，出身于农家，在农村的生活和工作，使他与农民有着割舍不断的联系。这使他一生有深厚的农民情结，身居学术高堂，而成为中国最底层广大农民利益的忠实代言人。以他的学术声望和影响，振聋发聩地发出"农民真苦、农村真穷"的呼喊，表达了他为农民鼓与呼的赤子之心。他认为，中国现代化的命运是与中国农民的命运紧密相连的，改革开放以来中国最大的社会分化就是农民的分化。他深入调查研究了农民分化以后所形成的阶层结构，提出中国农民已分化为8个阶层：农业劳动者阶层、农民工阶层、雇工阶层、农村知识分子阶层、个体劳动者阶层、私营企业主阶层、乡镇企业管理者阶层、农村社会管理者阶层。他并且提出，农村农业劳动者阶层和农民工阶层所占的数量多少，决定着农民分化程度和农村发展趋势。

第四，城乡关系研究。陆学艺先生对"三农"问题的研究，并不局限于"三农"问题本身，他深入"三农"问题之中又跳出"三农"问题之外，这使他对"三农"问题有更高的视野和更全面的把握。他从城乡关系的角度来考虑和研究"三农"问题，认为要富裕农民，就必须不断减少农民；要减轻农民负担，就必须改革农村管理体制，改变长期以来在城乡关系上的倾斜政策。从根本上解决"三农"问题，就要改变中国长期形成的城乡二元结构，走出"城乡分治，一国两策"的困境。他提出农村改革、农业发展的新思路，要用反弹琵琶的方法，加快城市化进程，改革城乡户籍管理制度，给农民以平等待遇，解放农民，进而实现中国农业和农村的发展和繁荣。

第五，农村现代化研究。他认为，中国农村现代化的发展，要经历四个阶段：从实行家庭承包责任制，到发展乡镇企业，再到建设小城镇，直到实现城乡一体的区域现代化。家庭承包责任制是中国农村现代化的起始点，乡镇企业是农村工业化的独特道路，小城镇建设是中国特色的农村城市化模式，农村现代化的方向就是实现城乡一体化和区域现代化。这一理论划分，非常清楚地描述了中国农村现代化的发展图景。

第六，中国社会转型和社会变迁研究。陆学艺先生认为，中国正在经历一场迅速而广泛的社会变迁，社会学家正逢其时，应责无旁贷地担负起纪录和研究这一变迁的使命。以陆学艺先生为首的课题组在《中国社会发展报告》中，提出了被学术界广泛接纳和采用的"社会转型"的概念，认为中国社会发展已进入一个"社会转型时期"，这就是由传统社会向现代社会转型，由农业社会向工业社会转型，由乡村社会向城镇社会转型，由封闭半封闭社会向开放社会转型。关于社会转型理论的建立，提供了研究当代中国社会变迁的理论支点，也为社会学观察和解释中国社会现象设定了一个理论整合的合理框架。与此同时，他从人口结构、就业结构、城乡结构、区域结构等方面，勾画出中国未来社会结构变迁的轮廓。他进一步丰富了"社会发展"的概念，以社会学家的视野和观点提出，中国的社会发展滞后于经济发展，社会政策滞后于经济政策，必须调整中国的社会结构，促进经济与社会协调发展。

第七，当代中国社会阶层研究。在中国社会结构变迁研究方面，当代中国社会阶层研究是一项引起国内外广泛关注的重要成果。以陆学艺先生为首的课题组，对中国社会阶层结构变化进行了长期深入细致的研究，认为当代中国社会形成了十个社会阶层：国家与社会管理者阶层，经理人员阶层，私营企业主阶层，专业技术人员阶层，办事人员阶层，个体工商户阶层，商业服务业员工阶层，产业工人阶层，农业劳动者阶层，城乡无业、失业、半失业者阶层。并且认为，中国现代化的社会阶层结构的雏形已经形成，社会中间层已经出现并在不断扩大。中国社会阶层结构发育滞后，需要培育合理的现代社会阶层结构，进行社会制度和社会政策创新。为此，提出了许多社会政策建议。这一研究成果引起各方面的热烈反响。

第八，国情研究与社会形势分析。社会学关注和研究中国国情和现实社会问题，体现了社会学的优良传统和强烈实用性格。陆学艺先生参与并主持了大型国情调查研究，从1988年到1998年历时十年，在全国组织科研队伍，共调查了100多个县市，出版了一套100多卷的丛书：《中国国情丛书——百县市经济社会调查》。这一大型调研成果，详细记录了中国社会的历史变迁，提供了非常丰富而详实的研究资料，完成了一项社会学的基本建设工程。从1993年开始，陆学艺先生组织社会学所研究人员，每年撰写一本《中国社会形势分析与预测》（社会蓝皮书），这已经成为权威性的关于中国社会的年度报告，引起国内外的普遍关注，成为各界了解社会形势和政府决策的重要参考工具，产生了广泛的社会影响。

以上这几个方面只是择要述及，很可能挂一漏万，不及要义。

除了这些研究之外，我想还应该提到的是，陆学艺先生一直致力于发展中国的社会学事业，履行社会学参与社会的职能，发挥特有的社会影响。他是一个很有人望的科研组织者，指挥了许多重大的团体作战，推出了一批产生广泛影响的成果。他担任社会学所所长、中国社会学会会长，还要负责全所的科研组织和行政管理工作，联系全国社会学界，协调科研课题和科研力量，在这些方面花费了很多时间和精力。这些年社会学所的发展和中国社会学的发展，有他不可磨灭的功劳。他严以律己，宽以待人，开诚布公，虚怀若谷，以他的人品、威望和能力，赢得了大家的尊重和信赖，形成了社会学研究的团队精神。他担任研究生院教授和博士生导师，十多年来共招收二十多位博士，为社会学界和各方面培养了人才。作为一个老师，他循循善诱，诲人不倦，传道、授业、解惑，在治学、为人、做事方面都为学生树立了榜样，赢得了每一个学生的尊敬和爱戴。

陆学艺先生很好地体现了社会学的学科特色，他不是一个书斋型的学者，而是一个"社会医生"，诊疗社会的疾病，促进社会的健康。他是一个社会实践家。1983年他到山东陵县蹲点兼任县委副书记三年，从实地社会调查起步，把他的社会研究紧紧扎根在现实的土地上，直接感受社会跳动的脉搏，这成为他学术研究的生命之源。他每年都要深入到全国各地，进行第一手的调查研究，发现鲜活的材料，保持学术研究超前的生命力。他的研究方法，一方面得益于大量实地调查，另一方面来自于宏观分析。这使他不仅准确了解现实问题，具有很强的现实针对性；而且能够从宏观的高度加以把握，具有开阔的视野，自然见解独到，高人一筹。

他还是一个社会活动家和社会政策的积极参与者。他两次当选为全国人大代表，很好地发挥了参政议政、建言献策的作用。由于他的知名度和学术影响，他还常常应邀参加中央领导人召开的专家座谈会，特别是就农业问题发表见解，并作为中央有关文件起草组成员，直接参与一些重大政策的制定。由于他在中国社会科学院的突出工作成绩，曾被评为全国先进工作者。

一个人能将以上这些方面很好地结合起来，确实是不容易的。这反映了陆学艺先生的才智、人品和能力。因此，我们这里更感到陆学艺先生的不凡与高大。

古人讲，立功，立德，立言。陆学艺先生在他所从事的领域，可谓当之无愧。今天，我们可以说，陆学艺先生著作等身，学术辉煌，桃李满园，盛誉在人。他在治学、为人、做事方面都取得了不凡的成就，值得我们很好地学习、总结，并不断发扬光大。这是我们后学者的责任。

后　记

　　我从 1997 年到国务院研究室工作，至今已有 20 个年头。在此期间撰写了大量各种文稿，最多的是为领导同志服务的工作性文稿，此外就是调查研究成果。这次选择其中的部分文章编辑出版，也算是对自己 20 年工作的一个纪念。

　　本书收集的文章，大多是近年来撰写的《送阅件》和《决策参考》中的一部分，主要是政策研究，供领导同志参阅。其中有的受到领导同志重视并作出批示，对推动工作发挥了一定作用。一些文稿曾收录在中国言实出版社编辑出版的《国务院研究室调研成果选》，还有一些是第一次公开发表，当然是不涉密的内容。自己认为对一些较长远的重大问题研究有点价值的，就收录其中并基本保持了原貌；而对许多时效性比较强的文章，已是时过境迁就舍弃了。还有少量是到有关部门所作报告整理而成，如《新常态下我国发展的新思路新举措》，还有如《关于调查研究问题》等，都是自己的一些认识和体会。

　　唐代大诗人杜甫有诗云："文章千古事，得失寸心知。"千古的文章毕竟太少，读了以后有些收获就是不错的了，写作的甘苦却只有自己知道。不敢希图"文以载道"，也不敢自诩"以用为贵"，总是要对得起自己、对得起读者，这应该是起码的要求。能不能做到这一点，还要期待读者的批评指正。

　　最后，要特别感谢中国言实出版社王昕朋社长、朱艳华总编辑，他们为本书的出版付出了许多辛劳，使"书稿"终于变成了"书本"。还要特别感谢鹿生伟同志，她对书稿的审改非常认真负责，甚至重新核查了引文的出处，改得非常好，纠正了原稿中不少错误，其精神和付出令人感佩！还要感谢单位的领导和同事，他们在我的调研成果形成过程中提供了有益的指导和帮助。

这里还想加一句多余的话，感谢我的家人。我们的工作性质决定了很少有节假日和周末休息，"黄金周"提前订好的票因为加班又只好取消了，每天晚上能够按时回家吃饭都是奢求。有她们的理解，我才能稍许感到些安慰。

刘应杰

2017 年 10 月于国务院研究室